泰达中小学现代企业教育案例集

泰达社会管理委员会现代企业教育项目组编委会◎编

天津出版传媒集团

天津人民出版社

图书在版编目(CIP)数据

泰达中小学现代企业教育案例集 / 泰达社会管理委员会现代企业教育项目组编委会编. –– 天津：天津人民出版社, 2021.11

ISBN 978-7-201-17865-3

Ⅰ.①泰… Ⅱ.①泰… Ⅲ.①教案(教育)–汇编–中小学 Ⅳ.①G632.41

中国版本图书馆 CIP 数据核字(2021)第 238901 号

泰达中小学现代企业教育案例集
TAIDA ZHONGXIAOXUE XIANDAIQIYE JIAOYU ANLIJI

出　　版	天津人民出版社
出 版 人	刘　庆
地　　址	天津市和平区西康路 35 号康岳大厦
邮政编码	300051
邮购电话	(022)23332469
电子信箱	reader@tjrmcbs.com

责任编辑	冯　磊
策划编辑	孙永海　荆　晶
装帧设计	明轩文化·李晶晶

印　　刷	北京虎彩文化传播有限公司
经　　销	新华书店
开　　本	710 毫米×1000 毫米　1/16
印　　张	37
字　　数	546 千字
版次印次	2021 年 11 月第 1 版　2021 年 11 月第 1 次印刷
定　　价	98.00 元

泰达社会管理委员会现代企业教育项目组
编委会

编委会主任：

张国盛

编委会副主任：

曾　佳　吴　鹏　李洪波

编委会成员（按姓氏笔画排序）：

于　冰　王海英　冯　莉　吕　丽　刘丽莉

李　君　邱克稳　张英群　武　斌　盖笑松

主　编：

杨莉娜　赵立群

编　委（按姓氏笔画排序）：

王瑞君　卢　飚　朱秀华　刘芳晴　孙　静

杨　淳　吴晓靓　郭　钰　曹　罡

序 言

天津经济技术开发区,其英文名称缩写是"TEDA",音译为"泰达",1984年12月6日经国务院批准建立,是中国首批国家级开发区之一。经过30余年的发展,天津经济技术开发区投资环境日臻完善,经济实力迅猛发展,是滨海新区重要的功能区之一。截至2020年底,实际使用外资650亿美元,6200多家外商投资企业落户,《财富》杂志公布的世界500强公司中有118家投资了424个项目,现有注册内资企业5万家,既有丰田、大众、雀巢、SEW、诺和诺德等跨国企业,又有中海油、深之蓝等民族企业。

2017年以来,泰达现代企业教育项目组以对标国家战略发展目标为使命,以对应家长和社会期待为起点,在"发挥区域企业资源优势、打造区域特色教育品牌"理念指导下,校企联动,打造具有泰达特色的现代企业教育品牌课程。课程内容涵盖最前沿的科技成果和先进的企业管理理念,进而拓宽学生视野,培养学生创新精神,提升学生动手能力。

4年多来,经过大胆的尝试和探索,项目组设计出72份共计347课时的企业教育活动方案,并开展企业教育课程教学300余课时、各类讲座48场、社团活动200余次,在此基础上开发完成了本书。内容囊括了电子信息、汽车、石化、装备制造、医药健康、高端服务业、新能源、新材料、节能环保、航空航天、军事国防、食品饮料、农业科技等高端制造和服务业领域。初步形成了四大特色:

一是校企融合,相得益彰。项目以课程建设为抓手,让学校和企业共同成为课程设计与开发,实施与评价的主体。实施中,企业成为实施现代企业教育的主力,可以更好地贡献企业资源;学校引进企业资源,丰富教学内容,实现学生学习与生产生活相结合。两者优势互补,实现1+1>2的效果。

二是立德树人,德能兼修。现代企业,特别是民族企业,要从爱国诚信、社会责任、国际视野等方面全面阐述新时代企业精神的内涵,并将企业精神融入项目中,润物无声地进入学生心田,着力培养学生的社会责任、家国情怀,为学生未来人生打下向好向上的基础。

三是培养创新精神,提高实践能力。走进企业,了解企业的过程中,项目组通过生动的案例,鼓励学生勇于探索、敢于尝试、逆向思维、独辟蹊径,注重知行合一,将教育与社会实践紧密结合,在提高学生学习能力的同时强化实践环节,从而实现培养学生创新创业能力的目标。

今后,泰达现代企业教育项目组要继续深化推进,尝试探索出一条科学、规范且高效的实施路径,搭建起专家论坛、优秀教育企业推介及展示平台,吸引更多现代企业参与其中,提供更为广泛、充实的社会资源,为学校开发特色课程、丰富课程资源、满足学生个性化发展创造条件。

前　言

现代企业教育：泰达的教育现代化之路

2019 年 2 月，中共中央、国务院印发了《中国教育现代化 2035》，为新时代推进教育现代化、建成教育强国，提出了明确的战略性规划。文件提出了八大基本理念，其中之一是"注重知行合一"，要求"坚持能力为重，将教育与生产劳动和社会实践紧密结合，在提高学生学习能力的同时强化实践环节，以知促行、以行促知，学以致用，着力培养学习者适应未来发展的职业素养和创新创业能力"。面向 2035 教育现代化目标，泰达教育锐意进取，勇于创新，积极探索出一条现代企业教育之路。

一、时代诉求：现代化教育要与社会生产劳动紧密结合

教育社会化是社会现代化的一部分，为社会现代化服务，同时体现社会现代化的时代特征。随着我们进入信息社会，显著特点是以信息化为代表的"知识经济"超越了第一阶段的工业经济和现代化的农业经济，人类的认识能力大幅提升，创新能力大幅度增强，科技进步大幅度加速。从进入工业经济时代起，教育开始从封闭的堡垒中走出来，转向与生产劳动相结合，以推进现代经济增长为核心使命，表现为工业革命时代的教育不再为特定的上层阶级服务，而是要培养大量的高水平的科学家和技术工人，成为社会发展的基础动力。教育与生产劳动和社会生活相结合是现代化教育的普遍规律，现代学校只有打开大门，与企业和社会各种团体相联系，为社会经济发展服务，才能适应社会的需要，同时教育自身也才能得到发展。

在当今的"知识经济"时代，教育现代化的时代诉求是要培养具有创新意识和实践能力的时代新人。正如孙春兰副总理曾在《求是》撰文指出："习近平总书记着眼国际竞争格局和国家发展大势，强调实现'两个一百年'奋斗目标、实现中华民族伟大复兴的中国梦，归根到底靠人才、靠教育。当前，教育的

规模不断扩大,但培养的人才与现实需求还有差距,创新意识、实践能力、进取精神有待提高,特别是经济转型升级所需的创新型、实用型、复合型人才供给不足。我们要把教育同国家发展的目标和需求紧密结合起来,一起谋划、一起部署、一起检查,增强人才培养的针对性、适应性,提升教育服务经济社会发展的能力。"

开展现代企业教育是将教育与生产劳动相结合,推动创新型、实用型、复合型人才培养,与时俱进提升学校办学水平,更好服务经济社会高质量发展的有力手段和有效途径。泰达基础教育以培养学生的创新精神和实践能力,促进全体学生最优发展为目的,将区域现代企业、科普教育基地、科研院所、传媒机构等各类科技教育资源有效整合、融入学校教育,开展别具一格、自成体系、特色鲜明的现代企业教育,大大促进了泰达教育事业的特色发展,也成为泰达教育质量提升的新增长点。

二、国家期待:现代化教育要培育有竞争力高科技人才

2017 年 4 月,科技部发布的《"十三五"国家科技人才发展规划》指出,我国"科技人才结构性矛盾依然突出,科学前沿领域高水平人才、高端研发人才和高技能人才存在较大的供给缺口"。2021 年 9 月 28 日,习近平总书记出席中央人才工作会议并发表重要讲话强调:"加快建设世界重要人才中心和创新高地,必须把握战略主动,做好顶层设计和战略谋划。我们的目标是:到2025 年,全社会研发经费投入大幅增长,科技创新主力军队伍建设取得重要进展,顶尖科学家集聚水平明显提高,人才自主培养能力不断增强,在关键核心技术领域拥有一大批战略科技人才、一流科技领军人才和创新团队;到2030 年,适应高质量发展的人才制度体系基本形成,创新人才自主培养能力显著提升,对世界优秀人才的吸引力明显增强,在主要科技领域有一批领跑者,在新兴前沿交叉领域有一批开拓者;到 2035 年,形成我国在诸多领域人才竞争比较优势,国家战略科技力量和高水平人才队伍位居世界前列。"可见,未来几十年间自主培养有竞争力的高科技人才是我国教育走向高水平现代化必须迎接的历史挑战。

STEM 教育是综合科学、技术、工程和数学的跨学科教育,旨在提高学生

的核心素养,多渠道、多角度培养学生的创新精神与实践能力。2007年,《美国竞争力行动计划》首次提出STEM教育对社会经济发展的重要作用,2013年5月,又将STEM教育列为美国应对21世纪挑战的国家利器,培养科技型人才和创新型人才。当前,世界正处在百年未有之大变局中,国家综合国力的竞争突出地表现在高水平科技人才培养体系的竞争,人才培养体系的竞争又突出地落脚于STEM教育开展的成败。虽然与发达国家相比,我国基础教育中的科技教育整体上起步晚、底子薄,但近几年,我国已将STEM教育纳入国家战略发展政策。2016年教育部在《教育信息化"十三五"规划》中明确提出,有条件的地区要积极探索信息技术在"众创空间"、跨学科学习(STEAM教育)、创客教育等新的教育模式中的应用。2017年教育部印发《义务教育小学科学课程标准》,倡导跨学科学习方式,建议教师可以在教学实践中尝试STEM教育。2018年,中国教育科学研究院启动"中国STEM教育2029创新行动计划"。教育部教材局局长田慧生指出,现在加强STEM教育,就是要为下一阶段社会主义现代化强国建设提供强有力的科技人才支撑;加强中小学STEM教育恰逢其时,不可不为,不可慢为,必须以时不我待、只争朝夕的精神,脚踏实地、奋起直追、努力赶超。

STEM教育在中国的快速、良性发展,需要全国各地教育部门以服务国家创新驱动发展战略为宗旨,整合社会资源,建立由政府部门、科研机构、高新企业、社区和学校相融合的中国STEM教育生态系统。开展现代企业教育是推动STEM教育的有效手段和途径,也是泰达教育回应国家期待,履行教育职责,积极探索实践,勇于担当作为的教育使命。通过实现三个发展目标"学生发展、教师发展、学校发展",融入四种教育内容"创新精神教育、行业知识教育、科学教育、品格教育",泰达教育探索出一套理念前瞻、富有特色的STEM教育泰达模式。

三、政策呼声:现代化教育要建设一体化生涯教育体系

2014年9月,《国务院关于深化考试招生制度改革的实施意见》正式发布,启动了新一轮高考改革。按照教育部统一部署,天津市于2017年成为新高考改革省份。根据新高考改革方案,统一高考科目减少为语文、数学、外语3

门。此外,学生可以根据特长和兴趣,从思想政治、历史、地理、物理、化学、生物6门课程中任选3门参加等级性考试。从2020年起,高校招生依据统一高考成绩、高中学业水平考试成绩,参考高中学生综合素质评价进行录取。此次高考综合改革对高中学校来说最大的变化是要从高一开始为学生做好生涯教育指导,指导学生做好生涯规划,组织好"选课走班"。早在新高考改革之初,就有学者提出:高中生涯规划教育既要着眼当下,培养学生以高考选科能力为核心的人生规划能力;也要放眼未来,培养学生适应将来社会与职业变化需要的核心技能与重要品格。现代化教育通过培育学生的创新意识和实践能力,最终目的是要让学生适应社会和驾驭职业,从而为国家和社会发展更好地贡献力量,也更好地实现人生目标。

新高考改革背景下的生涯教育一是要建立全面系统的生涯教育课程体系,帮助学生认识自我、理性分析自我,从而发现自身的兴趣和发展潜力;二是要适当增加探究课、实践课、体验课的比重,让学生通过这些课程,体验不同学科、不同专业领域方向的区别,真正找到自己的兴趣点;三是要充分利用社会资源,尽可能地组织学生通过生涯实践体验活动建立与职业世界的联结,这对增强学生生涯意识,做好生涯规划有着不可替代的作用。2016年前后,多个省份出台新一轮中考改革文件,初中生涯教育势在必行;另一方面,2021年7月中共中央办公厅、国务院办公厅印发《关于进一步减轻义务教育阶段学生作业负担和校外培训负担的意见》(以下简称《意见》),《意见》的出台让小学教师和广大家长开始思考如何帮助学生走出应试窠臼,着眼全面发展和持久成长,围绕学生特点进行整体的生涯规划。因此,中小学一体化生涯教育成为当下的基础教育重点和热点。比如,上海的一些小学自2013年开始已在积极建立"启蒙·探索·选择"面向未来的小初高一体化生涯教育体系,构建中小学一体化生涯教育目标与内容体系,并形成了队伍建设、平台建设、课程建设、资源建设等方面的一系列实践研究成果。

泰达教育自2017年3月启动"天津开发区学校现代企业教育"项目以来,回应各项教育政策呼声,积极借鉴和对标先进省市教育榜样,通过"现代企业教育"这一教育品牌将学校与企业进行深度对接,解决本区域高中学校生涯教育和学生新高考选科实践需求,并通过建立全市首个中小学一体化生涯教育课程体系,发挥区域社会经济优势,为天津教育发展贡献自己的力量和智慧。

泰达社会管理委员会现代企业教育项目组

目　录

第一章　电子信息

虹膜识别①

天津经济技术开发区国际学校　　滕翰翔

一、课程设计理念与目标

虹膜特征识别是一项技术含量高,应用范围广、多学科、多领域的高科技技术。只要能够很好地解决图像采集和特征识别等关键技术,该技术的研究将会具有良好的应用前景。

身份是指从行政法律或经济和社会层面确定个人的地位与角色。识别是为了验证个人的真实性,以防止冒名顶替者的非法活动。目前,识别主要依赖于各种文件(如身份证、智能卡等)、个人识别号码(如密码等)和生物识别。

由于识别文件很容易被抄袭、传输或丢失,识别码很容易被遗忘和破解,因此生物识别是目前最方便和最安全的识别技术。它不需要随身携带任何文件。生物识别是一种通过人体固有的生理或行为特征来识别个体身份的技术。[1]常见的生物学特征包括指纹、掌纹、虹膜、视网膜、面部形状、声音、手写体、DNA 和人体气味。其中,虹膜识别是个人识别的重要手段。

虹膜识别技术是近年来基于虹膜在眼睛中进行识别而开发的技术,因为它利用了具有终身不变性和独特性的人体的某些特征。该技术不仅具有高可靠性,而且操作简单快捷。虹膜识别主要应用于安全设备(如访问控制等)和具有高安全性要求的场所[2],该技术为需要高度机密性的站点提供了高级别的安全性。

本课程从生物识别技术的理解出发,介绍了虹膜识别的概念、虹膜识别技术的发展和研究现状,使学生了解虹膜识别技术和其他生物识别技术的优势以及虹膜识别技术的基本原理,并简要分析其应用现状和发展趋势。本课

---

① 本教案为作者与天津中科智能识别产业技术研究院合作开发。

程重点介绍虹膜识别的特点、虹膜识别系统的过程以及虹膜图像采集的基本构成,详细介绍了虹膜图像的检测和虹膜图像的质量评价。

本课程的目标是让学生对人工智能时代的技术给我们带来的巨大变化有一个很好的体验,激发年轻人学习人工智能的兴趣,为今后进一步研究人工智能奠定良好的基础。

二、课程实施设计

(一)前期准备环节

准备活动之一:参观人工智能科普基地

建议时间:1 课时

活动场地:天津中科智能识别产业技术研究院

主讲人员:企业专业人员

课程内容:本节课主要安排学校师生到企业参观人工智能科普基地,让学生很好地体验人工智能时代科技给我们带来的巨大变化,激发年轻人学习人工智能的兴趣,为今后进一步研究人工智能奠定良好的基础。

注意事项:科普讲座在企业进行,学校教师的职责是要事先与企业人员进行沟通,对参观人数、路线等进行筹划;企业人员负责企业参观流程和内容的准备,确保企业参观过程安全顺利。

中国科技智能识别产业技术研究院可以参观的展品包括:远程虹膜识别装置、虹膜识别门禁系统、多面识别演示系统、智能 ATM 取款机、智慧城市安防系统、烟火探测系统、步态识别演示系统、服装检索演示系统。重点参观虹膜识别门禁系统、多人脸识别演示系统、烟火探测系统。(这三个内容均含理论学习、动手实践内容)

准备活动之二:虹膜识别技术介绍

建议时间:1 课时

活动场地:学校教室

主讲人员:企业专业人员

课程内容:本课程主要了解和掌握生物识别、虹膜识别、虹膜识别和研究以及虹膜识别特征的知识,了解生物识别技术的应用和发展现状,初步了解虹膜识别的特点,为下一步学习互动奠定基础。

注意事项:本环节主要由企业讲师负责,在授课之前企业讲师先与校内教师进行沟通,对学生的认知水平和知识储备进行前期调查,在此基础上选择学生感兴趣的课程内容,与教师一起进行教学设计,选择适合的讲授形式,准备相应的课程资源,然后确定具体时间和地点。整个环节中注重学生知识掌握程度的同时还对学生安全进行把控,对不安全因素要及时制止,营造安全舒适的教学氛围让学生在安全的环境中提高知识,激发自学能力。

(二)中期实践环节:虹膜识别技术测试与实践

建议时间:4课时

活动场地:学校教室

主讲人员:学校教师、企业专业人员

课程内容:本课程重点介绍虹膜识别系统流程、虹膜图像采集、虹膜图像预处理、虹膜特征表示和识别的交互和通信,并结合虹膜识别产品进行虹膜图像检测、虹膜图像质量评估、提取和匹配技术的交互式解释。

具体活动内容如下:

第一部分:虹膜图像采集

1.虹膜图像获取

2.几何测距、聚焦检测

3.建立虹膜数据库

第二部分:虹膜边界定位

1.图像滤波

2.边缘提取

3.边界定位

第三部分:边缘点选择

1.虹膜定位的影响

2.坐标下的虹膜边界

3.水平边缘点选择

4.定位改进算法

第四部分:虹膜区域干扰检测

1.轮廓定位

2.睫毛位置定位

3.光斑位置定位

4.仿真实验

第五部分:虹膜特征提取

1.提取方法

2.表示框架

3.识别算法

4.仿真实验

第六部分:虹膜特征匹配

1.相似度

2.分类阀值确定

3.仿真研究

第七部分:虹膜识别性能的改善

第八部分:虹膜图像质量评价

注意事项:此环节是整个课程中最重要的部分,本节知识讲解前,企业人员会根据学生前期的理论接受情况,对学生进行深入引导,让学生了解虹膜识别技术的原理和过程,让学生深入了解虹膜图像获取及处理的运作,期间也会将相关知识形成问题,由学生带着问题下课,下节课带着答案上课,注重课上及课后的互动交流,形成学校、企业和家庭之间的联合教育目标。

增加虹膜识别开发和虹膜识别技术的历史,在各国应用真实案例讲座,激发学生对虹膜识别技术进行头脑风暴。从而开发其他类似的识别系统或者产品,增加整个学习过程中学生的主动性和趣味性,激发他们对于高科技的探索欲望。

(三)实践评价阶段

建议时间:1 课时

活动场地:天津中科智能识别产业技术研究院

课程内容:虹膜识别技术体验活动

通过每个学生对虹膜识别技术的体验,虹膜识别性能评估指标得到了深刻的理解和展示,并且采集设备获取的虹膜图像通常不可能只包含虹膜。眼睛的其他部分通常是眼睑、睫毛、白眼等,并且在高度非侵入性的系统中,因为不需要受试者,图像中光圈的位置和大小将发生变化。在某些情况下,虹膜图像的照度不均匀,这会影响虹膜识别的准确性。

三、学习评价

(一)评价原则

我们对学生的评价应该基于动机,以便学生在不同程度上参与研究后可以看到他们所取得的进步和成就,享受成功的喜悦,这将激发学生的学习和探究兴趣。

(二)评价目的

扩大个别学生的"单元"优势,提高他们的自信心行为;培养学生群体学会欣赏、赞扬他人的行为等,让学生在新知识面前不胆怯,勇于探索新知识、掌握新技能。

(三)评价主体

参与课程互动主要是教师和企业专业人员,他们评估学生在课程互动中的表现和知识。主要通过评估来进一步提高课堂教学效率,在教学中找到一个应该纠正的地方,让教师或企业专业人员反思每个班级的教学效率。

(四)评价周期

每节课进行一次评价。

（五）评价方式

课后复习，完整的虹膜识别系统包括两个主要模块：硬件和软件即虹膜图像采集装置和虹膜识别算法。分别对应于图像采集和模式匹配的两个基本问题。课后要围绕着两个主要问题进行查找，同时对每节课的新知识，课后

图1　教师为学生讲解原理

教师会带领学生过一遍，让学生对新知识有更深刻的印象，最后回归真实场景，如何利用课堂上学到的虹膜知识来解决现实生活中的问题。

四、课程反思

本次与天津中科智能识别产业技术研究院合作实施的课程，开阔了学生的视野，让学生能更深刻地感受到信息技术与现代产业的结合，提高学习科学文化知识的兴趣，并且感受到国家富强，对学生进行了爱国主义教育。在本课程中略有不足的是虹膜识别的原理知识略显枯燥，学生兴趣不高，应当增加学生感受体验的过程与环节，加强学生感性认识的过程。

五、课程拓展与延伸

在本课程中学生感受与接触了虹膜识别，是否可以让学生拓展思维，进行思考，还有哪些智能识别可以再次进行开发与拓展。在电子产品日益发达的今天，让学生搜集并关注身边的智能识别产品，激发他们的兴趣与钻研的精神。

【参考文献】

[1]谌黔燕.网络安全技术实验教程[M].成都:电子科技大学出版社,2007.3.

[2]陈俐君.基于深度学习的虹膜图像加密研究[D].北京:华北电力大学,2017.6.

专家点评:

"虹膜识别"是开发区国际学校与天津中科智能识别产业技术研究院进行

校企合作的一个典型案例。开发区国际学校的课程开发人员与企业教育负责人员通过前期的合作经验及反思构建了现在的"虹膜识别"的课例框架和实施流程。"虹膜识别"借助中科智能识别产业技术研究院的核心产品及相关技术为中学生了解、应用和探索以虹膜识别为代表的身份识别技术进行了细致、深入地课程设计。

这一课例通过对各个国家身份识别技术和典型案例的分析激起学生的研究兴趣,并系统设计让学生亲身实践设计虹膜识别的人工智能技术,模拟身份识别的基本过程。课程设计基于学生现有学习背景,开发和利用了多种学习资源,学习设计结构合理,是一个较好的课程案例。

东北师范大学 李 君

图形化编程带你走进人工智能①

天津经济技术开发区国际学校　张　琰

一、课程设计理念与目标

（一）课程设计起源

人脸识别,指纹识别,虹膜识别,智能机器人,无人驾驶等等这些"人工智能"技术,与普通大众的关系越来越紧密,正在变革着我们的日常生活中。每一种"人工智能"技术都融合了许多技术领域的内容,而程序设计是"人工智能"中不可缺少的一部分。

青少年接触编程,是一个培养"计算思维"的过程,可以提高他们分析解决问题的思维能力,拓宽思维深度。把编程纳入到小学生学习内容已成为一种国际趋势。

在众多的编程语言中,图形化编程平台是零基础学生学习编程最好上手的编程形式之一。通过对图形化编程平台的了解,走近编程,为学生们开启一扇通向未来的大门,既长见识增能力,又可了解一个行业的现状与发展,为将来学习、就业提供一个新的选择方向。

（二）学情分析

本项目活动主要针对小学 3—6 年级学生。大部分学生虽没接触过编程,但对人工智能都有所耳闻,并表现出浓厚的兴趣。他们能理解,使用程序控制机器人,实现人工智能。同时,孩子们对编程也有很高的热情。

---

① 本教案为作者与天津中科智能识别产业技术研究院合作开发。

（三）课程目标

1.学生发展目标

（1）学生初步了解图形化编程。

（2）了解程序设计在实现人工智能操控方面的作用。

（3）感受在程序开发中,团队人员间合作的重要性。

（4）更深地体会到程序设计对未来生活及社会发展的影响。

（5）引导学生对相关职业进行了解,对未来职业发展有初步思考。

2.教师发展目标

（1）提升老师程序设计能力,了解更多科技前沿的知识动态。

（2）提升在教学中对学生的引导、辅助能力,帮孩子们更好地了解编程方面的知识。

二、课程实施设计

课程完成需8课时

课程实施时间:校本课时间

课程实施对象:校本课成员

课程负责人:张琰

涉及企业:天津中科智能识别产业技术研究院

每课课时长:40分钟

三、活动资源与实践条件

（一）企业方面提供的资源

天津中科智能识别产业技术研究院已与学校达成一致,为该活动开展提供大力支持。中科智能根据学校开展活动的具体需求,提供专业培训教师、现场机器人表演、人形机器人操控、青少年创意编程、图形化编程展示、企业发展现状及展望说明等方面的资源和支持。企业专人与项目负责教师进行长期沟通联系,确保项目活动顺利开展。

（二）学校方面需要做的准备

1.加强与企业沟通、协商,双方共同促进活动顺利有效开展。

2.对于活动负责教师所需的外出调研,提供相应的协调与支持。

3.项目负责人确认讲座内容,反馈学习情况,做好学生校内培训工作。

4.学生外出参观需要车辆及随行教师,学校提供相应预案与支持。

（三）家长方面的配合与准备

1.与学生一起安装图形化编程软件,为孩子提供适当的练习编程时间。

2.与教师建立微信联系,及时解决学生编程中遇到的问题。

3.带学生多参观人工智能方面的展览,开拓学生视野。

4.有条件的家庭,可为学生提供可编程机器人。

四、课程实施与活动设计

课程活动共分为四个部分。前期需 1 课时,了解人工智能前沿科技,初步感受程序设计在实现人工智能中的作用;中期需 4 课时,分为两部分,一是走进中科智能识别产业技术研究院,近距离感受"人工智能",体验程序设计在实现人工智能中重要作用(2 课时),二是中科智能讲师走进校园,展示图形化编程的魔幻魅力(2 课时);后期需 2 课时,在学校教师辅导下,学生初步尝试利用图形化编程工具平台自主编程;反馈,1 课时,总结学习收获,进行课程评价反馈。

（一）前期活动:了解人工智能与程序设计

课程时间:1 课时

课程地点:信息技术教室

授课者:学校教师

课程目标:了解人工智能,感受科技对于生活带来的改变,初步体会程序设计在实现人工智能中的作用。

课程内容：

1.导入

（1）展示：人工智能相关图片及小视频。

（2）交流：说说你了解的人工智能。

2.深入

了解人工智能发展进程与现状，感受人工智能与我们生活的关系，初步体会程序设计与人工智能的关系。

（1）观看：人工智能未来科技视频。

（2）交流：与伙伴们说一说你看过视频的感受。

（3）介绍：教师简单介绍人工智能。

◎ 人工智能（Artificial Intelligence），英文缩写为 AI。

◎ 计算机科学的一个分支。

◎ 智能机器：模仿人类处理问题的方式来做出智能反应，完成一些复杂工作。

◎ 研究范畴：智能机器人、各类识别技术（语言、图像、虹膜等等）等等。

◎ 人工智能的理论和技术日趋成熟，涉及学科范畴广泛，应用范围巨大。

◎ 人工智能影响未来科技。

◎ 人工智能的实现方式——编程技术。

（4）简介图形化编程。

图形化编程工具平台，界面很卡通可爱，好上手易学习，超级适合零基础的中低年级学生进行学习。目前有几款较流行的图形化编程工具平台可供同学们选择。

（5）介绍中科智能，并布置参观任务。

◎ 中科智能是智能识别领域高科技成果研发、孵育、转化并产业化的平台。

◎ 收集"人工智能"相关知识，思考自己要提出的问题，并记录下来。

3.课后拓展

（1）与父母交流课上学习的感受，并尝试安装图形化编程工具。

（2）准备参观中的问题。

（二）中期活动一：参观中科智能，打开人工智能之窗

课程时间：2 课时

课程地点：天津中科智能识别产业技术研究院

授课者：企业讲师

课程目标：参观企业，现场机器人表演，人工智能讲座，图形化编程展示等。了解编程语言、人工智能等的发展现状及未来展望。加深对编程的认识，激发深入学习编程的动力。

课程内容：

1.参观准备

（1）安全教育

集体活动，听从教师和讲解人员指挥；参观过程中不大声喧哗，有秩序不拥挤；行车途中系好安全带，晕车同学提前做好预防措施。集合点名，统一上车。

（2）布置参观任务

提前搜集，现场提问，记录答案。参观结束后，写简单观后感。

2.参观活动

（1）中科智能工作人员带领学生参观企业，现场机器人表演，人工智能讲座，可编程电子积木展示等。

（2）简单介绍人工智能开发的流程，让学生感受任何一项工作都是需要付出辛苦，需要团队协作完成的。

（3）预留 15 分钟时间，进行提问交流。学生带好笔记本，进行简单重点记录。教师拍照，录像，以便后期进行知识整理。

（4）参观结束，感谢工作人员，统一返校。

3.参观反馈

写简单收获感悟，及对未来的小设想，200 字左右，后期课程交流。

（三）中期活动二：体验图形化趣味编程

课程时间：2 课时

课程地点:信息技术教室

授课者:企业讲师

课程目标:初步认识图形化编程工具,感受编程的乐趣,激发学生学习编程的兴趣。

课程内容:

1.导入

(1)分享:分享参观活动收获,回味人工智能的奇妙,激发深入探索兴趣。

(2)展示:图形化编程实例展示。

(3)互动:亲身感受图形化编程的识别与控制。

2.初步尝试

(1)了解图形化编程的窗口组成。

(2)认识指令组。

(3)尝试导入角色。

(4)尝试拖动积木,让角色动起来。

3.总结收获

(1)展示编程成果。

(2)说说你对编程有了什么新认识?

4.课外拓展

尝试自己编程。教师提供微信技术支持。

(四)后期活动：图形化编程进阶

课程时间:2课时

课程地点:至诚楼四楼信息技术教室

授课者:学校教师

课程目标:学习常用指令,独立设计完成一个动画效果的小程序。

课程内容:

1.展示分享

(1)执行范例程序"游动的小鱼",学生交流对程序的理解。

(2)布置本课学习任务:学习几组常用指令,完成游动的小鱼程序设计。

2.学习探究

(1)认识几个常用指令:

◎ 移动 10 步

◎ 旋转 15 度

◎ 碰到边缘就反弹

◎ 将造型切换为(造型 a)

◎ 重复执行

◎ 等待 1 秒

(2)这几个指令分别属于哪个指令组?

(3)指令可实现什么操作。

(4)教师演示范例程序,学生直观感受使用不同指令对程序带来的变化。

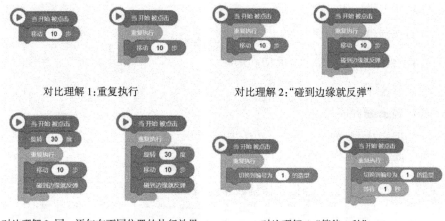

对比理解 1:重复执行   对比理解 2:"碰到边缘就反弹"

对比理解 3:同一语句在不同位置的执行效果   对比理解 4:"等待 1 秒"

图 1 对比理解几种常用指令

(5)再次演示范例程序"游动的小鱼",学生分析可能会用到的语句,并说出理由。

(6)展示完整脚本,请同学们说一说每一指令的作用。

(7)编程尝试:学生尝试自主编写程序并调试。鼓励学生使用新的指令,创意编程。

(8)反馈展示:作品展示欣赏评价。从角色、指令、脚本、运行等方面对进行作品评价。从创新、合作等方面对进行学习评价。

3.拓展学习

(1)多运行范例,体会指令功能。

(2)尝试创意编程,实现不同的运行效果。

(3)与伙伴交流分享,完善自己的小程序,下次课程时展示分享。

(五)反馈活动:总结学习收获,展望未来发展

课程时间:1课时

课程地点:信息技术教室

授课者:学校教师

课程目标:作品展示,学习汇报,为自己的未来打开新的一项选择。

课程内容:

1.作品展示

(1)展示作品,交流程序创意。说说你联系了哪些生活实际。

(2)展示小组推荐的特色作品,伙伴间互评,教师参与评价。

2.收获反馈

(1)通过参观企业与编程学习,你对编程有了什么新的了解和认识。

(2)为自己的体验活动做一个自我评价,分享后期学习规划。

五、学习评价

1.评价原则

激励性评价为主,促进学生良性持续发展。评价引导,激发兴趣,有效学习。

2.评价目的

促进学生积极探索,努力提升自我。

3.评价主体

学生:教师可以直接说明评价标准,也可以实例引导,给学生一个参评标准。注意学生自评与生生互评相结合。

教师:教师评价主要从学习态度,学习表现上进行评价。

4.评价方式

课堂评价：教师评价，生生互评，学生自评相结合。通过交流点评及时评价。

阶段评价：每个阶段单独评价。课程结束时，对学习参与度，练习完成度，个人提升等多层面进行综合评价。

六、课程反思

本活动，通过4次分项活动，共8个课时体验，初步接触人工智能，了解编程知识。在图形化趣味编程学习中，融合多学科领域的知识，综合运用多学科多领域知识，编写出有创意、符合科学规律的程序。通过趣味编程训练学生的编程思维、创新意识，在程序调试的过程中养成一丝不苟、精益求精的学习态度，在程序完成的时候体验经过努力获得成功的满足与幸福。

用图形化趣味编程，与中科智能识别产业技术研究院一起为学生打开一扇通往未来科技的大门。参与学习的孩子们，若干年后，可能就有从事人工智能相关产业的高端人才产生。愿我们的活动，给孩子们带来新体验，新认识，让他们的未来多了一项新选择！

七、课程拓展与延伸

1.利用图形化编程工具平台，学习他人作品，与伙伴交流，提升编程能力。

2.不定期给学生推荐人工智能方面的书籍或网站，让学生可以自主持续学习。

3.结合STEAM教育，将可编程电子积木引入，提升动手能力，培养发现问题、解决问题的能力。

4.进一步加强与企业的联系，为学生们提供更前沿的相关知识。

5.整理制作微课视频，更大范围内开展此项活动。

专家点评：

这个活动方案将企业参观与具体的编程学习结合起来，不仅让孩子们在参观企业时了解人工智能的发展及工程师的工作性质，还通过企业工程师到学校来教授孩子们学习具体的编程技术，将孩子们所见的未来职业景象与当前的可操作可实现的能力相结合,使未来与现在连接,职业认知与现在动手连接,充分体现了现代企业教育对孩子们发展影响的融合性特征。看见未来是为了更好的为未来做准备,融合了当下的未来看见,才是真正有价值和意义的。感谢老师们为孩子们的未来无限可能创造的一切丰富性和实践机会!

东北师范大学　王海英

人工智能与未来生活①

天津经济技术开发区国际学校　张永红

一、课程设计理念与目标

(一)课程设计理念

随着无人驾驶、无人超市、图像精准识别等人工智能技术应用普遍落地,人工智能时代已经到来。2017年国务院印发《新一代人工智能规划》,其中明确指出了人工智能成为国际竞争的新焦点,应逐步开展全民智能教育项目,在大学学科设置人工智能,要求每个学科的学生必须学习人工智能,在中学阶段设置人工智能课程,逐步推广编程教育,建设人工智能学科、培养复合型人才,形成我国人工智能人才高地。同年全国"两会"期间上人工智能首次被写入政府工作报告,上升为我国的国家战略。这要求学生们尽早了解人工智能是如何改变各个行业,如何与各个行业进行结合,能够在未来更好地选择自己的专业。

人工智能爆发的核心在于机器具有了学习能力,所以非常有必要让学生们了解机器是如何学习的,从而更好地理解学习的本质。鼓励学生深入思考自己的学习方式,更多地接触未来科技,体验未来科技给生活带来的改变,有助于学生开阔视野,构建良好的职业规划目标。

(二)课程目标

1.知识与技能

学生了解人工智能和未来科技发展趋势,知道人工智能的基本概念,学

---

① 本教案为作者与天津中科智能识别产业技术研究院合作开发。

会使用计算机语言来解决简单的实际问题。

2.过程与方法

学会举一反三,适度开发个性化的实用型工具与用品,体会程序的编制,建立逻辑性思维方式。

3.情感态度与价值观

学生近距离感知未来科技,亲身体验人工智能带给生活的便捷和好处,开阔视野,感受人工智能技术的魅力,消除对于高科技的陌生感和畏惧感,增强对人工智能发展的向往和对未来生活的追求。

二、课程实施设计

(一)前期准备环节

前期活动之一:校内讲座

1.建议时间:1课时

2.活动地点:学校教室

3.主讲人员:企业专业人员

4.活动内容:介绍中科智能识别技术产业研究院概况、中科院自动化研究所概况,结合中科院自动化研究所的研究方向介绍人工智能的前世今生。人工智能如何影响我们的生活。在讲座的过程中,主讲人员与学生们展开互动,回答学生们心中的疑问和提出的问题。介绍研究院的产品在生活中的应用。

5.注意事项:讲座开始之前,学校教师要和主讲人员做充分的沟通。讲座内容需要企业人员和学校教师共同打磨设计,确保讲座内容的科学性、专业性、适应性。要引导学生带着问题听讲座,提高讲座效果。展示人工智能应用的视频和图片资料,搜集学生最感兴趣的问题,在此基础上进行科普级别的有针对性的说明和解释,引起学生的好奇心和探索欲望,从而对人工智能产生浓厚的兴趣和强烈的求知欲,为今后到企业参观学习奠定认知基础。

前期活动之二:参观企业

1.建议时间:1课时

2.活动地点:企业场地

3.主讲人员:企业专业技术人员

4.活动内容:组织学生进入中科智能识别技术产业研究院进行实地参观考察,使学生对中科智能识别技术产业研究院及其产品有一个初步的认识,了解人工智能中图像识别,虹膜识别在安防、医学等领域的应用。通过参观企业,也可以使学生进一步了解人工智能对我们生活的影响和对各个行业的影响,使学生们对未来学科的选择加强了解。

5.注意事项:根据学生的年龄特点和认知水平,选取远距离虹膜识别、虹膜识别门禁系统、多人脸识别演示系统、智能 ATM 取款机、智慧城市安防系统、烟火探测系统、步态识别演示系统、服装检索演示系统等与学生现实生活关系密切的产品做深入体验活动。在项目组教师亲身体验的基础上,与企业讲师探讨如何组织安排学生的实地学访,设计合宜的学习单,增强教学的目的性,让学生带着问题参观学访,在实践中完成学习任务单。

做好安全教育和安全预案,将安全放在第一位,组织有序。注重学生的文明礼仪教育,做到"敬静净"。引导学生在参观时多思考、多提问、多记录。遇到疑问和感兴趣的问题,参观结束后进行讨论或查阅资料。

(二)中期实践环节

中期活动:利用树莓派及人工智能技术实现物体图像识别

1.建议时间:6 课时

2.活动地点:学校科技教室和企业科研培训基地

3.主讲人员:企业技术人员和学校教师

4.活动内容

(1)初识 Python 计算机语言(第一课时)

◎ 教师简介 Python

Python 已经成为人工智能第一大计算机语言,被浙江省纳入高考、计算机二级考试语言。它是一种纯粹的自由软件,语法简洁清晰,具有丰富和强大的库。它常被昵称为胶水语言,能够把用其他语言制作的各种模块(尤其是C/C++)很轻松地联结在一起。

◎ 学生观摩企业工程师设计 Python 语言

◎ 学生观摩 Python 运行结果

（2）学习 Python 科学计算模块 Numpy 和绘图模块（第二课时）

◎ 教师讲解

Matplotlib 是 Python 的绘图库，它可与 NumPy 一起使用，也可以和图形工具包一起使用，如 PyQt 和 wxPython。

◎ 学生实践

在企业工程师的指导下，小组合作进行简单制图。

（3）学习机器学习的基础知识（第三课时）

◎ 教师讲解

通过线性回归了解机器学习的核心知识点，学习谷歌深度学习框架 Tensorflow。本课程从 Tensorflow 的基本计算结构开始讲起，逐步延伸到深度学习各大神经网络，全程案例代码实战，一步步带领学生入门如何使用 Tensorflow 玩转深度学习。课程风格通俗易懂，快速掌握当下最热门的深度学习框架。

◎ 学生体验

运用程序计算可以识别、判断事物，体验中科智能产业技术研究院工程师带来的先进仪器，将貌似高深莫测的计算机程序演变为触手可及的实体，应用于学生的实际生活。

（4）尝试代码（第四课时）

◎ 教师讲解

课程从基础图、会话、张量、变量等一些最基础的知识讲起，逐步讲到 Tensorflow 的基础使用，以及在 Tensorflow 中 CNN 和 LSTM 的使用。在课程的后面带领学生做实际项目，训练用模型进行图像识别以及验证码识别，并运用在 NLP 中。

◎ 师生协作实践

尝试代码是学习程序如何工作的一种很好的方式，尤其是与人合作时会更加有效，也会更有趣，更有效率。例如，在音乐教育的 Suzuki Method 中，父母和孩子一起参加课程，甚至比孩子学习得更快一点儿，而且能够在课程中帮助孩子。学生通过编程并尝试修改教师提供的每个程序中较小的部分来获得乐趣，例如颜色、形状以及形状的大小。教师提供程序鼓励学生修改代码来构建新生事物。

(5)认识TensorFlow的灵活性和可延展性(第五课时)

◎ 教师讲解

Tensorflow是属于任何人的,不管你的身份是学生、研究员、工程师、开发者、创业者或者等等都可以在Apache 2.0开源协议下使用。其一大亮点是支持异构设备分布式计算,它能够在从手机、单个CPU / GPU以及成百上千GPU卡组成的分布式系统等各个平台上自动运行模型。TensorFlow支持CNN、RNN和LSTM算法,是将复杂的数据结构传输至人工智能神经网中进行分析和处理过程的系统,应用于语音识别或图像识别等多项机器深度学习领域。它表达了高层次的机器学习计算,大幅度简化了第一代系统,并且具备更好的灵活性和可延展性。

◎ 学生实践

学生参照教师提供的程序,尝试修改代码中的数字和文本,观察程序变化。尝试运用新知学习一项新技能并且以新方式解决问题。确保学生玩得来,学得嗨。通过修改内容、保存程序、运行程序、修改错误,从而测试代码。

(6)开源的TensorFlow(第六课时)

◎ 教师讲解

人工智能系统Google开源的TensorFlow官方文档中文版,TensorFlow将完全开源,任何人都可以用。TensorFlow一大亮点是支持异构设备分布式计算,它能够在各个平台上自动运行模型,它可在小到一部智能手机、大到数千台数据中心服务器的各种设备上运行。

◎ 学生观摩

学生小组观摩如何使用智能手机运行TensorFlow。

(三)后期拓展环节

后期活动:拓展提升

1.建议时间:1课时

2.活动地点:企业科技培训基地 + 学校科学教室

3.主讲人员:学校教师

4.活动内容

以小组为单位进行学习成果展示汇报。建立科技成果展示室,以作品、创意、思考、论文、视频等多种形式展示成果。组织师生学习、参观,激励全校师生发明、创造的热情。教师对学生的活动表现进行综合评价。激发学生爱科学的兴趣、学科学热情、用科学的信心,培养学生科学探究精神和动手实践能力。以形成性和发展性评价,根据学生在活动中表现状况,对其学习方法态度和进步情况等进行多样性评价,关注学生发展中的个别差异。在总结评价的基础上,引领学生进行深入的思考和探究,尤其是要促进活动与校内学科课程的融合,促进校内教育和校外教育的协同配合,从而最大程度促进学生的学习和发展。

5.注意事项

在拓展提升环节中,注重帮助学生树立新的学习理念,促进学生学习方式的改变。通过整个活动过程,增强学习的自主意识,培养合作学习和科学探究的意识,引导学生学习综合运用所学知识,创造性地解决具体实际问题的方法。

三、学习评价

（一）评价原则

1.方向性原则

体现新的人才观、教育观和质量观,体现知识经济时代对教育发展的要求,培养学生热爱党、热爱社会主义、热爱祖国、诚实守信、助人为乐的高尚道德品质,终身学习的愿望和能力,良好的心理素质以及健康的审美情趣。

2.客观性原则

坚持实事求是的原则,从学生的实际出发,做出合理的、全面的评价。

3.全面性原则

对评价内容进行全面考核,有根据地做出判断。处理好知识与技能、过程与方法、情感态度价值观的关系,注重加强与社会实际、学生生活经验的联系,考查学生的分析问题、解决问题的能力。

4.科学性原则

遵循教育规律与学生身心发展规律,围绕评价目的,针对具体情况,建立简便易行、利于操作、科学合理的评价体系和评价标准,运用科学、多样、灵活的评价方法实施评价。

5.发展性原则

充分尊重人的发展性与特殊性需要,注重评价的内容多元、方法多样。既要重视学生的学业成绩,又要重视学生思想品德以及多方面潜能的发展,注重学生的创新能力和实践能力培养,促进学生的自主发展。

6.参与性原则

加强学生之间、学生和教师及家长的对话与交流,增进理解与沟通,营造良好氛围,促进学生的自我完善和民主、平等、理解、和谐的学校文化的形成。

(二)评价目的

检验教学效果,诊断教学问题,提供反馈信息,引导教学方向,调控教学进程。

(三)评价主体

学生自评、学生互评、家长评价、教师评价。

(四)评价周期

每学期进行一次评价。

(五)评价内容

学习态度、学习能力、团队合作能力等评测点的考核。(见表1)

表1 "人工智能与未来生活"课程学生学习综合评价表

综合评价	评价项目	自评	互评	家长评	教师评
	1.对课程的兴趣、求知欲和探究精神				
	2.对知识的掌握				
	3.对活动过程、方法的体验				
	4.与人合作与环境相处的态度和表现				

四、课程反思

本课程契合学情与师情,有效地实现学科前沿知识的传递。教师与时俱进不断学习,适应学科领域的快速发展。学生也需要不断接触尖端科学领域发生着的变化,发挥每个孩子之所长,令其思维、智力和才能各有其独特的发展道路。传统课程设置面较为狭窄,不能很好地满足学生个性化需求。为了让每位学生都能实现个性化发展,学校必须通过个别化、多元化的拓展性课程,来培养学生肯定自我、创新思维、不断超越自我的精神,以及学生合作、动手、探究、创新等方面的能力,为学生的个性化成长开启另一扇窗。

五、课程拓展与延伸

就小学科学课程而言,课程标准将学科定位为培养小学生科学素养,其基本理念之一是"科学课程应具有开放性"。提升小学生的核心科学素养是一项大工程,这个工程中必须有科学课的教学,当然也离不开科学拓展性课程的辅助。拓展性课程是基础性课程的拓展与延伸,它在基础知识、基本能力的深广度等方面加以拓展对思维能力、实践能力和学习方法训练等方面加以强化,同时可以因材施教,满足不同层次学生对本学科的真正需求。

作为新时代的师生,我们顺应时代的发展,整合学科专题型探究。既拓展了生活经验,又把教学目标做出提升,让学生能学有所用,真正让科学服务于生活。拓展课外延伸型探究,以利学生个性化发展的需求。

六、活动资料

图 1　黄小龙教官认真辅导学生　　　图 2　学生细心观察创新作品

图3 国际学校学生获人工智能奖

专家点评：

"人工智能与未来生活"是开发区国际学校与中科智能识别产业技术研究院进行校企合作的一个典型案例，双方在前期合作经验的基础上对课程设计进行了深入的反思和研讨，形成了现在的课程设计框架。这一典型课程案例立足于学生对人工智能这一领域的探索和学习，借助企业丰富的硬件和软件资源，在企业导师的引导下一步步揭开了人工智能在现实生活的应用的"神秘面纱"，激发了学生的探究欲望，并通过对人工智能常用语言的学习，使学生经历了对人工智能的设计与展示过程。课程设计基于学生现有学习背景，开发和利用了多种学习资源，学习设计结构合理，是一个较好的课程案例。

东北师范大学　李　君

走近电装,感受科技力量[①]

天津泰达实验学校　赵法强

天津经济技术开发区第二中学　马　媛

一、课程设计理念与目标

(一)课程设计理念

现代汽车电子控制技术是把电子技术和汽车融为一体的机电一体化技术。面对能源紧缺和环境污染等问题,为了满足人类对安全、舒适、方便等性能的要求,在汽车产品中开始逐渐地采用电子技术。电子技术、计算机技术、电子传感器技术的快速发展,让汽车电子控制成为现代汽车的主要发展趋势。

现代汽车在动力方面、经济性和安全性方面的逐步提高都依赖于电子控制技术的广泛应用,不仅推动了汽车工业的发展,还开拓了电子产品的市场,从而推进了电子工业的发展。因此,想振兴汽车工业,发展汽车电子控制的创新技术,加快汽车电子化速度才是重要手段。

通过该课程的学习学生可以初步掌握各种汽车电子控制系统的基本结构、工作原理和性能要求等知识,同时增强对相关物理知识点的理解。

(二)学情分析

汽车电子控制技术使一门专业的课程,它有很强的理论性和实践性。由于电子控制技术涉及的知识广、电子产品种类繁多、功能各不相同,学生普遍感觉深奥难懂,但大部分学生都具有很强的好奇心和探索欲望,通过实践与

---

① 本教案为作者与天津电装电子有限公司合作开发。

动手操作逐步体会物理中相关的知识在汽车电子控制技术中的作用。

（三）课程的价值与目标

1.学生发展目标

（1）知识与技能：了解汽车电子控制产品的生产过程，动手制作简单的零件，增强学生对相关物理知识点的理解，合理运用到自己的动手实践中。

（2）过程与方法：通过观看具体过程、动手实践等活动，体会物理知识在电子控制产品中的作用。

（3）情感、态度与价值观：提高学生对汽车知识的兴趣、探索欲，培养进行科学实践的勇气，意志力和耐心，激发学生创造力，提高创新意识和团队协作意识。

2.教师发展目标

通过活动课程设计与实施，提高教师对现代企业教育的兴趣和热情，增强教师课程资源整合能力。在活动组织中，提高指导学生进行综合实践的能力。激发教师活动热情、积累教师教学经验，尝试跨学科教学资源、活动整合，形成教育教学智慧，促进教师专业发展。

二、课程实施设计

（一）课时规定

6课时，每课时45分钟

第一学时：开展讲座，了解常见车型与产品。

第二学时：参观生产线。

第三学时：动手拼装遥控车。

第四学时：学生感悟及交流。

（二）课程资源

学校：创客空间教室、活动时间、多媒体设备、参与教师等。

企业：活动材料、PPT、专业技术人员。

三、课程实施建议与活动设计

(一)第一学时：了解常见车型与相关电子产品

建议时间：1 课时

活动场地：天津电装电子有限公司

主讲人员：企业专业技术人员

教学目标：通过对常见车型与相关电子产品的介绍，引领学生们一步步加深对汽车电子控制行业的了解。

图1　参加讲座

活动内容：由企业人员讲述天津电装电子企业这几年的发展历程，以公司发展历程去探测现代汽车电子控制技术行业的发展方向。了解汽车电子行业不仅市场份额逐年加大，其技术创新与发展更是推动汽车产业发展的核心动力之一。与行业欣欣向荣相密切关联的是对相关行业人才的需求，例如人工智能、软件开发、自动化等方面。

利用 PPT 向学生展示汽车电子技术的内容与作用。从应用层面来看，汽车电子可以分为电子控制系统（Electronic Control Systems）和车载电子装置（Electronic Devices）两大类。汽车电子控制系统一般与机械装置配合使用，直接影响汽车的整车性能、安全性和舒适性。车载电子装置一般不直接影响汽车的运行性能，通过提高智能化、信息化和娱乐化程度来增加汽车附加值。

(二)第二学时：参观生产线

建议时间：1 课时

活动场地：天津电装电子有限公司

主讲人员：企业专业技术人员

教学目标:

1.通过对生产线的参观,了解核心产品每步的生产过程,解开汽车神秘的面纱。

2.观察企业不同岗位工作人员的工作内容和环境,了解不同岗位对工作人员的专业和技能要求。

活动内容:由企业人员带领学生走入生产车间,参观过程中请企业专业人员进行实时讲解。了解汽车电子产品从设计研发到生产的整个流程。

图2　参观生产线

在不影响企业正常工作的情况下,由企业人员带领学生观察不同岗位工作人员的工作内容和状态,并由企业人员介绍各个岗位对专业和技能的大致要求。

在参观时,学生对所观察内容进行记录。在参观结束后,由工作人员对学生在参观时所产生的问题进行统一的解答。

(三)第三学时:拼装遥控汽车

建议时间:3课时

活动场地:天津电装电子有限公司

主讲人员:企业专业技术人员

教学目标:

1.通过动手组装小汽车,培养学生动手操作能力与小组合作能力,体会制造的魅力。

2.通过亲手体验"汽车的大脑——电子控制单元"的焊接过程,了解ECU的工作原理,增加物理相关知识。

3.通过组装汽车与电子元件,初步感受汽车电子控制系统一般与机械装置配合使用,加深大家对科学探索的兴趣。

活动内容:

(1)分组:3—4人一组,七八年级均衡分组。

(2)企业技术人员详细讲解组装汽车的具体步骤,在了解汽车构造和原理,熟悉各个部分的结构及其功能之后,学生小组进行汽车组装。

(3)企业人员讲解ECU的工作原理以及焊接电子控制单元的详细过程。学生通过小组合作完成焊接电子元件步骤。若学生焊接失败,鼓励学生与指导者共同探讨失败原因,并再次进行尝试。

(4)完成前两个步骤之后,由企业人员演示组装遥控车的过程。学生小组共同完成组装任务。

(5)在遥控汽车完成后,由学校教师组织学生共同讨论,在整个过程中,应用了哪些课本上的知识。

图3　动手组装小汽车

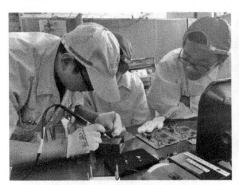

图4　学习焊接电子控制单元

图5　组装遥控车

(四)第四学时:活动总结与反思

建议时间:1课时

活动场地:教室

教学目标:通过每个小组从不同的角度和切入点谈对此次课程的想法和感悟。

活动内容:以小组为单位进行学习成果展示和汇报总结,展示的成果可以是小组设计的电路图或者是实物图,也可以是学习心得、论文等形式,教师要对学生的活动表现进行综合评价。评价的目的是为了激发学生爱科学的兴趣、学科学的热情、用科学的信心,培养学生的科学探究精神和动手实践能力。

四、学习评价

(一)评价原则

评价以鼓励为原则,激励师生对技术设计学习的兴趣和积极性。

(二)评价目的

评价的目的是为了激发学生学习课程的兴趣和热情,培养学生的观察、探究精神和动手实践能力。评价应以发展性评价为主,根据学生在活动中表现状况,对其优缺点、学习方法态度和进步情况等情况进行多样性地评价,关注到学生发展中的个别差异。在总结评价的基础上,引领学生进行深入的思考和探究,尤其是要促进活动与校内学科课程的融合,促进校内教育和校外教育的协同配合,从而最大程度上促进学生们的学习和发展。

(三)评价主体

采用教师评价和学生互评相结合的方式,进行学习评价。

(四)评价周期

课程结束后运用一堂课(45分钟)的时间进行评价。

(五)评价方式

1.小组汇报、学生评价:通过小组汇报的方式进行小组评价,学生以小组为单位完成学习报告,小组间进行展示,学生互评。

2.教师评价:教师建立学习成果报告,展示学生的成果,同时教师对学生的活动表现进行综合评价。

五、课程反思

深挖企业课程资源,开发区的科技企业特别多,而且种类特别齐全。讲座和参观只是科技企业进校园的一种形式,今后还可以开发更多形式的活动,让学生接触更多先进技术、更多的实践机会,使学生通过参观、实践、体验,更加深切的了解企业的生产工艺、设计及管理,感受企业文化。

专家点评:

"走进电装,感受科技力量"课程方案紧密围绕着汽车电控这个主题,针对中学生的发展特点进行了系列的活动设计。课程方案充分利用区域企业资源,将科学教育、生涯教育融入活动方案中,活动目标清晰,课程内容与过程也较为具体。建议在未来的活动设计中增加学生提问与反思的环节,结合学生特点扩展活动广度与深度,采取更为丰富的手段对活动进行评价。

东北师范大学 刘芳晴

第二章　汽　车

慧眼识"长城"，巧手拼"汽车"①

天津经济技术开发区第二小学　马莹莹

一、课程设计理念与目标

（一）设计理念

"慧眼识'长城'，巧手拼'汽车'"活动将以视觉、听觉、触觉等参与方式教育启发学生，使小学生认识、了解近代汽车的历史与变迁，了解汽车的品牌、结构、工作原理以及汽车运动的有关知识。

（二）学情分析

小学3—6年级学龄儿童是想象力与创造力处于即将活跃时期，他们已经具有一定的动手能力和审美能力。这一学龄阶段的学生好奇心强，活泼好动。随着小学生认知水平的发展，他们对周围的生活更熟悉了，也会更加关注，好奇心使他们愿意运用自己的感官去探究、去发现。

二、课程的价值与目标

（一）知识与技能

了解汽车知识，提高他们的动手能力、创新意识。

（二）过程与方法

了解了长城汽车厂的历史发展，以及汽车从研发到设计到组装最后出产

---

① 本教案为作者与长城汽车股份有限公司天津哈弗分公司合作开发。

的各个环节。

(三)情感态度价值观

增加学生与他人的交流,提升了观察力、辨别能力和归类能力。

三、课程设计与实施过程

(一)企业方面提供的资源

长城汽车公司按照我校开展活动的需要,提供相应讲座、参观时间项目、活动地点、专业人员、资料设备等方面的资源和支持。

(二)学校方面需要做的准备

结合我校活动开展的需要,进行长城公司汽车知识的内培训和其他教师的培训,对活动开展的基本思路和实施细节展开充分的动员和讨论。学校与企业沟通,学校除了方案和人员、场地、设施等方面,还需要做哪些准备。

(三)家长方面的配合和准备

了解家长对于汽车知识学习系列活动的态度,邀请家长参与到活动设计中来,认真听取家长的意见,争取家长的支持,帮助学生在活动前对该领域有所了解。

四、课程实施建议与活动设计

课程总共分为三个部分来进行研究,分别是前期引入课程主题、中期长城汽车走入学校、后期课程的评价与反馈。

五、课程实施设计

(一)启蒙课一:深入贯彻立德树人——慧眼识"长城"

课程时长:40分钟

课程地点:学校班级

授课者:学校教师

课程目标:

1.知识与技能:激发学生对汽车的兴趣,科普有关汽车的知识。

2.过程与方法:了解汽车的历史,了解我国汽车的发展,尤其是长城汽车的发展过程。

3.情感、态度、价值观:知道长城汽车的几个系列和在中国汽车制造行业的地位,培养学生的爱国情感。

课程主要内容:

1.读书分享会

导入:播放长城汽车董事长魏建军视频

同学们,你们知道这个爷爷是谁吗? 也许你们对他并不熟悉,他就是前面我们了解的长城企业创始人魏建军先生。你们想知道他的故事吗?(想)下面跟随老师一起来走近长城,走近魏建军。

下面我们来找同学阅读"第十章 南北并购,突围走麦城",读后我们来说说你有什么感受。(学生阅读并交流)

2.交流心得

听了这么多同学的交流心得, 最突出的感受就是他们的企业家精神,尤其当困境与失败降临时,他们没有退缩,没有一蹶不振而是直面困难迎难而上。同学们,你们在学习和生活中是一个不怕失败,敢于克服困难的孩子吗?下面我们来做个小游戏检验一下。

3.夹乒乓球比赛

(材料展示)首先老师介绍一下比赛规则:参赛同学用筷子将乒乓球从一个盘子夹到另一个盘子。规定时间内(五分钟)夹的多的为获胜者。(学生分组进行比赛)

好了时间到,获胜者请举手,你是怎么做到的。(学生自由作答)失败者举手,你的心情和当时的想法如何。(学生自由作答)

(1)你在学习中,有过失败吗? 说说你当时的心情如何?

(2)你在生活中,有过失败吗? 说说你是怎样战胜失败的?

（3)通过读书我们知道,魏建军作为一个军人从未临阵脱逃过,那么你在失败面前当过"逃兵"吗? 今后碰到类似的失败,你还逃跑吗? (学生自由作答)

4.总结

其实在日常学习、生活中,不如意的事时常发生。面对失败有两种态度:一是心灰意冷,自暴自弃;另一种是敢于正视失败,主动寻找失败原因,并给自己制定新的"作战"计划,为以后重新取得优秀的成绩创造了充分的条件。老师相信你们都遇到过失败,也想战胜失败,那么我们就要坦然面对,冷静思考,像这些企业家一样不畏困难与失败,勇敢前行。

5.我的启示

表1　读书分享会心得记录表

读书分享会心得
《长城是怎样炼成的》这本书讲述了:
我的收获:
今后我要怎样做:

(二)中期课:汽车基础知识(3至6年级)

课程时长:40分钟

课程地点:学校班级

授课者:长城汽车企业工程师

课程目标:

1.知识与技能:了解汽车的四大基本结构,知道汽车各部分的功能和作用。

2.过程与方法:能够简单说出汽车零部件的位置,解答之前通过预习提出的有关汽车的问题,完成学习卡片。

3.情感、态度、价值观:发展学生研究汽车的兴趣,培养动手操作能力。

课程内容:

1.游戏导入:器官大揭秘

同学们,你们知道吗? 其实汽车和我们人类的身体一样也是有一定结构和功能的,请根据你对汽车知识的掌握和前面我们对长城汽车企业的了解,说出你所知道的汽车结构,老师帮你记录下来,比一比谁知道的最多(学生自由作答,教师记在黑板的班级记录单见表 2 上)。

表 2　班级记录单

班级记录单	班级:
汽车的身体:	
发动机:1 个	车轮:4 个
底盘:1 个	变速器:1 个
车身:1 个	后视镜:2 个
车灯:2 个	

你们可真棒,但是一辆汽车的身体仅仅包括这几个部分吗?(不是)其他结构如何?想知道吗?(想)那么今天我们就跟随长城汽车企业的工程师一起来学习汽车的基础知识。汽车的基本结构分为以下四部分(展示 PPT)。

(1)发动机

发动机就像是汽车心脏,有了它,汽车才有了动力。现代汽车的发动机主要都是内燃机,燃料有汽油、柴油、天然气和液化石油气等。

(2)底盘

下面我们来了解汽车的第二部分:底盘。

底盘由传动系统、行驶系统、转向系统和制动系统四部分组成。

传动系统:主要是由离合器、变速器、万向节、传动轴和驱动桥等组成。

离合器:其作用是使发动机的动力与传动装置平稳地接合或暂时地分离,以便于驾驶员进行汽车的起步、停车、换挡等操作。

变速器:用于汽车变速、变输出扭矩。

行驶系统:由车架、车桥、悬架和车轮等部分组成。基本功用是支持全车质量并保证汽车的行驶。

转向系统:由方向盘、转向器、转向节、转向节臂、横拉杆、直拉杆等组成,作用是转向。

制动系统:机动车的制动性能是指车辆在最短的时间内强制停车的效能。

(3)汽车车身结构

除此之外我们来了解汽车的重要结构:车身。这部分主要包括:车身壳体、车门、车窗、车前钣制件、车身内外装饰件和车身附件、座椅以及通风、暖气、冷气、空气调节装置等等。

此外,车身壳体是一切车身部件的安装基础,通常还包括在其上敷设的隔音、隔热、防振、防腐、密封等材料及涂层。

车门通过铰链安装在车身壳体上,其结构较复杂,是保证车身的使用性能的重要部件。这些钣制制件形成了容纳发动机、车轮等部件的空间。

(4)此外汽车还有汽车电子控制系统

基本由传感器、电子控制器、驱动器和控制程序软件等部分组成,与车上的机械系统配合使用,并利用电缆或无线电波互相传输讯息,即所谓的"机电整合"。汽车电子控制系统大体可分为四个部分:发动机电子控制系统、底盘综合控制系统、车身电子安全系统、信息通信系统。

同学们,学习了汽车的基础知识,相信大家对汽车的结构已经有所了解,下面,我们来把班级记录单完善。为了检验我们的学习成果,我们一起来做个小游戏,想参加吗?

2.游戏活动1:拼汽车

出示几组汽车零件的图片,通过刚才的讲解,让学生分别把零件和其对应在汽车的位置进行连线,逐渐把整个汽车拼装起来。

同学们,刚才的拼图活动大家完成的都非常好,可以看出大家对汽车结构基础知识学习得很扎实,但是拼图毕竟是平面的,同学们想不想亲自组装一辆汽车?下面,让我们来自己装配汽车。

3.游戏活动2:装配汽车

 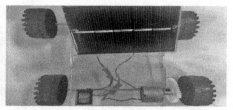

图1　连接电路　　　　　　　　　图2　成品

4.答疑解惑

同学们,相信这节课大家已经满载而归,下面你们可以按照记录卡之前预习的问题,向工程师提问,并把答案书写下来。

(三)后期课:反馈评价

课程时长:40分钟

课程地点：学校班级

授课者：学校教师

课程目标：

1.知识与技能：整理反馈本课程的活动效果，学生彼此交流学习心得。

2.过程与方法：注重交流与分享，组内交流展示学习卡片，组评和以班级为单位推选优秀学习卡片进入年级交流。

3.情感、态度、价值观：拓展延伸，激发学生对设计及科技的兴趣。

课程内容：

1.组内交流

以第一节课结束时学生选择的汽车结构卡片为分组标准，进行组内经验的交流。

2.组间相互展示

不同的小组，展示交流学习到的内容。

3.拓展活动，设计未来的车

(1)按照自己所选择的汽车结构，设计未来汽车的特点。

如：底盘可以……发动机的新功能有……车身新功能的独特造型有……

(2)在充分交流的基础上将不同的设计组和在一起，形成一辆未来的车。组内绘制，可展示交流或参加科幻画等比赛。

六、课程学习评价

(一)基本原则

1.激励性原则

开展激励性评价，呵护学生的自信心，充分调动学生学习的主动性和积极性，在授课过程中积极与学生互动，对参与讨论或提问的学生给予奖励，我们可以采取抽奖的形式，回答问题正确的孩子可以获得抽奖机会，领到一份小奖品。

2.过程和结果统一原则

注重过程，要重视学生学习过程中所表现出来的学习态度和对运用的学习方法,重视学生在发现问题、提出问题和解决问题过程中的智能综合、思维运用和见解创新。

3.全面性原则

关注通过讲座学生对于知识的掌握程度,而且关注学生的求知过程、进步状况和努力程度,评价其情感态度与价值观。

(二)评价目的

帮助授课教师了解学生学习的情况,对内容的理解程度,通过学习反馈卡片,评价学生已经掌握的知识,对待课程学习的态度,激发学生对科学对汽车的学习兴趣。

(三)评价方法

1.关注学生课堂及参观表现,能否认真听讲,积极参与活动,认真思考,态度端正。

2.收集学生的学习卡片,根据卡片填写情况,对学生的学习成果进行评价。

七、课程反思

通过本课程的深入学习,学生们对长城汽车史、汽车的基本结构、长城汽车的企业文化有了充分的了解,也对汽车未来的发展方向有了明确的认识。在此过程中,任务卡、学习卡的设置充分锻炼了学生的记录能力、汇报、总结、交流能力;小游戏的安排使学生在无意识学习过程中丰富了汽车知识、拓展了汽车方面的视野;设计未来汽车的活动既是对前面课程所学知识的总结和运用,又可以联系所学科学知识,充分发挥学生的创造力和想象力,全面提高学生的核心素养。

本次课程反思如下:

(一)本次课程的实施,充分发挥了学生的主体地位,但是在学生已知的汽车知识、认知水平还要进行深入了解。

(二)应充分做好学情分析,为学生真实获得设计课程。以培养学生的小组合作、交流、汇报能力,培养科学探究精神。

(三)在此过程中,我们可以获得家长的支持,积极让学生家长参与到我们的课程和活动中来,这样可以全面了解学生的兴趣,对一些学生所需知识的不足有更充分的认识。

八、课程拓展与延伸

校园楼道内展报展出学生学习卡片、科幻画等。

组织学生参加汽车知识小问答比赛。

结合其他课程,如美术课,劳动课等继续进行课程的探索和延伸。

专家点评:

本课程设计范围较广,从年段角度是包含了1—6年级,从知识角度了解了长城车的历史与现状、机械与安装,同时还涉及了创造性的思考。课程设置对于学生的收获应该是很大的。天津经济技术开发区第二小学的马莹莹老师在设计的过程中付出了很多,开始是把1—2低年段和3—6中高年段分开设计,后来再三考虑又整合在了一起,目前来看,只有中期课程有所区别,也是可以的。此课程具备了一定实施条件。

东北师范大学 吕 丽

中国造,长城车[①]

天津经济技术开发区第二小学　马莹莹

一、课程设计理念与目标

(一)设计理念

"中国造,长城车"活动将以视觉、听觉、触觉等参与方式教育启发学生,使小学生认识、了解近代汽车的历史与变迁,进而体会汽车科技、汽车文化的特质与内涵。在老师以及工程师的介绍下,孩子们可以了解汽车的品牌、结构、工作原理,以及汽车运动的有关知识。

(二)学情分析

小学 3—6 年级学龄儿童是想象力与创造力处于即将活跃时期,他们已经具有一定的动手能力和审美能力。这一学龄阶段的学生好奇心强,活泼好动。随着小学生认知水平的发展,他们对周围的生活更熟悉了,也会更加关注,好奇心使他们愿意运用自己的感官去探究、去发现。

二、课程的价值与目标

(一)知识与技能

认识不同品牌的车,发现车上的不同数字、文字、标志和图像等信息。了解它们的意义,增加小学生与他人的交流,提升观察力、辨别能力和归类能力。

[①] 本教案为作者与长城汽车股份有限公司天津哈弗分公司合作开发。

（二）过程与方法

课堂授课,参观装配车间和汽车展示厅,了解了长城汽车厂的发展历史,以及汽车从研发、设计到组装最后出厂的各个环节。

（三）情感态度价值观

了解汽车知识,提高他们的动手能力、创新意识。了解民族汽车工业的发展,立志振兴中华。

三、课程实施资源

（一）企业方面提供的资源

长城汽车公司按照我校开展活动的需要,提供相应讲座、参观时间项目、活动地点、专业人员、资料设备等方面的资源和支持。长城企业的负责人或联系人与我校负责老师或联系人建立常态的沟通互动。

（二）学校方面需要做的准备

结合我校活动开展的需要,进行长城公司汽车知识的内培训和其他教师的培训,对活动开展的基本思路和实施细节展开充分的动员和讨论,集思广益。学校与企业沟通,学校除了方案和人员、场地、设施等方面的准备,还需要做哪些准备。

（三）家长方面的配合和准备

了解家长对于汽车知识学习系列活动的态度,邀请家长参与到活动设计中来,认真听取家长的意见,争取家长的支持,帮助学生在活动前对该领域有所了解。

四、课程实施设计

课程总共分为三个部分来进行研究,分别是前期引入课程主题、中期长城汽车走入学校、后期课程的评价与反馈。

前期课:启蒙课

课程时长:40分钟

课程地点:学校班级

授课者:学校教师

课程目标:

1.知识与技能:激发学生对汽车的兴趣,科普有关汽车的知识。

2.过程与方法:了解汽车的历史,了解我国汽车的发展,尤其是长城汽车的发展过程。

3.情感、态度、价值观:知道长城汽车的几个系列和在中国汽车制造行业的地位,培养学生的爱国情感。

课程主要内容:

1.游戏导入:猜车标活动

老师这里有一些汽车车标,谁愿意上来说说都是什么品牌,并把国产的品牌挑出来(比亚迪、红旗、长城、奇瑞、江淮、众泰等)。这个(出示长城汽车标志)是什么品牌的汽车?(长城)谁家里有?举手让大家看看。你们知道长城品牌的意义吗?谁来猜一猜?(学生自由作答)

同学们知道的可真多,下面老师给大家补充介绍一下长城汽车。

出示长城汽车车标,以及长城汽车公司的简介。(播放长城汽车PPT和宣传片)

长城汽车是中国首家在香港H股上市的整车汽车企业、国内规模最大的皮卡SUV专业厂、跨国公司。下属控股子公司30余家,员工60000余人,目前拥有6个整车生产基地(皮卡、SUV、轿车),2015年达到180万辆产能。具备发动机、变速器、前桥、后桥等核心零部件自主配套能力。长城汽车两次入选福布斯中国顶尖企业100强;连续4年蝉联荣列"中国500最具价值品牌",是目前中国自主品牌中最先大量出口国外市场的品牌。

核心文化:"每天进步一点点"被确定为长城汽车企业文化的核心理念

核心价值:诚信、责任、发展、共享

长城精神:狼兔精神

具有像狼一样敏锐的市场反应能力,有事事争先的主动进攻意识;

具有像兔一样强烈的生存意识和危机意识,有机智灵活的快速反应能力。

2.了解汽车的发展历史

同学们,早上坐车来上学的举手老师看看。但是几百年,几千年前的人们可没有这么方便了。那么汽车是发明的? 从什么时候开始发展起来的呢? (学生自由作答)同学们想知道吗? (播放世界汽车发展史 PPT)

3.中国汽车的发展历史

同学们,经过老师的介绍,相信大家已经对世界汽车发展史有所了解,那么我们国家第一辆汽车是什么样的? 它是什么品牌? (学生自由作答)虽然我国汽车行业起步晚,但是发展迅速,对此我们深感自豪,下面我们来看一看我国汽车产业的发展历程。(播放中国汽车发展史 PPT)

4.布置课后学习任务

了解了这么多有关汽车的知识,你们掌握了吗? 猜一猜这是哪里。(出示长城汽车天津开发区园区照片)长城汽车就建在咱们开发区,想不想去参观汽车制造厂? 想去看什么呢? (学生自由作答)想要了解汽车,先要认识汽车的主要结构。(出示汽车结构 PPT)

同学们,汽车结构包括这样几部分:汽车车身、发动机、底盘、和电气与电控。你们想不想像科学家那样做研究? (想)想研究哪部分? 老师这里有学习卡片,大家可以来领取不同部分的学习卡片。下节课,会有长城汽车的专业工程师来向同学们进行讲座,解答同学们提出的问题,大家期待吗? (期待)

请同学们回家仔细想好自己的问题,做好卡片知识的预习。(见表1)

表1　长城汽车知识学习卡片

长城汽车知识学习卡片　　班级:　　姓名:
我想知道的问题是:
我猜想答案可能 / 依据是:
参观后得出的结论是:
我还有其他发现:

中期课:长城汽车企业园区参观(1—2 年级)

课程时长:60 分钟

课程地点:长城汽车企业园区

授课者:长城汽车企业工程师

课程目标:

1.知识与技能:

参观长城汽车厂区,了解部分零件的生产过程。

2.过程与方法:

了解长城汽车生产分工、生产过程,加强安全教育,增强安全意识。

3.情感、态度、价值观:

了解长城汽车的企业文化,激发民族自信心、自豪感。

课程内容:

1.引出主题,激发兴趣

师:同学们你们想不想看看真正的汽车是怎样制造的?

生:想。

师:一会儿老师带着大家一起去长城企业看一看,学习一下汽车的制造流程。

参观前指导:

在我们开始参观之前,老师要提几个小要求:

(1)不能随意走动,要跟随老师和工厂员工走人行便道,过马路请走人行横道。

(2)迎宾馆内展台玻璃光滑易碎,不能踩踏及触摸展车。

(3)不能在展车或展板上涂抹乱画。

(4)因车间内常有备件物流车经过,进入车间后,一定要服从老师的指挥,走安全参观通道。

(5)大家不能进入绿色生产作业区域,不得与现场工作人员交谈。

(6)任何同学不能触摸车间内存放的零部件及器具。

(7)时刻保持安静,展现我们一二年级小朋友的精神风貌。

大家能做到吗?(能)

2.长城汽车企业园整体介绍

此部分由长城工作人员简单介绍长城汽车天津公司概况。

(1)参观车间厂房,了解汽车的制作过程

工程师讲解:其实汽车的制造虽然复杂,但并不神秘,简单来说汽车的生产流程,大致分五个部分:冲压—焊接—涂装—总装—PDI(售前检查)。经过涂装的车身在内饰部门组装内饰,比如仪表、玻璃、坐椅、线路等。底盘部门将发动机、变速器、驱动桥、轮胎等装在底盘上。

下面请同学们跟我一起参观部分汽车零件的组装车间。

(2)长城企业文化展厅

同学们,通过我们的参观学习,相信大家对长城汽车的制造过程已经有所了解,想不想看看长城公司的发展史?(想)参观长城汽车发展史,听工作人员讲解长城汽车公司企业文化。

3.提问互动环节

下面各小组讨论交流,并填写学习卡片(对比启蒙课一的提问表格)与企业人员交流问题。(见表2)

表2　讨论交流记录表

说一说: 我学到了什么?	写一写: 假如我是汽车工程师	画一画: 我设计的汽车

后期课:反馈评价

课程时长:40分钟

课程地点:学校班级

授课者:学校教师

课程目标:

1.知识与技能

整理反馈本课程的活动效果,学生彼此交流学习心得。

2.过程与方法

注重交流与分享,组内交流展示学习卡片,组评和以班级为单位推选优秀学习卡片进入年级交流。

1.情感、态度、价值观

拓展延伸,激发学生对设计及科技的兴趣。

课程内容:

2.组内交流

以第一节课结束时学生选择的汽车结构卡片为分组标准,进行组内经验的交流。

3.组间相互展示

不同的小组,展示交流学习到的内容。

4.拓展活动,设计未来的车

(1)按照自己所选择的汽车结构,设计未来汽车的特点。

如:底盘可以……发动机的新功能有……车身的独特造型有……

(2)在充分交流的基础上将不同的设计组和在一起,形成一辆未来的车。

组内绘制,可展示交流或参加科幻画等比赛。

五、课程学习评价

(一)基本原则

1.激励性原则

呵护学生的自信心,充分调动学生学习的主动性和积极性,在授课过程中积极与学生互动,对参与讨论或者参与讲座提问的学生给予奖励,我们可以采取抽奖的形式,回答问题正确的孩子可以获得抽奖机会,领到一份小奖品。

2.过程和结果统一原则

注重过程,要重视学生学习过程中所表现出来的学习态度和对运用的学习方法,重视学生在发现问题、提出问题和解决问题过程中的智能综合、思维运用和见解创新。

3.全面性原则

关注通过讲座学生对知识的掌握程度,而且关注学生的求知过程、进步状况和努力程度,评价其情感态度与价值观。

(二)评价目的

帮助授课教师了解学生学习的情况,对内容的理解程度,通过学习反馈卡片,评价学生已经掌握的知识,对待课程学习的态度,激发学生对科学对汽车的学习兴趣。

(三)评价方法

1.关注学生课堂及参观表现,能否认真听讲,积极参与活动,认真思考,态度端正。

2.收集学生的学习卡片,根据卡片填写情况,对学生的学习成果进行评价。

六、课程反思

通过这三次课程的深入学习,学生们对世界汽车史、中国汽车史、长城汽车史、汽车的基本结构、汽车的制造流程、长城汽车的企业文化有了充分的了解,也对汽车未来的发展方向有了明确的认识。在此过程中,任务卡、学习卡的设置充分锻炼了学生的记录、汇报、总结、交流能力;小游戏的安排使学生在无意识学习过程中丰富了汽车知识、拓展了汽车方面的视野;设计未来汽车的活动既是对前面课程所学知识的总结和运用, 又可以联系所学科学知识,充分发挥学生的创造力和想象力;科幻画的绘制,渗透了 STEAM 理念,将科学、数学、美术等知识完美融合,全面提高学生的核心素养。

本次课程的实施,充分发挥了学生的主体地位,但是在学生已知的汽车知识、认知水平还要进行深入了解。对一些知识,我们不能自认为很容易或者是满以为自己讲得清晰到位,没有随时观察学生的学习状态,没有随时获取学生的反馈信息。

在此过程中,我们可以获得家长的支持,积极让学生家长参与到我们的课程和活动中来。还可以让家长帮助学生完成活动的研究、调查、汇总等工作。

七、课程拓展与延伸

校园楼道内展报展出学生学习卡片、科幻画等。

组织学生参加汽车知识小问答比赛。

结合其他课程,如美术课,劳动课等继续进行课程的探索和延伸。

专家点评:

本课程设计范围较广,从年段角度是包含了 1—6 年级,从知识角度了解了长城车的历史与现状、机械与安装,同时还涉及了创造性的思考。课程设置对于学生的收获应该是很大的。天津经济技术开发区第二小学的马莹莹老师在设计的过程中付出了很多,开始是把 1—2 低年段和 3—6 中高年段分开设计,后来再三考虑又整合在了一起,目前来看,只有中期课程有所区别,也是可以的。此课程具备了一定实施条件。

东北师范大学　吕　丽

绿色能源电动车①

天津经济技术开发区第一中学 张铁林

一、活动设计缘起

汽车是我们现代生活中不可缺少的交通工具,它的发明促进了人类社会的文明,而新能源汽车更是未来汽车领域发展的必然方向,前景十分广阔。

汽车的研发制造涉及多个学科,它是 Science(科学)、Technology(技术)、Egineering(工程)、Arts(艺术)、Maths(数学)等学科的完美组合体。因此,绿色能源电动车项目是对学生进行 STEAM 教育的良好平台。我国教育部在有关教育信息化的未来五年规划中,明确指出要积极探索 STEAM 教育模式,并将其列为主要发展方向。STEAM 教育的主要理念是让孩子们自己动手完成他们感兴趣的、和生活相关的项目,在此过程中学习各种学科知识,注重理论与实践的联系;在学科之间,相互支撑,相互补充,共同发展,培养各方面技能和认知,倡导主动探索精神。

天津经济技术开发区具有得天独厚的区位优势、政策优势和发展优势,这些优势使学校开展 STEAM 教育成为可能。此外,在开发区有很多和汽车相关的明星企业,其中天津一汽丰田汽车有限公司最有代表性。开发区领导的高度重视、大力支持、广泛推进是学校开展 STEAM 教育的有力保障, 聘请的东北师范大学的专家团队提供的专业指导更能使 STEAM 教育落地生根。

开发区一中从建校伊始积极践行素质教育,倡导多元开放教育,提倡发现并提升学生各方面潜能,学校搭建了各式各样的平台,组建了很多优质社团,每个学生均可根据自身特长,爱好进行选择,旨在发现特长,提升能力。

---

① 本教案为作者与天津一汽丰田汽车有限公司合作开发。

"科学与工程融合、技术和艺术联通"的绿色能源电动车项目是基于兴趣的创新实践活动,可以培养学生各方面的能力,促进学生全面健康发展。

二、课程的价值与目标

(一)课程价值

绿色能源电动车项目是以西门子工业软件为支持,以学生团队为单位,通过设计、组装、比赛三个环节,充分发挥自主创新与实践研究能力,制造出性能优良且独具个性的电动车,提高青少年对于机械、工程的学习兴趣,提升青少年动手能力。初步展示工程设计的魅力,提高相关学科的综合应用能力,从而提升学生的核心素养。

我校学生具有较高的综合素质,学科功底比较强,能够进行电路识别、电路设计、受力分析等,这些都是参与活动的基础。另外,这个年龄段的学生对未来充满着憧憬,乐于接受新事物、新思想,他们对于自己喜欢的事物有着极大的热情,乐此不疲,具有极大的探究热情和充沛的体力。相比理论学习,学生更希望进行科学技术的实际应用和体验,开展校企合作可以使学生扩充眼界、在领域内深入研究,提高知识理解运用能力,真正发挥校内外协同育人的功效。

(二)课程价值

1.学生发展初级目标

(1)学生能够了解汽车的基本机构——车身、底盘、动力系统、电力系统、控制系统等,基本了解汽车运行的基本原理。

(2)学生能够根据机械图纸,对企业提供的简易赛车 F24 进行组装、调试、维护、保养。

2.学生发展高级目标

(1)学生会使用 Solid Edge 进行 3D 设计并会进行 3D 打印,了解 3D 打印技术。

(2)学生会对原有汽车进行设计、调试、改装,进行性能提升,了解工程设计的思想。

（3）学生能通过团队自己设计、组装、调试汽车。体会团队合作的精神。

三、活动资源与实践条件

（一）物质条件

我们学校和北京百校千企科技有限公司进行合作，该公司为我校提供了两台绿色能源 F24 赛车配件及相关图纸以及西门子专业设计软件 Solid Edge ST10。同时，开发区一中为社团提供了专门的活动教室，购买了必要的五金工具。

（二）一汽丰田提供的支持和资源

1.与学校达成生产线参观的协议：一汽丰田确定允许学生集体参观的时间段、允许学生参观的人数以及相关地点。

2.确定专业人员讲解汽车生产的流程、相关工艺以及技术的革新、未来的发展方向等；确定专业人员定期到学校为学生讲解汽车结构、各部分功能、各种类型汽车的性能及汽车文化等。

3.指定相对固定的人员负责和学校负责人对接，参与学校活动方案的讨论，共同制定切实可行、有效安全的企业对接活动方案。

（三）学校的前期工作

1.组织报名。

建议时间：1课时

活动地点：绿色能源电动车专用教室

主讲人员：学校相关学科教师

活动内容：主讲教师对绿色能源电动车的发展背景、项目价值、课程目标、涉及领域、团队组建、团队内成员分工及其职责，面临各项比赛及其要求进行说明，对学生不明确的问题进行解答，目的是让学生明确团队的项目使命，各个领域涉及的不同知识，以便结合自身的优势、特点进行报名，设置细化到团队内部的各个小组。

注意事项：为了使组建的团队能够高效的工作，一定要明确每个学生的具体情况，让学生填写申请表，建立学习档案。

具体细节：

(1)绿色电动车项目宣传。

(2)学生填申请表，年级组长、班主任、家长签字。

(3)科技小组审核，初步组建团队。

(4)每个团队小组成员按照自己爱好、兴趣、特长分别从汽车设计、安装调试、演讲答辩、外宣筹资、赛车竞速、进度记录方面完成分工，明确自己职责，每个成员可以担任不同的职务。

(5)建立团队文档，做好记录准备。

2.确定小组活动时间：每周两课时，周五下午以社团的形式进行活动。

3.确定课程内容，确定组别，制定出每个组的工作职责。

(1)根据课程内容共分为四个组：安装调试组、工程设计及 3D 打印组、赛车保养竞技组、外宣筹资演讲组，每个组要选出 1—2 名组长，对组员进行分工。

(2)明确各组的工作职责。

安装调试组工作职责：根据安装图纸把赛车零部件组装在一起，组长根据每个人的特长对组员进行分工，制定好工作进度、操作规程，在规定时间内完成赛车安装任务。配合工程设计组完成汽车外包装的安装，各部分安装完毕后，进行调试、优化。

工程设计及 3D 打印组工作职责：完成汽车外包装的设计，包括汽车外壳材料、结构、外形、图案并进行安装，认真研究工程设计 3D 软件 Solid Edge ST10，能够用它设计出自己的 3D 作品并打印，能够清晰说明自己设计的思路和 Solid Edge ST10 的操作方法。

F24 赛车保养竞技组工作职责：选出赛车手和备用赛车手，定期进行比赛演练，在演练过程中对赛车提出合理化建议，定期对赛车进行保养维护，保证赛车及自身的安全。

外宣筹资组的工作职责：清晰的了解本团队的工作任务，每个小组的贡献,能够把本团队进行外包宣传,承担纳新职责。制定营销策略,能够从社会或企业中筹集资金,保证资金的合理使用,在正式比赛时和各小组组长一起负责演讲答辩。

虽然每个小组的具体职责不同,但成员之间可以相互交叉,每个成员也可以身兼数职。

四、主题活动过程设计

(一)活动一:绿色能源　风光无限——宣传展示互动体验活动创意方案

建议时间:1课时

活动地点:绿色能源电动车专用教室

主讲人员:绿色能源专业人员

活动内容:

1.介绍绿能历史:燧石取火、夏禹制帆、汉朝水车、宋朝风车、天津盐场风车、风帆独轮车等。

2.介绍绿能科技:风电科技、光电科技和其他绿能科技动态等。

3.互动体验:200瓦风光复合发电样机。

发电互动体验:由观众启动、手摇或脚踏带动发电,使LED灯明亮(红灯—光电;蓝灯—风电;绿灯—风光复合)。

(二)活动二:参观企业

建议时间:3课时

活动地点:一汽丰田企业汽车生产流水线

主讲人员:企业专业人员

活动内容:组织相应的学生进入到天津一汽丰田汽车有限公司实地参观考察,目的是使学生对天津一汽丰田汽车有限公司及其汽车的生产流程有一个初步的认识,大致了解汽车生产线制作汽车的流程,汽车基本组成部分及其功能,了解现代汽车企业的前沿知识,为以后组装、设计汽车奠定必要的基础准备,通过参观企业,也可以使学生进一步了解企业各个岗位工作人员的工作性质和状态,进行一定的职业教育。

注意事项:参观时安全要放在第一位,做好安全教育,组织有序。要注重学生的文明礼仪教育,不大声喧哗、不乱丢垃圾等。引导学生们参考时多思考、多提问、多记录。遇到不懂的问题和感兴趣的问题,参观结束后进行讨论或者查阅资料。

(三)活动三:专业人员进行汽车结构、各部分功能、汽车文化讲解

建议时间:3课时

活动地点:绿色能源电动车专用教室

主讲人员:企业专业人员

活动内容:请一汽丰田相关技术人员讲解汽车文化史,汽车结构、各部分功能、不同汽车的性能参数、汽车工业面临的问题及未来发展方向;指导学生使用组装汽车的各种工具,注意事项等。

注意事项:专业技术人员来之前一定注意相关的硬件是否准备到位,如大屏幕、电脑、投影笔、无线鼠标等;还要安排好学生的位置,提前嘱咐学生注意听课纪律,有序提问等。

(四)活动四:按照图纸进行赛车组装

建议时间:3课时

活动地点:绿色能源电动车专用教室

参与人员:学校辅导教师和安装调试组成员

活动内容:

1.教师明确严格按照操作程序进行安装、调试、测试,提醒学生注意人身安全。

2.安装调试组按照规定时间在专用教室组装电动车,并由进度记录同学负责照相、录影,记录保留第一手资料,以便备用。

图 1 学生进行测绘

图 2 学生组装车轮

(五)活动五:演讲答辩及专家点评

建议时间:2 课时

活动地点:演讲活动室

参与人员:外宣筹资组及专业评审团队

注意事项:专业评审团队可由教师和学生代表组成。

演讲答辩评价标准:

1.团队成员能够解释他们的设计思路、设计过程,表达出在项目实践过程中遇到的挑战以及克服困难的过程,参加该项目的收获以及对未来工作的展望。

2.有详细记录车队的日志:创造、组装、测试各种细节,图文并茂。

学生演讲完毕后,邀请专家进行现场点评,指出不足,明确下一步的努力方向。

图 3 团队成员场地赛后合影

图 4 团队成员进行演讲答辩

五、课程反思

详尽的计划和周密的安排是项目正常开展的前提,在项目开展前一定要预想好可能存在的各种问题并事先准备好预案,对学生的兴趣、特长一定要了解清楚,以便于更好地分组,学生团队成员不宜过多,尽量减少拖沓人员。

在五金工具方面,要事先购买所有能用到的工具,配套的螺丝螺母一定要提前买好,准备充足,避免在安装过程中由于缺少工具,缺少必要的小物件而耽误整个进程。

学生的安全问题是头等大事,不管是赛车组装、赛车竞技、企业参观都要事先进行规则制定并找专人进行监管实施,保证学生的身心安全。

团队活动的开展,有时需要各个部门工作的协同合作,场地的使用预约、电脑的网络、社团纳新、各个部门工具的借还,有的学生同时参加几个社团,各个社团的沟通等都要提前做好周密安排。

为培养团队的社会责任感,社团充分利用好的学校举办每年一次的"爱心义卖"活动,在此活动中,积极向其他学生宣传电动汽车绿色环保理念并进行"爱心试驾"活动,筹集资金全部资助泰达医院先心病患儿,为社会贡献一份微薄之力。

绿色能源电动车社团应该发展成学校的一个符号,一种文化,在这里工程和技术、实践和创新可以薪火相传,永不停息……

专家点评:

"Greenpower China"绿色能源电动车课程方案紧密围绕"绿色能源电动车"这个主题进行了一系列的设计。课程方案吸收了当前 STEAM 教育的理念,结合区域资源和学校办学特色,创建实施基于兴趣的创新实践活动,着力提高学生的综合设计应用和创新能力。整体来看,课程方案对课程设计的理念、课程设计的缘起、学生的发展目标等方面都有清晰的阐述,对课程活动内容和过程的分析也非常具体,尤其是对关键环节的注意事项也有相应的讨论,具有很强的前瞻性和可操作性。

东北师范大学　于　冰

现代摩比斯青少年工学教室①

天津经济技术开发区实验学校 郝菁菁

一、课程设计理念

汽车所使用的能源是一种不可持续的能源,没有这种能源我们能做的事情有限,低碳环保是我们从小应该养成的良好行为习惯,和汽车行业合作开发太阳能小汽车活动,推广普及青少年新能源知识,在生活中我们可以从自身做起减少很多能源浪费,在节约能源的同时也要开发新能源。

二、学情分析

五年级学生对身边的事物具有强烈的好奇心,新能源是同学们非常好奇、感兴趣但是却对专业知识很陌生的领域。

目前,国家从一年级开始开设科学课,五年级学生已经具有一定的科学知识基础,也在科学课上学习过关于新能源、太阳能等知识。

对于五年级学生而言,开发新能源知识讲座和简单太阳能小汽车制作活动既满足了学生的兴趣,又补充了学生在课堂上的知识,具有很强的可行性。

三、课程设计缘起

太阳能汽车是一种靠太阳能来驱动的汽车。相比传统热机驱动的汽车,太阳能汽车是真正的零排放。正因为其环保的特点,太阳能汽车被诸多国家所提倡,太阳能汽车产业的发展也日益蓬勃。从小让孩子们从对小汽车的兴趣,上升到保护环境,保护资源的理想势在必行。依据我校办学特色,结合我校能力兴趣类课程和实践体验类课程来开发设计,本课程的开发能促进校外

---

① 本教案为作者与天津摩比斯汽车零部件有限公司合作开发。

课程资源的合理利用,挖掘学校与企业合作的最大潜力。

四、课程的价值与目标

(一)学生发展目标

知识讲座部分:了解石油是一种不可再生能源,了解石油的重要性。了解汽车的主要动力来源,了解生活中的哪些驾驶习惯会增加油耗。了解太阳能小汽车养成保护环境、节省能源的好习惯。

动手实践部分:了解太阳能小汽车构造,了解发电主要原理。

(二)教师发展目标

在活动设计与实施中,提高教师对现代企业教育的兴趣和热情,增强教师课程资源整合能力。在活动组织中,进一步体会多元教学方法的运用,提高指导学生进行综合实践的能力。激发教师活动热情、积累教师教学经验,形成教育教学智慧,促进教师专业发展。

五、课程实施过程

(一)课时规定

2 课时,每课时时间为 1 小时

(二)课程资源

学校:微格教室、活动时间、多媒体设备、参与教师
企业:活动材料、PPT、专业技术人员

(三)课程内容的选择与确定

学校与企业进行反复沟通,共同打磨教学内容,确定授课人员、时间、场地等。经过对五年级学生的学情分析,结合企业资源,最终确定课程以讲座形式进行,主要分成两部分:

1.能源知识介绍

(1)汽车的动力来源:石油

(2)不可再生能源

(3)耗费能源的不良驾驶习惯

(4)太阳能小汽车

2.动手实践操作

(1)太阳小汽车发电原理

(2)太阳能小汽车构造

(四)具体实施

第一部分

1.情景导入

讲授者:同学们,早上上学都选择什么交通工具?

同学们:小汽车等。

讲授者:看来汽车已经成为一项很重要的交通工具,已经离不开我们的生活了,出行

图1 课堂讲授过程

没有汽车特别不方便。那么有谁知道汽车需要什么作动力?

同学们:汽油、柴油等。

讲授者:汽油和柴油都是从一种能源中提取出来的,它就是石油。

2. 深入讲解

(1)汽车的动力来源:石油

古埃及、古巴伦人在很早以前已开采利用石油。"石油"这个中文名称是由北宋大科学家沈括第一次命名的。

研究表明,石油的生成至少需要200万年的时间,在现今已发现的油藏中,时间最老的达5亿年之久。但一些石油是在侏罗纪生成。在地球不断演化的漫长历史过程中,有一些"特殊"时期,如古生代和中生代,大量的植物和动物死亡后,构成其身体的有机物质不断分解,与泥沙或碳酸质沉淀物等物质

混合组成沉积层。由于沉积物不断地堆积加厚,导致温度和压力上升,随着这种过程的不断进行,沉积层变为沉积岩,进而形成沉积盆地,这就为石油的生成提供了基本的地质环境。

(2)石油燃料是用量最大的油品,按其用途和使用范围可以分为如下五种:

◎ 点燃式发动机燃料有航空汽油、车用汽油等。

◎ 喷气式发动机燃料(喷气燃料)有航空煤油。

◎ 压燃式发动机燃料(柴油机燃料)有高速、中速、低速柴油。

◎ 液化石油气燃料即液态烃。

◎ 锅炉燃料分为炉用燃料油和船舶用燃料油。

3.不可再生能源

一次能源可以进一步分为再生能源和非再生能源两大类。再生能源包括太阳能、水能、风能、生物质能、波浪能、潮汐能、海洋温差能等。它们在自然界可以循环再生。非再生能源在自然界中经过亿万年形成,短期内无法恢复且随着大规模开发利用,储量越来越少总有枯竭一天的能源称之为非再生能源。非再生能源包括:煤、石油、天然气、油页岩、核能等,它们是不能再生的,用掉一点,便少一点。

没有石油就没有小汽车的动力来源,所以石油非常重要,继续不断的使用能源,早晚有一天能源会用光,到时候,生活会变得非常不方便。

图 2　教师组织学生组装小汽车

4.耗费能源的不良驾驶习惯会导致油耗增加,如急刹车和猛踩油门,行驶颠簸不平的路比平路油耗更大。所以生活中,我们要提醒家人开车的时候不要急刹车和猛踩油门,平稳驾驶能够节省能源。

5.太阳能小汽车

太阳能汽车是一种靠太阳能来驱动的汽车。相比传统热机驱动的汽车,太阳能汽车是真正的零排放。正因为其环保的特点,太阳能汽车被诸多国家所提倡,太阳能汽车产业的发展也日益蓬勃。从某种意义上讲,太阳能汽车也是电动汽车的一种,所不同的是电动汽车的蓄电池靠工业电网充电,而太阳能汽车用的是太阳能电池。太阳能汽车使用太阳能电池把光能转化成电能,电能会在蓄电池中存起备用,用来推动汽车的电动机。由于太阳能车不用燃烧化石燃料,所以不会放出有害物。据估计,如果由太阳能汽车取代燃汽车辆,每辆汽车的二氧化碳排放量可减少43%至54%。

在太阳能汽车上装有密密麻麻像蜂窝一样的装置,它就是太阳能电池板。太阳能电池依据所用半导体材料不同,通常分为硅电池、硫化镉电池、砷化镓电池等,其中最常用的是硅太阳能电池。在阳光下,太阳能光伏电池板采集阳光,并产生人们通用的电流。这种能量被蓄电池储存并为以后旅行提供动力。或者直接提供给发动机也可以边开边蓄电。能量通过发动机控制器带动车轮运动,推动太阳能汽车前进。而且没有内燃机,太阳能电动车在行驶时听不到燃油汽车内燃机的轰鸣声。

应用形式:到目前为止,太阳能在汽车上的应用技术主要有两个方面,①作为驱动力;②用作汽车辅助设备的能源。

完全用太阳能为驱动力代替传统燃油, 这种太阳能汽车与传统的汽车不论在外观还是运行原理上都有很大的不同,太阳能汽车已经没有发动机、底盘、驱动、变速箱等构件,而是由电池板、储电器和电机组成. 利用贴在车体外表的太阳电池板,将太阳能直接转换成电能,再通过电能的消耗,驱动车辆行驶,车的行驶快慢只要控制输入电机的电流就可以解决。目前此类太阳车的车速最高能达到100km/h以上,而无太阳光最大续行能力也在100km左右。

完全用太阳驱动的太阳能汽车,太阳能和其他能量混合驱动汽车,太阳能辐射强度较弱,光伏电池板造价昂贵,加之蓄电池容量和天气的限制,使得完全靠太阳能驱动的汽车的实用性受到极大的限制,不利于推广。复合能源汽车外观与传统汽车相似,只是在车表面加装了部分太阳能吸收装置,比如车顶电池板,用于给蓄电池充电或直接作为动力源。这种汽车既有汽油发动机,又有电动机,汽油发动机驱动前轮,蓄电池给电动机供电驱动后轮。电动机用于低速行驶。当车速达到某一速度以后,汽油发动机起动,电动机脱离驱动轴,汽车便像普通汽车一样行驶。

第二部分

同学们听得津津有味,有的手托着腮全神贯注地倾听,有的埋头奋笔疾书,有的皱着眉头认真思考,有的思维活跃积极发言。在讲座的同时,工作人员已经给各位同学每人发一袋小汽车制作工具。在老师的讲解下,每名同学都制作出属于自己的太阳能小汽车。最后带领学生到户外,大家让自己制作的太阳能小汽车在明媚的阳光下动起来,低碳环保的理想也深深扎根同学们心中。

1.材料

铁轴、齿轮、电机夹、太阳能电池、栅板

双面胶、轴架、螺丝钉、车轮、轴套、主齿

2.步骤

第一步:在栅板的四个角安装小轴架,使用螺丝钉固定。

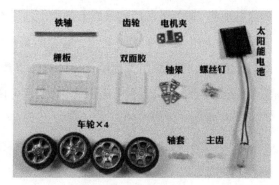

图3 组装零件

第二步:在铁轴上安装齿轮和橙色轴套。

第三步:将齿轮铁轴组件穿到小轴架下面的孔,在另外一端装上轴套(注意不要卡太紧,留点间隙)。

第四步:在铁轴上安装车轮。

第五步：在微型马达上安装主轮在栅板位置使用电机夹固定微型马达(注意齿轮咬合适中,不能太松也不能太紧要能很轻松地转动车轮)。

第六步:在太阳能电池板背面贴小块泡沫胶然后粘贴到栅板上。

第七步:现在你可以找块能够让太阳能电池被正午阳光直射的地方放下小车,它就能自己奔跑啦。

3.注意事项

(1)在活动过程中可以叮嘱孩子带笔记本和笔,在学习过程中随时记录下来自己的心得与体会。

（2）每完成一部分内容后，在休息过程中，小组组长组织小组同学进行简单的交流和沟通。

4.学习评价

（1）评价原则

评价以鼓励为原则，激励全校师生对太阳能汽车的热情，激励对科学、信息技术的热情，取得更大成绩。

（2）评价目的

评价的目的是让学生对新接受的感兴趣的知识有很好的吸收，并且提高学生对新知识和旧知识的融合的能力。与此同时，激发学生热爱信息技术、爱科学的兴趣，激发学习热情。培养学生探究精神和动手实践能力。

评价应以发展性评价为主，根据学生在活动中表现状况，对其优缺点、学习方法态度和进步情况等进行多样性地评价，关注到学生发展中的个别差异。

在总结评价的基础上，引领学生进行深入思考和探究，尤其是要促进活动与校内学科课程的融合，促进校内教育和校外教育的协同配合，从而最大程度上促进学生们的学习和发展。

（3）评价主体

采用教师评价和学生互评相结合的方式，进行学习评价。

（4）评价周期

课程结束后运用一堂课的时间进行评价。

（5）评价方式

◎ 小组汇报，学生评价

通过"做一做 说一说 评一评"的方式进行小组评价，学生以参观活动的过程为脉络，回忆参观的内容，汇报自己的真实感受，以小组为单位完成学习简报、感想。小组间进行展示，学生互评。

◎ 教师评价，作品展示

教师建立作品展示板块，展示学生制作的小汽车，激励同学们的创造热情，鼓励取得更大成绩。同时，教师对学生的活动表现进行综合评价。

六、课程反思

（一）深挖企业课程资源

开发区的科技企业特别多，而且种类特别齐全。讲座只是科技企业进校园的一种形式。后期，还可以增加参观太阳能零部件基地，让学生多角度，多维度去了解太阳能，新能源汽车相关知识。让学生通过实践、体验，更加深切地了解相关知识。

（二）丰富讲座前中后

建议在讲座之前让学生先自己搜集资料了解相关知识，讲座中给予学生更多的参与机会和互动环节。讲座后组织学生开展分享交流会。这些活动既增加了学习气氛，又可以增强学生的合作能力。

专家点评：

"现代摩比斯青少年工学教室"是开发区实验学校与天津摩比斯汽车零部件有限公司合作开发的校企课程，通过借助摩比斯公司的人力资源、技术资源和教学模拟操作材料，学生能够很好地体会新能源汽车研发、生产的背景，还能够在教师和技术人员的指导下亲身经历太阳能小汽车的整体结构设计和拼装，通过这一活动对新能源在生活中的运用有更深刻地感触和体会。如果在课程设计过程中，细化学生的实践学习环节，并在动手操作前和操作后进行相应的问题激发和交流反思，这一课程的结构就会更完整，课程内容也会更丰富。

东北师范大学　李　君

走进汽车世界①

天津泰达实验学校 孙 莹

一、课程设计理念与目标

(一)课程设计理念

我校始终坚持"办一所师生喜欢的学校",广泛开设社团课、校企合作课,培养学生"各美其美",让每一个学生都能得到全面而有个性的发展。"走进汽车世界"就是我校与一汽丰田共同开发的首批校企合作课程。

学习东北师大专家关于现代企业课程开发的先进理论,此次课程采用多种形式相结合的方式进行展开。

1."请进来"——知识拓展与职业了解

2."走出去"——学生到企业参观

3.体验性活动——进入企业进行体验

(二)学情分析

五年级学生对身边的事物具有强烈的好奇心,汽车是同学们非常熟悉的交通工具之一。因此,孩子们对汽车有着浓厚的兴趣。目前,国家从一年级开始开设科学课,五年级学生已经具有一定的科学知识基础,也在科学课上学习过关于汽车的知识。对于五年级学生而言"走进汽车世界"系列课程既满足了学生的兴趣,又补充了学生在课堂上的知识网络,具有很强的可行性。主要分为进校讲座和厂区参观体验两部分,理论和实践相结合。

---

① 本教案为作者与天津一汽丰田汽车有限公司合作开发。

(三)课程设计缘起

"走进汽车世界"作为我校课程实施形式的新探索,是我校校企合作课程的重要组成之一。依据我校办学特色,结合我校能力兴趣类课程和实践体验类课程来开发设计,本课程的开发能促进校外课程资源的合理利用,挖掘学校与企业合作的最大潜力。

(四)课程的价值与目标

1.学生发展目标

知识与技能:

(1)激发学生对汽车知识的兴趣,使学生了解汽车的制作流程。

(2)了解绿色出行的交通方式。

(3)了解交通安全的具体知识。

过程与方法:

(1)引导学生使用流程图记录汽车的制作流程。

(2)通过小组间的交流汇报,提高语言表达能力和小组合作能力。

(3)养成绿色出行的好习惯,提高环保意识。

(4)通过亲身体验,了解交通安全的重要意义。

(5)通过小记者采访,提高沟通能力和自主探究精神。

情感态度与价值观:

(1)树立热爱家乡的朴素情感。

(2)养成热爱科学,乐于探究的学习习惯。

(3)提高交通安全意识。

2.教师发展目标

在活动设计与实施中,提高教师对现代企业教育的兴趣和热情,增强教师课程资源整合能力。在活动组织中,进一步体会多元教学方法的运用,提高指导学生进行综合实践的能力。激发教师活动热情、积累教师教学经验,形成教育教学智慧,促进教师专业发展。

二、课程实施设计

(一)课时规定

3课时,每课时40分钟

第一课时:开展讲座,布置小组合作任务

第二课时:厂区分组体验和采访

第三课时:小组作品汇报展示,学习评价

(二)课程资源

学校:专用教室、活动时间、多媒体设备、参与教师

企业:活动材料、PPT、专业技术人员、厂区分组体验材料

(三)课程内容的选择与确定

学校与企业进行反复沟通,共同打磨教学内容,确定授课人员、时间、场地等。经过对五年级学生的学情分析,结合企业资源,最终确定以下课程内容。其一,汽车历史介绍;其二,汽车制造流程梳理;其三,学生疑问答疑;其四,开展"小小科学家"进企业,组织学生亲身体验;其五,开展"小记者"采访团,组织学生自主探究。

(四)课程实施建议与活动设计

第一课时:现代企业进校园(主题讲座)

环节一:汽车历史大回顾

同学们,欢迎来到汽车的世界! 首先,让我们一起通过电影片段和图片,了解汽车的诞生历史。世界上第一辆汽车来自德国的奔驰公司,可以说,把这辆车做出来的科尔·本茨就是汽车之父!

环节二:汽车制作大揭秘

随着标准化生产的出现,汽车制作具有固定的流程。

1.冲压:顾名思义,就是用模子把钢板压成汽车车架的形状。

2.焊接:焊接就是把许多暴露在车身外的部件焊到车架上。由于这项工作有危险性,所以是由机器人来完成的,既防止了危险的发生,又提高了工作的效率。

3.涂装:焊接好的车架会在这一步中先从电泳池里过一遍,以保证漆可以正常的喷到车身上。由于油漆含有大量有毒物质,而且人工喷漆效率极低还浪费油漆,所以这项工作也是由机器人来完成的。

4.总装:总装就是把各种零碎的部件装到车上。

5.测试:工作人员试驾汽车、做各种测试,检查都合格了才可以把车送到4S店中销售。

环节三:互动答疑环节

同学们,听完了今天的讲座你还有哪些小疑惑吗?一汽丰田的工程师团队帮你来解答。(3—5名学生提问。)

图1 主题讲座现场

环节四:小小工程师训练营

相信,大家都有许多收货吧!以四人小组为单位,制作完成一份学习报告,可以是手抄报、研究性学习报告书、视频短片等等。期待大家的精彩展示!

第二课时:小记者进企业(学生体验和采访)

环节一:小记者大任务

同学们,在今天的活动中,我们每个人都是一名小记者,大家可以把自己的见闻感受记录在笔记本上,大任务开始!(学生在校曾接受过小记者培训,已了解新闻采访和新闻稿撰写的基本方法。)

环节二:交通安全宣讲

组织学生观看交通安全宣传片,交流感想。

环节三:实地项目体验

学生18人一组,共分2组进行分组项目体验,主要包括:

(1)酒后视觉体验

图2 学生走进企业

（2）车内盲区体验

（3）老年人行动体验

（4）儿童视角体验

环节四：小记者团演讲

在今天参观的同时，我们每个同学既是活动的参观者又是活动的记录者，有请小记者代表总结发言。

其他小组将在第三课时分享交流。

第三课时：汽车之星展示评比

环节一：小组展示互评

同学们，前两节课我们跟随一汽大众的工程师们一起了解了汽车诞生的历史、参观了一汽丰田公司的工厂，今天让我们听听咱们的"小工程师们"是如何汇报的吧！（每组 4 分钟）

（小组依次汇报，小组同学全部上台，可以由一人主讲，其他人补充。）

给大家 2 分钟时间，小组同学商量一下，选出你们心中最优秀的 2 个小组。

请大家为你们推选的优秀小组贴上汽车之星吧！

环节二：教师评价总结

听了你们的演讲和互评，老师心里也产生了 2 个优秀小组，他们是……教师为优秀作品贴上科学之星，并进行点评和总结。他们的作品将被咱们学校的大家展览馆展出，掌声祝贺！

环节三：作品展览参观

课余时间，班主任老师组织各班利用午休时间进行参观，进一步激发学生的学习兴趣，同时树立学生的自信心，提高成就感。

三、学习评价

（一）评价原则

评价以鼓励为原则，激励全校师生对科学的热情，取得更大成绩。

（二）评价目的

评价的目的是为了激发学生爱科学的兴趣、学科学热情、用科学的信心，培养学生科学探究精神和动手实践能力。评价应以发展性评价为主，根据学生在活动中表现状况，对其优缺点、学习方法态度和进步等情况进行多样性地评价，关注到学生发展中的个别差异。在总结评价的基础上，引领学生进行深入思考和探究，尤其是要促进活动与校内学科课程的融合，促进校内教育和校外教育的协同配合，从而最大程度上促进学生们的学习和发展。

（三）评价主体

采用教师评价和学生互评相结合的方式，进行学习评价。

（四）评价周期

课程结束后运用一堂课（40分钟）的时间进行评价。

（五）评价方式——课程实施效果评价

1.小组汇报 学生评价

通过"做一做 说一说 评一评"的方式进行小组评价，学生以小组为单位完成学习简报、感想、新闻稿，小组间进行展示，学生互评。

2.教师评价 作品展示

教师建立科技成果展示板块，展示学生的成果，并组织师生学习、参观，激励师生发明、创造热情，取得更大成绩。同时，教师对学生的活动表现进行综合评价。

四、课程反思

（一）深挖企业课程资源

开发区的科技企业具有丰富的课程资源，讲座只是科技企业进校园的一种形式，此次教学设计经过专家指导改进，与企业进一步沟通，增加"小小科学家"进企业的活动,让学生通过参观、实践、体验,更加深切的了解科学,爱上科学。

(二)丰富讲座互动环节

建议在讲座中适当增加更丰富的互动环节,活动后一汽丰田和我校又共同开发了一系列互动内容,如"醉酒视觉体验""老年人过马路体验"等,这些活动的增加既可以活动现场气氛,又可以增强互动性、体验性。如果学校只进行讲座,可以将以上活动增加在讲座中,增加趣味性和体验性。

(三)丰富讲座多元内容

后期,还可以增加许多教学内容。例如,交通安全教育、模型组装等。

(四)继续加强学情分析

针对五年级学生的特点,进行前期课程的兴趣引入,增强学生参与,适当提高任务的难度。

(五)突出小组合作学习

进一步加强小组合作学习的真体验,增强课程学习的实效性。本次课程的实施,充分发挥了学生的主体作用,基于兴趣共同体建立的学习小组,会在学习和研究、汇报、评价等环节起到非常好的作用,对于培养学生的合作精神、探究精神具有实效性。

五、课程拓展与延伸

同学们,相信这三次的一汽丰田"汽车"之旅一定给你留下了深刻的印象,课余时间大家也可以继续进行小组合作,深入探究一些你们感兴趣的问题。比如,中外汽车品牌比较、新能源汽车发展趋势、无人驾驶汽车技术进展等等。希望大家插上科技的翅膀,飞得更高,看得更远!

专家点评：

"走进汽车世界"这个案例利用三课时，从汽车介绍讲座、汽车企业体验，到学生小组合作汇报学习成果，实现了一次相对完整的汽车相关主题的学习过程。本案例将信息了解性讲座与现场体验相结合，让学生对汽车的历史、制作流程、交通法规与汽车驾驶需要注意的事项等有个初步的了解与认识，为学生打开进入汽车世界的大门！希望在初步了解汽车主题后，再继续设计一些更具体、更有针对性的系列活动，那样会把学生引入到更深入的对汽车的探索中！

东北师范大学　王海英

走进天津一汽丰田①

天津经济技术开发区第一中学　孔昭生

一、课程设理念与目标

(一)课程设计缘起

高考改革之前,绝大部分的学生职业生涯规划课程出现在大学,很少有普教阶段的学校开展职业生涯教育。2017 年高中开始改革,改为"3+3"模式,并且要求学生在升入高一不久后,就要选出选考的三个学科。这就要求学生具有较高的生涯决策水平,能够尽早地选择未来报考的专业并投入到相应科目的学习中去。学生职业生涯规划迫在眉睫,学生职业规划课程的设计也要与时俱进,提早为学生职业的规划提供良好的指导作用。

(二)课程设计理念

泰达中小学现代企业教育项目是开发区根据本地经济社会发展和学生需要的具体实际,充分利用现代企业聚集的资源优势,旨在培养学生创新意识、企业家精神、规划职业生涯的课程。学校现代企业教育在全面提升学生的综合素质,培养学生社会责任感、创新精神和实践能力方面有着非常重要的意义。尽早开展现代企业教育对学生的今后发展有着非常重要的作用。

(三)课程价值

1.提升学生的综合素质。随着社会的不断进步,社会需要全方面的人才。学习成绩只是其中的一个方面,一个人的综合素质才是企业最看重的。例如

---

① 本教案为作者与天津一汽丰田汽车有限公司合作开发。

语言表达能力、沟通能力、协调规划能力等。所以说职业规划是一个人对自我职业认知的过程,高中阶段的学生对职业生涯进行规划,树立正确的职业规划观念,培养学生的职业规划能力,这样有利于促进高中学生的全面发展,有利于提升学生的综合素质。

2.培养学生社会责任感、创新精神和实践能力。改革开放以来,我们国家取得了举世瞩目的成就,党的十九大提出要把我国建成为富强民主文明和谐美丽的社会主义现代化强国。但我们也要看到国家在某些领域的创新能力不够强,技术和发达国家相比存在一定的差距。作为祖国的未来,青年学生一定要有强烈的社会责任感、创新精神和实践能力,将来才能更好地为国家建设贡献力量。

(四)课程目标

1.学生目标

提高学生职业规划的意识,为选择合适的学科做好铺垫。高考模式的改革要求学生要把现在的所学知识与将来职业进行合理及时的规划,尽早规划自己的人生,才能在高一选学科,高考后填志愿,大学毕业后选工作时轻松面对,游刃有余。

让学生了解今后就业的基本趋势,根据自身的特点及早规划将来的择业方向,使学生了解不同职业的工作内容应用了哪些学科的哪些知识,需要什么样的应聘条件。

帮助学生认识自己的性格特点、优势和劣势,取长补短,尽量选择自己适合的职业,促进学生进行外在导向职业价值观向内在导向职业价值观转化。

2.教师发展目标

(1)转变教师观念

老师们要意识到学生的学习成绩固然重要,学生将来选择什么样的职业也很重要。通过职业规划,要求教师提高因材施教的意识,尽量使每个学生根据自身的特点找到合适的职业,发挥最大的能力。

(2)提高教师能力

作为教师尤其是班主任教师一定要认识到高中是学生很重要的过渡阶

段,这个时段的学生正处于人生观、价值观和世界观初步形成的时期,需要老师进行专业和职业方向的引导,老师做好正确的指引,学生们才不会偏航,老师不仅在学习上进行教导,更在学生的未来规划上进行指引,让学生不仅学到的是知识,更是适应社会的能力。

(五)学情分析

很多的学生在高中阶段由于缺乏自我认知和对未来发展的规划,导致了他们在高中甚至大学阶段的学习过程中都是盲目的,不知道自己未来想要什么,想从事什么样的工作,因此尽早帮助学生确立自己的人生目的,并在高中或者初中阶段就开始为之奋斗,可以使学生一生受益。

二、课程实施设计

(一)学时规定、课程内容的选择与确定

本课程需要 6 课时,每课时 45 分钟

第 1—2 课时:中学生职业规划讲座

第 3 课时:一汽丰田专业技术人员讲座

第 4—6 课时:学生到一汽丰田参观、交流

(二)课程资源的开发与建设

1.企业方面提供的资源

(1)企业与教育主管部门达成一致意见,签订协议,使整个活动在领导部门的批准下安全有效地进行。

(2)企业做好场地、人员、时间的安排,尽量使每一个学生都能充分体验、参与其中的过程,让学生体验到工作的不容易。

2.学校方面需要做的准备

(1)做好安全教育方面的工作,对家长和学生进行安全教育,提高安全防范意识。在整个活动的过程中,避免出现追跑打闹等情况,服从老师和工作人员的安排。

（2）强调后勤人员的工作职责,协调好各方,例如租车、门卫、停车等问题,确保活动的每个环节安全顺利进行。

（三）课程实施建议与活动设计

第1—2课时:中学生职业规划讲座

讲座内容:职业规划的必要性及不同职业的发展前景;引导学生认识自己的能力和特长

活动场地:学校报告厅

主讲人:学校职业生涯规划老师

（1）活动内容一:职业规划的必要性及不同职业的发展前景

提到职业生涯规划,很多学生和家长都认为那是进入大学后才考虑的事情,没有意识到职业的选择应该是高中时期该做的,甚至是初中时期就该规划的。人要有远虑,要对自己的将来有一定的目标。我们邀请学校的职业生涯规划老师给同学们讲讲职业规划的重要性以及当前社会职业的大体种类和对学生的要求。同时让他们具备与时俱进的思想,让学生用发展眼光看待未来的职业。并让学生了解不同职业对专业、学历、工作经验的基本要求。

（2）活动内容二:引导学生认识自己的能力和特长

学生越早进行职业规划,就能越早地了解自己的兴趣爱好,性格特点等,这样也能帮助学生更理性地选择各个学科,对将来填报志愿也有很大的帮助。首先,作为高中学生要逐渐认清自己并正确评价自己,这里面包括学生的性格特点、偏文还是偏理、好动还是好静,特长爱好等方面。其次,利用一些专业手段来有效测评学生的专业和职业方向。

第3课时:一汽丰田专业技术人员讲座

活动地点:一汽丰田培训教室

主讲人员:一汽丰田课长、一汽丰田培训讲师张义

（1）活动一:企业成长与企业家精神的价值体系

讲座内容:丰田的成长、品格和创新精神

关于讲座内容,首先和同学们进行沟通交流问卷调查,了解丰田的哪些地方是学生们非常关注的,然后和丰田的课长讲师明确讲座的内容。在讲座

的过程中通过介绍丰田的奋斗历程,培养学生艰苦奋斗坚忍不拔的品质。让学生们意识到一个企业从创立到发展壮大到形成品牌是多么的不容易,教育学生做任何事情都要脚踏实地。面对日益激烈的市场竞争,企业要想生存就要创新,创新才是企业可持续发展的正确道路。丰田的讲师用了较长的时间介绍丰田这些年的创新之路以及以后的一些想法,同学们深深得感受到企业的严谨勤奋、高效务实的创新精神,敬佩之情溢于言表,同学们对此次讲座都感到受益匪浅。

(2)活动二:制作汽车原材料供给思维导图

请同学们根据初、高中地理所学的产业全球化合作的相关知识,动手绘制一张汽车生产的原材料供给思维导图,分析一下中国的汽车制造领域,我们该向哪个方向努力。

第4—6课时:学生到一汽丰田参观、交流

活动地点:一汽丰田员工培训车间

(1)活动内容一:学生到丰田的培训车间参观

经过与丰田联系人的沟通协调,积极为学生创造条件,尽可能深入的了解丰田。首先参观丰田的培训大楼,新入职的员工经过培训合格后才能上岗。同学们可以在丰田正式员工的带领下,去亲自体验一些实训项目,比如通过手感估测两块铁板之间的高度差并要控制在一定的范围内,就是这样一个简单的操作,要想每次估测值都在规定范围之内是非常难做到的,至少要历经成千上万次的锻炼。通过实训让学生深深感触到任何一个平凡的岗位要想做出不平凡的事情来,就得付出比常人多倍的努力。

(2)活动内容二:与丰田员工互动交流

学生与丰田正式员工进行交流、提问。学生在以下方面进行提问:①企业的经营状况;②企业针对大学生的招聘条件;③企业为员工成长提供哪些平台;④学什么专业与企业岗位对口;⑤同事之间如何合作等。若能得到企业允许,可以让学生去真实采访一下不同岗位的工作者,了解这些工作者对企业的满意程度和幸福感,了解工资待遇和企业福利情况,这样会更有利于学生丰富自己的职业生涯经验,增强学生选择该行业的信心。

三、学习评价

（一）评价的原则

1.真实性原则

为了更好地完善课程设计，必须遵循真实性的原则，对教师、学生、企业进行真实性评价。肯定优点，指出不足，促进企业教育的良性发展。

2.全面性原则

对课程内容和主体都要进行评价。从内容上看，课程设计的各个环节是否合理；从主体上看，教师、学生、学校领导、课程专家、企业负责人、家长都能进行评价。

3.发展性原则

要用发展的眼光看待学生出现的问题，好的方面进行表扬，不太理想的地方要婉转地提出来，让学生们在这项活动中切实提升自己的综合素质。

4.多元性原则

评价主体、评价内容、评价标准、评价形式是多元化的。为了提高评价的质量和效果，必须采用多元目标、多元主体、多元方法的多元性评价。

（二）评价目的

通过课程评价不断改进课程设计、实施方案，提高企业教育的效果，每个人都要有反思意识，切实提高学生的职业规划能力，尽可能为不同的学生规划出最适合或比较适合的工作岗位。

（三）评价主体

教师评价、学生自评、家长评价、企业相关人员的评价。

（四）评价周期

每学期进行一次评价。

（五）评价方法

1.形成性评价与总结性评价相结合

在以往的评价过程中,我们的评价以总结性评价为主,忽略了在教学过程的形成性评价。因此我们要将这两种评价方法相结合,重视形成性评价。

2.校内评价与校外评价相结合

现代企业教育的课程评价应以校外评价为主,校内评价为辅,多倾听专家、企业负责人的评价意见,使学生更好地判断自身的条件和社会的认可程度,有的放矢的不断完善自己。

3.自评与互评相结合

学生除了自评还要多倾听其他同学、老师、家长、专家、企业工作人员的评价,对自己的能力和综合素质进行客观公正的衡量,发现不足改正不足,逐渐提高自身在社会上的竞争力。

四、课程反思

每个人的性格、优点、特长都是不一样的,有的人表达能力强,有的人组织能力强,有的人富有艺术细胞和创作才华,有的人则比较踏实,适合做稳重的工作,有的人喜欢钻研适合做研究工作,如何让每一位学生在初高中时期就能充分认识自己,选择合适的学科,将来尽可能找到适合自己的工作,对于老师而言任重而道远。

学校应该成立专门的职业生涯规划指导的咨询服务机构,并配备专业的职业规划教师,并和比较知名的职业规划专家能够建立联系。有了水平高的职业规划教师,学生才能得到更好的服务和咨询效果,使同学们更加清楚地了解到自己的特点和适合的工作。

专家点评:

综合实践活动强调的课程目标有价值体认、责任担当、问题解决、创意物化等,将学生的实践能力与知识体系进行融合提升。"走进天津一汽丰田"现代企业教育课程方案选取学生比较感兴趣的开发区"5+1+N"产业体系的汽车工业进行课程开发,课程的设计理念、学情分析等较恰当。让学生走进身边的汽车企业,了解汽车制造业的发展水平,树立科技强国的意识,增强社会责任感和职业规划意识。适当的创设职业体验过程,对于培养学生创新意识、企业家精神、民族认同等方面具有奠基的作用。各学校开展项目时,可根据学校的具体情况增加创意物化过程,让学生体验"实验—探究—设计—创作—反思"的完整过程。

东北师范大学　王海英

第三章　石　化

激发无限创意，打印心中梦想①
——"走进中海油"3D 打印专题实践活动

天津经济技术开发区第一小学 皮 欣 赵 强 李建国

一、课程设计理念与目标

（一）课程设计理念

3D 打印技术能够带给学生全新的"学习模式"，将晦涩难懂的概念转变为触手可及的实物。3D 打印技术能够有效激发学生对科学、工程技术学、美学、数学等学科的兴趣，带来理论与实际、创意与认知、现实与梦想多方面的相互融合。课程设计理念为：

1.3D 打印课程将学生的创意转变为实物，培育学生的创造思维。

2.学生学习运用"Autodesk 123D Design"三维设计软件，培养学生空间立体思维。

3.学生亲身经历 3D 打印的过程与方法，体验全新的学习模式。

4.选择贴近生活的建模主题，培养学生解决生活实际问题的能力。

（二）学情分析

参与实践活动的学生主要是 4 至 6 年级学生，此年级的学生对新生事物有着浓厚的趣味，他们喜欢大胆提出问题、积极研究、勇于挑战，具备较强的自我学习才能，并具有一定的信息技术素养。3D 打印课程中的原型设计，数字建模和打印成品都可以激发学生的学习动力，培育学生探求新知的才能。

开设"激发无限创意，打印心中梦想——'走进中海油'3D 打印专题实践

---

① 本教案为作者与中海油能源发展股份有限公司合作开发。

活动"实践课程,能够让学生将学习活动与生活实践紧密联系起来,帮助学生更深入地了解 3D 打印技术在实际生活中的应用。

(三)课程设计缘起

综合实践活动可以有效激发学生的创新意识,培育学生在实际生活中探究问题的能力,帮助学生养成合作精神,全面提升学生的综合素质。

天津经济技术开发区有很多知名企业,这些企业也愿意为开发区的学校提供学习的场所和机会。泰达街文教办开启了现代企业教育项目,这样一来,为学校开展综合实践活动提供了更大的可能和更有利的保证。

中国海洋石油集团有限公司(简称中海油)是我国大型国有企业。中海油经济效益良好,是世界 500 强企业。中海油主要从事油气开采、勘探、专业技术服务等多个业务。

(四)课程的价值与目标

1.学生发展目标

(1)使学生更加深入地接触社会生活,让学生在实践中挑战困难、学会独立自主解决问题,感受社会的支持。

(2)走进企业实地观察,让学生理解企业生产与日常生活的联系,通过观察、质疑、了解,培养学生的观察、搜索信息、交流互动等方面的能力。

(3)通过对企业的深入了解,引发学生对 3D 打印技术的学习兴趣,培养学生的信息素养。

2.教师发展目标

经过综合实践活动,教师增进了对企业的了解,提升了对学生综合实践活动的指导才能,提高了教师自身的专业发展。

(五)活动资源与实践条件

1.企业提供的资源

(1)中国海洋石油集团有限公司(天津分公司):学校在开发课程前期,与企业人员联系,提出课程需求。企业为开展的实践体验活动提供完善的场地支持和人力支持。

(2)中国海洋石油集团有限公司(天津分公司)根据学校提供的中期体验课程活动方案,确定具体时间,做好深入细致的协调。

(3)企业提供的相关资料。

2.学校方面需要做的准备

(1)制定活动方案,与企业联系人商定具体细节。

(2)结合活动开展的需要,根据企业提供的资源,学校设计前期调研框架,制作活动导读手册,方便引导学生在综合实践活动中学习。

(3)在活动前,组织教师培训,教师们群策群力,对活动方案的目标、过程、评价等方面,进行研讨和完善。在活动过程中,教师、家长、企业人员,应对学生进行全面的过程性评价。

(4)学校为实践活动做好人员安排及后勤保障。

(5)教师对参与活动的学生加强安全教育。

3.家长的配合

学校下发家长信,咨询家长对学生参与活动的意愿。

二、课程实施设计

(一)前期准备活动:走近中国海洋石油集团有限公司(天津分公司)

建议时间:1课时

活动地点:学校教室

主讲人员:教师、学生

活动内容:

师:同学们见过桌面打印机吗?

生:见过/没见过。

师:桌面打印机能够做什么呢?

生:能够打印文字、图案(生:不知道)。

师:同学们见过3D打印机吗?

生：见过／没见过。

师：3D 打印机能为我们做些什么？（学生讨论）

生：打印模型……

师：同学们，如果你想知道更多的 3D 打印知识，就请跟随老师走进中海油公司。请同学们事先想好自己的问题。（师生罗列问题，设计问题小卡片，卡片按不同颜色分类；有搜索百度的，有询问工作人员的，有下课继续探讨的。）

教师将学生分成 3 个小组，每组 8—10 人。每个小组选出正、副小组长。教师和企业人员设计参观路线图、时间表、参观流程，提出参观的活动安排。

注意事项：活动之前，与企业的工作人员做好充分的沟通，教师指导学生在已有认知的基础上，提出质疑，并结合参观手册，指导学生做好带着问题参加活动的准备，同时，教师也应对学生可能提出的问题进行梳理与筛选，确保所提问题有意义、有价值；教师一定要认真对学生进行安全教育。

（二）中期活动：中国海洋石油集团有限公司（天津分公司）之旅

建议时间：1 课时（参观 1 小时）

活动地点：中国海洋石油集团有限公司（天津分公司）

主讲人员：中海油科研人员

活动内容：

组织学生到中国海洋石油集团有限公司（天津分公司）参观：

1.总体讲述（师生来到公司一楼展厅，观看照片和实物，在讲解员带领下参观）。

2.专题讲解（3D 打印技术改变我们的生活）。

3.咨询科研人员（学生根据不同颜色小卡片的分类问题，分组现场咨询相关科研人员，互动交流）。

4.使用 3D 打印机打印小玩具为例（了解 3D 打印技术数字模型的设计过程；了解 3D 打印机的工作原理）。

5.体验活动：玩 3D 打印出来的小玩具。

活动评价：学生在前期准备的情况下，对中海油公司有了初步的了解，因此在整个参观过程中，能积极参与实践互动活动，面对主讲人员能勇敢质疑，努力从讲解人员的口中得到需要的信息。初步了解 3D 打印的知识,感受 3D 打印及其相关技术将会应用到我们的衣、食、住、行等各个领域,全面改变我们的生活,提高生活质量。了解中海油公司的贡献,感受勇于钻研、勇于创新的企业精神。

注意事项:在整个参观过程中,教师起辅助作用:一是指导学生仔细倾听工作人员的讲解,从中获取有用的信息;二是监管学生的安全;三是及时处理突发事件。

(三)后期回顾总结:综合评价

建议时间:1 课时

活动地点:学校教室

主讲人员:学校教师

活动内容:

1.口头汇报(学生分组汇报)。

2.提出畅想(学生可以画图、写感受、制作 PPT,用多种方式记录自己的畅想。畅想自己未来研究 3D 打印技术,成为这样的科研技术人员,创办这样的公司,为祖国发展做贡献,回家给家长讲)。

3.注意事项:实践活动结束之后,及时对实践活动进行小结;学生对自己、对同学参加实践活动的表现进行评价;教师批阅学生完成的实践活动导读手册,对学生的完成手册的情况进行等级评价。

三、学习评价

在课程的具体实施过程中,教师十分注重自身的角色把握,要求教师首先是与学生一样,是实践活动的参与者,其次才是实践活动的指导者。学生的学习方式必须得以转变,必须是多种学习方式的综合运用,要让不同水平的学生都能有实践活动过程的切身体验。而且,实践活动的组织形式也应呈多样性。在课程前期活动中,教师引导学生如何筛选出有意义的问题;在课程中期活动中,教师和学生一起带着问题去参观,去探究;在课程后期活动中,学生对自己的学习过程进行总结,并形成有价值的文案。在整个活动中,教师能够真实、有效地进行"多元化评价",如学生之间的互评,师生之间的互评。该课程有效促进学生的知识、情感、行为等多方面的有效融合,符合学生的学习发展规律。

四、课程反思

(一)有准备,有计划

活动前期,教师指导学生找到日常生活与实践活动的密切联系,这是激发学生兴趣的关键。学生通过搜集整理生活中的 3D 打印知识,增强了对活动内容的理解。学生阅读《参观手册》,了解手册中提示的问题,能够在参观中有目的地学习与实践。

(二)有指导,有收获

此次活动带领学生深度走进中海油,接触先进理念,亲眼看看 3D 打印成品,感受企业文化。整个参观过程中,面对主讲人员的讲解,教师承担着指导的作用,指导学生与讲解员进行积极的语言交流。这样的学习过程气氛活跃,每个学生都会有很大的收获。

(三)有总结,有提升

实践课程结束了,认真做好活动总结,是十分必要的。教师指导学生从自身参加活动的态度、参与度等方面进行小结,是帮助学生自我提升的重要手段。教师从活动设计、活动过程以及活动的结果进行小结,有助于今后的活动策划更趋于完善,会提升整个活动的效果。

五、课程拓展与延伸

希望学生能够更加积极地学习 3D 打印知识,丰富自己的想象力,迸发出更多的创作灵感,在 3D 打印的学习中愉悦地成长。

专家点评：

该方案围绕着 3D 打印进行活动的设计,尝试通过理论与实际、创意与认知、现实与梦想多方面的相互融合,为学生提供一个真实、完整的问题背景和活动情境,从而驱动学生们的自主、多元化学习,激发学生对科学、工程、技术、美学、数学等方面的兴趣。总体来看,这个方案对课程活动的理念、目标、流程、评价等方面都进行了较为全面的分析与论述,思路清晰,具有可操作性。

东北师范大学　于　冰

第四章　装备制造

深之蓝电子创客[①]

天津经济技术开发区国际学校 赵立群

一、实践活动主题

"深之蓝电子创客"科技类综合实践活动课程的设计依据是教育部2017年印发的《中小学综合实践活动课程指导纲要》,结合开发区水下机器人企业"天津深之蓝海洋设备科技有限公司"的科教资源设计的。活动方案力求在设计中充分发挥"开发区学校现代企业教育"项目优势,在实施过程中挖掘企业中的现代技术、企业家精神等教育资源,发挥其对中小学综合实践活动课程开展"立德树人"的重要作用。

二、实践活动背景及目标

(一)活动背景

综合实践活动是课程体系中的国家级课程,也是学校搭建特色课程体系的重要内容。现代企业教育是学校课堂教学的延伸性教育活动,是进一步深化教育教学改革、全面提升核心素养的一个重要体现。"深之蓝电子创客"科技类综合实践活动课程的开展,既可丰富学生的课余生活,为学生提供真实的职业体验;又可以提升STEM拓展空间、保证技术支持。

在主题活动开展的过程中,以"基于项目的学习"或"基于问题的学习"的PBL模式为主要实施方式,指向真实的生活或者实践,打破学科的界限,学生在教师和企业工作人员的帮助下,以自主、合作、探究等方式,在学校或者企业中开展设计制作等活动。

---

① 本教案为作者与天津深之蓝海洋设备科技有限公司合作开发。

（二）活动目标

1.学生发展目标

（1）了解区域高技术企业的发展现状、企业家的创新创业精神。

（2）了解机器人、水下机器人科学和技术的应用，理解企业生产与生活实践的关系。

（3）通过基础电路的学习、设计、制作等活动，提高综合实践能力，掌握基本的学习过程、研究方法、操作规范等。

（4）激发对机器人科学的学习兴趣，培养学生发现问题、提出问题、检索信息、搜集材料、互动合作、动手实践等多方面的能力，促进学生核心素养的提升。

2.教师发展目标

在活动设计与实施中，提高教师对现代企业教育的兴趣和热情，增强教师课程资源整合能力。在活动组织中，进一步体会多元教学方法的运用，提高指导学生进行综合实践的能力。从而激发教师活动热情、积累教师教学经验，形成教育教学智慧，促进教师专业发展。

三、实践活动对象和分析

学生有强烈的求知欲、好奇心、丰富的想象力，科技类综合实践活动的目的之一是培养孩子的科学兴趣。科学实践的魅力是一个重要的时期。新课程改革的目标是培养学生的科学素养，倡导研究性学习，充分激发他们的好奇心和求知欲望。

四、活动具体内容

（一）活动内容

通过设计科技综合实践活动课程，让广大学生都能了解科技、关心科技、热爱科技，具备一定的科技创新能力，尤其是基于真实情境的问题解决能力，促进每一个学生全面而有个性的发展。在实施的过程中，需要结合每个学校的实际情况进行改进、完善和新的探索。

(二)重点、难点、创新点

1.重点是通过基础电路、水下机器人原理学习,了解机器人的基础构造,熟悉水下机器人各个部分的结构及其功能,对水下机器人的组成及其运行机理有较为清晰的认识。

2.难点和创新点,团队学生利用学校购买的材料、零件和工具,在企业技术人员和学校教师的指导下,通过自主探究和小组合作,了解、学习简单电路的设计、连接,初步培养设计机器人的兴趣,对现有的机器人或水下机器人提出新的功能设计或者改进方案。

(三)利用各类科技教育资源

1.通过项目的开展,充分利用天津深之蓝海洋设备科技有限公司等各高科技企业能够提供的多种形式的教育资源。

2.泰达社会管理委员会、泰达街道科协、学校与企业达成合作协议,在场地支持、人员配备、经费支出、时间选取、安全保障、协调机制等方面做出相应的商定和说明。

3.企业提供参观时间、活动地点、专业人员、资料设备等方面的资源和支持。课程开始实施前,针对综合实践活动方案的初始设计,多方进行深入沟通、协调,能够根据课程设计方案提供的资源条件、活动实施方式、人员安排等情况做出有针对性的多方供给计划。

五、活动过程和步骤

(一)准备阶段

1.学校方面需要做的准备

确认参与学生的范围为中学部,活动方案设计教师首先对学生参与创客类课程,并对学生是否具备知识基础、能力特点等方面进行询问、了解等初步调查,确定参与学生对活动的兴趣倾向后,进行整体活动方案的设计,协商确定企业的合作细节。

2.家长方面的配合和准备

活动的组织应该积极获取家长的支持,使家庭教育、社会教育、学校教育进行有效组合,形成合力,为学生未来的职业规划提供指导性案例。了解家长对于学校拓展课程、校本课程及社团课程的期望、态度与需求,争取得到家长的认可及支持。做好机器人、水下机器人基础电路课程实施的跟踪调查,收集各方主体对活动的建议和返馈等信息。

(二)实施环节

1.实施前期准备环节

前期活动之一:现场讲座

建议时间:2课时

活动地点:企业场地

主讲人员:企业专业人员、学校相关学科教师

活动内容:在项目负责人及教师充分了解企业及参观线路后,由学校德育部门联合其他相应部门组织学生对深之蓝进行现场学习。

在对天津深之蓝海洋设备科技有限公司进行实地参观考察的过程中,引领学生对深之蓝公司及其水下机器人产品产生初步的认识,讨论分析水下机器人的外貌样态与主要功能之间的联系。

前期活动之二:校内课程

建议时间:2课时

活动地点:学校教室

主讲人员:企业专业技术人员

活动内容:从红点入手,讲述水下机器人外观设计的变化历程。介绍深之蓝企业概况、创业历程、行业发展动态,结合深之蓝的主要产品介绍水下机器人的概况、原理、应用等,也可以结合水下机器人的相关内容拓展性地介绍与海洋有关的知识,引起学生对水下机器人、机器人、海洋等方面的兴趣。在讲座的过程中,主讲人员也可以与学生展开互动,回答学生们心中的疑问和提出的问题。在讲座中,针对水下机器人的主要结构和部件,水下机器

人设计的基本原理和方法进行讲解,为后期学生们设计和制作机器人做好知识准备。

2.实施中期实践环节

中期活动之一:电路设计

建议时间:2课时

活动地点:学校教室

主讲人员:企业技术人员和学校教师共同参与

活动内容:通过拆解水下机器人,了解其构造和原理,通过电路的基础学习,掌握基本电路元件、电路图,以及能实现的基本功能。

通过绘图,了解水下机器人各个部分的结构及其功能,从而对水下机器人的组成及其运行机理有较为清晰的认识。主讲教师详细讲解设计机器人的思路、原则、方法和构件连接,启发学生自己动手设计和制作简易机器人。

利用学校购买的电子元器件等材料、零件和工具,在企业技术人员和学校教师的指导下,在学生自主探究和小组合作的基础上,进行PBL的项目实施,完成不同的电路设计任务,如点亮1个LED小灯、2个LED小灯、多个LED小灯,LED造型小灯秀等。

集思广益,引导学生尝试对现有的机器人、水下机器人的外型设计、功能设计等方面提出自己的设想、完善改进方案,在条件允许的情况下,设计试验方案并检验可行性。

中期活动之二:现场测试

建议时间:2课时

活动地点:学校场地

主讲人员:企业技术人员、主讲人员、学校教师

活动内容:一个合作小组的基础电路科技制作完成后,要检验是否达到了预想目的、能否实现预期效果,就要通过实践检验。把各项目组制作的基础电路带到试验场地进行测试,了解电路的基本工作状态,检验学生们的设计创意和产品。

通过基础电路的实地测试,让学生们深刻体会理论知识应用于实践的乐趣,初步感受合作完成科技类设计制作"产品"的复杂性和魅力所在。

3.实施后期拓展环节

后期活动:拓展提升

建议时间:2课时

活动地点:学校教室

主讲人员:学校教师

活动内容:以小组为单位进行学习成果展示和总结汇报,学校可以建立项目学习成果展示窗,展示的成果既可以是物品,也可以是创意、思考、论文、视频等多种形式。组织师生学习、参观,激励全校师生发明、创造热情,取得更大成绩。

4.活动总结

引导学生讨论和交流,整理和分析水下机器人的成果设计资料;引导学生对整个阶段的活动进行总结,分析原有设计的问题;学生、教师对活动进行总结评价:分自我评价、同学评价、项目评价等;学校对活动过程中表现突出的学生进行表彰。

六、实践活动实施结果

(一)实施效果

学生对于"深之蓝电子创客"科技综合实践活动课程项目的喜欢程度远超一般的校本课程,对于电子元件的上手速度很快,能够比较积极参与相关的挑战。电路设计成果具有一定的创新价值,能够很快掌握相关的理论及创新应用方式。

(二)呈现方式

用学生小组合作的主题基础电路创新设计成果作为成果,结合学校青少年创新大赛的优势,加强现代企业教育项目对中小学科学教育资源建设的作用认识;提高学生的创新能力和创新技能;增强学生创新意识和实践能力;普及保护生态环境、节约资源能源、心理生理健康、安全避险等知识;加强崇尚科学文明、尊重知识产权的宣传教育;发挥学生在家庭和社区科普宣传中对成年人的独特影响作用。

七、实践活动的收获和体会

2017年10月24日，天津深之蓝水下海洋设备科技有限公司迎来了一批泰达现代企业教育课题项目的学员——天津经济技术开发区国际学校的40余名师生，"深之蓝"的员工热烈欢迎和接待了对水下机器人世界充满好奇的孩子们。刘奇经理作为"水下机器人"课程的开篇"讲师"，现场为师生揭开了"水下机器时代"的第一课，通过操作白鲨Max与白鲨Mini，让学生从水下第一人称视角，直观的体验水下世界。由浅入深的为师生展现当下十分流行的水下机器人行业的技术现状、发展和未来，从多角度向学生渗透了人工智能行业的生涯教育、爱国主义教育等内容。本次现场授课得到了天津电视台、滨海电视台、滨海之声电台、滨海时报等多家媒体的全程跟踪采访。

图1 水下机器人功能讲解

图2 基础电路设计指导

图3 小组合作创意电路设计

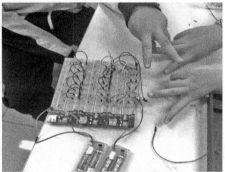

图4 创意电路设计成果

八、课程评估工作

开设"深之蓝"课程、校企积极合作发展。根据学生情况、企业资源、项目目标,设置以参观、设计体验、实践体验、操作体验等为形式的3次课程展示,以进行过程性评价。通过定性、定量的方法,分析参与课程学习的学生情况。提供有效问卷,通过问卷信息了解,学生对企业进入校园的态度、知识的落实情况、生涯规划情况等。

评价设计内容包括知识与技能层面,现场参观、水下机器人行业发展前景、职业生涯教育、爱国主义教育、科技强国教育等;拆装水下机器人、机器人原理、电子元器件等;创意设计各类机器人或其他创意设计等;修改设计、组装制作装置或机器人等、检测、测试、调整机器人或装置等。

专家点评:

该课程设计方案围绕"水下机器人"这个主题,从多个角度挖掘"深之蓝"企业资源的教育价值,积极利用各方面的力量,来为学生打造深度体验的课程活动,对学生们的知识理解、视野拓展、实践能力、职业体验、爱国情怀等方面具有很好的促进作用。整体来看,课程方案对课程设计的缘起、资源、内容、过程、评价等方面都做了非常详细的分析和讨论,具有很强的可操作性和启发价值。

东北师范大学　于　冰

3D 打印创客教育①

天津经济技术开发区国际学校 周 桐

一、课程设计背景与目标

3D 打印技术在教育领域有很多应用,学生可通过打印不同模型直观了解学习。越来越多的课程可以通过打印模型来完成辅助学习,这些都是"未来的新教育模式"。目前,3D 打印技术是让 3D 打印成为实现学生创作能力和想象力的载体。通过 3D 打印笔、3D 建模的学习,再到高深的 CAD 建模、激光学、材料学、仿真优化等领域的探索,可以将教育理念真正的延伸。

众所周知,好的设计方案都是通过兴趣和爱好诞生的。由此我们想到了利用 3D 打印笔和 3D 打印机技术营造一个"玩"的氛围、"玩"的环境,在"玩"中将想象力激发出来。学生无疑是最好的群体,因为学生颇具好奇心与创造力,通过对技术进行渐进式研究探索,提出自己的想法和创意,加以设计,再通过 3D 打印技术,将想法创意,由"想"到"做",由"基础"到"升级"。

我们的目标:将学生培养成有思想、有创意的设计者与思考者,让学生完成一个探索、思考和操作实现的完整过程。3D 打印教育真正让学生参与其中,激发孩子的无限潜能,在未来承载无限的可能性。

二、活动对象

小学 4—6 年级学生。

三、活动时间

3 周,共需 6 课时,每周 2 课时,每课时时长 40 分钟

---

① 本教案为作者与天津卓创未来科技有限公司合作开发。

四、活动准备

多媒体播放设备,外出参观需要经费支持,并提前与企业预约参观实践时间。

五、活动形式

校内讲座和校外参观实践相结合。

六、活动过程

(一)前期准备环节

准备活动之一:"3D 打印知识普及"校内科普讲座

建议时间:1 课时

活动场地:学校教室

主讲人员:企业专业人员

所需资源:电脑,播放设备、模型、3D 打印机

教学重点和难点:

1.教学对象分组:将班级内人数按照 4 至 5 人一组的教学小组,如多出人数则与教师一组。

2.本课的课程内容教学目标:了解什么是 3D 打印,以及 3D 打印的发展历史及应用领域。通过讲座,让学生对 3D 知识有初步了解,激发兴趣。通过与学生们的互动,做到提出疑问、找寻结论、寻找专业知识、延伸知识点。通过浅显易懂的教学,配合学生的心理,教授高科技类的知识,让学生对 3D 科技激发强烈的学习兴趣。

3.教学过程步骤与分析:

(1)导入设问

师:大家看过 3D 电影吗?3D 电影和 2D 电影有什么不同?生活中的 3D 和 2D 是什么,大家给我一个答案? 找出 3D 的关键字。同学们知道打印机吗? 打印机打印出来的东西有什么变化?

我们看段视频了解一下,(将未来定制 3D 打印的影片播放）然后提出问题,视频中的人物的生活有什么改变?（通过学生的回答)这里出现了定制的东西,它是用什么制作出来的?那个机器被叫作什么?3D 打印机和普通打印机区别在哪里? 你知道第一台 3D 打印机是从哪个国家、哪一年诞生的? 它的诞生对现实生活有什么影响? 课堂桌子上有一台 3D 打印机正在工作,我们先看一看这台打印机是什么样子的? 桌子上有一些玩具,你们知道这是什么吗? 怎么玩?（示范 3D 打印制品的玩法)这些是实际的 3D 打印成品,那我们再看一看正在工作的 3D 打印机,思考并以小组形式讨论下他们是如何被设计打印出来的? 3D 打印制品被用在哪些地方? 现实生活中 3D 打印制品有什么存在意义? 我们自己要如何设计属于自己的物品?

教师以谈话式教学方式引入概念,并分别对比 2D 打印机和 3D 打印机的成品。让学生分组讨论得出结论,吸引学生的兴趣和对新事物的发现和认知。并为下一课时做好引入准备,激发孩子兴趣。

教师解释 3D 打印的构造以及 3D 打印机的机身特点。并且实际操作演示打印过程,学生可以围观 3D 打印机讨论和 2D 打印机的不同特点,围观正在工作的 3D 打印机的打印工作方式。

学生集体思考回答:①见过(基本都见过打印机);没见过(解释打印机）。②其他回答(引入 3D 打印机概念, 告知这是 3D 打印机打印出来的,解释 3D 打印机大致构造,引入安全问题, 参观 3D 打印机)。③小组讨论后给出 3D 打印关键

图 1　企业专业人员进行校内科普讲座

字。④小组讨论后给出 3D 打印制品的应用方式。

(2)课后延伸

留作业:请学生课后上网查阅资料,并相互交流 3D 打印交流查阅的信息,谈谈对 3D 打印的理解。

(3)注意事项

讲座时,学校教师和主讲人员做充分沟通,共同完善教案设计,确保内容

的科学专业及学生的趣味适应性。引导学生兴趣点做好互动,调动积极性,提高效果。

准备活动之二:参观专业研究中心

建议时间:1课时

活动场地:教育部快速形成制造技术工程研究中心——增材制造技术推广中心

主讲人员:研究中心工作人员、企业专业技术人员

教学重点和难点:

1.本课的课程内容教学目标:参观技术陈列展,学习 3D 知识。

2.课程目的:通过 3D 打印工业级设备的学习,对比工业级打印设备和桌面级打印设备,深入了解 3D 打印机。提高对 3D 打印的兴趣点,并深入了解 3D 打印对生活及各个行业的影响,激发学生的潜在探索意识。

3.教学过程步骤与分析:

(1)导入设问

师:今天我们看到了哪些机器? 这里出现了一样对于打印机很重要的环节——打印材料,那么大家请留意,各种不同打印机,它们的打印材料是什么? 使用不同材料的机器有什么不一样? 这些使用不同机器的耗材,它们的打印方式一样吗?打印原理相同吗?"EBM""SLM"等这些字眼都是什么意思? 这些打印材料质感怎么样? 强度够吗? 耐高温吗? 或者是有生命吗? 这些不同的材料,它们的成品又都被用在哪些地方? 分组讨论不同材料的优缺点是什么?

教师以观察讨论式教学方式引入材料概念,并分别对比不同类型耗材的打印材料及成品效果。让学生分组讨论得出结论,对工业级打印机和桌面级打印机有基础了解,并激发他们对学习的好奇心和求知欲。

教师解释工业级打印机和桌面级打印机的异同处。解释不同材料的优缺点,并且实际操作演示打印过程,学生可以围观不同 3D 打印机的工作状态,讨论得出 3D 打印机的特点、进行延伸学习。

学生集体思考回答:①见过(基本都见过桌面级打印机);没见过(工业级打印机)。②各种回答(引入 3D 打印机不同材料概念,告知不使用同材料打印

机打印出的制品,引入安全问题,参观工业级 3D 打印机)。③小组讨论后给出
3D 打印使用材料关键字。④小组讨论后给出 3D 打印制品不同材料的制品的
优缺点以及现实的应用方式。

(2)课后延伸

留作业:请学生课后上网查阅
资料,并相互交流 3D 打印都有哪些
打印材料,并交流查阅的信息,谈谈对
3D 打印不同材料的理解。

(3)注意事项

整个流程的安全流畅性、知识
性的统合。组织有序,安全第一。做到看、听、读、思的学习能力的提升,提高学
生的自主学习能力。

图 2　3D 打印技术文化墙

(二)中期实践环节:3D 打印笔的应用课程

建议时间:2 课时

活动场地:学校教室

主讲人员:学校科技教师、企业专业技术人员

教学重点和难点:

1.课程内容:通过 3D 打印笔学习其工作原理,并且现场演示操作打印实
物。认知三维设计与 3D 打印之间的关联,并学习基础三维设计建模软件,可自
行完成独立设计。

2.课程目的:通过学习 3D 打印笔,学生发挥想象,创作立体图案,释放创
造力和想象力,以及团队协作能力,完成第一步从"空想家"到"创客家"到转
变。通过打印机的深入学习,培养学生主动关注新技术,开发学生智力。

3.教学过程步骤与分析:

(1)导入设问

师:同学们,听说过神笔马良的故事吗? 他有一支怎样的笔? 你们听说过
3D 打印笔吗? 它使用的"墨水"是什么? 3D 打印笔是什么原理,它使用的打印
材料是什么? 它的优缺点是什么? 更加适合做什么样的设计? 实际操作过程

图3 学生通过3D打印笔制作的作品

中需要注意的情况是什么？它可以帮到我们什么？它的工作原理是什么？跟3D打印机有什么不同？

教师以实际操作方式引入教学。演示3D打印笔的使用方法，让学生掌握其操作方法，并且分组实际操作，并进行指导，设计主践的作品。

教师解释3D打印笔的工作原理并且解释与3D打印机的异同处及各自优缺点。并且实际操作演示打印过程，学生可以自己实际操作学习，创作独立作品。

学生集体思考回答：①知道（通过观察了解）；不知道（不明白具体的细节）。②各种回答（引入3D打印笔和3D打印机的优缺点）。③小组配合后给出3D打印笔关键字。④小组讨论后给出3D打印笔现实的应用方式。

（2）课后延伸

下课休息时加深与学生的交流，增进师生之间的了解。

（3）注意事项

在使用3D打印笔及3D打印机时，注意因操作时间过长导致发热，明确安全位置，避免烫伤。

（三）提升实践阶段

图4 展示过程中老师与学生进行交流

建议时间：2课时

活动场地：学校教室

教育重点和难点

1.课程内容：展示成果及总结汇报，成品实物、课程手册、自主作业等，让学生间互相交流所见所学所想，运用3D打印笔表达自己的创意；对设计作品大胆提出疑问,并提出改进建议;学员在合作中,主动发表自己的观点,尊重同学的想法,学会聆听,取长补短。

2.注意事项:正确引导学生,帮助其树立正确的学习理念,增强学习的自主学习力,培养他们对所学知识的稳定性及对知识延伸探究的欲望。

七、活动成果

例如,成品实物、课程手册,利用我校科学节的时间自主作业等。对 3D 打印技术进行科普,对学生们的作品进行展示。

八、活动评价

(一)评价原则

激励性原则:开展激励性评价,增强学生的自信心,调动学习主动性积极性,引导学生了解其学习状况,调整学习行为,关注自己学习的进程,增强自主学习力,使评价成为学生发展的内在要求。

过程和结果统一原则:注重过程。对学生课上表现进行评价,对课后进行引导学习,做出自主学习能力方面的评价,对综合能力素质的评价。发挥评价的激励作用。

全面性原则:用发展的观点、思想去评价学生,对不同的学生在学习过程中的点滴进步给予肯定,激励他们不断努力。

多元与多样化原则:评价内容多元化,评价方式多元化,对学生掌握知识的情况进行评价,也对学生能力进行评价。

(二)评价目的

检验教学效果,诊断教学问题,提供反馈信息,引导教学方向,调控教学进程。

(三)评价主体

学生自评、学生互评、教师评价。

（四）评价周期

每学期进行一次评价。

（五）评价内容

学习态度、学习能力、团队合作能力等评测点的考核。

1.学生自评：学生先对自己这学期的学习态度、学习成果进行打分，并用一句话总结自己的收获和感想，满分20分。

2.学生互评：对其他学生进行学习态度和学习成果的打分，满分20分。

3.教师评价：教师对学生的学习态度、学习能力、作品、团队合作能力，总分60分。

专家点评：

本课程利用6课时将学生引入到3D打印高科技的新世界中。其中，前期用2课时介绍3D打印的基本知识，并通过到企业实地参观，加强学生对3D打印的认识与了解，引发学生对3D打印的兴趣和好奇；中期利用2课时，将3D打印笔引导学生逐步了解并实践创作自己的3D打印作品；最后用2课时将学生的学习过程与成果进行总结，让学生在自己作品展示过程中，与其他人进行交流与分享，提高学生创造热情、自信心和成就感。本课程主题鲜明，课程设计合理，逻辑清晰。学校与企业技术人员密切合作，为学生的学习与动手实践提供了良好的机会，有力地促进了学生综合能力的提高。

东北师范大学　王海英

开启人工智能 探索水下奥秘①

天津经济技术开发区国际学校 刘丽玉

一、课程设计理念与目标

(一)课程设计理念

2017年国务院印发《新一代人工智能发展规划》,指出人工智能已经成为国际竞争新焦点,应该逐步开展全民智能教育项目,在中小学阶段设置人工智能课程,为国家储备 AI 人才。人工智能是未来社会发展的趋势,作为新世纪的少年,对人工智能的了解应该更为深入。

同年,教育部印发了《中小学综合实践活动课程指导纲要》。文件指出,要坚持教育与生产劳动、社会实践相结合,从学生的真实生活和发展需要出发,从生活情境中发现问题,转化为活动主题,通过探究、服务、制作、体验等方式,进一步提高学生的综合素质。

(二)学情分析

通过对学生进行了解,小学高年级学生家中具备一定种类和数量的人工智能玩具,参观过各类科技馆、展会,实际操作过一些常见的人工智能产品,在操作技能上有一定基础,对人工智能极为感兴趣。但是由于学生在数学、工程技术方面的理论知识很少,对人工智能的原理缺乏了解,需要零起点教学。因此将"开启人工智能 探索水下奥秘"定位为科学类课程,由于理解能力的限制和专业知识的匮乏,教学应以应用普及为主,简单讲授水下机器人的科学知识,不涉及复杂的数学和工程原理。重点体验以水下机器人为代表的人工

---

① 本教案为作者与天津深之蓝海洋设备科技有限公司合作开发。

117

智能技术产品,了解人工智能的基本概念,以改变学生固有的思维模式,帮助他们从强因果性的"公式性思维"转变为大数据时代的"相关性思维"。同时为学生进行职业体验、职业了解及终身发展奠基。

(三)课程设计缘起

为了响应国家关于人工智能实践性人才需求的号召,结合天津经济技术开发区的大批优秀人工智能企业的丰富资源,我校积极开展企业进校园、学生进企业的综合实践活动。以"基于项目的学习"为主要方式,打破学科的界限,使学生在教师和企业工作人员的帮助下,以自主、合作、探究等方式,在学校和企业中开展以水下机器人为主要内容的人工智能课程。

通过学情分析,结合对企业的了解,选定天津深之蓝海洋设备科技有限公司为本次主题课程的合作企业。汲取双方优势,促进教育改革。

二、课程实施设计

(一)学时规定

课程完成需 4 个学时

课程实施时间:校本课时间

课程实施对象:"科创空间"校本课成员 40 人

课程实施地点:科学教室

课程负责人:刘丽玉

涉及企业:天津深之蓝海洋设备科技有限公司

课程时长:40 分钟

(二)课程内容

以参观、讲座、实践操作等方式开展课程,利用企业已有资源及学校科学教室、材料,指导学生了解水下机器人的研究现状、设计及操作原理,并进行简单操作,以此帮助学生认识水下机器人的研发和制作过程,实现职业生涯教育。

(三)课程资源的开发与建设

1.企业方面提供的资源

深之蓝公司按照上级部门与其达成的协议,在场地支持、人员配备、安全保障、经费支出等方面做出相应的商定和说明。

深之蓝公司根据学校开展活动的需要,安排固定的专业讲师,根据课程负责教师所提供的授课提纲,充分备课,并在授课前就授课内容与负责老师进行沟通,建立常态的沟通互动。

在学生进公司参观时,做好充分的活动预案,保证活动安全、有序进行。

2.学校方面需要做的准备

学校需要与企业建立常态沟通,将活动安排与深之蓝公司尽早协调,保证深之蓝公司有足够的准备时间。

企业进校园活动,需要学校安排好授课场地和时间,提前选定听课学生,并交代听课要求,保证授课活动有序进行。

学生进企业活动,需要学校安排好车辆、随行人员,并与家长做好沟通。做好活动开展材料的搜集和整理工作,便于后期使用。

(四)课程实施建议与活动设计

第一课:校内讲座

课程时长:40分钟

活动地点:学校科学教室

活动主体:"科创空间"校本课成员40人

主讲人员:企业专业人员,学校科学教师

活动内容:

(1)介绍什么是水下机器人

提问:各位同学想象中的水下机器人是什么样子的?

提问:是简单地将机器人放置水下就可以变为水下机器人吗?

揭示:(出示图片)水下机器人是一种可在水下移动,具有视觉和感知系统,通过遥控或自主控制,使用机械手或其他作业工具,代替或辅助人去完成某些水下作业的装置。水下机器人拥有的四个基本特点：①可移动；②能够感知机器人的外部和内部环境特性；③拥有完成使命所需的执行机构；④能够自主地或在人的参与下完成水下作业。分为用于工业的机器人和用于娱乐的水下机器人。

（2）水下机器人的主要构成

图1　企业专业人员讲解水下机器人组成

展示水下机器人系统组成的演变过程。

介绍：水下机器人的操作装置组成，传输缆线、控制盒、操作台、显示器、操作云台等。

水下机器人系统的改进过程：只有简单的本体和脐带缆及简易控制器—添加摄像头和视频显示设备—布放系统、中继器和完善的缆管理和舒适的操作环境。

（3）水下机器人的发展历史

真正意义上的潜水器产生于16世纪开端，这种机器能够封闭空间，同时净化空气，具有观察窗和推进装置。

下潜记录：

探险型载人潜水器：1960年，美国"的里雅斯特号"下潜至10916米的深处（马里亚纳海沟）。

大型工程考察级载人潜水器：2012年，中国"蛟龙号"，下潜至7062.68米（马里亚纳海沟）。

当前世界上载人潜水器越90艘，超过1000米为12艘，超过6000米只有中国、美国、日本、法国、俄罗斯，下潜第二深的为日本6527米。

水下机器人第一次引起世界关注是1960年由美国研制名为"CURV-1"的缆控水下机器人。1966年，它与载人潜器配合，在西班牙外海找到失落在海底的氢弹，引起极大的轰动，从此水下机器人开始得到重视；由于载人潜水器危险，同时制造及维修成本高，其发展逐渐进入低谷，随着1970年海洋石油产业的开发，无人水下机器人产业开始迅猛发展。

　　"Robin"号为法国海洋开发研究所定制,可以在"鹦鹉螺号"潜艇上操作。它在 1987 年调查了泰坦尼克号甲板内部。泰坦尼克号位于水下 3750 米的深度。当在水下 3000 米时,水压相当于 13 个带底座的自由女神像同时压在身上,同时 3800 米也是全世界海洋的平均水深。

第二课:校内讲座

课程时长:40 分钟

活动地点:学校科学教室

活动主体:"科创空间"校本课成员 40 人

主讲人员:企业专业人员,学校科学教师

活动内容:

(1)介绍水下机器人在各个领域的应用,并举例说明

①水库大坝,桥墩检测;②海洋科考;③海洋环境监测;④海洋馆娱乐;⑤防险救生、打捞救援;⑥水下安防(协助);⑦机器人科研与教育;⑧水下物证搜寻;⑨水下工程。

(2)水下机器人在国内外的研发现状:①美国是最早从事有缆水下机器人的研发及制造的国家(20 世纪 50 年代开始)。当前美、日、英、法、德、北欧等国家和地区的深海装备技术成熟。②日本研制的"海沟"号 ROV,于 1995 年 3 月在马里亚纳海沟下潜至 10911.4 米,创下最深深潜记录。③1986 年,我国独立自主研发的第一台大型水下机器人——"海人一号"ROV, 首潜 199 米成功。④2014 年 4 月,上海交通大学研制的"海马"号 4500 米级深海 ROV 成功,实现了我国在深度无人遥控潜水器自主研发领域"零的突破"。

(3)深之蓝公司研发的水下机器人种类

白鲨 Max、白鲨 Mini、白鲨 Pro、白鲨 Mix、白鲨 Nano、橙鲨系列、海翼系列、河豚系列、江豚系列、海豚系列等一系列产品。

(4)介绍其他人工智能产品:无人机、机器人等。

(5)课上探讨:你想象中的机器人应该是什么样子的? 它能做什么? 讲师、学生交流、讨论,学生绘制设计图。

第三课:参观企业

课程时长:40 分钟

活动地点:企业场地

活动主体:"科创空间"校本课成员 40 人

主讲人员:企业专业人员,学校科学教师

活动内容及形式:

(1)组织学生到深之蓝企业进行科学参观。参观过程中请企业专业人员进行实时讲解。讲解内容包括水下机器人的外貌样态、主要功能、操作装置组成等方面。

(2)参观水下机器人生产车间,了解水下机器人生产的大致流程及原理,对人工智能行业的工作内容有所了解,对之后的职业选择提供认知上的帮助。

第四课:参观企业

课程时长:40 分钟

活动地点:企业场地

活动主体:"科创空间"校本课成员 40 人

主讲人员:企业专业人员,学校科学教师

活动内容及形式:

(1)就企业现有设备进行简单操作,了解水下机器人的工作状态和操作方法。对获得德国红点奖的白鲨 Max、白鲨 Mini、白鲨 Pro、白鲨 Mix、白鲨 Nano 和橙鲨系列、海翼系列、河豚系列、江豚系列、海豚系列等一系列产品进行现场欣赏,并对一些简单的设备进行操作体验,体会人工智能的魅力。

(2)了解深之蓝科技公司的企业文化,感受科技企业的科技氛围。了解企业各岗位工作人员的工作性质和状态,进行职业生涯教育。

三、学习评价

遵循指导性原则、科学性原则和发展性原则,开展发展性评价,用发展的眼光对学生进行个性评价,如请学生操控一款水下机器人,根据学生操控的熟练程度和任务完成情况,评价学生的实际操作能力。

开展诊断性评价,对学生的学习情况进行量化统计和诊断。开展问卷调查,以讲座中的理论知识为内容设计答卷,如什么是水下机器人、水下机器人的构成、水下机器人的用途等,了解学生的理论知识学习水平。

开展形成性评价,布置学生写活动心得,将通过参加活动收获到的知识、认识、心得进行梳理,用课件进行呈现,以反映学生在任务完成过程中的反思与总结,升华学生的综合技能水平。

开展激励性评价,学生以小组为单位,为小组成员介绍一款人工智能产品,包括产品的简单原理和使用方法,充分调动学生学习的积极性,发展学生对人工智能的兴趣和了解。

以此完成对活动效果的评价,调查参加活动的学生是否进一步了解科学和技术,了解科学和技术在人类生产和生活中的应用。学生观察、提出问题、搜索信息、搜集材料,交流互动、合作学习等方面的能力和科学素养是否得以提高。是否完成养成乐于学习科学,乐于动手探究的态度,养成科学的思维习惯,对科学技术的功用和风险有清晰的认识,理解科学与社会之间的复杂联系,进一步增强科学态度和责任的目标,进而对开设本课程的意义进行综合性评价。

专家点评:

该课程方案以水下机器人等一系列资源为基础,围绕"开启人工智能,探索水下奥秘"这个主题,通过整合学校与企业资源,来为学生打造趣味性体验很强的课程活动,对于学生的知识深化理解、视野拓展等方面有很大价值。课程实施设计用四个学时,在不同地点通过不同的形式开展,对实施的人员、条件等问题做了详细交代。整体来看,课程主题鲜明,方案对课程设计的理念与价值、资源与条件等方面都有详细的阐述,设计的逻辑也比较清晰。在实施的过程中,要加强学校与企业技术人员的密切合作,针对学生的年龄特点,为学生提供适切的活动与发展支持。希望在课程完整实施之后,可以将课程效果与反思内容补充上,为后续课程建设提供有益参考和借鉴。

东北师范大学　于　冰

用 App Inventor 玩转开源硬件①

天津经济技术开发区国际学校　赵立群

一、实践活动背景

当前,人工智能正在引发链式突破,世界主要发达国家把发展人工智能作为提升国家竞争力、维护国家安全的重大战略,加紧出台规划和政策,力图在新一轮国际科技竞争中掌握主导权。2017 年 7 月,国务院印发了《新一代人工智能发展规划》,文件指出人工智能发展进入新阶段,要求广泛开展人工智能科普活动,实施全民智能教育项目,在中小学阶段设置人工智能相关课程。

人工智能教育课程化工作是科技辅导员群体推动"全国青少年人工智能科普活动"与"全国青少年创意编程与智能设计大赛"活动的教育示范课程建设的重大任务和核心工作之一。课题的研究对于培养学生的核心素养是有益的实践和探索,特别是对"科学精神"的培养,主要指学生在学习、理解、运用科学知识和技能等方面所形成的价值标准、思维方式和行为表现。中小学人工智能课程需要具备核心三个条件:一是教材、二是教具、三是教师。所以要提高中小学人工智能教育质量,就必须不断完善这三个条件,以推动中小学教育的现代化发展和改革。

天津艾瑞奇教育科技有限公司是开发区一家集人工智能教育产品软硬件研发、推广等为一体的教育科技类公司,是中国科协青少年活动中心组织的"中国青少年人工智能科普联盟"首批成员单位,2020 年成为全国青少年人工智能科普活动唯一资源包供应商,开展了数十次国家级、省级人工智能教育骨干教师培训,服务于人工智能示范校,是区域里难得的青少年人工智能教育企业资源。

---

① 本教案为作者与天津艾瑞奇教育科技有限公司合作开发。

二、实践活动目标

(一)学生发展目标

1.激发学生对于人工智能产品、行业和未来发展的兴趣,同时了解 Ar-duino 等开源硬件和 App 应用开发的详细信息。

2.培养学生的学习与创新能力,拓展学生知识面,能自己动手实现软硬件之间的相互控制,提高综合实践能力。

3.让学生了解科技强国,明白科技改变生活,养成乐于探索、乐于动手的实践精神,培养综合思维习惯,理解科学技术与国家强盛之间的联系,进一步增强科学态度和责任。

(二)教师发展目标

激发教师对于现代科技教育的热情,提高教师专业素质,提升教师对于人工智能的了解和应用程度与开发新项目课程的能力。

三、实践活动对象和分析

学生是一个对于新知识充满了汲取性的群体,有着极强的好奇心与求知欲,并且具备一定的创造力、动手能力和探究能力。由于学生在数学、工程技术方面的理论知识相对较少,对人工智能的原理缺乏了解,需要零起点教学。

在此阶段应当将科技的种子撒进他们心中,培养他们对于人工智能的兴趣。同时,学生群体有着丰富的想象力,能对需要实现的功能有着各种各样的想法,最为适合培养孩子的创新意识、创作兴趣。

四、活动具体内容

(一)活动内容

通过设计"用 App Inventor 玩转 Arduino",让学生能认识、了解并掌握有关开源硬件的基本知识,具备一定的科技创新能力,尤其是基于真实情境的问题解决能力,促进每一个学生全面而有个性的发展。

(二)重点、难点、创新点

1.重点

通过学生自己动手实现 App Inventor 来编写 Android 应用来控制 Arduino 开源硬件,了解基础的 App 应用编写原理与开源硬件使用方法,能让手机和开源硬件之间进行数据通信。

2.难点和创新点

对于 App Inventor 和开源硬件软件编程的初步上手,需要老师从头开始,一步一步进行深入讲解;大小屏同步,一步一步来实现程序编写。从趣味案例入手,逐步了解手机与硬件的通信后,发挥学生的创新能力,以实现传感器等开源硬件的功能。

(三)利用各类科技教育资源

通过项目的开展,充分利用天津艾瑞奇教育科技有限公司提供的人工智能与开源硬件教育资源,通过网络获取更多的课程资源和创意。

泰达社会管理委员会、泰达街道科协、学校与企业达成合作协议,在场地支持、人员配备、经费支出、时间选取、安全保障、协调机制等方面进行相应的商定和说明。

天津艾瑞奇教育科技有限公司提供参观时间、活动地点、专业人员、硬件支持等方面的资源和支持。

课程开始实施前,针对综合实践活动方案的初始设计,多方进行深入沟通、协调,能够根据课程设计方案提供的资源条件、活动实施方式、人员安排等情况做出有针对性的多方供给计划。

五、活动过程和步骤

(一)准备阶段

1.学校方面需要做的准备

（1）确认参与学生的范围。确定参与学生对活动的兴趣倾向后，进行整体活动方案的设计，协商确定企业的合作细节。

（2）针对学生的成长特点、知识认知能力、对学习成果的预期等，与企业讲师联合进行课程设计，分析课程设计过程中的重点、难点。

（3）整体课程大致分为"前期准备—中期实践活动—后期总结"三个基本环节。根据活动实施的各个环节，把企业技术人员、企业讲师、学校教师、学生、家长、交通服务、保险等要素组织在一起。

2.家长方面的配合和准备

活动的组织应该积极获取家长的支持，使家庭教育、社会教育、学校教育进行有效组合，形成合力，为学生未来的职业规划提供指导性案例。邀请家长参与活动方案的设计。如果学生家长中，有相关的企业人员或者专业人员，要多吸取他们的创意和参与。

（二）实施阶段

1.参观天津艾瑞奇教育科技有限公司

图1　2020年全国青少年人工智能科普活动资源包

图2　天津艾瑞奇教育科技有限公司参观介绍

2.体验人工智能传感器系列产品

活动地点：企业场地

主讲人员：企业专业人员、学校相关学科教师

活动内容：

（1）初步了解天津艾瑞奇教育科技有限公司的开源硬件产品，在企业老师的带领介绍下掌握开源硬件的基础知识。

（2）查阅有关开源硬件和 App Inventor 的书籍，了解两者是如何通过数据通信连接的，与生活中常见的蓝牙通信有什么异同。

（3）体验企业创意作品，了解 Android 手机 App 控制开源硬件的方式、方法。

3.跟随双方教师进行课题实践

活动地点：学校机房

主讲人员：企业专业人员、学校相关学科教师

活动内容：

（1）开源硬件和 App Inventor 的课程学习。

（2）开源硬件的作品创新。

六、课程实施样例

（一）课题一"认识 App Inventor"

1.提出思考问题

（1）现在最常见的手机系统有哪些？

（2）App 是什么？ App 是怎么实现的？

请同学们进行思考并讨论，总结最合理的答案，然后分享。

2.背景知识资料

手机系统就是运行在手机上面的操作系统。目前，除常见的 Android 和 IOS，还有 Windows Phone、黑莓、塞班等系统。手机软件主要指安装在智能手机上的软件，完善原始系统的不足与个性化。使手机完善其功能，为用户提供更丰富的使用体验的主要手段。

3.认识 App Inventor

App Inventor 是一款谷歌公司开发的手机编程软件，软件使用者不需要掌握任何编程知识，"创意＋代码拼接＝你自己的应用程序"。App Inventor 特点

是开发过程简单,易操作;开发创造自己的应用程序;不需要太多的编程知识;代码拼接的编码方法。

App Inventor 是一个可视化的开发工具, 用于开发安卓应用。在 App Inventor 中,代码的编写与同学们了解的 Scratch 一样,像玩拼图游戏,代码变成了可拼接的"块",编写程序就是将这些"块"拼装在一起。

4.Hello Cat

(1)用谷歌浏览器打开"http://app.gzjkw.net/",然后会有登录界面,可以利用自己的 QQ 扫码登录, 就会出现如下界面。然后我们单击左上角的新建项目,再为新应用起个好名字,点击确定,创立接下来的工程。

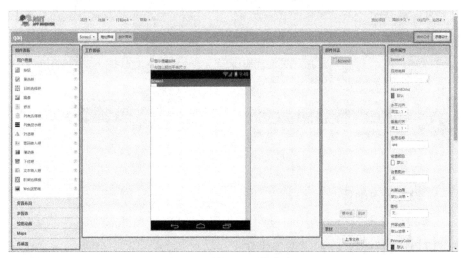

图 3　App Inventor 软件界面

(2)窗口组成结构

中部的白色区域被称为工作区域,中央是用户界面的预览窗口,工作区域的左侧是组件面板,其中列出了可供选择的所有组件。紧邻工作区域右侧的是组件列表,显示了项目中的所有组件。最右边的部分是属性面板,用于显示组件的属性。

(3)首先实现一个最简单的 app 设计,第一个应用是"你好猫咪",当你触摸这只猫时,它会发出"喵呜"的叫声;当你摇晃它时,手机将产生振动。

(4)设计软件逻辑程序,单机右上角的逻辑设计,进入编程界面,实现以下操作。点击打包 apk 然后点击打包 apk 并显示二维码,下载到手机即可实现效果。

(二)课题二"利用 App Inventor 控制开源硬件 LED 亮灭"

1.调用蓝牙按键

依上节课的操作流程,新建一个项目,然后尝试实现以下页面的功能。与开源硬件通信时,需要调用蓝牙,所以加入了调用蓝牙按键。

2.进行逻辑设计

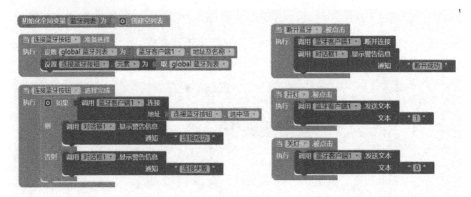

图 4　程序设计内容

3.设置开源硬件

本次综合实践活动的项目设计中,我们用到的是 Arduino Uno 控制板,将其与 LED 进行链接,参照下图连线方式。

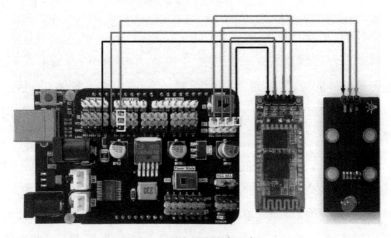

图 5　开源硬件接线方式

4.使用 Mixly 软件

接下来给开源硬件进行编程设计,我们用到的是 Mixly 软件,一种图形化编程软件,Mixly 能够轻松的给 Arduino Uno 控制板进行编程,那么我们仿照下边的程序进行编写,然后点击上传给我们的主控板。

5.应用测试

处理好程序、链接,进行应用测试是最后一个步骤。将手机与开源硬件蓝牙进行配对链接,在软件内进行蓝牙链接,测试软件是否能实现既定功能。确认点击"开灯""关灯"按钮时,是否能实现小灯的亮、灭控制。

(三)课题三"利用 App Inventor 实现语音控制开源硬件 RGB 颜色切换"

1. 界面设计

向界面编辑区拖入标签、按钮、列表选择框组件及蓝牙客户端组件,并进行相应的界面设计。

图 6　初期界面布局设计

2.逻辑设计

进入逻辑设计状态后,按如下思路进行程序设计。利用"列表选择框",选择已与手机配对的外部蓝牙设备;掌握外部蓝牙设备与手机蓝牙通信方式;根据"按钮"功能,如"开""关"等,让手机蓝牙向外部蓝牙设备发送指令。

131

3.语音控制

在 App Inventor 中,使用语音识别功能主要分为以下几步:

(1)安装文本转语音(TTS)引擎

语音控制需要用到手机的 TTS,文本转语音功能,很多手机都可能已经内置了此项功能。

(2)设置 TTS 引擎

开启手机 TTS 引擎中的语音识别接口即可实现将文本转化为语音。以讯飞语音为例,可进入手机系统的"设置"→"常规管理"→"语言和输入"→"文本转语音"菜单,选择讯飞语音"+"的设置功能,并开启其系统识别接口。

4.在 APP Inventor 中调用语音识别功能

在开启识别接口后,即可在 APP Inventor 中对此功能进行调用,具体步骤为:设置蓝牙连接;设置语音识别按钮和语音识别器组件,点击按钮调用语音识别功能,如需将文字转换为语音,则此处应用文本语音转换器或语音合成器。当语音识别器完成识别后,取出识别文本结果,对其进行判断,并调用蓝牙,发送动作指令。

5.将开源硬件 Arduino Uno 主板进行连接

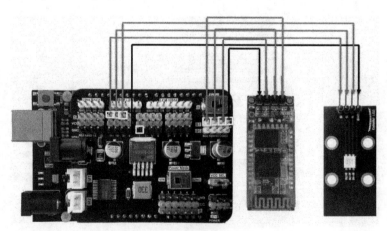

图 7 开源硬件接线方式

6.利用 mixly 进行程序设计,并上传测试

将手机与开源硬件以蓝牙形式连接好,尝试程序测试,按下按钮,大声说"红灯""绿灯"或"蓝灯",确认 RGB 模块是否能够实现亮起相应颜色的灯光。

七、学习评价

遵循指导性原则、科学性原则和发展性原则,开展发展性评价,用发展的眼光对学生进行个性评价。开展诊断性评价,对学生的学习情况进行量化统计和诊断。开展问卷调查,以讲座中的理论知识为内容设计答卷,如 App 的界面美化,基本逻辑设计等,了解学生的理论知识学习水平。开展形成性评价,布置学生写活动心得,将通过参加活动收获到的知识、认识、心得进行梳理,用课件进行呈现,以反映学生在任务完成过程中的反思与总结,升华学生的综合技能水平。开展激励性评价,学生以小组为单位,让小组成员介绍更多的开源硬件模块,包括产品的简单原理和使用方法,充分调动学生学习的积极性,发展学生对人工智能的兴趣和了解。

专家点评:

该课程设计方案围绕"用 App Inventor 玩转开源硬件"这个主题,带着学生简单接触了开源硬件编程与 App 的创作。App Inventor 是免费资源,网络上有较多的资料可供学生参考、学习。开源硬件中的各传感器是学生开启人工智能学习的一扇门,具有可操作性强和易推广等价值特点。

本课程设计既是一次学生对于课外知识水平的提高,也是对于创客精神的深度灌输,从开始进入企业参观体验到后面的带领学生实践,让学生自己完成一个完整的实验,整个学习过程很有针对性与实用性,将 STEAM 理念渗透进学生的心中,是特别成功的一套实践课程设计。

东北师范大学　于　冰

玩转 STEAM 创客和机器人①

天津经济技术开发区国际学校　赵立群

一、课程设计理念与目标

（一）课程设计起源

习近平总书记强调，"人工智能是引领这一轮科技革命和产业变革的战略性技术，具有溢出带动性很强的'头雁'效应。"在 2017 年，"人工智能"被写入《政府工作报告》；国务院印发《新一代人工智能发展规划》，将"人工智能"发展提升到国家战略层面。2019 年 3 月，教育部发布通知，全国共有 35 所高校获首批"人工智能"新专业资格。预计到 2030 年，高校将成为建设世界主要人工智能创新中心的核心力量和引领新一代人工智能发展的人才高地，为我国跻身创新型国家前列提供科技支撑和人才保障。

借助 mBot 教育开源机器人和光环板，引导学会机器人的组装，认识传感器、电机等组件的工作原理、特征及简单应用。感受机器人编程带来的乐趣和独特魅力，激发学生对编程、机器人的学习兴趣，培养学生的逻辑思维能力、动手能力、创造力以及同伴协作能力，发展学生积极向上、适应信息社会发展的品格。

（二）学情分析

小学各年级的同学对新鲜事物充满求知欲，对科技产品也非常感兴趣，家里或多或少都配置了小爱音箱、扫地机器人等智能家居设备，人脸识别、语音识别等技术都屡见不鲜，他们在日常生活中对"人工智能"有了初步的认识。

---

① 本教案为作者与天津艾瑞奇教育科技有限公司合作开发。

（三）课程目标

1.学生发展目标

（1）了解慧编程软件界面功能并灵活使用。

（2）了解计算机编程在人工智能产品中的重要性。

（3）认识 mBot 机器人和光环板的基本构造及传感器原理。

（4）激发同学们对 STEAM 创客机器人编程的兴趣。

（5）深入了解人工智能领域,对未来职业发展有初步思考。

2.教师发展目标

（1）增加老师对 STEAM 创客教育的理解和知识储备。

（2）提升老师的机器人编程操作能力,帮助孩子们更深入学习相关知识。

（3）提升老师课程设计开发与教学能力。

二、课程实施设计

课程完成需 8 课时,每课程时长 45 分钟

三、活动资源与实践条件

（一）企业方面提供的资源

天津艾瑞奇教育科技有限公司已与学校达成一致,将为该活动顺利开展提供强有力的支持。按照学校开展活动的需要,提供专业的培训教师、教学机器人 mBot、光环板创意作品展示、机器人远程控制擂台赛、STEAM 创客教育发展现状和趋势介绍等多方面的资源支持,企业安排专人与学校项目负责教师建立长期有效的沟通,在开展活动前,做出针对性计划方案,优化活动执行的具体细节,能够灵活应对学校的教学调整。

（二）学校方面需要做的准备

根据企业提供的资源,学校选出学生,利用校本课程对参与学生进行摸底考察,进一步了解学生对相关知识的熟悉程度,及时将收集的信息反馈给

企业授课人员。结合活动特点,进行相关课前准备,包括相关资料准备、机器人器材分发等。

(三)家长方面的配合与准备

学生家长能够为孩子提供适当的时间练习编程知识,与老师建立联系,及时反馈练习情况并解决遇到的相关问题,有条件的家庭,可为学生提供智能机器人设备,与学生一起多去科技馆、图书馆,了解学习 STEAM 创客和机器人编程的相关知识,共同开阔视野,融入智慧生活并加深对人工智能的理解。

四、课程实施建议与活动设计

课程活动共分为三个部分:前期 5 课时,引入课程主题,学习机器人编程相关的基础知识和传感器原理应用;中期 2 课时,学生走进天津艾瑞奇教育科技有限公司,近距离学习 STEAM 创客相关知识,感受激光切割、3D 打印、MakeX 机器人挑战赛等多个项目的魅力,认识编程设计在其中的重要性;后期 1 课时,总结学习效果和相关收获,进行课程的评价与反馈。

(一)前期活动:学习 mBot 教育机器人和光环板

1.校内课程设置

课题名称	第一节　初识 STEAM 创客机器人 mBot
教学目标	了解 STEAM 教育的概念和趋势,认识 mBot 结构
知识点	1.mBot 主控板、底座、车轮 2.mBot 和 慧编程 的连接方法

课题名称	第二节　mBot 声光双控智能设备
教学目标	1.掌握慧编程软件的使用 2.了解机器人传感器的概念
知识点	1.声音传感器的基本工作原理和应用 2.光线传感器的基本工作原理和应用

课题名称	第三节　mBot 超声波避障
教学目标	1.认识超声波传感器构造 2.运用超声波传感器实现避障功能
知识点	超声波测距、条件判断指令

课题名称	第四节　mBot 远程控制对抗赛
教学目标	1.掌握蓝牙模块安装和使用 2.编程实现电脑远程控制 mBot
知识点	区分在线和上传模式,蓝牙对频连接

课题名称	第五节　光环板语音识别物联网
教学目标	1.认识光环板的结构 2.掌握语言模块指令的编写
知识点	云账号登录,光环板 WiFi 连接

2.课外拓展

(1)和父母共同查阅"STEAM 创客"相关知识资料。

(2)下载安装软件。

(3)共同了解参与机器人编程竞赛类科技活动。

(4)了解智慧教育机器人,老师提供微信,后期进行技术指导。

(二)中期实践:走进 STEAM 创客教育空间

课程时间:90 分钟

课程地点:天津艾瑞奇教育科技有限公司

课程目标:了解 STEAM 创客教学发展现状,认识 3D 打印、激光切割雕刻、MakeX 机器人挑战赛等前沿科技活动。通过实践练习和机器人模拟对抗赛,增强动手能力和团队配合能力,为后期深入学习打下基础。

课程内容:

1.参观准备

(1)安全教育。集体活动应该以安全为第一,要求学生不得私自离开队伍,一切行动听从领队教师的指挥,有情况及时向老师反馈;参观过程中应注意礼貌文明、认真倾听、轻声慢步靠右行。

（2）参观任务。提前告知学生参观的主题,学生可以准备相关资料,思考自己要提问的内容,在参观结束后,写简短的参观体会。

（3）活动分组。5—10 人为 1 个小组,一共 3 个区域,分别体验 MakeX 机器人挑战赛,激光切割雕刻和 3D 打印项目。

2.参观体验活动

（1）由企业讲师带领参观和现场操作体验,学校教师进行安全协助。

（2）工作人员演示操作激光宝盒,通过激光切割雕刻技术实现同学们的小创意,切割机器人小玩偶作为纪念品,现场操作机器人进行模拟对抗赛。

（3）介绍竞赛对抗机器人程序编写,结构搭建,团队配合等,让学生了解到一项工作的执行过程,体会工作学习的艰辛,同时离不开团队协作分工。

（4）提问交流,学生向现场工作人员提出自己想要了解的问题,及时拍照、录像和录音,收集好资料,记录好精彩内容,便于后期教学和宣传使用。

（5）参观结束返校,再次强调安全注意事项,各小组点名统一整队,感谢工作人员,有序离开艾瑞奇创客空间。

3.参观反馈

参观过程中搜集与主题相关的知识并及时记录,思考询问工作人员的问题,认真倾听并做记录。写参观的心得体会,200 字左右,准备后期课程交流。

（三）后期拓展:程序的创意设计

课程时间:45 分钟

课程地点:学校专用教室

授课者:学校教师

课程目标:通过交流参观和学习的感受,体会 STEAM 创客机器人编程的乐趣,认识到任何一项复杂高难度的任务,都需要一步步打好基础才能最终完成;进一步学习慧编程软件,编写程序动画。

课程内容:

1.分享交流

（1）以 5 人为一组,交流分享参观和学习的感受收获。

（2）回顾慧编程软件搭配 mBot 和光环板的应用,激发本次继续学习的强烈好奇。

2.编程探究:跳跃的猴子

（1）布置任务,自主探究与小组合作相结合,完成"跳跃的猴子"程序编写。

（2）认识几个常用指令,说一说,这些指令分别属于什么类型,和小伙伴交流一下,你觉得这些指令有什么作用。

（3）演示程序示例,学生直观感受脚本指令放置顺序的重要性,区分不同指令的内在含义。学生自由尝试其他指令,小组交流分析收获的新知识。

（4）再次演示"跳跃的猴子"的程序示例,让同学们分析过程中需要的指令模块,解释说明原因。教师展示完整脚本,请同学们讲一下对应程序指令的实现效果,引导学生发现问题、思考问题、解决问题。

（5）编程尝试,学生根据所学内容,与同学合作完善自己的作品,鼓励大家勇于尝试使用新学的指令,敢于打破常规思路,学会自主创新。

3.作品展示

（1）根据审美设计、程序编写、用户体验、运行效果等方面,进行作品评价。

（2）根据创新思维,合作意识,团队分工等方面进行学习评价。

（四）反馈活动:总结学习收获,展望未来发展

课程时间:45 分钟

课程地点:学校科学教室

授课者:学校教师

课程目标:学生作品展示,分享心得体会,为自己的未来打开新的一项选择。

课程内容:

1.学习收获

通过参观企业与编程尝试,你对 STEAM 创客机器人编程有了哪些新的了解? 未来你想从事机器人编程相关的开发和研究吗? 说说你对这个职业的理解?

2.作品展示

小组内展示完成的创意编程作品,与伙伴交流自己程序的创意。说说你联系了哪些生活实际,或是在参观中受到哪些启发。全班交流小组推荐的特

色作品,伙伴之间互相点评取长补短,教师参与评价。

3.活动总结

智慧机器人编程对我们的学习和生活有什么作用? 你对 STEAM 创客有了哪些新的了解和认识? STEAM 创客教育的优势和不足有哪些?

五、学习评价

为了激发学生对科学技术的兴趣、锻炼编程搭建思维,培养创新创造能力和探索未知的进取精神。评价以激励性评价为主,关注每个同学的学习进度,及时给予互动反馈,对积极回答问题的同学予以表扬,激发他们的兴趣,引导他们进行有效的学习。

学生是整个活动中的评价主体,关注到学生发展中的个别差异。教师评价主要从学习态度、学习知识吸收上进行评价,并在学生评价时起引导示范作用,教会学生从不同方面去对自己和伙伴进行评价。根据学生在活动中表现情况、准备工作和过程性表现、编程作品设计、学习心得等多个方面进行评价。

六、课程反思

通过这八次课程的持续学习,学生们对 STEAM 创客教育和机器人编程有了深入的认识,同时掌握到了机器人多种传感器的工作原理,并学会应用相关知识解决我们在生活中遇到的社会问题。

通过创意编程培养训练学生的逻辑思维,在程序设计的过程中提升开发探索,创新意识,在程序调试的过程中养成一丝不苟精益求精的学习态度,在程序完成的时候体验经过努力获得成功的满足与幸福。

通过课后拓展促进学生与家长的互动交流,增进互相的进一步了解,将学校教育与家庭教育紧密联系。

利用智慧教育机器人,与天津艾瑞奇教育科技有限公司一起为学生打开通往"人工智能"时代的大门,愿我们的活动,给孩子们带来新的体验,新的认识,让他们的未来多一项新的选择,期待同学们未来能在机器人编程,智能制造等领域大放异彩!

七、课程拓展与延伸

1.利用慧编程官网社区,学生多上传个人创意作品,学习优秀作品的编程思路,提升编程创新能力。

2.给学生推荐一些 STEAM 创客和机器人编程相关的网站,鼓励学生进行持续性学习。

3.利用编程设计思维解决日常生活中遇到的一些小问题。

4.加强与企业的沟通联系,争取专业讲师进校开展"创客机器人"相关课程,惠及更多学生。

5.学校学生设计机器人编程展示活动,扩大"STEAM 创客教育"的影响范围。

八、课程留影

图 1 小组课程学习瞬间

图 2 小组课程学习瞬间

图 3 作品展示

图 4 动手实践

专家点评：

该课程方案以 mBot 和光环板等一系列青少年人工智能软硬件资源为基础，围绕"玩转 STEAM 创客和机器人"这个主题，通过整合学校与企业资源，将课程学习与综合实践、科技竞赛活动相结合，让学生能够深入体验 STEAM 创客教育带来的创新惊喜与探究乐趣，对于学生的知识学以致用、拓展视野、创意物化、动手实操等方面都有很大价值。

课程实施设计用时 8 个学时，采用了多场景、多形式、多讲师授课模式，对实施的人员、硬件、时间等条件做了详细的陈述。整体来看，课程主题鲜明，方案对课程设计的理念与价值、资源与条件等方面都有详细的阐述，设计逻辑也较为清晰，是一个较好的人工智能方向的科技类综合实践活动课程案例。各学校应根据自身的软硬件条件开展活动，实施过程中，学校老师与企业技术人员需要加强沟通，以便了解学生学习过程中的差异性，更好地进行课程资源的拓展。

东北师范大学　王海英

科技公司大探险(1—2年级)①

天津经济技术开发区第二小学　王佳欣

一、课程设计理念与目标

(一)设计理念

富士康科技集团是中国台湾鸿海精密集团的高新科技企业,1974年成立于中国台湾地区台北市,总裁郭台铭,现拥有120余万员工及全球顶尖客户群。此活动进行的过程中,将对广大的小学生进行科普教育、环境教育,并进一步激发他们的创造力与进取心,让他们感受到富士康科技的无穷魅力和无限乐趣。活动所传递的环保意识、创新意识、公民意识和企业精细化管理的魅力,会源源不断地浸润着孩子们的心灵,滋润着他们健康成长。

(二)学情分析

小学1—2年级学龄儿童是想象力与创造力处于即将活跃时期,他们已经具有一定的动手能力和审美能力。这一学龄阶段的学生好奇心强,活泼好动。随着小学生认知水平的发展,他们对周围的生活更熟悉了,也会更加关注,好奇心使他们愿意运用自己的感官去探究、去发现。

二、课程的价值与目标

(一)知识方面

1.活动能让学生们了解富士康知识,从而掌握一些简单技术。

---

① 本教案为作者与富士康(天津)电子有限公司合作开发。

2.课堂授课,参观富士康工作间,了解了富士康的发展历史,以及富士康从研发到设计到组装最后出产的各个环节。

(二)情感方面

1.在参与此项活动的过程中,通过做一做的方式调动学生对于科学的热爱。

2.活动不仅能增加小学生与他人的交流,提升观察力、辨别能力和归类能力,还能丰富孩子们的兴趣爱好。

三、课程设计与实施过程

(一)学校方面需要做的准备

1.学校配合富士康公司首先对学生了解富士康知识的兴趣、知识基础、能力特点等方面进行摸底调查,也就是了解学生对于富士康知识的前概念。用以确定学生想要学习富士康知识的具体方面、诉求等,商定支持企业的具体部门和人员等。

2.结合我校活动开展的需要,进行天津富士康公司富士康知识的内培训和其他教师的培训,对活动开展的基本思路和实施细节展开充分的动员和讨论,集思广益,充分发挥每位教师的特长和智慧。这既是完善活动方案的过程,也是凝练愿景、凝聚团队的过程。

3.学校与企业沟通,学校除了方案和人员、场地、设施等方面的准备,还需要做哪些准备。

4.确定学校中由哪个学科组直接参与活动开展,哪个部门组织具体实施,以及相应的后勤保障的相关安排等。

(二)家长方面的配合和准备

了解家长对于富士康知识学习系列活动的态度,邀请家长参与到活动设计中来,认真听取家长的意见,争取家长的支持,帮助学生在活动前对该领域有所了解。

四、课程整体设计

课程总共分为三个部分来进行研究,分别是前期引入课程主题,学生走进富士康了解技术,同时感受企业文化,后期课程的评价与反馈。

(一)前期:"科技公司大探险"启蒙课

课程时长:40分钟

课程地点:学校班级

授课者:学校教师

课程目标:激发学生对富士康的兴趣,科普有关富士康的知识,了解富士康的历史,了解我国富士康的发展,尤其是富士康的发展历程,知道富士康的几个系列产品和在中国富士康制造行业的地位。

课程主要内容:

1.了解富士康的发展历史

你知道富士康这个公司吗? 今天我们一起来了解下这是一个怎样的公司。(播放世界富士康发展史PPT)

2.比一比,赛一赛

现在让我们一起来了解一下富士康发展经过的几个阶段:富士康集团在中国台湾地区被称为鸿海科技集团;1988年在中国大陆投资,是专业生产3C产品及半导体设备的高新科技集团(全球第一大代工厂商),是全球最大的电子专业制造商,拥有120余万员工及全球顶尖IT客户群;2011年,其出口额占中国大陆出口额总量5.8%,连续9年雄踞大陆出口200强榜首;2011年跃居《财富》杂志公布的世界500强企业第60位。

同学们,经过老师的介绍,相信大家已经对世界富士康发展史有所了解,那么有的同学一定想问:我们国家的富士康是如何发展的呢? (播放中国富士康发展史PPT)

在这里为了提升学生的学习兴趣可以利用现代化媒体技术,通过抢答、竞赛的形式丰富活动内容。

3.中国富士康总裁介绍

郭台铭,祖籍山西省晋城市南岭乡葛万村,1950 年 10 月 8 日出生于中国台湾,毕业于台北市中国海事专科学校,台湾第一大企业鸿海精密(下属最大科技集团富士康科技集团)创办人。

1985 年创立富士康品牌。1988 年,在深圳开办工厂,之后发展成为富士康龙华基地,至 2007 年年底,富士康在全国相对成熟的基地已超过 13 个。

2010 年美国《福布斯》杂志"全球亿万富翁"排行榜上位列第 136 名。

2002 年入选美国《商业周刊》评选的"亚洲之星"。

至 1999 年底,富士康集团分别在深圳和昆山建成两大资讯科技工业园。郭台铭是台湾著名的企业界人士,根据《福布斯》最新公布的信息,郭台铭以 55 亿美元的身价,在台湾富豪排行榜中位居第一。

希望同学们也能通过自身努力,实现人生价值。

现在我们一起来做个游戏,好不好?(好)

4.互动环节

(1)猜猜看活动

猜猜哪些属于富士康的产品。下面老师再给大家介绍一下富士康。

(2)出示富士康车标,以及富士康公司的简介(播放富士康 PPT 和宣传片)

2014 年 5 月 28 日消息,据路透社报道,苹果公司供应商富士康科技集团将斥资 116 亿台币(约合 26.6 亿人民币),收购台湾移动电信运营商亚太电信股份,并以此扩大该公司于台湾正在蓬勃发展中的 4G 电信市场的业务。

同学们,认识了富士康。下节课,会有富士康的专业工程师来给同学们进行讲座,解答同学们提出的问题,大家期待吗?(期待)请同学们回家仔细想好自己的问题,做好卡片知识的预习。

(二)中期 1—2 年级——"感受富士康"之富士康企业园区参观

课程时长:60 分钟

课程地点:富士康

授课者:富士康企业工程师

课程目标:参观富士康厂区,参观部分零件的生产过程,了解富士康的企业文化。

课程内容：

1.引出主题,激发兴趣

师:同学们你们想不想看看真正的富士康是怎样制造的?

生:想。

师:一会儿老师带着大家一起去富士康工作间看一看,了解一下富士康。

2.参观前指导

在我们开始参观之前,老师要提几个小要求:

(1)不能随意走动,要跟随老师和工厂员工走人行便道,过马路请走人行横道。

(2)迎宾馆内展台玻璃光滑易碎,不能踩踏及触摸展车。

(3)不能在展车或展板上涂抹乱画。

(4)因车间内常有备件物流车经过,进入车间后,一定要服从老师的指挥,走安全参观通道。

(5)任何同学不能触摸车间内存放的零部件及器具。

(6)时刻保持安静,展现我们一二年级小朋友的精神风貌。

3.富士康整体介绍

此部分由富士康工作人员简单介绍富士康天津公司概况。

4.参观车间厂房,了解富士康的制作过程

公司布置二维码,让学生亲临现场参观现代科技化设备。

5.富士康企业文化展厅

同学们,通过我们的参观学习,相信大家对富士康的制造过程已经有所了解,想不想看看富士康公司的发展史?(想)参观富士康发展史,听工作人员讲解富士康公司企业文化。

6.提问互动环节

下面各小组讨论交流,并填写学习卡片,与企业人员交流问题。(见表1)

表1　讨论交流记录表

说一说:我学到了什么?	写一写:假如我是富士康工程师	画一画:我设计的富士康

(三)后期:"认识富士康一二三"反馈评价

课程时长:40分钟

课程地点:学校班级

授课者:学校教师

课程目标:整理反馈本课程的活动效果。学生彼此交流学习心得,组内交流展示学习卡片,组评和以班级为单位推选优秀学习卡片进入年级交流、拓展延伸,激发学生对设计及科技的兴趣。

课程内容:

1.组内交流

以第一节课结束时学生选择的富士康科技产品为分组标准,进行组内经验的交流。

2.组间相互展示

不同的小组,展示交流学习到的内容。

3.拓展活动,画一画

(1)通过参观富士康,画一画你心目中的富士康。

(2)在充分交流的基础上将不同的设计汇集在一起,组内绘制你心目中的富士康,可展示交流或参加科幻画等比赛。

3.学习评价

(1)激励性原则

开展激励性评价,呵护学生的自信心,充分调动学生学习的主动性和积极性,在授课过程中积极与学生互动,对参与讨论或者参与讲座提问的学生给予奖励,我们可以采取抽奖的形式,回答问题正确的孩子可以获得抽奖机会,领到一份小奖品。

(2)过程和结果统一原则

注重过程,要重视学生学习过程中所表现出来的学习态度和对运用的学习方法,重视学生在发现问题、提出问题和解决问题过程中的智能综合、思维运用和见解创新,

(3)全面性原则

关注通过讲座学生对于知识的掌握程度,而且关注学生的求知过程、进步状况和努力程度,评价其情感态度与价值观。

评价目的:帮助授课教师了解学生学习的情况,对内容的理解程度,通过学习反馈卡片,评价学生已经掌握的知识,对待课程学习的态度,激发学生对科学、富士康的学习兴趣。

评价方法:①关注学生课堂及参观表现,能否认真听讲,积极参与活动,认真思考,态度端正。②收集学生的学习卡片,根据卡片填写情况,对学生的学习成果进行评价。

课程实施效果的呈现:校园楼道内展报展出学生学习卡片、科幻画等;组织学生参加富士康知识小问答比赛;结合其他课程,如美术课,劳动课等继续进行课程的探索和延伸。

五、课程反思

(一)总结

通过这四次课程的深入学习,学生们对富士康史、富士康的企业文化有了充分的了解,也对富士康未来的发展方向有了明确的认识。在此过程中,任务卡、学习卡的设置充分锻炼了学生的记录、汇报、总结、交流能力;小游戏的安排使学生在无意识学习过程中丰富了关于富士康知识、拓展了科技视野;设计富士康的活动既是对前面课程所学知识的总结和运用,又可以联系所学科学知识,充分发挥学生的创造力和想象力;科幻画的绘制,渗透了 STEAM 理念,将科学、数学、美术等知识完美融合,全面提高学生的核心素养。

(二)反思

本次课程的实施,充分发挥了学生的主体地位,但是对学生已知的关于富士康的知识、认知水平还要进行深入了解。对一些知识,我们不能自认为很容易或者是以为自己讲得清晰到位,没有随时观察学生的学习状态,没有随时获取学生的反馈信息。

对知识、能力、情感、与社会关系的教学目标是否全面落实。要充分做好学情分析,为学生真实获得设计课程,以培养学生的小组合作、交流、汇报能力,培养科学探究精神。

在此过程中,我们可以争取家长的支持,积极让学生家长参与到我们的课程和活动中来,这样可以全面了解学生的兴趣,对一些学生所需知识的不足有更充分的认识,还可以让家长帮助学生完成活动的研究、调查、汇总等工作。

专家评价:

"科技公司大探险"系列课程的设计体现了层层递进、螺旋上升的学段特点,体现了以儿童视角设计课程的理念,体现了设计者对于学情和企业教育的认知。1—2学段主体是以了解为主,在介绍类的材料中予以简化,通过"画一画""听一听"等丰富多彩的形式吸引学生主动对企业感兴趣,从而打开行动之门;3—4学段有一些介绍类的材料,侧重于观看、小组合作完成任务;5—6学段有丰富的材料介绍,侧重于思考类、对比类、调查研究类的内容。在前期、中期和后期课程中各有重点,突出了与企业对接的重要连接点,让企业也有充分的依据和准备。后面评价环节同样考虑了不同内容及类型,可操作性就有了。

东北师大附中净月实验学校　吕　丽

科技公司大探险(3—4年级)[①]

天津经济技术开发区第二小学　王佳欣

一、课程设计理念与目标

(一)设计理念

富士康科技集团是中国台湾鸿海精密集团的高新科技企业,1974年成立于中国台湾地区台北市,总裁郭台铭,现拥有120余万员工及全球顶尖客户群。此活动进行的过程中,将对广大的小学生进行科普教育、环境教育,并进一步激发他们的创造力与进取心,让他们感受到富士康科技的无穷魅力和无限乐趣。活动所传递的环保意识、创新意识、公民意识和企业精细化管理的魅力,会源源不断地浸润着孩子们的心灵,滋润着他们健康成长。

(二)学情分析

小学3—4年级学龄儿童是想象力与创造力处于即将活跃时期,他们已经具有一定的动手能力和审美能力。这一学龄阶段的学生好奇心强,活泼好动。随着小学生认知水平的发展,他们对周围的生活更熟悉了,也会更加关注,好奇心使他们愿意运用自己的感官去观察、去探究、去发现。

二、课程的价值与目标

1.知识方面:课堂授课,参观富士康工作间,了解了富士康的发展历史,以及富士康从研发到设计到组装最后出产的各个环节。

[①] 本教案为作者与富士康(天津)电子有限公司合作开发。

2.情感方面

（1）在参与此项活动的过程中，通过"做一做"的方式调动学生对于科学的热爱。

（2）活动不仅能增加小学生与他人的交流，提升了观察力、辨别能力和归类能力，还能丰富孩子们的兴趣爱好。

三、课程设计与实施过程

（一）学校方面需要做的准备

1.学校配合富士康公司首先对学生了解富士康知识的兴趣、知识基础、能力特点等方面进行摸底调查，也就是了解学生对于富士康知识的前概念，用以确定学生想要学习富士康知识的具体方面、诉求等，商定支持企业的具体部门和人员等。

2.结合我校活动开展的需要，进行天津富士康公司富士康知识的内培训和其他教师的培训，对活动开展的基本思路和实施细节展开充分的动员和讨论，集思广益，充分发挥每位教师的特长和智慧。这既是完善活动方案的过程，也是凝练愿景、凝聚团队的过程。

3.学校与企业沟通，学校除了方案和人员、场地、设施等方面的准备，还需要做哪些准备。

4.确定学校中由哪个学科组直接参与活动开展，哪个部门组织具体实施，以及相应的后勤保障的相关安排等

（二）家长方面的配合和准备

了解家长对于富士康知识学习系列活动的态度，邀请家长参与到活动设计中来，认真听取家长的意见，争取家长的支持，帮助学生在活动前对该领域有所了解。

四、课程整体设计

课程总共分为三个部分来进行研究，分别是前期引入课程主题；学生走

进富士康了解技术,同时感受企业文化;后期课程的评价与反馈。

(一)前期:"科技公司大探险"启蒙课

课程时长:40分钟

课程地点:学校班级

授课者:学校教师

课程目标:激发学生对富士康的兴趣,科普有关富士康的知识,了解富士康的历史,了解我国富士康的发展,尤其是富士康的发展过程,知道富士康的几个系列和在中国富士康制造行业的地位。

课程主要内容:

1.了解富士康的发展历史

你知道富士康这个公司吗? 今天我们一起来了解下这是一个什么样的公司。(播放世界富士康发展史PPT)

2.富士康发展的几个关键阶段

现在让我们一起来了解一下富士康发展经过了几个阶段:

富士康集团在中国台湾地区被称为鸿海科技集团。

2011年,其出口额占中国大陆出口额总量5.8%,连续9年雄踞大陆出口200强榜首。

2011年跃居《财富》杂志公布的世界500强企业第60位。

自1991年至今,集团年均营业收入保持超过50%的复合增长率,是全球最大的计算机连接器和计算机准系统生产商,连续9年入选美国《商业周刊》发布的全球信息技术公司100大排行榜(2005、2006年排名第二),连续四年稳居中国内地企业出口200强第一名。

同学们,经过老师的介绍,相信大家已经对世界富士康发展史有所了解,那么有的同学一定想问:我们国家的富士康是如何发展的呢?(播放中国富士康发展史PPT)

学生可以前期收集一些关于富士康的资料,让学生上台加以补充,进行展示,丰富活动内容。

3.中国富士康总裁介绍

郭台铭,祖籍山西省晋城市南岭乡葛万村,1950 年 10 月 8 日出生于中国台湾,毕业于台北市中国海事专科学校。台湾第一大企业鸿海精密(下属最大科技集团富士康科技集团)创办人。

1971 年进入台湾复兴航运公司,1974 年成立鸿海塑料企业有限公司,生产黑白电视机的旋钮。

1985 年创立富士康品牌。1988 年,在深圳开办只有百来人的工厂,之后发展成为富士康龙华基地,至 2007 年底,富士康在全国相对成熟的基地已超过 13 个。

希望同学们也能通过自身努力,实现人生价值。

现在我们一起来做个游戏,好不好?(好)

4.互动环节

(1)猜一猜,比一比

前期可以将学生进行分组,猜猜哪些属于富士康的产品。下面老师再给大家介绍一下富士康。

(2)出示富士康车标,以及富士康公司的简介。(播放富士康 PPT 和宣传片)

①开发智能终端

据报道,2013 年 6 月 3 日,富士康将携手火狐运营商 Mozilla 推出一款火狐操作系统的智能终端。分析师指出作为苹果公司最大的生产厂商,富士康正寻求多元化转型,用以摆脱对苹果的依赖。

对于富士康来说,公司不得不承担苹果自身业绩下滑和订单转移带来的损失。业内分析认为,在这种情况下,富士康也开始寻求多元化改革,摆脱对苹果的过分依赖。

有分析认为,富士康作为全球最大的代工厂商,对成本的把控和大规模生产的管理拥有丰富的经验,对于走中低端路线的火狐 OS 的手机产品,与富士康的合作将对火狐压低成本和价格提供帮助。

②机器人之路

富士康为什么也选择机器人代工?

富士康在中国大陆拥有 150 万名工人,雇用童工、员工自杀以及群体性斗殴事件消息频频传出,令公司备受困扰。使用机器人工作可以按照预先设定的程序,自主完成规定动作或操作,从而提高生产效率,降低成本以提高利润。

同学们,认识了富士康。下节课,会有富士康的专业工程师来向同学们进行讲座,解答同学们提出的问题,大家期待吗?(期待)请同学们回家仔细想好自己的问题,做好卡片知识的预习。

(二)中期3—4年级——"富士康技术体验"之富士康企业园区参观

课程时长:60分钟

课程地点:富士康

授课者:富士康企业工程师

课程目标:参观富士康厂区,参观部分零件的生产过程,了解富士康的企业文化。

课程内容:

1.引出主题,激发兴趣

师:同学们你们想不想看看真正的富士康是怎样制造的?

生:想。

师:一会儿老师带着大家一起去富士康工作间看一看。

2.参观前指导:

在我们开始参观之前,老师要提几个小要求:

(1)不能随意走动,要跟随老师和工厂员工走人行便道,过马路请走人行横道。

(2)迎宾馆内展台玻璃光滑易碎,不能踩踏及触摸展车。

(3)不能在展车或展板上涂抹乱画。

(4)因车间内常有备件物流车经过,进入车间后,一定要服从老师的指挥,走安全参观通道。

(5)任何同学不能触摸车间内存放的零部件及器具。

(6)时刻保持安静,展现我们三四年级小朋友的精神风貌。

大家能做到吗？（能）

3.富士康整体介绍

此部分由富士康工作人员简单介绍富士康天津公司概况。

4.参观车间厂房，了解富士康的制作过程

公司布置二维码，让学生亲临现场学生现代科技化设备。学生根据自己的需要可以进入不同的展区进行参观，在工作人员允许的情况下，适当进行技术观看和简单的技术尝试。

讲解富士康的相关科技产品。

5.富士康企业文化展厅

同学们，通过我们的参观学习，相信大家对富士康的制造过程已经有所了解，想不想看看富士康公司的发展史？(想)参观富士康发展史，听工作人员讲解富士康公司企业文化。

6.提问互动环节

下面各小组讨论交流，并填写学习卡片，与企业人员交流问题，一会儿我找同学来汇报。

（三）后期："认识富士康一二三"反馈评价

课程时长:40分钟

课程地点:学校班级

授课者:学校教师

课程目标:整理反馈本课程的活动效果。学生彼此交流学习心得。组内交流展示学习卡片，组评和以班级为单位推选优秀学习卡片进入年级交流。拓展延伸，激发学生对设计及科技的兴趣。

课程内容:

1.组内交流

以第一节课结束时学生选择的富士康科技产品为分组标准，进行组内经验的交流。

2.组间相互展示

不同的小组，展示交流学习到的内容。

3.拓展活动

(1)分组描述自己在富士康中了解到的技术。

(2)分组讨论,用自己的画笔画一画你眼中的富士康,并进行展示,找同学说说他们心目中的富士康,和通过参观富士康之后的收获。

四、学习评价

(一)激励性原则

开展激励性评价,呵护学生的自信心,充分调动学生学习的主动性和积极性,在授课过程中积极与学生互动,对参与讨论或者参与讲座提问的学生给予奖励,我们可以采取抽奖的形式,回答问题正确的孩子可以获得抽奖机会,领到一份小奖品。

(二)过程和结果统一原则

注重过程,要重视学生学习过程中所表现出来的学习态度和对运用的学习方法,重视学生在发现问题、提出问题和解决问题过程中的智能综合、思维运用和见解创新,

(三)全面性原则

关注通过讲座学生对于知识的掌握程度，而且关注学生的求知过程、进步状况和努力程度,评价其情感态度与价值观。

评价目的:帮助授课教师了解学生学习的情况,对内容的理解程度,通过学习反馈卡片,评价学生已经掌握的知识,对待课程学习的态度,激发学生对科学、对富士康的学习兴趣。

评价方法:

1.关注学生课堂及参观表现,能否认真听讲,积极参与活动,认真思考,态度端正。

2.收集学生的学习卡片,根据卡片填写情况,对学生的学习成果进行评价。

课程实施效果的呈现：

校园楼道内展报展出学生学习卡片、科幻画等。

组织学生参加富士康知识小问答比赛。

结合其他课程,如美术课、劳动课等继续进行课程的探索和延伸。

五、课程反思

(一)总结

通过这四次课程的深入学习,学生们对富士康史、富士康的企业文化有了充分的了解,也对富士康未来的发展方向有了明确的认识。在此过程中,任务卡、学习卡的设置充分锻炼了学生的记录、汇报、总结、交流能力;小游戏的安排使学生在无意识学习过程中丰富了知识、拓展了科技视野;设计未来富士康的活动既是对前面课程所学知识的总结和运用,又可以联系所学科学知识,充分发挥学生的创造力和想象力;科幻画的绘制,渗透了 STEAM 理念,将科学、数学、美术等知识完美融合,全面提高学生的核心素养。

(二)反思

本次课程的实施,充分发挥了学生的主体地位,但是对学生已知的富士康知识、认知水平还要进行深入了解。对一些知识,我们不能自认为很容易或者是以为自己讲得清晰到位,没有随时观察学生的学习状态,没有随时获取学生的反馈信息。

对知识、能力、情感与社会关系的教学目标是否全面落实。要充分做好学情分析,为学生的真实获得设计课程,以培养学生的小组合作、交流、汇报能力,培养科学探究精神。

在此过程中,我们可以争取家长的支持,积极让学生家长参与到我们的课程和活动中来,这样可以全面了解学生的兴趣,对一些学生所需知识的不足有更充分的认识,还可以让家长帮助学生完成活动的研究、调查、汇总等工作。

专家评价：

"科技公司大探险"系列课程的设计体现了层层递进、螺旋上升的学段特点，体现了以儿童视角设计课程的理念，体现了设计者对于学情和企业教育的认知。1—2学段主体是以了解为主，在介绍类的材料中予以简化，通过"画一画""听一听"等丰富多彩的形式吸引学生主动对企业感兴趣，从而打开行动之门；3—4学段有一些介绍类的材料，侧重于观看、小组合作完成任务；5—6学段有丰富的材料介绍，侧重于思考类、对比类、调查研究类的内容。在前期、中期和后期课程中各有重点，突出了与企业对接的重要连接点，让企业也有充分的依据和准备。后面评价环节同样考虑了不同内容及类型，可操作性就有了。

东北师大附中净月实验学校 吕 丽

科技公司大探险(5—6 年级)^①

天津经济技术开发区第二小学　王佳欣

一、课程设计理念与目标

(一)设计理念

富士康科技集团是中国台湾鸿海精密集团的高新科技企业,1974 年成立于中国台湾地区台北市,总裁郭台铭,现拥有 120 余万员工及全球顶尖客户群。此活动进行的过程中,将对广大的小学生进行科普教育、环境教育,并进一步激发他们的创造力与进取心,让他们感受到富士康科技的无穷魅力和无限乐趣。活动所传递的环保意识、创新意识、公民意识和企业精细化管理的魅力,会源源不断地浸润着孩子们的心灵,滋润着他们健康成长。

(二)学情分析

小学 5—6 年级学龄儿童是想象力与创造力处于即将活跃时期,他们已经具有一定的动手能力和审美能力。这一学龄阶段的学生好奇心强,活泼好动。随着小学生认知水平的发展,他们对周围的生活更熟悉了,也会更加关注,好奇心使他们愿意运用自己的感官去探究、去发现。

二、课程的价值与目标

(一)知识方面

1.活动能让学生们了解富士康知识,从而掌握一些简单技术。

---

① 本教案为作者与富士康(天津)电子有限公司合作开发。

2.课堂授课,参观富士康工作间,了解了富士康的发展历史,以及富士康从研发到设计到组装最后出产的各个环节。

(二)情感方面

1.在参与此项活动的过程中,通过做一做的方式调动学生对于科学的热爱。

2.活动不仅能增加小学生与他人的交流,提升了观察力、辨别能力和归类能力,还能丰富孩子们的兴趣爱好。

3.了解民族富士康工业的发展,立志振兴中华。

(三)意识方面

1.提高他们的动手能力、创新意识。

2.一方面教育小学生增强安全意识,另一方面传播富士康文化,工业文化概念,让更多的人了解富士康。学生通过学习了解义化,增强科技知识,并能树立一定责任感。

三、课程设计与实施过程

(一)学校方面需要做的准备

1.学校配合富士康公司,首先对学生了解富士康知识的兴趣、知识基础、能力特点等方面进行摸底调查,也就是了解学生对于富士康知识的前概念,用以确定学生想要学习富士康知识的具体方面、诉求等,商定支持企业的具体部门和人员等。

2.结合我校活动开展的需要,进行天津富士康公司富士康知识的内培训和其他教师的培训,对活动开展的基本思路和实施细节展开充分的动员和讨论,集思广益,充分发挥每位教师的特长和智慧。这既是完善活动方案的过程,也是凝练愿景、凝聚团队的过程。

3.学校与企业沟通,学校除了方案和人员、场地、设施等方面的准备,还需要做哪些准备。

4.确定学校中由哪个学科组直接参与活动开展,哪个部门组织具体实施,以及相应的后勤保障的相关安排等。

(二)家长方面的配合和准备

了解家长对于富士康知识学习系列活动的态度,邀请家长参与到活动设计中来,认真听取家长的意见,争取家长的支持,帮助学生在活动前对该领域有所了解。

四、课程整体设计

课程总共分为三个部分来进行研究,分别是前期引入课程主题;中期学生走进富士康了解技术,同时感受企业文化;后期课程的评价与反馈。

(一)前期:"科技公司大探险"启蒙课

课程时长:40分钟

课程地点:学校班级

授课者:学校教师

课程目标:激发学生对富士康的兴趣,科普有关富士康的知识,了解富士康的历史,了解我国富士康的发展,尤其是富士康的发展历程,知道富士康的几个系列和在中国富士康制造行业的地位。

课程主要内容:

1.了解富士康的发展历史

你知道富士康这个公司吗? 今天我们一起来了解下这是一个怎样的公司(播放世界富士康发展史PPT)。

2.富士康发展的几个关键阶段

现在让我们一起来了解一下富士康发展经过了几个阶段:

富士康集团在中国台湾地区被称为鸿海科技集团,1988年在中国大陆投资,是专业生产3C产品及半导体设备的高新科技集团（全球第一大代工厂商),是全球最大的电子专业制造商,拥有120余万员工及全球顶尖IT客户群。

2011年,其出口额占中国大陆出口额总量5.8%,连续9年雄踞大陆出口

200 强榜首。

2011 年跃居《财富》杂志公布的世界 500 强企业第 60 位。

2012 年进入全球企业前 50 强,位居第 43 位。在中国大陆、中国台湾以及美洲、欧洲和日本等地拥有数十家子公司,在国内华南、华东、华北等地创建了八大主力科技工业园区。

同学们,经过老师的介绍,相信大家已经对世界富士康发展史有所了解,那么有的同学一定想问:我们国家的富士康是如何发展的呢?(播放中国富士康发展史 PPT)

3.中国富士康总裁介绍

郭台铭,祖籍山西省晋城市南岭乡葛万村,1950 年 10 月 8 日出生于中国台湾,毕业于台北市中国海事专科学校。台湾第一大企业鸿海精密(下属最大科技集团富士康科技集团)创办人。

1971 年进入台湾复兴航运公司,1974 年成立鸿海塑料企业有限公司,生产黑白电视机的旋钮。

1985 年创立富士康品牌。1988 年,在深圳开办只有百来人的工厂,之后发展成为富士康龙华基地,至 2007 年底,富士康在全国相对成熟的基地已超过 13 个。

希望同学们也能通过自己努力,实现人生价值。

现在我们一起来做个游戏,好不好?

4.认识富士康活动

(1)猜车标辨活动

猜猜哪些属于富士康的产品。下面老师再给大家介绍一下富士康。

(2)出示富士康车标,以及富士康公司的简介。(播放富士康 PPT 和宣传片)

◎ 开发智能终端

据报道,2013 年 6 月 3 日,富士康将携手火狐运营商 Mozilla 推出一款火狐操作系统的智能终端。分析师指出作为苹果公司最大的生产厂商,富士康正寻求多元化转型,用以摆脱对苹果的依赖。

据报道,苹果已经将更多的订单转移至和硕。之前苹果发布的 2013 年第一季度财报则显示,该季度净利润为 95.5 亿美元,同比下滑 18%,首次下滑。

对于富士康来说,公司不得不承担苹果自身业绩下滑和订单转移带来的损失。业内分析认为,在这种情况下,富士康也开始寻求多元化改革,摆脱对苹果的过分依赖。

有分析认为,富士康作为全球最大的代工厂商,对成本的把控和大规模生产的管理拥有丰富的经验,对于走中低端路线的火狐 OS 的手机产品,与富士康的合作将对火狐压低成本和价格提供帮助。

同学们,认识了富士康。下节课,会有富士康的专业工程师来向同学们进行讲座,解答同学们提出的问题,大家期待吗?(期待)请同学们回家仔细想好自己的问题,做好卡片知识的预习。

(二)中期5—6年级——"中国造,富士康电路板"之富士康技术制造参观

课程时长:60分钟

课程地点:富士康

授课者:富士康企业工程师

课程目标:参观富士康厂区,参观部分零件的生产过程,了解富士康的企业文化,激发民族自豪感。

课程内容:

1.引出主题,激发兴趣

师:同学们你们想不想看看真正的富士康是怎样制造的?

生:想。

师:一会儿老师带着大家一起去富士康工作间看一看,参观一下富士康。

2.参观前指导

在我们开始参观之前,老师要提几个小要求:

①不能随意走动,要跟随老师和工厂员工走人行便道,过马路请走人行横道。②迎宾馆内展台玻璃光滑易碎,不能踩踏及触摸展车。③不能在展车或展板上涂抹乱画。④因车间内常有备件物流车经过,进入车间后,一定要服从老师的指挥,走安全参观通道。⑤任何同学不能触摸车间内存放的零部件及器具。⑥时刻保持安静,展现我们五六年级小朋友的精神风貌。

大家能做到吗？（能）

3.富士康整体介绍

此部分由富士康工作人员简单介绍富士康天津公司概况。

4.参观车间厂房,了解富士康的制作过程

公司布置二维码,让学生亲临现场参观现代科技化设备。

讲解富士康的相关科技产品。如计算机硬件等。

图1　计算机硬件

5.富士康企业文化展厅

同学们,通过我们的参观学习,相信大家对富士康的制造过程已经有所了解,想不想看看富士康公司的发展史？(想)参观富士康发展史,听工作人员讲解富士康公司企业文化。

6.提问互动环节

下面各小组讨论交流,并填写学习卡片,与企业人员交流问题。（见表1）

表1　讨论交流记录表

说一说:我学到了什么?	写一写:假如我是富士康工程师	画一画:我设计的富士康

（三)后期:"认识富士康一二三"反馈评价

课程时长:40分钟

课程地点:学校班级

授课者:学校教师

课程目标:整理反馈本课程的活动效果,学生彼此交流学习心得,组内交流展示学习卡片,组评和以班级为单位推选优秀学习卡片进入年级交流、拓展延伸,激发学生对设计及科技的兴趣。

课程内容:

1.组内交流:以第一节课结束时学生选择的富士康科技产品为分组标准,进行组内经验的交流。

2.组间相互展示:不同的小组,展示交流学习到的内容。

3.拓展活动,设计未来的车:

(1)按照自己所选择的富士康结构,设计未来富士康的特点。

(2)在充分交流的基础上将不同的设计组和在一起,形成一辆未来的车。组内绘制,可展示交流或参加科幻画等比赛。

五、学习评价

(一)激励性原则

开展激励性评价,呵护学生的自信心,充分调动学生学习的主动性和积极性,在授课过程中积极与学生互动,对参与讨论或者参与讲座提问的学生给予奖励,我们可以采取抽奖的形式,回答问题正确的孩子可以获得抽奖机会,领到一份小奖品。

(二)过程和结果统一原则

注重过程,要重视学生学习过程中所表现出来的学习态度和对运用的学习方法,重视学生在发现问题、提出问题和解决问题过程中的智能综合、思维运用和见解创新,

(三)全面性原则

关注学生通过讲座对于知识的掌握程度,以及学生的求知过程、进步状

况和努力程度,评价其情感态度与价值观。

1.评价目的:帮助授课教师了解学生学习的情况,对内容的理解程度,通过学习反馈卡片,评价学生已经掌握的知识,对待课程学习的态度,激发学生对科学、对富士康的学习兴趣。

2.评价方法:

(1)关注学生课堂及参观表现,能否认真听讲,积极参与活动,认真思考,态度端正。

(2)收集学生的学习卡片,根据卡片填写情况,对学生的学习成果进行评价。

(3)课程实施效果的呈现:校园楼道内展报展出学生学习卡片、科幻画等;组织学生参加富士康知识小问答比赛;结合其他课程,如美术课,劳动课等继续进行课程的探索和延伸。

六、课程反思

(一)总结

通过这四次课程的深入学习,学生们对富士康史、富士康的企业文化有了充分的了解,也对富士康未来的发展方向有了明确的认识。在此过程中,任务卡、学习卡的设置充分锻炼了学生的记录、汇报、总结、交流能力;小游戏的安排使学生在无意识学习过程中丰富了知识、拓展了视野;设计未来富士康的活动既是对前面课程所学知识的总结和运用,又可以联系所学科学知识,充分发挥学生的创造力和想象力;科幻画的绘制,渗透了 STEAM 理念,将科学、数学、美术等知识完美融合,全面提高学生的核心素养。

(二)反思

本次课程的实施,充分发挥了学生的主体地位,但是对学生已知的富士康知识、认知水平还要进行深入了解。对一些知识,我们不能自认为很容易或者是以为自己讲得清晰到位,没有随时观察学生的学习状态,没有随时获取学生的反馈信息。

对知识、能力、情感、与社会关系的教学目标是否全面落实，要充分做好学情分析，为学生的真实获得设计课程，以培养学生的小组合作、交流、汇报能力，培养科学探究精神。

在此过程中，我们可以获得家长的支持，积极让学生家长参与到我们的课程和活动中来，这样可以全面了解学生的兴趣，对一些学生所需知识的不足有更充分的认识，还可以让家长帮助学生完成活动的研究、调查、汇总等工作。

专家评价：

"科技公司大探险"系列课程的设计体现了层层递进、螺旋上升的学段特点，体现了以儿童视角设计课程的理念，体现了设计者对于学情和企业教育的认知。1—2学段主体是以了解为主，在介绍类的材料中予以简化，通过"画一画""听一听"等丰富多彩的形式吸引学生主动对企业感兴趣，从而打开行动之门；3—4学段有一些介绍类的材料，侧重于观看、小组合作完成任务；5—6学段有丰富的材料介绍，侧重于思考类、对比类、调查研究类的内容。在前期、中期和后期课程中各有重点，突出了与企业对接的重要连接点，让企业也有充分的依据和准备。后面评价环节同样考虑了不同内容及类型，可操作性就有了。

东北师大附中净月实验学校　吕　丽

走近中式家具(1—2年级)①

天津经济技术开发区第二小学　吴学东

一、课程设计理念与目标

(一)设计理念

走近中式家具活动将以视觉、听觉、触觉等参与方式教育、启发学生,使学生认识、了解中式家具文化的特质与内涵。在老师以及工程师的介绍下,孩子们可以了解中式家具结构以及中式家具设计方面的有关知识。此活动过程中,将对小学生进行科普教育、环境教育,并进一步激发他们的创造力与进取心,让他们感受到中式家具的无穷魅力和无限乐趣!希望学生们对本课程的接触可以让他们成为"小小设计师"——在更开阔的思维方式下去发现自己、面对生活。

(二)学情分析

1—2年级学龄儿童是想象力与创造力处于即将活跃时期,他们已经具备一定的动手能力和审美能力。这一学龄阶段的学生好奇心强,活泼好动。随着小学生认知水平的发展,他们对周围的生活会更熟悉,也会更加关注,好奇心使他们愿意运用自己的感官去探究、去发现。各式各样的中式家具都会吸引小学生的眼球、引起小学生的兴趣,同时帮助他们获取相关知识,积累经验。

---

① 本教案为作者与美克国际家私(天津)制造有限公司合作开发。

二、课程的价值与目标

（一）知识与技能

①认识不同款式的中式家具，发现不同时期家具款式、造型、功能等信息，了解它们的意义。②了解中式家具特点，激发自身的动手能力、创新意识。

（二）过程与方法

①在参与课堂活动、参观家具展厅过程中，探析其从研发到设计再到组装的各个环节，用心感受中式家具的发展历程。②在参观的过程中，积累相关知识，学会用恰当语言描述中式家具特点。

（三）情感态度价值观

①增强安全意识，感受中式家具文化，工业文化概念，提升对民族文化的自信心。②能用自己的方式让更多的人了解中式家具。③提升了观察力、辨别能力和归类能力，丰富自己的兴趣爱好。④感受中式家具诠释出的中国文化的精髓，增强民族自豪感。

三、课程设计与实施过程

（一）企业方面提供的资源

1.教育主管部门正在努力和美克公司达成开展实践活动的协议，在场地支持、人员配备、经费支出、时间选取、安全保障、协调机制等方面做出相应的商定和说明。

2.拟邀请美克公司提供相应讲座、参观时间、活动地点、资料设备等方面的资源和支持。企业的联系人与我校负责老师建立沟通机制。开展活动前，双方会根据实际情况进行深入沟通，协商拟定活动方案。

（二）学校方面需要做的准备

1.对学生在中式家具的兴趣、知识基础等方面进行摸底调查，了解学生对中式家具认知的前概念，以确定适宜学生探析的具体内容。

2.结合活动开展的需要，对活动开展的基本思路和实施细节展开充分的动员和讨论，集思广益，充分发挥每位教师的特长和智慧。

3.与企业沟通确定，学校需做哪些准备。

4.明确由学校哪个学科组直接参与活动开展，哪个部门组织具体实施，以及相应的后勤保障安排。

（三）家长方面的配合和准备

活动前了解家长对于走近中式家具系列活动的态度，积极邀请家长参与活动设计与实施，认真听取家长的意见。家校共同努力，提前帮助学生了解相关知识。

四、课程整体设计

课程总共分为三个部分来进行研究，分别是前期引入走进中式家具展厅；中期"你说我猜——中式家具"；后期"我知道的中式家具（暨保护方法分享会）"。

（一）前期课程：1—2年级——"走进中式家具展厅"

（主要意图：拓展学生视野 激发学习兴趣）

课程时长：120分钟

课程地点：中式家具展厅

授课者：展厅讲解员

课程目标：

1.知识与技能：了解中式家具的名称、材质、用途等信息，感受中式家具浓郁的人文气息。

2.过程与方法：通过参观中式家具展厅，感受中式家具的悠久历史文化底蕴。

3.情感态度与价值观:①激发热爱中国文化的民族情怀、发愤图强的学习精神。②提升自理能力,树立团结协作意识,养成一切行动听指挥的习惯。

课程活动时间:约2个小时

课程主要内容:

1.前期准备

(1)学校负责老师与展厅负责人沟通约定时间与人数、路线等信息。

(2)邀请部分家长共同参观,家长协助老师记录活动影像。

(3)家长和老师一起负责学生出行前的安全教育。

2.活动中期

(1)老师和工作人员负责在展厅门前组织好学生。

(2)所有参观学生有序进入中式家具展厅。

(3)中式家具展厅讲解员带领大家有序参观,并提供讲解服务(提前与讲解员沟通确定讲解内容:家具名称、用途、寓意等方面,并留出时间与学生互动)。

(4)拍摄照片收集素材。

(5)参观完毕有序出展厅。

3.活动后期

(1)整理本次活动照片并在学生家长群里公布。

(2)邀请学校活动负责人现场点评。

(3)倡导参加活动的学生交流参观后的感受:同学们在参观过程中都能积极参与,认真听讲解员的讲解,仔细观察。想必你们一定有很多的收获吧!下面哪个小组来汇报一下自己的收获?(从家具名称、用途、寓意等方面引导学生回答)

(4)参观回校后进行本次活动的口头总结以吸取经验、看清不足。

4.注意事项(出行前向学生提出要求)

(1)在参观过程中要注意维持秩序,不大声喧哗。

(2)注意保持馆内的环境清洁,不带零食进入展厅。

(二)中期课程:1—2年级——"你说我猜——中式家具知识分享会"

主要意图:寓教于乐 巩固参观成果

课程时长:60分钟

课程地点:学校班级

授课者:家具工程师

课程目标:

1.知识技能:能说出和猜出不同家具名称,并说出是怎么猜出来的。

2.过程方法:能积极参与到看图猜家具的过程中,善于用自己的语言描述中式家具特点。

3.情感态度价值观:养成耐心倾听的好习惯,感受中式家具文化的博大精深。

课前准备:

老师:各种各样中式家具图片(参观时拍摄)

学生:自己最喜欢的中式家具卡片(正面手绘或打印家具图 背面相关知识介绍)

课程主要内容:

1.观察画面,导入新课

(1)指导学生看图(中式家具图片)。

(2)提问:图上的家具你们都见过吗?

(学生可能回答:参观时见过,家里面有……)

(3)它们究竟是什么呢? 让我们听一听。(播放参观时的讲解录音,为后续的你说我猜活动打下基础)

2.指导你说我猜活动,熟悉活动流程

(1)听录音了解中式家具特点功能介绍。

让我们再认真听一听,这个是什么家具。(再放一遍家具特点录音)

(2)猜家具名称。提问:请大家猜一猜,这到底是什么家具。

(若学生猜出多种结果,可以请同学讨论:谁说得对,为什么)

（3）对照图片比一比。

老师要边说家具特点,边对照家具图比对,重点介绍家具外形特征及功能。

（4）师生共同总结中式家具特点和猜出家具名称的要领。

①说清楚。说家具特点的同学要口齿清楚,如果别人听不明白,要请同学再说一遍。②听明白。听的同学要认真听,没听清的地方可以提出来。③动脑筋。边听边动脑筋想,把介绍过程中提到的特点和生活中的事物联系起来。

3.小组活动"我说你猜"

以小组为单位,每个同学都把自己准备好的中式家具卡片信息说给大家听,请大家猜。比一比谁说得清楚,谁听得明白,谁猜得准确。

学生进行小组活动时,教师要注意个别辅导。

4.小组竞赛,评选优胜

第一小组说家具特点,请第二小组猜;第二小组说家具特点,第三小组猜……如此循环。第一轮,每一组一名同学说一个家具特点,若对方猜不出来,可请其他组抢答。猜出后,要能说出理由,最后评出优胜者。

"最会说"小组和个人——猜对的家具多,而且能说出理由。

"好家具"——同学们都很感兴趣的中式家具。

5.介绍经验,共同进步

请"最会说"或"最会猜"的小组代表或个人介绍经验。

请带来"中式家具卡片"的同学教大家介绍卡片中中式家具特点。

6.拓展活动,寓教于乐

请同学们把今天学到的你最喜欢的中式家具特点说给爸爸、妈妈听,告诉他们你所知道的中式家具。

（三）后期课程:1—2年级——"我家的中式家具"

(主要意图:学以致用,传承中式家具文化)

课程时长:60分钟

课程地点:学校班级

授课者:本校教师

课程目标：

知识技能：知道一些简单的爱护中式家具的方法，懂得如何爱护家具。初步了解一些常见家具的名称及用途。

过程与方法：①愿意与同学交流自己知道的保养中式家具的方法。②能较大方地向同伴介绍自己家的中式家具。

情感态度价值观：①进一步激发求知欲和探索科学知识的兴趣。②不断提升交流意识、合作意识，增进彼此的了解。

课程主要内容：

1.创设情景，导入活动

师：同学们，你们喜欢玩过家家的游戏吗？做完游戏应该怎么样？（把玩具整理好）

师：今天娃娃家里的娃娃有点不开心，娃娃家的中式家具都没有放整齐，爸爸妈妈们，我们把家具整理一下好吗？

学生分角色到娃娃家（西沃白板上模拟）去整理家具，边整理边说一说这是什么家具。

2.了解家具的作用

师：谁来说说看，你刚才整理的是什么家具？你知道它是用来干什么的吗？

（学生介绍娃娃家都有什么中式家具及他们的用途。）

师：你们自己家还有什么其他的中式家具，可以用来干什么？

（学生大胆介绍，教师根据学生回答出示相应的图片，和学生们一起说一说。）

3.初步懂得保护中式家具的方法

师：家具为我们提供了方便，我们应该怎样保护中式家具？

（学生自由地谈一谈，师生共同小结保护家具的方法。）

教师总结：要按说明使用，不能在家具上乱涂乱画，不用小刀敲、刻家具等。

4.活动结束

（1）评价（各种方法的有趣点）

（2）总结（常用保护家具方法）

要求学生课下以手抄报的方式记录爱护家具小妙招，以此方式展示学习成果。

5.活动延伸

师:回家我们可以向父母展示"爱护家具小妙招"。

五、学习评价

(一)基本原则

1.激励性原则:开展激励性评价,呵护学生的自信心,充分调动学生学习的主动性和积极性,在授课过程中积极与学生互动,对参与讨论或者参与提问的学生给予奖励。

2.过程和结果统一原则:注重过程,重视学生学习过程中所表现出来的学习态度和运用的学习方法,重视学生在发现问题、提出问题和解决问题过程中的智能综合、思维运用和见解创新。

3.全面性原则:不仅关注学生对知识的掌握程度,也关注学生的求知过程、进步状况和努力程度,评价其情感态度与价值观。

(二)评价目的

帮助授课教师了解学生学习的情况,对内容的理解程度;评价学生对待课程学习的态度,激发学生对科学对家具设计的学习兴趣。

(三)评价方法

1.关注学生课堂及参观表现,能否认真听讲,积极参与活动,认真思考,态度端正。

2.收集学生的卡片和手抄报,根据作品质量,对学生的学习成果进行评价。

(四)课程实施效果的呈现

1.校园楼道内展报展出学生学习卡片、手抄报等成果。

2.通过各种形式的学生自评、生生互评、教师点评等,分享学生的创作灵感和经验。

专家点评:

经过多轮反思修改后,最终形成的"走近中式、西式、当代家具"世界系列课程案例创意新颖,方案选取贴近生活。课程整体上立足于让学生了解中西方及当代家具文化、感受家具浓郁的人文气息、增强文化自信。在实施过程中,不仅能拓展学生视野,还能进一步激发他们的创造力与进取心。主要亮点:校企互动实施过程设计能充分利用企业现有资源,发挥好协同育人价值。课堂实施过程中采用你说我猜、各式家具设计及模拟制作等形式不仅能锻炼学生的动脑、动手、语言表达能力,还能极大激发学生的创新创造意识。总的来说,课程设计能根据不同学段学情特点,合理安排课程资源。同时该课程文化底蕴浓厚,注重动手动脑实践,是一个不错的课程案例。

东北师范大学　吴晓靓

走近西式家具(3—4年级)①

天津经济技术开发区第二小学　吴学东

一、课程设计理念与目标

(一)设计理念

西式家具以手工雕刻见长，法国和意大利是世界范围内家具的鼻祖,以镶嵌细工见长,多为手工作坊的形式经营,轮廓和转折部分由对称而富有节奏感的曲线或曲面构成,给人的整体感觉是华贵庄重。西式家具的发展对当代的中西方家具文化交流，以及在中国家具中引进异质文化有着重要的意义。走近西式家具活动将以视觉、听觉、触觉等参与方式教育启发学生,使小学生认识、了解体会家具科技、外国家具文化的特质与内涵。在老师以及工程师的介绍下,孩子们可以了解西式家　具的品牌、结构以及西式家具的有关知识。希望对本课程的接触可以让孩子在更开阔的思维方式下去发现自己、面对生活。

(二)学情分析

3—4年级学生是低年级向高年级的过渡期，生理和心理特点变化明显。这一学龄阶段的学生好奇心、动手能力进一步增强,学生个性更为独立。是培养学习能力、动手能力、意志能力和学习习惯的最佳时期。

---

① 本教案为作者与美克国际家私(天津)制造有限公司合作开发。

二、课程的价值与目标

(一)知识与技能

1.初步认识一些常见西式家具的名称及用途。
2.了解西式家具设计理念,取长补短。

(二)过程与方法

1.在参观、动手实践过程中增加小学生与他人的交流的机会,提升其观察能力、辨别能力和归类能力。
2.在动手实践的过程锻炼自己的动手能力、创新意识。

(三)情感态度价值观

1.在参与课程中,尊重他人意见,勇于担当,乐于合作与交流。
2.感受西式家具对中国家具文化的影响。

三、课程设计与实施过程

(一)企业方面提供的资源

1.教育主管部门正在努力和美克公司达成开展实践活动的协议,在场地支持、人员配备、经费支出、时间选取、安全保障、协调机制等方面做出相应的商定和说明。
2.拟邀请美克公司提供相应讲座、参观时间、活动地点、资料设备等方面的资源和支持。企业的联系人与我校负责老师建立沟通机制。开展活动前,双方会根据实际情况进行深入沟通,协商拟定活动方案。

(二)学校方面需要做的准备

1.对学生在西式家具的兴趣、知识基础等方面进行摸底调查,了解学生对西式家具认知的前概念,以确定适宜学生探析的具体内容。

2.结合活动开展的需要,对活动开展的基本思路和实施细节展开充分的动员和讨论,集思广益,充分发挥每位教师的特长和智慧。

3.与企业沟通确定,学校需做哪些准备。

4.明确由学校哪个学科组直接参与活动开展,哪个部门组织具体实施,以及相应的后勤保障安排。

(三)家长方面的配合和准备

了解家长对于西式家具学习系列活动的态度,邀请家长参与活动设计,认真听取家长的意见,争取家长的支持,家校合力帮助学生在活动前了解相应知识。

四、课程整体设计

课程总共分为三个部分来进行研究,分别是前期西式家具:你说我猜启蒙课引入课程主题;中期走进西式家具世界;后期课纸盒变西式家具(木质家具创作)。

五、课程实施设计

(一)前期:西式家具:"你说我猜"(激发兴趣)

1.设计思路

"你说我猜"的游戏形式类似于电视中看动作猜成语、你做我猜,你画我猜等节目。本次活动所选择的亮点是在学生描述的主要特征上,让"猜谜者"根据同伴提供的信息(动作或语言)来猜是哪种家具。游戏中选取学生有经验的内容,提高学生的思维、表达及归纳能力。

2.活动目标

知识技能:初步了解部分西式家具特征。

过程与方法:能根据图片信息,尝试描述家具的主要特征。专心倾听别人的描述,大胆地猜测家具的名称。

情感态度价值观:善于大胆表述,体验成功的喜悦。尊重他人意见,乐于合作与交流。

3.活动准备:家具卡片

4.活动过程

(1)你说我猜,交代规则

◎ 你们玩过猜谜语的游戏吗?今天我们一起玩你说我猜的游戏。(要求出题人:描述出家具的主要特征)

◎ 示范游戏规则:请一位学生看图描述西式家具的主要特征,要求可以用语言、动作描述这张家具图片的外形特征,但不能说出名字,其他的学生听,比一比谁能快速猜出来。

(2)玩游戏,掌握玩法

◎ 给说的学生看图片——"各种西式家具"边出示边提醒学生:记住,千万不能说出名字。其他同伴要仔细地听,知道答案就大声说出来。

◎它是什么样的? 它是一个什么样式的家具,它是干什么的? 摆在哪里……

◎ 你是从哪里猜出来的? 还有什么特征可以说? 学生:……(学生轮流游戏,进一步巩固游戏规则,并帮助学生认识到游戏成功的关键点在于要说出物体特点)。

(3)游戏:分组比赛

◎ 明确分组游戏规则:学生分成两组,每一组比赛时间为 2 分钟,只能用语言、动作表达,不能说出家具名字。每组基数十分,猜对的加一个星星,如果把名字直接说出来算输,减掉一分,累计总数,分数多的一组胜利。(获胜组将得到一份神秘礼品:西式家具模型)

◎ 分组活动,教师巡查指导。

◎ 查看总分。交流:说说你们组是怎么胜利的。(让学生明确游戏成功的关键点在于说的人必须要说出各式家具特征的信息、猜的人才能最快的猜出来)

(二)中期 3—4 年级"走近西式家具"(拓展视野)

1.活动目标

知识与技能:知道一些简单的爱护西式家具的方法,懂得要爱护家具。

过程与方法:愿意与大家分享自己家西式家具的名称及用途。

情感态度价值观:乐于与同伴合作与交流。

2.活动准备

(1)根据班级人数利用西沃白板创设几个家的场景。

(2)各种西式家具的图片。

3.活动过程

(1)创设情境,导入活动。

师:同学们,你们玩过"过家家"的游戏吗?做完游戏应该怎么样?(把玩具整理好)

师:今天我给大家带来了一个(过家家)里的洋娃娃,她有点不开心,因为洋娃娃家的家具都没有放整齐,我们帮他把家具整理一下好吗?

师生一起整理家具模型,边整理边说一说这是什么家具。

(2)了解西式家具的作用。

师:谁来说说看,你刚才整理的是什么家具? 你知道它是用来干什么的吗?(简单介绍自己家有什么西式家具并说一说他们的用途)

师:你们自己家还有什么其他的西式家具? 可以用来干什么?

(让学生大胆介绍,教师根据学生答出示相应的图片,和学生一起说一说。遇到不懂的可以让孩子回家问家长或在课上在线查)

(3)初步懂得养护西式家具的方法。

师:漂亮的西式家具为我们提供了方便,我们应该怎样保护家具?(播放家长介绍家具保护方法的微视频,引入不同材质,不同的保护方法)

(自由地谈一谈,师生共同小结保护西式家具的方法)

教师总结:要按说明使用,不能在家具上乱涂乱画,不用小刀敲打、刻画家具等。

(4)活动结束

◎ 评价

①试着写一写你知道的常见家具原材料。

②试着写一写你知道的养护西式家具窍门(课后以手抄报的形式展出)。

③你还想了解什么信息?

◎ 总结

(5)活动延伸

师:回家我们可以向爸爸妈妈分享自己了解的西式家具相关知识。

(三)中期(机动课程):走进工厂感受企业文化

课程时长:60分钟

课程地点:报告厅 展览馆

授课者:园区导游

课程目标:

知识与技能,了解美克公司文化及品牌历史,感受企业不断前进的动力——创新。

过程与方法,能有序参观展览馆,开阔眼界,愿意与人交流。认真配合问卷调查活动。

情感态度价值观,感受工厂积极向上的精神风貌。体会创新让企业始终充满活力与竞争力、让世界变得更加多彩,充满无限可能。

课程主要内容:

1.参观公司家具体验馆任务

(1)了解公司背景,美克集团产业涉及家具制造及出口、家居零售和精细化工等领域。

(2)感受公司文化:

①公司使命:专业打造生活品质 创新引领美好未来

②公司目标:建世界优质企业 创全球著名品牌

③核心价值观:责任 协同 创新 共赢

2.参观流程

(1)预约参观时间、商定参观时间、顺序等。

(2)出行前对学生进行安全教育(出行安全、参观安全、返回安全)。

(3)美克展馆前集合,美克方面人员与学校老师共同组织学生入馆参观。

(4)先后顺序:欣赏公司宣传片—参观样板家具(聆听讲解)—参观家具制作工序(部分)—问卷调查—总结—返校。

3.返校后参与公司为我们准备的问卷调查活动

主要内容:

(1)你觉得刚才那款家具给你留下的印象最深? 为什么?

(2)你最喜欢什么材质的家具? 为什么?

(3)你喜欢什么颜色的家具? 为后续家具设计收集必要的数据。

(四)后期课程:纸盒变家具(实践创作)

课程时长:60分钟

课程地点:学校班级

授课者:学校教师

课程目标:

知识与技能,了解西式家具文化及家具造型的基本结构。

过程与方法,①通过欣赏、讨论等方法,逐步建立设计与应用之间紧密联系的设计理念。②尝试通过设计制作,体验纸盒变家具的全过程。

情感态度价值观,①提升自身学习兴趣,乐于合作学习。②体验动手实践活动带来的快乐等。

课程内容:

1.导入新课

生活中各种废旧的纸盒,其实都有它们的潜在利用价值,正等待你的发现和创造。我们可以怎么做呢?

2.讲授新课

(1)组织学生在组内交流自己对西式家具的认识并简单汇报。

(2)欣赏部分欧洲古典家具作品,小组讨论:这些家具的各部分都是由什么图形组成的? 它们是使用什么材料和方法做出来的?

(3)总结设计方法:①减法:剪掉纸盒一部分,其余部分作为家具的造型。②加法:往纸盒上添加纸张或组合几个纸盒变成一个西式家具的方法。③补充的设计方法:不加也不减,运用剪、折,绘制精美图案方法复原西式家具。

(4)小组讨论:根据准备的材料分析如何将纸盒变成家具? 用到哪些制作方法?

(5)制作要求:小组分工合作、家具设计合理、美观、牢固。

3.课堂练习

学生艺术实践,教师巡视指导。

4.课堂总结

(1)展评优秀小组的作品。

(2)师提出希望。

六、课程学习评价

(一)基本原则

1.激励性原则:开展激励性评价,呵护学生的自信心,充分调动学生学习的主动性和积极性,在授课过程中积极与学生互动,对参与讨论或者参与提问的学生给予奖励,我们可以采取抽奖的形式,回答问题正确的孩子可以获得抽奖机会,领到一份小奖品。

2.过程和结果统一原则:注重过程,重视学生学习过程中所表现出来的学习态度和运用的学习方法,重视学生在发现问题、提出问题和解决问题过程中的智能综合、思维运用和见解创新。

3.全面性原则:关注通过学生对于知识的掌握程度、学生的求知过程、进步状况和努力程度,评价其情感态度与价值观。

(二)评价目的

帮助授课教师了解学生学习的情况,对内容的理解程度,通过学习反馈作品,评价学生已经掌握的知识,对待课程学习的态度,激发学生对家具设计的兴趣。

(三)评价方法

关注学生课堂及参观表现,能否认真听讲,积极参与活动,认真思考,态度端正。

根据收集到的卡片,作品质量,对学生的学习成果进行评价。

（四）课程实施效果的呈现

校园内展出学生作品，以此激励学生不断进步。

专家点评：

经过多轮反思修改后，最终形成的"走近中式、西式、当代家具"世界系列课程案例创意新颖，方案选取贴近生活。课程整体上立足于让学生了解中西方及当代家具文化、感受家具浓郁的人文气息、增强文化自信。在实施过程中，不仅能拓展学生视野，还能进一步激发他们的创造力与进取心。主要亮点：校企互动实施过程设计能充分利用企业现有资源，发挥好协同育人价值。课堂实施过程中采用你说我猜、各式家具设计及模拟制作等形式不仅能锻炼学生的动脑、动手、语言表达能力，还能极大激发学生的创新创造意识。总的来说，课程设计能根据不同学段学情特点，合理安排课程资源。同时该课程文化底蕴浓厚，注重动手动脑实践，是一个不错的课程案例。

东北师范大学　吴晓靓

走近中国当代家具世界(5—6年级)①

天津经济技术开发区第二小学　吴学东

一、课程设计理念与目标

(一)设计理念

中国当代家具设计是来自于古代中国强大的工艺美术滋养,以及深厚内敛的传统文化养分。本课程将以视觉、听觉、触觉等参与方式教育启发学生,使小学生认识、了解中国当代家具制造特点,进而体会家具科技、家具文化的特质与内涵。在老师以及工程师的介绍下,学生们可以了解现代家具的品牌、结构、工作原理。此活动进行的过程中,将对广大的小学生进行科普教育、环境教育,并进一步激发他们的创造力与进取心,让他们感受到当代家具制造的无穷魅力和无限乐趣!

(二)学情分析

5—6年级开始进入少年期,学习兴趣广泛,求知欲和好奇心增强,已经具有自己的见解。随着认知水平的不断发展,他们对周围的生活会更熟悉,也会更加关注,好奇心使他们去探索发现。各式各样的中国当代家具世界会吸引他们的注意、引起他们的兴趣,同时帮助他们获取相关知识,积累相关经验。中国当代家具各个部位的名称是怎样的? 有什么寓意? 有哪些款式? 这些都是学生关心的问题。

---

① 本教案为作者与美克国际家私(天津)制造有限公司合作开发。

二、课程的价值与目标

知识与技能：

认识不同款式的我国当代家具款式、造型、功能等信息，了解它们的意义。

过程与方法：

1.会利用简单的电脑程序设计中国当代家具。

2.课堂学习,参观家具展厅过程中,初步了解我国当代家具的发展历程。

情感态度价值观：

1.感受"贴心、适用"是一件当代家具从创意到设计最核心的前提。

2.提升观察能力、辨别能力和归类能力,以丰富自身的兴趣爱好。

3.体验安全意识对生产管理的重要意义。

三、课程设计与实施过程

(一)企业方面提供的资源

1.教育主管部门正在努力和美克公司达成开展实践活动的协议,在场地支持、人员配备、经费支出、时间选取、安全保障、协调机制等方面做出相应的商定和说明。

2.拟邀请美克公司提供相应讲座、参观时间、活动地点、资料设备等方面的资源和支持。企业的联系人与我校负责老师建立沟通机制。开展活动前,双方会根据实际情况进行深入沟通,协商拟定活动方案。

(二)学校方面需要做的准备

1.对学生在我国当代家具的兴趣、知识基础等方面进行摸底调查,了解学生对我国当代家具认知的前概念,以确定适宜学生探析的具体内容。

2.结合活动开展的需要,对活动开展的基本思路和实施细节展开充分的动员和讨论,集思广益,充分发挥每位教师的特长和智慧。

3.与企业沟通确定,学校需做哪些准备。

4.明确由学校哪个学科组直接参与活动开展,哪个部门组织具体实施,以及相应的后勤保障安排。

(三)家长方面的配合和准备

活动前了解家长对于走近中国当代家具系列活动的态度,积极邀请家长参与活动设计与实施,认真听取家长的意见。家校共同努力,提前帮助学生了解相关知识。

四、课程整体设计

课程总共分为三个部分来进行研究,分别是前期中国当代家具家具材质赏析引入课程主题;中期"当代家具设计"(学习巧用涂鸦笔);后期课程"我是一个小木匠"(中国当代木质家具/房子创作)。

(一)前期课程:中国当代家具材质赏析

课程时长:60分钟

课程地点:学校班级

授课者:学校教师

课程目标:

知识与技能,了解中国当代家具材质及款式,及家具涂装类别和特点。

过程与方法,在辨识家具材质的过程,掌握一定的当代家具鉴赏辨别能力。

情感态度价值观,乐于主动与他人交流。

课程主要内容:

1.激趣导入

你家的家具是由什么材料做的呢? 其他家具也是这种材料吗? 中国当代家具主要材质有哪些呢?

2.介绍中国当代家具材质

(1)实木家具:是指由天然木材制成的家具,这样的家具表面一般都能看到美丽的花纹。

（2）仿实木家具：从外观上看是实木家具，木材的自然纹理、手感及色泽都和实木家具一模一样，但实际上是实木和人造板混用的家具。

（3）红木家具：主要是指用紫檀木、酸枝木、花梨木、鸡翅木等制成的家具，除此之外的木材制作家具都不能称为红木家具。紫檀木是红木中的极品。

（4）板式家具：主要是指以人造板为主要基材、以板件为基本结构的拆装组合式家具。常见的人造板材有胶合板、细木工板、刨花板、中纤板等。

3.实木、木皮与贴纸的区别

实木——木纹、木射线清晰可见，或多或少都应有一些自然瑕疵。同一块实木，不管是木板还是木条，其两个交界面木纹应能明显看出纵切面与横截面的自然衔接。

木皮——木纹、木射线清晰。同样应有自然瑕疵。因木皮有一定的厚度，制作家具时遇到两个相临交界面，通常都不转弯，而是各贴一块，因此交界面的木纹通常不应衔接。

贴纸——木纹、木射线清晰可见，即使是进口高级纸，连木材瑕疵也可仿造，但与天然木皮还是有所区别，显得较假。贴纸家具在边角处容易露出破绽。另外木纹纸因厚度很小，在两个平面交界处会直接包过去，造成两个界面的木纹是相接的。

4.你说我猜家具材质（涂装）辨识（激发兴趣，寓教于乐）

（1）给说的学生看图片（提供样品）——"各式家具材料"边出示边提醒学生：记住，千万不能说出名字。其他同伴要仔细地听，知道答案就大声说出来。

（2）它是什么样的？有什么特点？它用做什么家具的？

（3）你是从哪猜出来的？还有什么特征可以说？学生：……（学生轮流游戏，明确游戏规则，帮助学生了解游戏成功的关键点在于必须要说出材料或涂装的特征。）

5.总结（调查问卷的方式，为公司设计家具选材及涂装提供参考）

你最喜欢的当代家具材质是什么？喜欢什么样的涂装？为什么？

（二）中期课程：当代家具颜色设计（学习巧用涂鸦笔）

课程时长：60分钟

课程地点：信息技术教师

授课者：家具设计师

课程目标：

知识与技能，学会使用美图秀秀软件涂鸦笔修饰图片。

过程与方法，学习启动美图秀秀的方法，掌握打开、保存、关闭软件的方法。

情感态度价值观，开阔视野，解放思想，激发创作思维。

课程主要内容：

1.激情导入，引入课题

(1)每位同学家里都有各种各样的家具，本课我们学习用一位新朋友"美图秀秀"展现各种各样的家族。

(2)美图秀秀是一款简单易用的图片处理软件，其图片特效、人像美容、拼图、场景、边框、饰品等功能可以使图片更具美感和创意。

2.启动美图秀秀

(1)打开美图秀秀。

(2)认识美图秀秀界面的各部分的名称，美图秀秀的"功能"都藏在各个菜单中。请打开不同的菜单，点击试一下，探究一下软件中都有哪些有趣的功能？

3.打开图片(参照范例，通过自学的方式，打开家具框架图片，自学画笔工具的使用)

(1)利用涂鸦笔修饰家具的过程是怎样的，请同学自学后，来回答这个问题。

单击涂鸦笔—挑选画笔样式及形状—调整画笔大小、透明度和颜色—按左键拖动绘画—单击应用按钮。

(2)请大家自由练习，试着使用不同的形状和效果。如果不小心画错了怎么办？

大家可以点击撤销命令。

(3)功能拓展：画笔工具有很多种，每一种都有不同的形状和效果，使用的方法都大同小异，在单击某种画笔后都有相应的介绍，可以让大家更快掌握该画笔的使用方法。

4.保存和关闭图片文件

(1)单击保存—更改保存位置—输入文件名、确定保存类型—单击保存。

(2)关闭美图秀秀。

5.扩展练习,用涂鸦笔美化家具图片

打开你收集的家具框架图片,选择一张你喜欢的图片,用画笔工具为家具图片美化一下,看谁美化的家具图片最漂亮?记得完成后保存到自己的文件夹里。

学生汇报,小组电子投票推选优秀作品演示,师生共同评价。

(三)后期课程:我是一个小木匠

课程时长:60分钟

课程地点:学校教室

授课者:学校教师、工程师

课程目标:

知识技能,发挥自己的特长,提升动手能力,制作中国当代家具。

过程与方法,学会看懂图纸,按照图纸使用相应材料组装。

情感态度价值观,敢于展示自己的作品,享受艺术之美,激发热爱生活的情感。

课程主要内容:

1.熟悉图纸

(1)打开 TTS 材料包装,取出零件及图纸,平摊到桌上。

(2)观察图纸,对应图纸核对零件是否完整,有无缺少,检查缺失残损情况,上报老师。

(3)观察图纸成品结构包含几个部分,对应不同部分,把零件拼摆分类。

(4)浏览图纸,明确各部件的制作顺序。按顺序把材料摆放好,先制作的摆出来,后制作的收在材料袋中。

2.动手操作

(1)观察图纸,确定部件制作的先后顺序。

(2)对有残损的零件进行加工,使用砂纸、剪刀等把残损材料处理成可以使用的零件,对其他需要黏合的零件接面进行初步打磨。

(3)处理完材料以后,使用白乳胶及直尺等辅助工具组装零件。

(4)加工好一个部件,放在旁边等待晾干,等待过程中可以帮助其他有困难的同学完成制作。

3.组装调试

(1)根据图纸组装各部分组件。

(2)调试整理。

(3)加工美化。

4.评价反馈

做好成品教师帮助评价打分,并指出做得好与不好的地方,能现场改进的现场修改,无法修改的提醒下次制作时要注意。

5.交流与展示

学生交流作品,相互评价,取长补短。

(四)总结课程:给未来艺术家一个鼓励

课程时长:40分钟

课程地点:学校教室

授课者:学校教师、美克工程师

授课对象:全体学生

课程目标:

知识技能,发挥自己的特长,提升自身审美情趣。

过程与方法,设计绘制自己喜欢的家具,参加自己的画展,展现良好的艺术修养。

情感态度价值观,敢于展示自己的作品,享受艺术之美,激发热爱生活的情感。

课程主要内容:

1.布置任务(设计你喜欢的由当代家具、中式或西式古典家具构成的家环境)

2.具体要求:

(1)内容健康,以艺术手法展现家居氛围。

(2)绘画材料不限,可以是蜡笔、水粉、水墨等。

(3)作品尺寸:作品一律呈现在8开画纸上,画种自选,画纸、工具材料自备。

(4)绘制时间:课余时间

(5)评分筛选

①具体标准:主题鲜明(20分)、构图合理(20分)、色彩搭配协调(20分)、有创意(20分)、整体效果(20分)

②评分人:科学老师、美术老师、家具设计师、教师、学生代表

③晋级展出条件:总分80分以上作品进入校内展览环节

3.进入校内展览(共享大厅)展出时间一个月

4.组织师生参观评价

评价方式:要求参观者认真地留下对画作的欣赏语及一份心愿赠言。每份作品下会留有专门板块,供师生留言。

五、课程学习评价

(一)基本原则

1.激励性原则:开展激励性评价,呵护学生的自信心,充分调动学生学习的主动性和积极性,在授课过程中积极与学生互动,对参与讨论或者参与提问的学生给予奖励,我们可以采取抽奖的形式,回答问题正确的孩子可以获得抽奖机会,领到一份小奖品。

2.过程和结果统一原则:注重过程,重视学生学习过程中所表现出来的学习态度和运用的学习方法,重视学生在发现问题、提出问题和解决问题过程中的智能综合、思维运用和见解创新。

3.全面性原则:关注通过学生对于知识的掌握程度,而且关注学生的求知过程、进步状况和努力程度,评价其情感态度与价值观。

(二)评价目的

帮助授课教师了解学生学习的情况,对内容的理解程度,通过学习反馈作品,评价学生已经掌握的知识,对待课程学习的态度,激发学生对家具设计的兴趣。

(三)评价方法

1.关注学生课堂及参观表现,能否认真听讲,积极参与活动,认真思考,态度端正。

2.根据收集到的卡片,作品质量,对学生的学习成果进行评价。

(四)课程实施效果的呈现

校园内展出学生作品,以此激励学生不断进步。

专家点评:

经过多轮反思修改后,最终形成的"走近中式、西式、当代家具"世界系列课程案例创意新颖,方案选取贴近生活。课程整体上立足于让学生了解中西方及当代家具文化、感受家具浓郁的人文气息、增强文化自信。在实施过程中,不仅能拓展学生视野,还能进一步激发他们的创造力与进取心。主要亮点:校企互动实施过程设计能充分利用企业现有资源,发挥好协同育人价值。课堂实施过程中采用你说我猜、各式家具设计及模拟制作等形式不仅能锻炼学生的动脑、动手、语言表达能力,还能极大激发学生的创新创造意识。总的来说,课程设计能根据不同学段学情特点,合理安排课程资源。同时该课程文化底蕴浓厚,注重动手动脑实践,是一个不错的课程案例。

东北师范大学 吴晓靓

科学仪器是怎样制作出来的①
——仪器工厂探究竟

天津经济技术开发区第二中学　付金喜

一、课程设计理念与目标

（一）课程设计缘起

本课程的设计初衷是我校校企合作课程积极探索和实践。依据我校办学特色,结合我校兴趣类课程和实践体验类课程来开发设计,本课程的开发能促进校外课程资源的合理利用,挖掘学校与相关企业合作的最大潜力,从而进一步促进和推动物理课的课堂效益,以本门校企合作为推手,促进物理课的学习和教学的深入,进行创新性的探索。

（二）学情分析

1.针对学生主要是初中阶段学习物理课程的八年级或九年级学生,八九年级学生已经接触学习了物理课,做了很多物理实验,认识和了解了一部分物理仪器,但却对这些精密的物理科学仪器的制作过程都不了解。

2.物理学科对初中段学生来说是较困难的学科,通过参观了解仪器工厂的仪器制作过程,可以消除科学仪器的神秘感。

3.初中阶段八年级或九年级的学生已经具有了一定的空间结构感、逻辑分析和判断的能力,因此更易于理解物理仪器的制作流程。

---

① 本教案为作者与天津市大中教学仪器厂合作开发。

（三）课程的价值与目标

1.学生发展目标

（1）知识方面：了解仪器制造企业的车间布局、规模、企业历史、主要产品、生产流程、制作工艺。通过参观各个车间进而了解实验仪器工厂的各个车间的功能和作用。

（2）技能方面：通过参观考察企业和小组间的交流汇报，锻炼同伴之间的交流互助能力、提高语言表达能力和小组合作能力。

（3）方法方面：使学生们通过进企业的考察探究初步掌握综合实践类企业参观探究活动的体验视角、一般方法。

（4）态度方面：激发学生们对现代企业生产的兴趣、对工匠精神的尊崇、对劳动者的尊重。

（5）情感与价值观方面：树立劳动光荣的朴素价值观、对企业、工厂创造生产的情感融合接受。

2.教师发展目标

在活动设计与实施中，增强教师对课程资源的开发、整合、利用以及进一步延伸拓展的能力。在活动组织中，进一步体会综合实践活动类教学方法的运用，提高指导学生进行综合实践的能力。激发教师活动热情、积累教师教学经验，形成教育教学智慧，进而带动和促进教师专业发展。

（四）课程活动的重难点

1.重点

（1）对相关仪器的基本原理的认识理解。

（2）仪器工厂参观实践活动过程中相关制作工艺流程学习。

2.难点

（1）参观实践活动的安全保障、往返交通组织。

（2）工厂考察探究活动中的车间布局、生产流程、工艺技术的讲解教育。

（五）课程活动的原则

1.全员性原则

前往考察的同学,在考察活动中要有集体意识,必须服从辅导老师的安排,围绕着主题认真实践。

2.和谐性原则

在本活动中,构建和谐融洽的实践考察氛围,使学生能在和谐融洽的实践参观中增长知识,为培养学生的创新和实践能力创造宽松自由的空间。

3.安全性原则

组织同学们的集体外出的企业教育活动,必须要遵循安全第一的原则。活动之前指导教师要做出详细的安全出行预案、组织参加企业实践活动的同学安全会、向学生们讲清楚实践参观活动中每个环节的安全要求。待实践活动结束后,指导教师进行总结时,对活动中的安全问题一并总结。

二、课程实施的准备

（一）资源的准备

来自学校层面:物理实验室提供该企业生产的仪器、活动时间的安排、教学多媒体设备、参与教师、教学幻灯片等。

来自企业层面:企业内的相关资源、企业历史沿革的介绍材料、讲解人企业负责人屠经理、企业的基本情况概述。

（二）课时分配

课时为4课时,每课时45分钟

第1课时:企业参观前的准备阶段

教师讲解科学仪器的制作的制作流程、向学生们介绍所要去的这家企业的位置、历史和企业规模、主要产品。留下思考问题并布置小组合作参观时的任务。和企业联系商定时间、接待人员。教师联系出行车辆。

第 2—3 课时:参观阶段

带着问题参观,在参观中要关注提前布置给学生的重点环节。

第 4 课时: 参观后的总结交流阶段

此阶段是学生参观后的交流分享会,在这节课时当中,学生要把参观感受、小组合作的经验互相交流。

(三)课程内容的选择与确定

学校与企业进行反复沟通,共同打磨教学内容,确定授课人员、时间、场地等,要做的具体工作包括:

1.了解工厂的概况和地点位置。

2.辅导教师提前通过电话和实地考察的方式与工厂屠厂长取得联系,通过沟通交流,取得工厂的支持。

3.经与屠厂长前期沟通,确定主要参观考察的仪器种类为:静电学物理仪器和部分电学仪器。

4.制定前期的参观预案。

5.写参观申请报学校领导审核批准。

6.确定实践参观活动时间。

7.参观通知发给学生后家长签字后收回。

8.召开全体学生参观活动前布置会,提出安全和纪律要求。

9.学校领导联系和安排车辆。

10.准备考察现场的扩音器材。

经过对八年级学生的学情分析,结合企业资源,最终确定主要的五方面的课程内容:

1.滨海新区践行优秀工匠精神人物简介。

2.天津市大中教学仪器厂的实地参观感受和体验。

3.静电学仪器(箔片验电器、指针验电器)的一般制作流程。

4.完成拓展延伸的自制教具作业。

5.学生的交流分享与教师的启发引导评价。

三、课程实施活动过程

(一)第一课时:情境引入、前期铺垫、激趣引领

第一步,向学生介绍参观实践活动相关的参考书籍。

1.八九年级物理教科书。

2.学校图书馆内相关的科技图书。

3.仪器厂相关仪器的对应的使用说明书。

第二步,教师通过展示几件不同的物理仪器,带领学生熟悉了解这些仪器所涉及的物理知识。

第三步,展示体现优秀工匠精神楷模人物的事迹介绍,营造热爱劳动、尊重劳动、劳动光荣的学习楷模氛围。

第四步,通过幻灯片展示各种类型的现代物理仪器,通过观察这些仪器复杂的构造,使学生认识到物理仪器制造工艺的重要性。

第五步,引入企业。

(二)第二、三课时:实地参观、交流合作、重点关注

在本阶段,师生按照划分好的小组,在屠经理的接待和带领下,进企业实地参观。

在此阶段重点关注以下几点:

1.该企业主要生产哪些物理仪器。

2.该企业的车间分布。

3.该企业每个车间的工人的大概分布情况。

4.通过观察车间的工人师傅的工作的一丝不苟、精益求精的工作,体会工匠精神。

本阶段,关注的该企业的主要仪器是:初中的光学仪器和静电学仪器部分,具体为光具盘和箔片验电器、指针验电器。

流程一:在屠厂长带领下,师生一起了解了该企业的历史。

流程二:在进车间过程中,指导学生认真观察每个工艺的具体的操作技

术、生产方法,对于一些环节,学生们提出问题,屠厂长给予解答。

图 1　学生们参观锻压车间

图 2　学生们用生产好的仪器进行实验　　图 3　学生们参观结束后与屠厂长合影

在此环节,学生们要根据企业负责人屠厂长的介绍,再根据配套的仪器使用说明书一起讨论箔片验电器、指针验电器的外形结构、使用功能、在初中物理知识中的使用。

(三)第四课时:畅谈感受、评价交流、教师点拨

第一步,小组分享。

以班级为单位,每个小组分享自己的参观感悟。不同的小组以不同的角度和视角谈谈参观感悟。

第二步,教师评价。

指导教师要根据学生们的参观感悟和感受进行点评分析和小结,通过小结让学生们热爱劳动、尊重劳动者、崇尚工匠精神。介绍天津工匠精神代表人

物孔祥瑞、张黎明、张宇等人事迹。

四、活动成果展示分享

参观完仪器厂后,学生们体会到了工匠精神的意义,引导学生们自制教具仪器,将参观感受带到具体实践。

五、参观实践活动评价

(一)评价原则

评价以鼓励激励为引导方向和原则,激励参观同学对科学的热情、对制造工艺的了解。

(二)评价目的

评价以发展性评价为主,根据学生在活动中表现状况,对其优缺点、学习方法态度和进步情况等情况进行多样性地评价,关注到学生发展中的个别差异。

(三)评价主体

采用教师评价和学生互评相结合的方式,进行学习评价。

(四)评价周期

第四课时(45分钟)的时间进行评价。

(五)评价方式

1.小组汇报 学生评价

通过"做一做、说一说、评一评"的方式进行小组评价,学生以小组为单位完成学习简报、感想,小组间进行展示,学生互评。

2.教师评价 点拨总结

教师对学生的活动表现进行综合评价,进行点拨小结。

六、参观实践活动反思

(一)深挖企业课程资源

开发区的科技企业多且种类齐全,讲座和参观只是科技企业进校园的一种形式,今后还可以开展更丰富的实践活动,让学生通过参观、实践、体验,更加深切的了解企业文化、丰富自己的认知。

(二)丰富讲座前中后

今后开展过程中,讲座之前让学生先自己搜集资料了解相关知识;讲座中给予学生更多的参与机会和互动环节。讲座后组织学生开展分享交流会。这些活动既增加了学习气氛,又可以增强学生的合作能力。

(三)增加参观的机会与地点

后期,还可以增加参观其他的仪器制造类企业,让学生多角度,多维度去了解科学仪器制造流程、工艺的相关知识。

(四)继续加强学情分析

针对八年级或九年级学生的特点,积极探索进行前期课程的兴趣引入,增强学生参与和认识。

(五)突出小组合作学习

进一步加强小组合作学习的体验,增强课程学习的实效性。本次课程的实施,充分发挥了学生的主体作用,在基于兴趣共同体建立的学习小组,会在学习和研究、汇报、评价等环节起到较积极的作用,对于培养学生的合作精神、探究精神具有实效性。

(六)融合了工匠精神的渗透教育

通过新区两位先进人物介绍、参观企业,使学生对工匠精神的理解进一步深入,工匠精神不是口号,不是遥不可及,而是一种实实在在的行动。在青少年时期加强工匠精神的教育、践行和传播推广对学生们以后的人生观、价值观、合格公民素养和品格的形成具有关键的引领价值。

七、辐射与拓展

该活动将物理的教学课堂延伸拓展,不再局限于教室,移进了工厂,学生们在看到各种机器、各种制作工艺流程后,不断向工人师傅询问了解的过程,既为以后进入高中阶段的进一步的研究性学习打下了坚实的基础,也是实践意识和劳动观念的树立过程。尤其是在活动结束后,同学们纷纷动手实践开展自制教具和仪器活动,制作了很多很实用的自制教具作品,进一步拓展和延伸了本次活动的意义。

通过此次活动这个契机,将物理的课内学习与课外学习相结合,学生们对物理学科的兴趣也有明显提高。通过此次活动这个契机,将教师的课堂教学传授与学生们进企业探究学习相结合,学生们的实践探究考察和体验的能力得到了提升。通过此次活动这个契机,将工匠精神教育与尊崇劳动的价值观教育融入学生们的实际活动中,促进了学生们成长为合格公民的品格教育。

专家点评:

方案围绕着科学仪器工厂来展开,通过学生们去科学仪器工厂探究竟,加强校内与校外资源的互动,激发学生们的科学学习兴趣,有助于学生们视野的拓展和综合能力的提高。方案对活动设计的缘起、思路、前期准备、实施内容、反思评价等方面都做了较为详细的分析和说明,对于相关活动的开展与提升具有很好的启发价值。

东北师范大学　于　冰

探寻职业奥秘①

——走进开发区西区企业

天津经济技术开发区第二中学　李　姝　方　洁

一、课程设计缘起

高考不再是文理分科模式,而是变成除数语外三科之外,由学生根据报考高校要求和自身特长,在其他六科科目中自主选择的"3+3"模式。新的高考模式决定了学生可进行更加全面的选择,这就要求学生从高一开始就要进行长远的职业生涯规划。

我国高中生的职业生涯教育还没有完全普及,大部分是在大学阶段才有了初步探索,所以高中生的生涯决策能力不能够得到培养。大部分的学生不清楚自身特长,未来发展方向,同时也不了解社会对人才的需求。另一方面,学生缺少获得职业生涯规划能力的渠道,很少有学校开设关于职业生涯规划的一些课程,进而使学生很难去了解不同职业,了解社会对人才的需求。

针对这一情况,学校应该开设关于职业生涯规划相关课程,利用社会资源,让学生了解不同的职业,并进行相应的职业体验,不断提高学生对生涯规划的意识,丰富学生职业知识储备。

为此,开发区学校与现代企业通力合作,整合校内和校外的教育资源,开发出一系列的"学校—企业"职业体验活动。

---

① 本教案为作者与富士康(天津)电子有限公司合作开发。

二、课程价值与目标

（一）课程价值

1.培养学生创新精神

学校现代企业教育是中小学生素质拓展课外活动的重要组成部分,是丰富学生学习生活、培养全面发展人才的有效途径,是全面实施素质教育、落实立德树人根本任务的重要举措,是着力培养中小学生的社会责任感、创新精神和实践能力的迫切需要。

2.为新课程、新高考改革做准备

自 2017 年开始,高一开始进行新课程和新高考改革,高中学习不分文理,高校高考录取采用"两依据,一参考"的模式。这样的改革就要求学生在中学期间就提前要了解自己,了解大学专业,了解职业和行业,了解各种不同的岗位以及以上的种种之间的关系等等,从高中开始就做好生涯规划。

3.积累生涯经验,完成生涯规划

生涯决策和规划需要生涯经验。学生获取生涯经验的一个重要途径就是在学校与企业联合开发的课外活动中。在职业知识的探索中拓展学生知觉到的未来发展的可能性。在企业的体验活动中,学生能够体会不同工作的意义,反思自身对工作的态度。

（二）课程目标

1.学生目标

增加学生对不同职业的认识与了解,了解不同职业的发展历史、现状和前景,了解不同职业不同岗位的工作内容和工作特点,了解不同岗位对推动国家和社会发展所做出的贡献。

引导学生从不同从业人员的生涯故事中认识职业价值观,反思不同种类价值观对人生轨迹的引导作用,促进学生进行正确的职业价值观转化。

2.教师发展目标

在活动的设计和实施的过程中,提升教师对职业的认识和了解,积累生涯规划的指导知识,提升生涯规划指导能力和综合素质活动组织能力。

三、课程设计理念

由于学业压力及家庭社会经济地位等因素的影响,高中生对生涯的探索途径十分有限。因此学校与企业共同合作,开展不同行业的体验活动,弥补高中生生涯探索途径的缺失。

四、学情分析

在中国的教育考试背景下,大部分高中生学习目标薄弱,没有强大的内在动力和学习信心,仅知道自己的当前任务是考上重点大学,完成爸妈的愿望。至于他们自己对于专业的选择,未来职业的选择几乎是一无所知。

五、活动资源与实践条件

(一)企业方面提供的资源

1.教育局或学校与企业达成开展实践活动的协议,在场地支持、人员配备、经费支出、时间选取、安全保障、协调机制等方面做出相应的商定和说明。

2.企业按照学校开展活动的需要,提供参观时间、活动地点、专业人员、资料设备等方面的资源和支持。

(二)学校方面需要做的准备

1.学校与企业加强沟通,确定企业可提供的场地和容纳的人数,以及企业对于此次活动的意见和要求,以对活动方案进行调整。

2.学校为参与活动的教师提供必要的支持,比如在活动前对教师进行生涯相关知识的培训。

3.明确参与活动的教师和后勤人员的工作职责,确保活动的每个环节顺利进行。

（三）家长方面的配合和准备

通过访谈，了解家长对于进企业进行生涯体验活动的态度，同时邀请家长参与到活动设计中来，认真听取家长的意见，争取家长的支持。

六、主题活动过程设计

（一）前期准备环节

准备活动之一：自我认识系列之我的职业兴趣、我的性格、我的能力和价值观

活动目标：通过霍兰德的职业兴趣测试，引导学生对自身的职业兴趣、性格、能力和职业价值观进行反思。

建议时间：4课时

活动场地：学校教室

主讲人：学校生涯规划老师

活动内容：

根据"人—职匹配"理论，每个人都有自己的特征，而每种职业由于工作性质、环境、条件、方式的不同，对工作者的能力、知识、技能、性格、气质等特征都会有着不同的要求。因此，对生涯发展的思考要求我们对自我的内在的心理特征进行挖掘和认识。只有了解自己，才能清楚适合自己的方向所在。在这四节课中，我们老师将带领学生，一起来分析自我，了解自己内在的兴趣、性格、能力、价值观等方面的特征。

准备活动之二：开启职业世界的大门

活动目标：帮助学生了解职业的种类与工作内容，理解生涯规划的重要性

建议时间：2课时

活动场地：学校报告厅

主讲人：天津生涯教育专家

活动内容：

1.职业世界初探：职业的种类与工作内容的差别

2.生涯规划的重要性

职业是个人与社会间关系的重要,是每个人在其生涯发展中需要关注的核心问题。当今社会中的多数职业都不是我们想做就立刻能够做的,需要从业者有必要的知识、技能、经验和一定的资格、资历作为基础。因此,我们必须开始行动了!

活动作业:完成生涯活动记录表

(二)中期体验

体验活动之一:你的未来你做主

活动目标:帮助学生建立当前学业与未来职业之间的联系,积累生涯规划的技巧。

建议时间:2课时

活动地点:学校报告厅

主讲人员:500强企业人力资源主管邱立蓉、人力资源管理公司主管王惠颖

活动内容:结合相关职业分别从为什么要有规划、如何规划、从能力冰山一角模型来讲潜在能力、九型人格与适合的职业、自我成长与调整。建立当前的学习生活与未来目标之间的连接,形成适合自己的生涯规划。

活动作业:完成生涯活动记录表。

体验活动之二:走进企业(开发区西区——富士康)

活动目的:通过对企业的实地观察,让学生深入了解富士康所代表的电子信息行业的工作环境和工作内容。

建议时间:2课时

活动地点:企业场地(开发区西区——富士康)

活动内容:

1.介绍从业者的招聘条件

由企业代表HR主管与学生进行交流、互动。学生在以下方面进行提问:

(1)企业的概况

(2)企业针对大学人才招聘条件

(3)企业为员工提供成长的条件

（4）企业的不同岗位对于工作者的学历和技能要求有哪些

（5）企业最看重员工的哪些素质等

2.工作环境的参观学习

由企业代表带领学生参观生产环境，了解每个岗位的工作性质以及要求，使学生对职业有直观的感受。

活动作业：完成职业体验活动记录表。

（三）后期拓展环节

拓展活动之一：模拟求职

活动目标：让学生在虚拟的求职环节体验中，增加学生的职业体验

建议课时：2课时

活动场地：校内教室

主讲人员：学校生涯教育与素质拓展中心老师/参与活动的企业人力资源顾问

活动内容：根据参与活动的几家企业的岗位设置发布虚拟招聘信息，学生根据自身兴趣编写求职简历，由学校生涯教育拓展中心进行筛选，确定进入面试的人员名单。入围面试的学生将接受企业的虚拟面试环节，HR对每个面试的学生进行点评，从求职简历、面试礼仪以及心态等方面对求职面试进行全面解读。

在活动过后，建议在教室一角建立起职业档案簿，将该行业的工作范畴，行业所设的不同岗位的工作内容以及对工作者资历的要求一一收录。在以后的体验活动中不断丰富这一职业档案簿，帮助学生积累生涯经验，做好生涯规划。

拓展活动之二：职业工作内容体验

建议课时：假期时间

活动场地：各体验单位

活动内容：请同学们在寒假时间，利用父母等亲属、朋友资源，进行为期一天以上的职业体验。体验要求：①体验的职业与自己未来想从事的职业有关。②体验中尽量严格按照体验单位的要求做事。

活动作业:将体验过程用一些照片、文字记录,并对职业体验进行反思,做成 PPT,返校后与同学分享,完成职业体验记录表。

七、活动评价

(一)评价的原则

1.发展性原则

活动评价的重点要放在学生发展变化上,引导学生进行积极的自我反思性评价,关注学生的体验过程,关注学生在探究过程中形成的情感、态度、价值观、综合能力等。

2.多元性原则

对学生发展的评价需要从教师、学生自身、同伴、家长、活动中相关社会人士等多个角度进行评价。

3.激励性原则

设计不同层次的激励标准,希望促进每个学生在原有水平上有新的进展。

(二)评价主体

教师、学生自己、同伴、家长、社会相关人员等。

(三)评价周期

一学期进行一次评价。

(四)评价方法

1.随机评价

教师可以随时随地通过观察对学生的表现做出评价。

2.档案袋评价

学生在活动的过程中建立的自己的生涯成长手册,记录活动过程中的所学所感。

3.描述性评价

教师对学生活动过程的态度、能力及最终的成果进行描述性评价。

八、总结与反思

通过一学期的职业体验和职业课程讲座，学生清醒地认识到在面临国家高速发展、技术创新日新月异的时代背景下，只有充分掌握科学知识，并将自己所学内容与未来职业发展充分融合，才能在未来社会中创造自身价值。虽然学生已经对自己将来的职业发展方向形成了初步认识，但是如果学生想形成系统的职业生涯规划，这就需要在接下来的拓展体验课程上继续努力前行。

其次，在这一学期的职业规划体验中，非常感谢企业 HR 邱丽荣女士做的关于《我的青春我做主》，以及富士康 HR 对学生对生产制造类型企业的介绍，正是由于这些企业的社会责任感，以及无私回馈社会的精神，才能使学生更加生动形象的获得职业体验。

最后，这学期的职业体验课程是为了适应新高考改革下的学生发展需求而开展的，因此本次课程从活动设计到实施的各个环节仍存在不足。为了更好地满足学生职业发展兴趣需要，下一次在高一开展职业体验课程前，可利用调查问卷的方式寻求学生更关心，更感兴趣的职业，然后通过本校的职业生涯拓展办公室的老师与相关企业进行接洽，更好地调动学生对于职业规划的兴趣。

专家点评：

该方案由引导学生反思自身的职业倾向开始，到学生到企业中与从业人员实地接触与观察企业生产过程，再到引导学生在活动之后反思自身的兴趣、能力和态度等，实现了个人反思—观察学习—个人反思的动态教学过程。该方案活动内容丰富，活动安排合理，评价体系完整。

东北师范大学　刘芳晴

设计改变生活[①]

天津经济技术开发区第二中学　张咏洁

一、课程设计理念与目标

(一)课程设计理念

技术素养是学生素质教育的重要内容。通过技术设计等实践活动逐渐建构学生知识体系、激发学生创造性、增强学生对科技和人文以及艺术等多方面综合理解是培养学生技术素养的重要手段和途径。基于此,学校与美克国际家私(天津)制造有限公司共同开发了校企合作课程系列之"设计改变生活"。

(二)学情分析

通常,学生会认为技术设计活动离自己比较远,是"专业"技术人员的事情。所以在老师们的带领下,从学生熟悉的产品说起设计,学生会感知到设计与每个人密切相关,设计还可以更好的改变生活。然后进一步带领同学们进行本课程的学习,学生会在很多的感触和体验基础上对设计产生基本的认识。

(三)课程设计缘起

初中阶段学生会学习劳动与技术课程,高中阶段学生会学习通用技术等课程,这些课程都是以技术设计或实践操作为主要特征的,鼓励学生动手动脑、自己解决问题的能力,发展学生工程思维和创造力。这次的校企合作,

---

① 本教案为作者与美克国际家私(天津)制造有限公司合作开发。

为学生又开启了一个新的学习途径，一种新的学习方式，可以走进企业、走进真实的学习情境，更好的感知技术设计、了解生产工艺和相关职业要求。本课程的开发还能促进校外课程资源的合理利用，挖掘学校与企业合作的最大潜力。

（四）课程的价值与目标

1.学生发展目标

（1）知识与技能：使学生了解技术设计的相关知识，了解生产工艺，了解不同的职业。

（2）过程与方法：通过家具鉴赏和创意设计，培养学生的设计分析能力和审美情趣，激发学生的创造力，学会多角度思考问题，同时发展工程思维。通过人力资源职业引导，使学生能对相关职业有所了解。

（3）情感态度与价值观：通过对企业的深入了解，激发学生的学习欲望，通过创意设计活动，培养学生的创新意识和技术素养；通过小组合作交流培养合作的精神。

2.教师发展目标

在活动设计与实施中，体会多元教学方法的运用，提高指导学生进行综合实践的能力以及对课程的整合能力。激发教师更多的教育灵感，积累教学经验，促进教师更好地成长。

（五）活动资源与实践条件

1.企业提供的资源

企业为前期的准备活动提出建议，为后期开展的实践体验活动，提供完善的场地支持和人力支持。企业的专业技术人员为师生进行讲座，提供企业的相关技术资料。

2.学校方面需要做的准备

制定活动方案，与企业联系人商定具体细节。结合活动开展的需要，根据企业提供的资源，学校设计前期准备活动，设计相关任务卡，便于指导学生在讲座、实践中学习，边学习边总结反思。学校为实践活动做好人员安排及后勤保障。同时教师要对参加活动的学生进行参观等环节的安全教育。

二、课程实施设计

（一）前期活动：教师引导，了解活动内容

建议时间：1 课时

活动地点：学校教室

主讲人员：教师、学生

活动目的：

1.通过教师引导，学生的交流、学习，感受到我们的衣食住行都离不开技术，而这丰富多彩的技术世界都是源于技术设计的不断创新发展。

2.指导学生较系统的学习设计的相关知识，激发学生对后续活动的兴趣。

活动内容：

1.通过丰富的图片、视频资料，感受技术的价值，而这丰富多彩的技术世界都是源于技术设计的不断创新发展。那设计是一个怎样的过程呢？会涉及哪些相关的知识和技术呢？这些将在后面的学习和实践中一一找到答案。

2.以"家具"为例展开讨论。在人类的社会生活中，家具一直以其特有的多重功能贯穿其中。那么家具设计中会用到哪些材料、结构有什么特点、生产工艺又是什么样的、家具有哪些发展史及风格，家具企业会需要哪些专业的人才，这些都可以作为学生讨论交流的主题。

3.学生分组，选取相关主题，进行课上的讨论，并且记录下来，同时将自己的疑问或感兴趣的内容也记录下来，作为任务卡（见附件 1），在后面的学习和参观中完成。

（二）中期活动一：听讲座

建议时间：2 课时

活动地点：学校报告厅

主讲人员：企业专业技术人员

活动目的：

1.通过家具结构设计基础知识和家具鉴赏讲座，学生可以对设计有深入和细致的了解，可以学会从哪些方面进行设计分析，以及需要哪些知识和技能进行设计。

2.通过人力资源老师的职业引导，可以使学生对不同岗位的人才所需要具备的能力有进一步的了解。

活动内容：

1.木质家具结构设计基础知识

美克公司的工程师带领同学们一起了解了家具的分类、家具的材质，重点给大家介绍了家具的结构，包括各种榫卯连接的方式。最后又给同学们讲解了家具涂装中的学问，以及家具生产的整个制作工艺流程。从讲座中，同学们可以感受到技术活动的专业化和精细化。

2.家具生产企业人力资源经理为同学们做职业引导

分别介绍了每个部门人才的要求和从事相关工作的基本知识，还介绍了企业文化的建设。

同时也使同学们认识到家具行业虽然是传统行业，但是同样需要非常专业化和经验丰富的人才来解决家具行业的产品研发设计、营销管理、生产工艺和国际贸易争端等问题。

3.美式家具鉴赏

美式家具尤其注重实用、舒适以及多功能等。具体到每一件美式家具都努力在形、色、光、意几个方面做到完美。这样的鉴赏课不仅有技术素养的培养，同时也是一次艺术的熏陶。

主题讲座之后，学生记录在任务卡中的疑问和感兴趣的内容也会通过与专家老师的沟通得到进一步的解答。此环节可以借助任务卡(附件1)和笔记纸(附件2)进行记录总结。

(三)中期活动二：参观工厂

建议时间：2课时

活动地点：美克公司

主讲人员:企业专业技术人员

活动目的:

1.走进企业,真实感受技术设计、生产工艺流程和智能制造,将自己所学、所思,进一步提升,同时也可以使学生对这样一个行业一些岗位有进一步了解。

2.激发学生的学习热情,丰富学生的课后实践活动形式,让学生真正感受到严谨、细致、创新的企业文化。

活动内容:

第一站,参观沙发生产车间。负责人首先介绍了不同的沙发面料,材料的选择是质量保证的基础,然后感受了先进的布料剪裁技术,激光定位,严格保证剪裁尺寸。从加工的每一流程都可以感受到对产品质量的严格控制,同时还有技术人员的工匠精神。最后还参观了技术试验部门,对面料的严格试验,沙发海绵的检测等环节,保证了最终产品的质量。

第二站,参观智能制造车间。这个车间有三个特征:一是"不许动",所有的生产过程都是自动化调度完成;二是"不落地",所有的工厂内部的物流都是通过专门的自动引导运输车进行智能物流运输;三是"不返修",因为无缺陷。通过参观让师生们实地感受到了人、机器与产品充分利用信息技术和制造技术的融合,实现制造的智能升级。

在企业允许的情况下,参观的过程中大家可以拍照或者拍小视频,还可以与相关的技术人员和工作人员进行交流。各组任务卡的主题也是各组重点观察、学习的内容,大家可以在实践过程中对其有更深切的感悟。

(四)后期回顾总结

建议时间:1课时

活动地点:学校教室

主讲人员:学校教师

活动目的:梳理此次活动的收获,将学习、观察、思考进行系统的总结分析,通过课堂的交流,互相学习,从而更好地实现本课程的目标。

活动内容:

1.组内及全班分别进行交流分享。首先每个小组就本组任务卡中的主题形成报告,分享不同主题学习的收获、想法和感悟。其次,围绕"椅子"这一主题进行设计并进行方案展示(附件3)。最后各组同学可以就感兴趣的问题与汇报同学进行交流,之后各组根据评价表(附件4)进行打分。

2.宣传展示。评选出优秀的设计方案和报告做成宣传展板,在学校共享空间和科技活动中进行展出,进一步激发学生的学习兴趣。

三、学习评价

1.评价原则

评价以鼓励为原则,激励师生对技术设计学习的兴趣和积极性。

2.评价目的

评价的目的是为了激发学生学习课程的兴趣和热情,培养学生观察、探究精神和实践能力。评价应以发展性评价为主,关注学生发展中的个体差异。

3.评价主体

利用教师评价和学生互相评价相结合的方式,进行学习过程和最终成果的评价。

4.评价周期

课程结束后运用一节课(45分钟)的时间进行评价。

5.评价方式

(1)小组互评,教师综合评价

学生以小组为单位完成学习报告、设计方案,小组间进行展示答辩,在各组互相学习交流的基础上,各组为其他组填写评价表。

教师及时的给予适当的反馈。教师评价与学生自评各占50%,教师根据各组整个活动过程观察以及最后答辩情况进行综合打分,给予评价及得分。

(2)作品展示

教师建立学习成果报告和方案设计展示板块,展示学生的成果,并组织师生学习、参观,激励学生进行创意设计、激发创造热情,取得更大成绩。

四、课程反思

此次活动主要思路是，学校老师给予一定的引领，激发学生的兴趣，了解设计相关专业的基本知识，包括设计的流程、制造的简单工艺，然后通过企业的讲座和参观体验，更加近距离的接触技术设计、了解生产工艺流程，同时也满足了同学们对这样一个行业各个岗位的职业了解，感受到企业对产品质量的严格控制，以及对技术人员的工匠精神的学习。这样的课程设计，同学们也充分感受到了技术活动是一个涉及科技、人文、艺术的一个综合性活动。最后同学们进行"椅子"创意设计活动，包括方案构思、图样表达、交流展示等环节。在这个过程中，同学们逐渐体会设计中系统与工程思维，体现学生创造性思维以及解决实际问题的良好习惯，这也是对前面学习的一个融会贯通和不断升华。如果学生的时间更充裕一些，可以和企业的接触会更丰富，学生的综合实践机会更多，收获会更丰富。比如，如果有时间还可以在专业老师的带领下，与企业的能工巧匠更多交流，体验一下更专业的设计制作过程。还可以邀请企业专业技术工程师给同学们讲解设计软件的使用，让学生接触更多先进技术、更多的实践机会，使学生通过参观、实践、体验，更加深切的感受设计改变生活。

附件1：

"设计改变生活"课程任务卡		
组长（1人）		
组员（5—6人）		
家具相关内容学习主题 （可以考虑从家具结构、家具生产工艺、家具风格或发展史、家具公司需要哪些专业人才及要求方面确定主题）	课堂	（写下本组讨论主题及相关内容及疑问）
	讲座	（进一步丰富主题内容）
	参观	（进一步丰富主题内容）
本次课程的感悟及建议		

附件 2：

一、家具风格及发展史	
二、家具的分类	
三、家具的材料	
四、家具的结构	
五、家具涂装	
六、制造工艺	
七、家具行业所需人才	
分享感受	
对此次活动的建议	

请你用思维导图的形式将感兴趣的内容在背面整理一下吧。

附件 3：

“椅子”创意设计方案	
姓名	
设计目标	
设计图	
设计说明	

附件4:

答辩组:		考核组:				得分:(满分50)	
序号	评价指标	满分	2	4	6	8	10	备注
1	汇报内容:内容丰富、形式多样	10						
2	思维导图:清晰、有内容、有特色	10						
3	设计方案:体现椅子的设计目标、有创意	10						
4	交流互动:对于同学的建议和问题,可以给予很好的回复	8						最高分8分
5	分工、合作:汇报过程中能够体现大家的合作	6						最高分6分
6	纪律:对本组纪律做简单总结	6						最高分6分

专家点评:

该方案能够充分运用开发区的资源优势,走进美克美家公司,选取家具作为活动设计的切入点,贴近学生生活,容易激发学生的兴趣。活动设计中有意识的调动学生积极性,通过任务卡和小组合作的形式促进学生的活动投入。未来应加强活动设计的丰富性以及辅助资料的多样性。

东北师范大学 吴晓靓

探索深蓝，遨游水下①

——水下机器人创客教育

天津经济技术开发区第二中学　赵　萌

一、课程设计理念与目标

（一）课程设计理念

海洋是生命的摇篮，对人类社会的生产、生活意义重大。党的十九大报告提出"加快建设海洋强国"。2018年6月12日，习近平总书记在青岛海洋科学与技术试点国家实验室考察时强调："建设海洋强国，必须进一步关心海洋、认识海洋、经略海洋，加快海洋科技创新步伐。"

21世纪是海洋的世纪，发展海洋科技尤为重要。我国建设海洋强国的事业要依靠青年一代，青少年是未来海洋强国建设的主力军，提升青少年的海洋意识，加强对青少年的海洋科学技术普及活动，培养和树立青少年关心海洋、热爱海洋、建设海洋的伟大志向，对助力海洋强国建设意义重大。

现代企业教育课程的开展学校（天津经济技术开发区第二中学）位于天津市滨海新区，天津滨海新区有着紧邻渤海、靠近港口的区位优势，区内有多家大型涉海企事业单位，以及多家海洋科技型中小企业。部分在校生家长从事涉海工作。开展涉海现代企业教育课程具有区位特色，区内单位为学校开展此水上机器人科技实践活动提供了支撑条件。

（二）学情分析

近年来，空中机器人（无人机）逐渐普及，而中学生对水上机器人的现状、

---

① 本教案为作者与天津深之蓝水下新视界科技有限公司合作开发。

研发及制作知之甚少,因此有必要通过一系列实践活动,在学生年龄段对学生进行海洋科技知识普及。

(三)课程的价值与目标

1.学生发展目标

(1)知识与技能

①初步了解水上机器人及其基本工作原理、主要用途,加深对相关物理、数学、生物课程知识的理解认识,实现多学科知识的融会贯通并合理运用到动手实践活动中。②让学生在实践中体验文稿的形成过程,在实践中强化关于说明文、采访、新闻报道写作等基本知识。

(2)过程与方法

①通过观看视频、查找搜集资料、企业教学参观、样机制作、水池实验等活动,消除学生对科技的陌生感,培养学生的科学思维,提升学生解决实际科学技术问题的能力,提高学生动手能力。②结合统编八年级语文教材中的"活动·探究"单元,开展撰写采访稿、面对面采访及新闻报道写作系列内容,培养学生语文实践能力,在综合、多维、连续的实践活动中领悟语文知识的应用规律。

(3)情感、态度与价值观

①提升学生海洋意识,增强对海洋科学技术知识的兴趣与探索欲。②培养学生开展科学实践的勇气、意志力、耐心,增强学生的团队协作意识。③激发学生创造力,培养学生从多角度思考问题、利用多学科知识解决问题。

2.教师发展目标

通过活动课程设计与实施,提高教师对现代企业教育的兴趣和热情,增强教师课程资源整合能力。在活动组织中,提高指导学生进行综合实践的能力。激发教师活动热情、积累教师教学经验,尝试跨学科教学资源、活动整合,形成教育教学智慧,促进教师专业发展。

二、课程实施设计

(一)课时规定

学时为 9 课时,每课时 90 分钟

第一学时:准备活动之社团建设、愿景营造

第二学时:准备活动之参观深之蓝公司

第三学时:作品制作

第四学时:作品制作

第五学时:采访报道

第六学时:采访报道

第七学时:分享展示

第八学时:分享展示

第九学时:总结评价

(二)课程资源

学校:创客空间教室、活动时间、多媒体设备、参与教师、水池、工具等

企业:活动材料、PPT、专业技术人员

三、课程实施建议与活动设计

(一)前期准备环节

准备活动之一:社团成员招募

1.成员要求

①八年级、高一年级。②兴趣盎然:对水下机器人有初步了解。③乐于奉献:愿为社团付出部分时间、金钱、精力。④有编程技能者优先。

2.招募方式

◎ 指导教师物色核心成员(如本校毕业的高一学生)

◎ 食堂门口张贴招募海报

◎ 社团"老"成员利用午休时间到八年级、高一各班宣讲招募

◎ 面试(双向选择:加入动机是什么? 希望收获什么?)

准备活动之二:社团建设,愿景营造

1.建议时间:1学时

2.活动场地:学校教室

3.主讲人员:学校教师

4.所需资源:电脑

5.课程目的:社团建设,愿景营造

6.教学过程步骤与分析:

①导入设问:我们为何而来——共同愿景。②了解过往:观看创客空间的内外展板、社团介绍视频,对社团有进一步了解。③分组:三四个人一组,每组高一年级、八年级学生均衡搭配;讨论组名,如海底小纵队、深蓝勇士等;设计LOGO。④观看纪录片《聚力支撑——探索深海》《大国重器(第二季)——布局海洋》,学习水下机器人前沿成果及理论知识,并完成学案内容。

准备活动之三:参观深之蓝公司

1.建议时间:1学时

2.活动场地:天津深之蓝水下新视界有限公司(北塘)

3.主讲人员:企业专业技术人员

4.课程目的:

①体验该公司的展示产品,提高对水下科技知识的兴趣,寻找创新灵感。②与公司职员学习交流,丰富知识,开阔眼界。③观察感受大公司的运转流程条件。

5.教学过程步骤与分析:

◎ 导入设问:带着对水下机器人的初步了解,每组准备2个问题,到企业后向相关人员提问;各组需分工明确:拍照 + 采访 + 撰稿。

◎ 课堂内容:观看水下机器人产品陈列、使用3D眼镜观察水下景象、尝试简单操作水下机器人、借用公司水池试验自制水上机器人作品,并随时向工程师请教、询问。

◎ 课后延伸:整理照片和采访稿,完成报道撰写,准备发布至公众号。

6.注意事项:

①严格听从带队老师的指令,确保出行安全。②社团成员必须注意自身形象,认真参加活动,践行环保理念,为学校和个人树立良好的社会形象。③活动期间尽量集体活动,不要单独行动。如果遇到紧急情况,冷静处理,和老师取得联系。④注意保管好随身携带的贵重物品。

图1-1 参观"深之蓝",大开眼界

图1-2 参观"深之蓝",大开眼界

图1-3 参观"深之蓝",大开眼界

图1-4 学生完成的参观报告展示

(二)中期实践环节

中期实践之一:制作作品

1.建议时间:2课时

2.活动场地:学校教室

3.主讲人员:学校教师、企业专业技术人员(提前沟通,约好时间)

4.教学过程步骤与分析:

◎ 教师指导、学生自主。以小组为单位制作简单模型作品。参考上一学年学生作品,并能分析原理,通过反复实验加以比较,尝试改装。

◎ 企业人员授课讲解。用公司水下机器人产品讲解,让学生了解水下机器人内部结构;借助 3D 打印水下机器人模型,由学生涂色,进行实践。

5.注意事项:安全第一、节约用水、保持卫生

图 2-1　学生制作作品　　　　　　图 2-2　学生制作作品

中期实践环节二:采访报道

1.建议时间:2 课时

2.活动场地:学校教室

3.主讲人员:学校教师、企业专业技术人员

4.教学过程步骤与分析

◎ 导入设问:深之蓝发展迅速,原因何在?

◎ 撰写采访提纲—联系采访对象—做好采访记录—整理采访稿—完成报道撰写(结合八年级语文上"活动·探究"单元)。

◎《海底飞船》说明文阅读练习(结合八年级语文第五单元)。

◎ 课后延伸:下课休息时加深与学生的交流,增进师生之间的了解。增强学生动手能力和团队协作能力。

(5)注意事项:注意引导学生语文素养的提高,尽量避免畏难情绪,充分调动学生积极性。

(三)提升实践阶段

提升实践阶段一:"科技周"活动筹备、参与等

1.建议时间:2 课时

2.活动场地：学校创客教室及体育馆

3.课程内容：

◎ 实践讲解与分享展示。

◎ 拍摄视频进行讲解(参考科学影像节要求)。

◎ 展示成果及总结汇报，成品实物、课程手册、自主作业等，让学生间互相交流所见所学所想，并为更多的学生、老师甚至家长讲解自己的作品及其原理，从而最大程度发挥其科技活动及作品的价值(利用"科技周"活动)。

◎ 对设计作品大胆提出疑问，并提出改进建议;学生在合作中，主动发表自己的观点，尊重同学的想法，学会聆听，取长补短。

4.注意事项：正确引导学生，帮助其树立正确的学习理念，增强学习的自主学习力，培养他们对所学知识的稳定性及对知识延伸探究的欲望。

图 3-1　参加科技周展示活动　　　图 3-2　参加科技周展示活动

提升实践阶段二：总结与评价

1.建议时间：1 课时

2.活动场地：学校创客教室

3.课程内容：

①总结本学期课程，学生分享、交流，书写体会，畅谈心得。②完成评价。③合影留念。

四、学习评价

以过程性评价和激励性评价为主，不以成功制作出创意水上机器人作为唯一评价标准，而是看重实践活动中的参与过程，注重阶段性成果的积累。如学生设计方案未成功实现，但创意值得鼓励，同样会受到较高评价。另外,赴水下机器人公司进行研学活动后所撰写的研学报告,也将成为评价的重要考量。

(一)过程性评价

建立活动手册:学生把每一个活动后的感受、收获、困难、建议和创新想法记录在手册上,教师在活动过程中即兴评价。

(二)总体定性评价

表1　评价表(每项目各20分,总分100分)

评价项目	评价内容	自我评价	小组评价	教师评价
活动态度	活动有兴趣,积极参与,认真对待,勤于思考,善于观察,实事求是			
组织合作	完成小组分工任务,与他人合作愉快。活动过程中能和组员互相协作,互相帮助,能将自己活动成果与大家交流、展示			
动手能力	手、脑、身协同作用,使用器材的熟练性			
创新发现	善于发现问题,敢于提出问题,并能积极想办法逐步解决提出的问题,能提出有创意的建议和观点			
活动成果	成功制作水上机器人,并能恰当地运用文字表达活动过程及结果			

五、课程反思

(一)有待进一步调动学生积极性

个别学生积极性欠缺,较难管理,因此在前期招募人员上需做筛选,而有些学生兴趣盎然,却能力不够,需要教师不断沟通、加强指导。视学情不断调整活动内容。

(二)适当增加参观地点和机会

学生基本都非常热衷于校外参观,可联系其他相关企事业单位,为学生创作更多参观、体验的机会。

(三)利用小组突出学生的主体作用

此前的学生分组形同虚设,往往"扎堆"活动,而且男女生自觉分开,不利于活动的深入开展。因此,课程之初即固定好小组,每次活动都以小组为单位进行,并采取一定的激励性手段,进一步培养学生的合作精神和探究能力。

专家点评:

这个现代企业教育课程通过社团活动的形式,让学生完整地体验、了解水下机器人、制作水下机器人、展示水下机器人的过程。活动流程完整,内容丰富,形式多样,体现了学生参与水下机器人主题研究的系统性与独立性;同时,活动全程贯穿着STEAM教育的融合性理念,多学科的知识渗透与要求,鼓励学生将知识进行综合运用与加工,提高了学生解决现实问题的能力。

整个方案设计结构合理,实施过程处理得当。准备活动有宣传、有自主、有学案,参观活动有问题、有采访、有记录,展示活动有作品、有发表、有传播。作为已实施过的课程,如果此方案文本能有更多的实施过程记录、学生活动的记录、作品的展示记录,从学生发展视角展示出学生在整个过程中的成长和变化,此文本的可读性与借鉴性就会更胜一筹。

东北师范大学　王海英

天津飞旋科技校企课程①

天津经济技术开发区第一中学　李　志

一、课程设计缘起

随着《关于深化考试招生制度改革的实施意见》《中共中央关于全面深化改革若干重大问题的决定》的相继颁布,高考变成除数语外三科加小三科的"3+3"模式。与之相对应采取自主选择的"走班式"教学。这都要求学生具有较高的生涯决策水平,能够尽早选择专业和科目。

然而,当前学生的生涯决策水平还尚不足以完成这项要求。原因:一方面学生缺少生涯经验,因而对自己未来职业的选择十分迷茫;另一方面家长只关注学生学习成绩,忽略了对学生职业兴趣的培养。

多职业领域的职业体验,能够丰富学生的生涯经验,帮助其顺利完成生涯规划。因此,到企业中的实地职业体验是弥补这一空白的最佳手段,是学生完成生涯决策必不可少的环节。

为此,开发区学校与现代企业通力合作,整合校内和校外的教育资源,开发出一系列的"学校—企业"职业体验活动。

二、课程价值与目标

(一)课程价值

1.为落实立德树人的根本任务,培养学生创新精神

党的十八大提出要把"立德树人"作为教育的根本任务;党的十九大再次提出要把"立德树人"的工作落实到位。学校现代企业教育是中小学生素质拓

---

① 本教案为作者与天津飞旋科技股份有限公司合作开发。

展课外活动的重要组成部分,是全面实施素质教育、落实立德树人根本任务的重要举措。

2.为新课程、新高考改革做准备

自 2017 年开始,高一开始进行新课程和新高考改革,高中学习不分文理,高校高考录取采取"两依据,一参考"的模式,依据高考语、数、外三科成绩,依据史、地、政、理、化、生"六选三"的等级性学业考试成绩,参考综合素质评价。这样的改革就要求学生在中学期间就提前要了解自己,了解大学专业,了解职业和行业等等,做好生涯规划。

3.体验不同职业,形成自我职业生涯规划

职业是个人与社会间关系的重要纽带,是每个人在其生涯中需要关注的核心问题。了解职业世界,探索自己适合的职业方向是高中生对自己未来生涯发展所进行的的思考和谋划中重要的内容。

(二)课程目标

1.学生发展目标

(1)增加学生对不同职业的认识与了解,了解不同职业不同岗位的工作内容和工作特点(薪资待遇、工作时长、工作性质等)。

(2)帮助学生建立当前学习科目与未来不同职业之间的联系。引导学生思考不同职业的工作内容应用了哪些学科的哪些知识。

(3)让学生了解不同岗位对专业知识和技能的需求,在招收员工时对学历、毕业院校和实践经历的要求,帮助学生明确自己的专业和院校选择以及未来的职业方向。

(4)引导学生从不同从业人员的生涯故事中认识职业价值观,反思不同种类价值观对人生轨迹的引导作用,促进学生进行外在导向职业价值观向内在导向职业价值观转化。

2.教师发展目标

活动的设计和实施的过程中,提升教师对职业的认识和了解,积累生涯规划的指导知识,提升生涯规划指导能力。

三、课程设计理念

高中生长期生活在学校中,因此,他们对于不同职业、不同岗位的认知有限。所以学校在开展职业生涯体验课程时,应当遵循贴近实际、贴近生活的原则。必须从我国中学生职业生涯发展的具体情况出发,面向高中生的当前生活、学习状况,面向高中生未来职业发展前景,面向学生个体差异,面向社会对劳动者的需求以及社会发展。同时,本课程的基本任务是培养学生职业生涯规划理念,传授制定职业生涯规划方法,帮助学生形成正确的职业生涯规划能力,为学生在将来高考选专业时打下坚实的基础。

四、学情分析

在中国的教育考试背景下,大部分高中生学习目标薄弱,没有强大的内在动力和学习信心,仅知道自己的当前任务是考上重点大学,完成爸妈的愿望。至于他们自己对于专业的选择,未来职业的选择几乎是一无所知。所以应该在高中阶段大力开展学生职业体验课程,让学生深层次多角度的了解不同企业、不同专业、不同职业的发展前景,帮助学生明确自己的专业和院校选择以及未来的职业方向。

五、活动资源与实践条件

(一)企业方面提供的资源

1.教育局或学校与企业达成开展实践活动的协议,在场地支持、人员配备、经费支出、时间选取、安全保障、协调机制等方面做出相应的商定和说明。

2.企业按照学校开展活动的需要,提供参观时间、活动地点、专业人员、资料设备等方面的资源和支持。企业的负责人或联系人与学校负责人或联系人建立常态的沟通互动。开展活动前,针对活动方案进行深入的协调,能够根据学校方案提供的资源条件、活动实施方式、人员安排等情况做出有针对性的计划。

（二）学校方面需要做的准备

1.学校与企业加强沟通,确定企业可提供的场地和容纳的人数,以及企业对于此次活动的意见和要求,以对活动方案进行调整。

2.学校为参与活动的教师提供必要的支持,比如在活动前对教师进行职业生涯相关知识的培训。

3.明确参与活动的教师和后勤人员的工作职责,确保活动的每个环节顺利进行。

（三）家长方面的配合和准备

了解家长对于生涯体验活动的态度,邀请家长参与到活动设计中来,认真听取家长的意见,争取家长的支持。

六、主题活动过程设计

（一）前期准备环节

准备活动:自我认识之我的职业兴趣、性格、能力和价值观

建议时间:2课时

活动场地:学校教室

主讲人:学校生涯规划老师——卢飚

活动内容:

根据"人—职匹配"理论,对生涯发展的思考要求我们对自我的内在的心理特征进行挖掘和认识。从而找到更为适合自己的发展之路。职业生涯规划中的自我认识通常包括四个方面的个体特征:兴趣、性格、基础能力和价值观。理论依据有:霍兰德职业兴趣理论、MBTI职业性格评估理论模型、多元智能理论、职业锚理论等。我们每一个人的兴趣、性格、能力、价值观不尽相同,每一个人适合做什么也就有所差别,只有了解自己,才能清楚适合自己的方向所在。在这四节课中,我们老师将带领学生,一起来分析个人内在的兴趣、性格、能力、价值观方面的特征所在。

注意事项:在课上,学生在老师的引导下发现自我,所有量表的测量结果可以做未来职业选择的参考因素,但是对未来职业的选择并不具有决定性,要在课上向学生说明。

(二)中期体验

体验活动:走进企业(天津飞旋科技有限公司)
建议时间:2课时
活动地点:企业场地
活动内容:

1.由企业代表HR主管与学生进行交流、互动。学生在以下方面进行提问:①企业的概况;②企业针对大学人才招聘条件;③企业的不同岗位对于工作者的学历和技能要求有哪些;④企业最看重员工的哪些素质等。

2.由企业代表带领学生参观生产环境,了解每个岗位的工作性质以及要求,使学生对职业有直观的感受。

3.组织相应的学生进入到天津飞旋科技有限公司实地参观考察,目的是使学生对天津飞旋科技公司及其磁悬浮鼓风机的生产流程有一个初步的认识,大致了解磁悬浮生产线制作汽车的流程,磁悬浮基本组成部分及其功能,了解现代科技企业的前沿知识,为以后组装、设计磁悬浮奠定必要的基础准备,通过参观企业,也可以使学生进一步了解企业各个岗位工作人员的工作性质和状态,进行一定的生涯教育。

4.注意事项:参观时要做好安全教育,引导学生有序参观。不要大声喧哗、大闹和乱扔垃圾,不要干扰企业的正常工作。估计学生在参观的过程中多反思,遇到问题主动发问。在发问时注意语言和礼节,认真倾听、记录,便于回家提升。

图1　同学们参观飞旋科技生产车间　图2　同学们参观飞旋科技生产车间

图3　同学们近距离观摩飞旋科技
产品模型

图4　同学们近距离观摩飞旋科技
产品模型

（三）后期拓展环节

拓展活动一：模拟求职

建议课时：2课时

活动场地：校内教室

主讲人员：学校生涯教育拓展中心老师／参与活动的企业人力资源顾问

活动内容：根据参与活动的几家企业的岗位设置发布虚拟招聘信息，学生根据自身兴趣编写求职简历，由学校生涯教育拓展中心进行筛选，确定进入面试的人员名单。入围面试的学生将接受企业的虚拟面试环节，HR 对每个面试的学生进行点评。最后，HR 补充企业各岗位对人才资历的要求，例如大学等级、专业范畴、学历水平和薪资待遇等，以丰富学生的生涯经验，为以后的生涯决策做准备。

在活动过后，建议在教室一角建立起职业档案簿，将该行业的工作范畴，行业所设的不同岗位的工作内容以及对工作者资历的要求一一收录。在以后的体验活动中不断丰富这一职业档案簿，帮助学生积累生涯经验，做好生涯规划。

注意事项：在虽然入围面试的学生只是少数，但整个虚拟面试的过程可以面向全体学生。在与 HR 沟通时强调还原企业面试的真实场景，采取多样化的面试方法，比如无领导讨论和压力面试等方法，帮助学生开阔眼界。

拓展活动二：深入体验职业

建议课时：假期时间

活动场地：各体验单位

活动内容：请同学们在寒假时间，利用父母以及亲属、朋友等资源，进行为期一天以上的职业体验。体验要求：①体验的职业与自己未来想从事的职业有关；②体验中尽量严格按照体验单位的要求做事；③将体验过程用一些照片、文字记录；④对职业体验进行反思，做成 PPT，返校后与同学分享。

3.注意事项

尽量保证体验活动的真实性，提前准备家长信，与家长说明活动的重要性，保证活动有效。

五、总结与反思

首先，通过一学期学习，学生对自己感兴趣的职业已经有所了解，同时也清醒地认识到，只有充分掌握科学知识，并将自己所学与未来职业充分融合，才能在未来社会中创造自身价值。这就需要在接下来的拓展体验课程上继续努力前行。据此,我校打算在接下来的时间内,开展职业模拟实践课程,以便更加完善学生职业生涯规划计划。

其次,在这一学期的职业体验中,非常感谢企业邢磊总工程师对学生的讲解,正是由于这些企业的社会责任感,才能使学生更加生动形象的获得职业体验。同时,通过这次的学校和企业的深度融合,企业也能利用自身的力量,为高中生的职业发展贡献力量,创造属于企业的社会价值。

最后,这学期的职业体验课程是为了适应新高考改革下的需求而开展的,因此本次课程的各个环节仍存在不足。为了更好地满足需要,下一次在高一开展职业体验课程前,可利用调查问卷的方式寻求学生更关心,更感兴趣的职业,然后通过本校的职业生涯拓展办公室的老师与相关企业进行接洽,更好地调动学生对于职业规划的兴趣。

专家点评:

校企课程是一种全新的课程设置。它一头连着学校课堂的书本基础理论知识,一头连着企业的生产实际操作。很好地沟通了校园与社会的关系。《天津飞旋科技校企课程》全面介绍了课程设置的背景、理念、内容、课时等方面的内容。通过该课程,同学们不仅可以了解天津飞旋科技公司的生产现场与职业设置,而且可以理解学校的职业规划与就业的前景的关系,更可以使学生们体会到社会即教育,教育即生活的理念。从而在新课改"六选三"的选择中,能找准自己的位置及努力的方向,进而为自己的成功幸福人生打下非常好的基础。

东北师范大学　李　君

蓝色体验，深海遨游①
——深之蓝主题活动设计

天津经济技术开发区第一中学　郑建良

一、课程设计缘起

2017年，我国教育部关于印发了《中小学综合实践活动课程指导纲要》。文件指出，要坚持教育与生产劳动、社会实践相结合，充分发挥中小学综合实践活动课程在立德树人中的重要作用。综合实践活动是国家义务教育和普通高中课程方案规定的必修课程，是基础教育课程体系的重要组成部分。

天津经济技术开发区具有得天独厚的区位优势，经济飞速发展，形成了相当规模的高科技产业群。这为充分挖掘区域资源为教育事业发展服务、为学生终身发展奠基，实现现代企业资源与学校教育课程的深度融合提供了很好的条件。

在开发区学校现代企业教育工作领导小组的带领下，进一步加强校内资源与校外资源的互动和整合，发挥各方参与青少年发展的积极性，形成多方促进学生成长发展的最大合力。作为开发区首屈一指的学校，开发区一中积极进行校企合作的探索，通过前期与多次的企业联系、沟通，我们走进了科技企业天津深之蓝海洋设备科技有限公司（天津深之蓝水下新视界科技有限公司）。该公司拥有与中小学合作开展海洋主题相关的科普教育经验，能够为学生提供全方位的产品、课程以及相关体验，并且还在继续研发新的适应于中小学学生的主题活动。

在这样的背景之下，结合我校多元开放教育的办学特色，我们设计"蓝色体验，深海遨游"——走进"深之蓝"主题活动。通过对主题活动的建设和不断

---

① 本教案为作者与天津深之蓝水下新视界科技有限公司合作开发。

完善,让广大学生都能了解科技、关心科技、热爱科技,具备一定的科技创新能力,促进每一个学生全面而有个性的发展。在主题活动开展的过程中,以"基于项目的学习"或者"基于问题的学习"为主要方式。学生在教师和企业工作人员的帮助下,以自主、合作、探究等方式在学校或者企业中开展活动。

二、课程设计理念

本课程主要针对高一年级学生的设计。2017年高考改革改变以往的教与学模式,学生可以根据报考高校的要求及个人的特长,在政治、历史、地理、物理、化学、生物等考试科目中自主选择,即"3+3"模式。与之相对应的是高中课程也采取由学生自主选择的"走班"制。学生需要首先确定自己未来的发展方向,或者说就读和就业方向,在高一年级就必须做好生涯决策和规划,列出将要选择报考的高校和专业,并据此选择相应的考试科目,投入学习。我们为学生设计走进企业的体验和学习,让他们真实的感受和体验,把学习和实际应用联系起来,为学习方向和生涯规划提供有价值的参考。

三、课程价值

学校现代企业教育是中小学生素质拓展课外活动的重要组成部分,是丰富学生学习生活、培养全面发展人才的有效途径,是全面实施素质教育、落实立德树人根本任务的重要举措,是着力培养中小学生的社会责任感、创新精神和实践能力的迫切需要。学生需要提前了解自己的特长、高校和专业、未来从业的知识与技术。通过现代企业教育课程,进行深入体验,为学生确定生涯规划和学习选择、人生方向提供指导。

四、学情分析

高一年级的学生赶上了新高考改革,面临着首先进行生涯规划,然后选择学习科目参加高考的形势。学生意识还停留在旧有的考学模式,让他们现在就要决定未来的发展方向,是难度不小。学生学习新知识的能力不需质疑,但是新的教学改革侧重于学习方法、学习意识、思维形式、创新意识等方面,这些是他们需要加强的。此外,学生不了解知识与生产的关联,不了解知识与未来职业的关联,不了解选学科目与专业的关联。在这样的情境之下,学生需要在课程学习上改变的同时,更需要亲身体验企业生产,来为他们选择专业和学习方向提供参考。

五、课程目标

(一)学生发展目标

1.使学生进一步了解科学和技术,了解科学和技术在生产和生活中的应用。引导学生走进企业实地观察,了解身边的高科技企业,理解企业生产与生活实践的关系。

2.激发学生科学学习的兴趣,培养学生观察、提出问题、搜索信息、搜集材料,交流互动、合作学习等方面的能力,促进学生科学素养的提高。

3.通过一系列观察、设计、制作等活动,提高学生手脑并用的能力,在真实实践中,掌握调查的原则、构思的方法、操作的技术等,学习撰写研究报告、呈现创意研究产品。

4.让学生养成乐于学习科学,乐于动手探究的态度,养成科学的思维习惯,对科学技术的功用和风险有清晰的认识,理解科学与社会之间的复杂联系,进一步增强科学态度和责任。

(二)教师发展目标

在活动设计与实施中,提高教师对现代企业教育的兴趣和热情,增强了教师课程资源整合能力,使得教师的课程建设能力能够得到非常大的锻炼与提升,从而形成主题活动实施与教师课程能力发展的良性互动局面。

六、活动资源与实践条件

(一)企业方面提供的资源

企业按照学校开展活动的需要,提供参观时间、活动地点、专业人员、资料设备等方面的资源和支持。企业的联系人与学校联系人建立常态的沟通互动。

开展活动前,针对活动方案进行沟通、协调,能够根据学校方案提供的资源条件、活动实施方式、人员安排等情况做出有针对性的计划。

(二)学校方面需要做的准备

1.课程开发团队首先对学生参与主题活动的动机兴趣、知识基础、能力特点等方面进行调查,确定参与学生的发挥、活动方案的具体目标和大致流程等,确定相关的教师和人员等。

2.结合活动开展的需要,进行活动开发团队内培训和其他教师的培训。

3.根据活动实施的各个环节,由学校教师、企业培训师等组织在一起,成立几个活动筹备实施小组。

4.根据活动需要的材料和工具,提前告知学生和家长购买材料的情况,并联系购买相关材料、仪器、工具等。

(三)家长方面的配合和准备

1.涉及相关材料或设备的购买问题。

2.家长参与活动方案的设计。如果在学生家长中,有相关的企业人员或者专业人员,要多吸取他们的创意和参与。

七、主题活动过程设计

(一)前期准备环节

前期活动之一:参观企业

建议时间:1 课时

活动地点:企业场地

主讲人员:企业培训讲师、学校相关学科教师

活动内容:组织学生进入到深之蓝产品展示公司进行参观考察,目的是使学生对深之蓝公司及其产品有一个初步的认识,大致了解深之蓝企业概况、创业历程、行业发展动态,以及水下机器人的外貌样态、主要功能、内在结构等方面。

通过亲自动手控制水下机器人的体验活动，了解水下机器人的工作状况，了解水下机器人的基本构成，为后期设计与组装水下机器人奠定必要的基础。为学生的生涯规划提供一些有价值的参考。

注意事项：参观时安全要放在第一位，做好安全教育，组织有序。要注重学生的文明礼仪教育，不大声喧哗、不乱丢垃圾等。引导学生们参观时多思考、多提问、多记录。遇到不懂或感兴趣的问题，参观结束后进行讨论或者查阅资料。

前期活动之二：校内讲座

建议时间：2课时

活动地点：学校专用教室

主讲人员：企业专业技术人员

活动内容：介绍深之蓝企业概况、创业历程、行业发展动态，结合深之蓝的主要产品介绍水下机器人的概况、原理、应用等，也可以结合水下机器人的相关内容拓展性地介绍与海洋有关的知识，引起学生对机器人、海洋水下机器人等方面的兴趣。在讲座的过程中，主讲人员也可以与学生展开互动，回答学生们心中的疑问和提出的问题。针对水下机器人的主要结构和部件，水下机器人的工作原理及外观结构设计的基本原理和方法进行讲解，为后期学生们设计和制作机器人做好知识准备。

注意事项：进行讲座时，学校教师提前和主讲人员做充分的沟通。

（二）中期实践环节

中期活动之一：设计制作

建议时间：4课时

活动地点：学校科技教室、实验室或者企业相应场地

主讲人员：企业技术人员、学校教师

活动内容：通过拆解水下机器人，了解其构造和原理，熟悉水下机器人各个部分的结构及其功能，从而对水下机器人的组成及其运行机理有较为清晰的认识。主讲教师详细讲解设计机器人的思路、原则、方法和构件连接，启发学生自己动手设计和制作简易机器人。除此之外，学生也可以对现有的水下

机器人提出完善改进方案,并试验方案的可行性。

注意事项:在设计制作机器人时,要充分关注到每个小组的基础和特点并采取有针对性地指导。注意引导学生先慢后快,缜密思考。在活动过程中会遇到很多问题,针对这些问题展开研讨,并解决问题也是活动非常重要的内容,也非常具有教育价值。

中期活动之二:现场试验

建议时间:1课时

活动地点:企业相应场地

主讲人员:企业技术人员为主,学校教师为辅

活动内容:把学生亲自动手设计制作并完成的水下机器人带到试验场地进行测试,了解水下机器人的工作状态,检验学生们的设计创意和产品。通过水下机器人实地测试,让学生们深刻体会理论知识应用于实践的乐趣,初步感受一项高科技产品的复杂和魅力。即使是试验失败的情况,学生们也可以对自己创意设计的得与失有更深入的认识,体会产品诞生过程的曲折性。有条件的情况下,可以组织学生参与机器人竞赛。

注意事项:教师要引导学生正确地看待试验的成败,从成败中有更多思考,更多收获,进一步激发学生们未来继续进行科学学习、科技制作和科技实验热情,鼓励他们学科学、用科学。

(三)后期拓展环节

后期活动:拓展提升

建议时间:1课时

活动地点:学校教室

主讲人员:学校教师

活动内容:以小组为单位进行学习成果展示和总结汇报,学校可以建立科技成果展示室,展示的成果既可以是物品,也可以是创意、思考、论文,视频等多种形式。教师要对学生的活动表现进行综合评价。评价的目的是为了激发学生爱科学的兴趣、学科学热情、用科学的信心,培养学生科学探究精神和动手实践能力。评价应以形成性和发展性评价为主。总结评价的基础

上,引领学生进行深入的思考和探究,尤其是要促进活动与校内学科课程的融合,促进校内教育和校外教育的协同配合,从而最大程度上促进学生们的学习和发展。

注意事项:增强学习的自主意识,培养合作学习和科学探究的意识,引导学生学习综合运用所学知识,创造性地解决具体实际问题的方法。

八、课程评价

(一)评价的原则

1.发展性原则:活动评价的重点要放在学生发展水平、发展程度和发展层次上,引导学生进行自我反思性评价,关注学生的体验过程。注重评价的诊断功能,促进学生的提高,尤其突出对生涯规划的指导意义。

2.形成性原则:重视对学生活动过程的评价,注重评价学生在活动过程中的表现,以及他们解决问题的方法、态度和体验。发现每个学生的优秀表现,改进学习体验。

评价主体:教师、企业讲师、学生、小组、家长。

(二)评价方式方法

1.教师点评:教师根据学生的各方面表现进行简评。

2.讲师点评:由企业讲师对学习小组进行点评,可以从动手能力、团队协作、知识理解、成果展示等方面展开。

3.小组互评:自评是对学习的反思和总结,互评可以发现优点和不足。

4.家长反馈:家长反馈的信息可以间接反映出学生对活动的兴趣度、对知识的掌握程度,以及对活动的支持程度,从而也能看到活动的发展趋势和积极意义。

九、总结与反思

目前,课程还在设计与修订阶段,除了参观企业之外,部分活动环节还没有具体落实。对于课程的设计,专家的构想与设计非常精准,指向性非常清晰,这使得老师与企业讲师沟通设计时少走了很多弯路,提高了课程设计的效率。通过这样的一套课程,希望能够给高一年级的学生提供更多有意义的参考,帮助他们在学科选择、职业生涯规划方面积累宝贵的经验。

专家点评:

该课程开发设计方案围绕"水下机器人"这个主题,通过整合校内与深之蓝企业资源,发挥教师、企业人员、家长等多方面的积极作用,来为学生打造深度体验的课程活动,可以对学生的知识深化理解、视野拓展、职业体验等方面产生积极的促进作用。整体来看,课程方案对课程设计的理念与价值、资源与条件等方面都有清晰的阐述,对课程活动的实施与调整、反思与评价等方面都有准确的分析,反映出课程设计的时代性、周密性和可操作性,可以为后期的课程实施展开提供有益的参照和指引。

东北师范大学　于　冰

第五章　医药健康

酶，让生活更美好①

——"诺维信(中国)之天津站深度游"主题活动设计

天津经济技术开发区第二中学　李晨臣　苏　晶

一、活动设计缘起

天津经济技术开发区第二中学位于天津滨海新区开发区,学校发展以培养学生成为有灵魂、有品格、有学识、有才干、有担当的五有学生为办学目标。为了帮助学生将课程中学习到的知识灵活运用于生活中,同时结合高中新课程改革背景,要求学生全面发展,从文化基础,社会参与和自主发展三方面同时并进,我们以高中生物课程内容为基础与开发区内众多生物高新企业群进行匹配、选择,最终决定与诺维信这一企业进行合作,公司的核心业务是酶制剂,正好与高中生物课程中有关酶的知识相吻合,借此为学生开设一门有特色的生物课程。

二、主题活动目标

(一)学生发展目标

高中新课程改革,将生物学教学目标定位于生命观念、科学思维、科学探究及社会责任四个方面。

1.生命理念

(1)生命观念包括结构与功能观,进化与适应观,稳态与平衡观,物质与能量观。高中课程与诺维信公司产品的结合点是酶,从生物课程角度出发,我们更关注酶的功能和性质,而通过对诺维信公司的了解,也可以给学生提供

---

① 本教案为作者与诺维信(中国)生物技术有限公司合作开发。

关于酶功能更广阔的认知空间。

(2)通过本课程,帮助学生从微观角度对生物大分子的结构和功能进行进一步的理解。

2.科学思维

能从理论学习上升为实践理解,通过校内外课程讲座与资料查询,培养学生在尊重事实和证据的基础上,能运用科学的思维方法认识事物,解决实际问题。

3.科学探究

(1)通过课程学习,使学生能对生活中发现的生物学问题,有针对性的观察,提问,设计实验,并通过实验方案的设计来探究生物学现象背后的原因。

(2)通过实验设计,掌握科学探究的基本思路和方法,提高实践能力,并在探究中,逐渐增强团队合作能力,勇于创新。

4.社会参与

(1)通过活动,使学生能参与个人与社会事务的讨论,提升个人学习实践能力。

(2)能够逐渐建立自己的职业生涯规划。

(二)教师发展目标

在教学与组织学生参与诺维信深度游活动过程中,一方面促进了教师开发校本课程,沟通协调和准备相关事宜的能力也得到历练;另一方面教师的科学视野得到了拓展,也使教师进一步将高中课程内容与生活社会实践活动进行紧密结合,将教学的关注点进一步放在培养学生的生物学素养上,以促进生物课堂教学形式和手段的转变。

三、教学资源与实践条件的准备

(一)诺维信企业提供的支持与资源

诺维信(天津)有限公司相关领导与实验室负责人与学校相关部门领导及课程设计老师们达成参观、实践学习的协议。公司按照学校相关课程的设计需求,给予了充足的实验室参观与体验的机会,及理论知识的课程讲座等具体支持。

(二)学校准备

学校生涯拓展中心主任为课程总体框架设计及关键时间节点给予提示,并大力支持教师团队与公司的接洽。教师团队对公司进行了不同阶段和深度的调查和参观,并与诺维信三个相关实验室负责人进行了深入沟通,对学校学生的需求和公司能给予的配合活动进行了梳理和敲定,并根据学生的学业情况及活动时间分配进行合理分配,初步将整体活动分为前期了解与参观、中期学习与体验、后期反馈与总结三个部分。

四、主题活动过程设计

活动主要分四个模块,分别为参观、讲座、实验和展示。采取"走出去、请进来",以及理论与实践相结合的模式展开活动。在整个活动开始运作之前,我们要和诺维信公司相关人员进行深度沟通和制定计划,确保活动能够顺利进行。

(一)前期课程:课前先知(建议 4 课时)

体验活动一:了解诺维信企业(建议 2 课时)

学习地点:学校教室

主讲教师:负责开发课程的教师

这一课时就是要给学生简单介绍一下本课程的主要设计和计划,让学生了解即将要学习的是一个什么样的课程。此外要为学生介绍我们合作的这个企业诺维信,向学生推送一些有关诺维信的资料,包括企业针对社会及青少年的科普宣传书籍,企业网站上的产品视频资料。

体验活动二:市场调研(建议 2 课时)

学生利用课余时间到市场上做调研,找寻我们生活中都有哪些产品会有酶制剂。

（二）中期课程：深入探索（建议 10 课时）

学习地点：诺维信厂区及实验室、学校教室及实验室

主讲人员：诺维信相关人员

体验活动一：参观诺维信（建议 2 课时）

初次来到诺维信，我们先从整体角度了解企业，感受诺维信的企业文化。企业安排相关人员带领同学们按照之前制定的参观路线进行参观，经过办公区、实验区、生产区和污水处理区，在参观的同时，同学们会体会到企业对于生产安全的重视，比如厂区内都会有小型的人行横道线，步行人员必须走在人行横道线上，在企业内已成为行走习惯。工作人员向同学们介绍盘在厂区上方粗细不一的管子的用途，让我们感受到诺维信在生产上的有序性，企业的可持续发展性。参观结束后，企业人员给学生介绍"企业自己的故事"。

图 1　参观诺维信（人行横道）　　图 2　学生们与诺维信工作人员合影

体验活动二：讲座——诺维信产品介绍（建议 2 课时）

企业安排 1 至 2 位专业人员来到学校给同学们开展关于公司产品的讲座。诺维信的酶制剂的产品种类繁多，涉及的领域很多，专业人员的介绍帮助同学们联系身边生活，找出我们熟悉的含酶产品，同时专业人员会给同学们直观地展示一些产品实物。

至此，通过实地参观，再了解公司产品，同学们对诺维信企业本身及酶制剂产品和用途，有了大致的了解，为后面的研究打下基础。

体验活动三：实验——有关酶的特性（建议 6 课时）

诺维信有专业的、不同职能的实验室，实验室负责人会根据我们的需求

并结合实验室的实际情况,为学生安排适合学生水平的实验操或参观。活动流程为参观和实践相结合,同时每到一个实验室,同学们还可以向企业工作人员了解他们的择业故事,企业工作人员也会对学生提出一些职业选择的建议,加强学生的职业感知,为他们未来的职业规划奠定相应的基础。

(1)全规模洗涤实验室(建议 2 课时)

实验室概况:全洗实验室是诺维信新建成并投入使用的实验室,具有一流科研人员和领先技术设备,是世界顶级全洗实验室。实验室拥有高度自动化控制和监测设备,据工作人员介绍该实验室可以模拟世界很多国家的水硬度、温度等不同水质条件,然后针对各国家污渍及洗涤特点,采用精密控制的真实机洗方式,对不同条件下洗涤剂用酶的洗涤效果进行测试和给出相应的评价。目前,全洗实验是洗涤剂测试评价实验中较为先进和主要的实验方式,实验结果最具有效性和说服力,所以得到众多客户和消费者的认可。

◎ 参观

全洗实验室的研究员结合实验室设备为学生讲解全洗涤实验室的功能及实验流程。在这里学生们看到有来自不同厂家不同种类的洗涤剂原液,诺维家(丹麦)总部针对不同的污渍提供的不同种类的酶(溶液,固体),不同国家的洗衣机,以及为模拟不同国家水质而提供的不同浓度的氯化钙和氯化镁的水质。在整个检测环节中,充分体现出实验设计中的对照和对比实验原则。

这个过程一方面让学生理解实验的科学性,另一方面让学生明白产品进入市场之前, 要经过非常严格的质量检测并达到一定的标准才能进入市场。参观时学生根据讲解提出相关问题,并及时得到解决。

◎ 实践

实验室工作人员为学生提供有趣的小实验, 内容是酶的高效性和专一性,学生通过动手操作体验检验的方法,直观地理解知识,提高参与的兴趣度。具体实验需要看实验室的情况。

(2)AO(方法优化)实验室(建议 2 课时)

◎ 参观

实验室研究员结合实验室设备为学生讲解 AO 实验室的功能及实验流程。这里我们主要了解几种分析仪器,学生能够深切感受到科技发展之迅速,仪器更精密更便捷,把待检测样品放入其中即可得到相应的数据。全自动的设备为学生演示了无人操作稀释酶样品的过程。参观时学生根据讲解提出相关问题,得到了及时的解决。

◎ 实践

实验室为学生提供演示实验,主要是移液枪和排枪的使用。介绍了分光光度计的原理,并让学生动手操作体验过程。

(3)配方优化实验室(建议 2 课时)

◎ 参观

实验室研究员结合实验室设备为学生讲解配方优化实验室的功能及实验流程。这里有很多常规的实验设备,学生可以就感兴趣的设备进行提问。学生了解到我们日常用的洗涤用品与酶原液的成分差别是怎么产生的。参观时学生根据讲解提出相关问题,并及时得到解决。

◎ 实践

实验室为学生提供几个操作台,让学生尝试做一些配方的试验,比较成品的浊度,从而理解实验室的职能以及新产品研发的严谨和艰辛。

(三)后期课程:总结反馈(建议 2 课时)

学生在经过一系列课程的学习之后进行总结反馈,通过所看、所学、所做,结合资料查阅,就某一研究角度做报告,并最终以 PPT 的形式呈现与分享。以诺维信产品推介会的形式进行分享,其中有企业介绍,产品功能优势的介绍及未来发展的展望,也是一种反馈方式。

五、总结与反思

(一)契合学生的知识水平,为学生设计有实效的课程

针对高一学生的生物知识水平,筛选适合学生的企业资源,前期开设课程的教师跟企业进行多次深度商讨和策划,目的就是要敲定带领学生参观的路线以及在实验室实际操作的具体内容,每一个活动的目的是要事先明确的,并且要有一定梯度,有些是了解层面,有些是学习层面,而有些就是深度

体验的层面。我们希望课程结束后,学生可以对课内与酶相关的知识加深理解,对企业里的一些岗位也有所了解,感受学科知识在企业中的应用,为今后职业的选择打基础。

(二)充分利用企业资源,为学生打造丰富的课程活动

诺维信公司的负责人对我们学校的课程很有兴趣也非常支持,在前期沟通的阶段,校企之间在很多方面达成共识,互相在谈的过程中也会迸发出新的灵感。我们都一致认为本次的合作不同于公司的常规接待访团的形式,我们是为了学生的学习和自身发展而来,我们会更深入挖掘企业的资源,那么实验室是我们的一个重点,也是我们想打造的一个亮点。诺维信天津公司有很多个不同职能的实验室,我们通过一一走访,最终决定选取 AO(方法优化)实验室、配方优化实验室,以及新建成的全规模洗涤实验室进行合作。每个实验室基本以参观和实际操作为主要模式,但有不同侧重点,让学生能够有序的、多方位的参与到课程中来,激发学生的兴趣,让课程发挥更大的价值。

(三)引导学生做好学习反馈,积极参与才会有感触

课程实施阶段,要做好学生的引导和督促工作,不能让课程虎头蛇尾,这期间要鼓励学生积极参与,勤于动脑,必要的环节要设置相关任务,学生独立或小组合作来完成,所以在课程结束后,要完成学生任务单。只有学生积极参与了,在心里才会有感触,才会有收获。

图 3　实验室研究员做讲解

图 4　全洗实验室的多种洗衣机　　　　图 5　实验演示

专家点评:

"酶,让生活更美好"是开发区二中与诺维信(中国)生物技术有限公司进行校企合作的一个典型案例。学校通过对学生课程学习与核心素养建构的需要,对众多生物高新企业进行考察,最终选择与诺维信公司合作进行深度的课程开发与学习。

"酶,让生活更美好"这一课例基于学生的现实生活经验,让学生接触和了解生物酶的应用帮助学生提出生物酶的相关问题;然后校企人员合作,让学生亲身进入企业,通过感知、体验、设计、创造等一系列实践活动理解和建构关于生物酶在产品技术方面的不断创新与发展以及投入市场的过程;最后又通过学习反思和总结,理解生物酶这种高科技生物公司所要求的职业素养和员工发展形态,有利于增进学生对这一领域的职业认同和职业规划意识。课程设计基于学生现有学习背景,开发和利用了多种学习资源,学习设计结构合理,是一个较好的课程案例。

东北师范大学　李　君

走近中新药业 感受中药文化的魅力①

天津经济技术开发区国际学校 李竹青

一、课程设计缘起

学生们几乎天天和药物打交道,但有关药物的知识却知之甚少。初中生物教材中在八年级下册涉及有关药物的简单介绍,但远远不能满足学生们的需求。

天津中新药业集团股份有限公司是一个历史悠久、以中药创新为特色的大型医药集团,简称中新药业,同学们会在大街小巷中看到不少中新药业的药店。实际上,天津隆顺榕、乐仁堂、达仁堂等数家老字号企业和第六中药厂等现代中药标志性企业都隶属于中新药业的旗下。

中新药业现代中药产业园位于天津经济技术开发区第十大街,属于国家级科普教育基地。园区内包括两个展览馆和三个参观区域。两个展览馆是天津医药展览馆和自然人文陈列馆。天津医药展览馆展示了天津医药百年发展变迁对中华医药文化的推动作用和中新药业对历史文化的传承与创新;自然人文陈列馆展示了各类药物标本 1 万余份,包括全国稀有的虎骨、豹骨各一架,植物标本 2000 余份,蜡叶标本 7000 余份。三个参观区域为"百年老字号"达仁堂制药厂、"卫药"代表隆顺榕制药厂和集成现代中药提取技术的中新制药厂,展示了天津传统中药产业逐渐走向现代化、国际化的进程,从博大精深的中药文化和"津药文化"的角度,赋予产业园独特而丰富的爱国主义和励志教育精神内涵。2013 年,该园区被市委、市政府公布为天津市爱国主义教育基地。

本课程是教师在先行参观考查了中新药业产业园区,在与企业人员进行了大量的沟通后,根据七八年级学生的实际认知能力和水平,进行开发设计

---

① 本教案为作者与天津中新药业集团股份有限公司合作开发。

的。本课程旨在从学生的真实生活和发展需要出发,从生活情境中发现问题,并转化为活动主题,通过调查、采访、探究、制作、体验等方式,培养学生的综合素质和实践能力,发挥课程在立德树人和职业生涯教育中的重要作用。

二、主题活动目标

(一)学生发展目标

1.知识与技能

(1)了解中医药发展历史、中华医药文化和天津医药百年发展变迁史,及中新药业对中医药文化的传承和创新。

(2)了解中药与西药的辨别方法,说出一些常用中药的名称、作用和使用方法。

(3)了解中药的基本制作工艺。

2.过程与方法

(1)通过参观体验活动、阅读有关书籍、收集有关资料,培养学生观察并提出问题的能力、收集和处理信息的能力。

(2)通过小组合作学习,培养学生归纳总结能力、语言表达能力、交流沟通能力、与他人配合协作能力。

3.情感态度价值观

(1)感受并认同博大精深的中国医药文化,进行爱国主义教育,树立民族自信和文化自信。

(2)通过制作家庭小药箱,形成关注自己和他人的健康,珍爱生命的意识。

(3)通过介绍与中医药学有关的职业和发展方向以及屠呦呦的贡献,在学生心里埋下职业理想的种子,为振兴祖国的医药事业而读书。

(二)教师发展目标

在活动设计与实施中,提高教师对现代企业教育的兴趣和热情,提高教师课程资源整合能力、自主建设课程能力和指导学生进行综合实践的能力。提高教师理论与实践相结合的能力,激发教师的教育教学智慧和热情,积累教师实践教学经验,促进教师专业发展。

三、活动资源与实践条件

1.学校与企业达成开展实践活动的协议,在场地支持、人员配备、经费支出、时间选取、安全保障、协调机制等方面做出相应的商定和说明。

2.企业按照学校课程设计的需要,提供参观时间、活动地点、专业人员、资料设备等方面的资源和支持。企业联系人与学校联系人要经常沟通互动。开展活动前,针对活动方案进行深入的协调,能够根据学校方案提供的资源条件、活动实施方式、人员安排等情况做出有针对性的计划。

3.因企业接待能力有限,也为了保证活动的效果和质量,每次到企业进行实践活动的人数最好为一个班（40人左右）,可将全班分为7个小组,平均5—6人一组。

4.借阅《本草纲目》《神农本草经》《黄帝内经》《讲故事识中药》等中医药图书。

四、主题活动过程设计

(一)前期先导课程

1.课前布置学生准备药物。

教师发动学生把家里的一些药物带到学校来。

2.课上分享自家的药物,并尝试进行分类。

药品与我们的生活息息相关。生病了,就要吃药。我们也看到了同学们带来的种类繁多的药物。那么,药物分为几大类呢?同学们会抢着回答,大部分同学会说"中药和西药"。那么,怎样辨别中药和西药呢?请大家看一看药盒和里面的药品说明书,里面告诉了我们许多信息。今天,就让我们走近药的世界。

3.阅读导读手册《中医药知识知多少》。

中医药知识知多少

1.你知道什么是中药吗？怎样辨别中药和西药？

2.你仔细阅读过药物说明书吗？从中你能得到哪些信息呢？

3.你家有家庭小药箱吗？你能对其中的药物进行大体的分类并介绍一些常见药物的主要功能吗？

4.你了解中医药的发展历史和中国医药文化及津药文化吗？

5.你了解中药是怎样制成的吗？如果将来你从事中医药领域的工作,需要哪些专业知识储备？

图1 导读手册《中医药知识知多少》

每组同学根据自己的兴趣点领取一个问题。同学们可以通过多种渠道收集信息,如到药店进行调查咨询,请教家中的医药工作者,也可上网查找资料,到图书馆查阅有关书籍。各组把总结后的材料写在导读手册上。

此过程为期一个星期。一个星期后,以小组为单位汇报学习成果,大家互通有无。前三个问题通过日常生活、经验或收集资料就能得到比较完善的答案,后两个问题因为我们在日常生活中接触不到,所以小组汇报也不是那么令人满意。但请孩子们不要着急,因为老师要带着你们到中新药业现代中药产业园进行参观学习,那里是专门研究中药制药的。同学们可以带着这些未解的问题到企业实地参观考察,请教那里的叔叔阿姨。

我们去企业参观,要有价值,有意义,有收获。所以先请大家观看一段中新药业现代中药产业园的视频。

通过视频,同学们了解整个产业园可供参观的区域分五个部分——天津医药展览馆、自然人文陈列馆、"百年老字号"达仁堂制药厂、"卫药"代表隆顺榕制药厂和中新制药厂。同学们也分为五个小组,根据视频的讲解和自己感兴趣的内容,选择重点参观的展厅,结成小组,选出组长。

（二）中期实践课程

时长:1小时

地点:中新药业现代中药产业园

人员:七年级或八年级的一个班学生

要求:参观时安全要放在第一位,做好安全教育,组织有序。要注重学生的文明礼仪教育,不大声喧哗、不破坏公物、不乱摸乱动、不丢垃圾等。先进行总体参观,然后小组分区域进行重点参观。在参观过程中,要认真倾听讲解员的讲述,仔细观察,做好记录,也可以用相机拍照。要积极和讲解老师进行互动交流,将自己不明白的问题虚心向讲解老师请教,争取提出有价值的问题。小组成员之间要密切合作,互相配合完成任务,群策群力完成学习卡。

学习卡 A　　　　　　　　天津医药展览馆

组长＿＿＿＿＿＿＿　　组员＿＿＿＿＿＿＿＿＿＿＿＿＿＿

在这个展厅中,我们最感兴趣的药物是＿＿＿＿＿＿＿＿,理由是＿＿＿＿＿＿

＿＿＿＿＿＿＿＿＿＿。

请讲述一到两个中医药发展历史中的小故事。

通过了解中国医药文化以及津药文化,我们的收获或感受是:

图 2　学习卡 A——天津医药展览馆

学习卡 B　　　　　　　　自然人文陈列馆

组长＿＿＿＿＿＿＿　　组员＿＿＿＿＿＿＿＿＿＿＿＿＿＿

我们最喜欢的植物标本是＿＿＿＿＿＿＿＿,

理由是＿＿＿＿＿＿＿＿＿＿＿＿＿＿＿＿＿＿

＿＿＿＿＿＿＿＿＿＿＿＿＿＿＿＿＿＿＿＿。

我们印象最深的动物标本是＿＿＿＿＿＿＿＿,

理由是＿＿＿＿＿＿＿＿＿＿＿＿＿＿＿＿

＿＿＿＿＿＿＿＿＿＿＿＿＿＿＿＿＿＿＿＿。

请列举一至两例动物或植物,说明它们的药用价值。

我们的收获:

图 3　学习卡 B——自然人文陈列馆

学习卡 C　　　　　　　　达仁堂制药厂

组长＿＿＿＿＿＿　　组员＿＿＿＿＿＿＿＿＿＿＿＿

达仁堂制药厂生产的中药中,有哪些药物的大名是你如雷贯耳的?

＿＿＿＿＿＿＿＿＿＿＿＿＿＿＿＿＿＿＿＿＿＿＿＿＿＿

请选择其中一到两种中药,对它们进行简要介绍。

通过讲解员的介绍,我认为老字号"达仁堂"之所以长盛不衰的法宝是什么?

我们的收获:

图 4　学习卡 C——达仁堂制药厂

学习卡 D　　　　　　　　隆顺榕制药厂

组长＿＿＿＿＿＿　　　组员＿＿＿＿＿＿＿＿＿＿＿＿

隆顺榕制药厂生产的中药中,有哪些你熟悉的药物?

＿＿＿＿＿＿＿＿＿＿＿＿＿＿＿＿＿＿＿＿＿＿＿＿＿＿

请选择其中一到两种中药,对它们进行简要介绍。

隆顺榕制药厂被誉为"中国中药现代化的先驱企业",为什么?

我们的收获:

图 5　学习卡 D——隆顺榕制药厂

学习卡 E　　　　　　　　　中新制药厂

组长＿＿＿＿＿＿＿＿　组员＿＿＿＿＿＿＿＿＿＿＿＿＿＿

通过参观和讲解,请你简单介绍中药的制作流程,并解释"如法炮制"的本意。

展览中介绍了中国首个获诺贝尔科学奖奖项的科学家,请你们讲讲她的故事,从中受到哪些启发?

我们的收获:

图6　学习卡E——中新制药厂

(三)后期总结展示课程

1.活动

以小组为单位,每组写一份此次活动的报道稿,将本次实践活动的感受、收获、体验以文字、图画、照片等形式展示出来,要求图文并茂,科学性、知识性、趣味性和艺术性兼具。报道稿在学校宣传栏中展出,同学们利用课间时间参观学习。

2.活动

以小组为单位,就各自参观的重点进行书面总结,制成 PPT,向全班同学进行汇报交流,并进行答辩,回答学生提出的各种问题。教师可进行适时补充或点拨。采用"小组合作学习评价表"对各组进行评分。

活动结束后,师生共同填写"成长档案夹",档案夹中可存入学生在本次活动中制作的报道稿、学习卡、课件、收集到的文献资料、拍摄的照片等。

根据学生在活动中表现情况、参与课程的积极性与主动性、报道稿完成情况、小组总结汇报交流情况等,教师为每位学生写出综合性评价,包括亮点和建议,学生写出自我评价语,包括优点与不足,如何改进和完善,以及今后努力的方向。

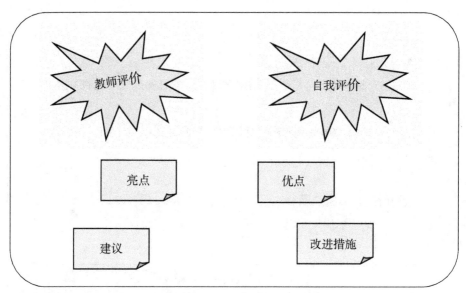

图 7 成长档案夹

评价要关注学生在整个活动中的发展和变化,充分发挥评价的激励作用。

通过总结与反思,为学生今后参加其他现代企业教育课程和综合实践课程提供宝贵的经验,从而达到提升学生的综合能力、发展学生综合素质的目的。

专家点评:

该活动主题贴近学生生活,从学生们日常生活中熟悉的中药入手,充分利用中新药业现代中药产业园的企业资源设计活动,内容丰富,形式新颖,具有一定的科学性、趣味性和可操作性。通过活动,学生们可以感受博大精深的中国医药文化,树立民族自信和文化自信,并在学生心中埋下职业理想的种子,为振兴祖国的中医药事业而读书。未来可加强延伸活动的多样性,充分调动学生的积极性和促进学生的活动投入。

东北师范大学 吴晓靓

神奇中医药①

天津经济技术开发区第一小学 孙焕鑫 王 寒

一、课程设计理念与目标

(一)课程设计理念

小学生的学习过程既是在教师指导下的初步认识过程,又是在课内外和家庭等不同场合综合学习的过程,也是个体各方面素质动态发展的启蒙过程。因此我们的课程是以课堂—家庭—企业三者联动为基础。学生首先在课堂中在教师指导下自主学习中医药启蒙知识、企业相关历史知识,在课堂学习的最后教师会留下实践性活动作为学生在家庭中要完成的作业,最后通过走访企业深化对知识的理解和对企业的了解,同时树立对中华传统中医药的自信和自豪。

综合素质是评价学生知识水平、道德修养以及各种能力等方面的标准。小学阶段,学生的可塑性极强。加强小学期间的综合素质培养是塑造学生完美人格的重要阶段。综合多年的教学实践,我们希望为学生搭建一个多缘化、自主学习的平台,使学生在自我兴趣发掘中,学习到更丰富的知识,同时更加有效提高自身综合素质。

(二)学情分析

小学中高年级学生对身边的事物具有强烈的好奇心,中医与中药是学生们在日常生活中经常听到的词汇。特别是在我校中医药展示区参观后,孩子们对中医药有着浓厚的兴趣。

---

① 本教案为作者与天津中新药业集团股份有限公司合作开发。

目前,国家从一年级开始开设科学课,中高年级学生已经具有一定的科学知识基础,也在科学课和生活中上了解过植物、矿物、人体等相关知识。

对于中高年级学生而言,开展"神奇中医药"系列课程既满足了学生的兴趣,又补充了学生在生活上的一些误区与盲点,让学生对中医药有更深层次的认识。

天津经济技术开发区是一个具备很多高精尖企业的开放性区域,特别是生物医药方面,一直是支柱产业。但作为开发区的学生,对自己生活的区域发展,特别是这些优秀企业了解的并不多。

(三)课程设计缘起

我校始终坚持以弘扬中国传统文化为己任,无论环境建设、教学内容设置还是实践活动的开展,无不渗透传统文化。中华医药是中国传统文化极为重要的组成部分,天津中新药业是历史悠久的,以中药创新为特色的大型医药集团,因此我们首先选择中新药业作为我们课题开发的合作企业。

素质拓展课程以培养小学生的思想品德为核心,培养创新精神和实践能力为重点,普遍提高小学生的人文素质和科学素质,造就"有理想、有道德、有文化、有纪律",德智体美等全面发展的社会主义事业建设者和接班人。活动以开发小学生视野为着力点,进一步整合深化教学主渠道外有助于学生提高综合素质的各种活动和项目,在思想道德素养、社会实践能力、科技创新能力、文体艺术与身心发展等方面引导和帮助学生全面成长。

(四)课程的价值与目标

1.学生发展目标

知识与技能:

(1)了解中医的起源。

(2)了解中医阴阳协调、人体经络等传统理论和按摩、推拿、针灸等治病方法。

(3)了解中药的起源和发展。

(4)了解达仁堂的发展历史。

过程与方法:

(1)学会记录自己和家庭成员得过的疾病并了解这些疾病可用的中药。

(2)经历挑选课题、查阅筛选资料、制作课件、汇报成果的自主研究过程。

情感态度与价值观:

(1)激发学生对中医药知识的兴趣,通过小组间的交流汇报,提高语言表达能力和小组合作能力。

(2)养成按照中医理论生活的好习惯,提高自我保健意识;树立热爱中医药文化的情感、学习老一辈诚信、创新的精神和发扬中医药文化的勇气。

2.教师发展目标

在活动设计与实施中,提高教师对现代企业教育项目的兴趣和热情,增强教师对课程资源整合能力。在活动组织中,进一步体会多元教学方法的运用,提高指导学生进行综合实践活动的能力。激发教师活动热情、积累教师教学经验,形成教育教学智慧,促进教师专业的发展。

(五)活动资源与实践准备

1.学校准备

(1)教师制定详细教学计划与活动方案。

(2)专人与企业联系人商定具体细节。

(3)教师在实践中引导学生学习,在学习中不断激励学生,在总结中提升。

(4)学校为实践活动做好人员安排及后勤保障。

(5)教师必须对参加活动的学生进行安全教育。

2.企业准备

(1)企业为前期的教学活动提出建议,为后期开展的实践体验活动,提供完善的场地支持和人力支持。

(2)企业为学校提供企业的相关资料。

3.家庭准备

家长帮助学生完成相关的家庭调查,辅助学校加强对学生的安全教育。

二、课程实施设计

(一)课时规定

4课时,每课时40分钟

第一课时:开展讲座,留下思考问题并布置小组合作任务。

第二课时:分小组展示任务,布置家庭调查任务。

第三课时:分小组展示任务,布置家庭调查任务。

第四课时:带着问题去参观中新药业,在参观中寻找问题的答案。

(二)课程资源

学校:科学实验室、活动时间、多媒体设备、参与教师。

企业:活动材料、PPT、专业技术人员。

(三)课程内容的选择与确定

学校与企业进行反复沟通,共同打磨教学内容,确定授课人员、时间、场地等。

三、课程实施建议与活动设计

(一)第一课时

1.中医学基础知识了解

通过视频和丰富的图片,向同学们介绍医的起源、认识阴阳、人体经络知识。

(1)医的起源:通过讲解"医"字的来历,使学生了解中医经历了漫长的历史过程,它是我们的祖先在生活与生产活动中,同疾病做斗争的经验总结和理论升华。"医"的字形演变,可以帮助我们了解中医起源与发展的历程。

(2)认识阴阳:阴阳是阐释中医奥秘的最重要的哲学概念,它来自古人对天地现象的朴素观察。通过讲解使学生了解古人是怎样观察天地现象的,又是如何看待阴阳的。

（3）经络学说：古老中国医学的一部分，在中医理论中占有特殊重要的地位。通过讲解使学生简单经络和穴位的知识。

2.布置小组合作任务

学生分小组挑选课题：神农尝百草、药祖桐君、屠呦呦与青蒿素、中药制药方法和工具、达仁堂的由来、中新药业。

要求学生通过查找资料进行学习，同时资料进行整理，制作成幻灯片在下节课中汇报。

（二）第二课时

1.学生分组汇报课题

（1）神农尝百草

（2）药祖桐君

（3）屠呦呦与青蒿素

（4）哪些东西可以入药

要求：PPT 演示文稿制作完整，内容条理清晰、图文并茂，讲解清楚，声音洪亮，讲解结束后根据内容，给其他组同学出 3 道相关题目，并组织其他组同学进行抢答。

2.组间评价

每个小组汇报后，其他组学生对该小组进行打分评价，满分 10 分。评价可以参考以下几方面：

（1）内容是否完整。

（2）PPT 制作是否精美。

（3）演讲者声音是否洪亮、吐字是否清晰。

其他组学生还可以诚心提出该小组讲的优缺点，并说一说理由、给出建议和解决问题的途径。

3.布置家庭任务

同学们你们知道吗，在我们的日常生活中就有很多的物质可以作为药材使用，你见过下面的这些药材吗？它们分别来源与哪一类物质？

八角　地龙　蝉蜕　花椒　石膏　磁石　橘皮

植物(　　　　　　　　)

动物(　　　　　　　　)

矿物(　　　　　　　　)

你还知道哪些东西可以入药?

(三)第三课时

1.学生分组汇报课题

(1)中药制药方法和工具

(2)达仁堂的由来

(3)中新药业

要求:PPT制作完整,讲解清楚,讲解结束后给其他组同学出3道相关题目,其他组抢答。

2.组间评价

每个小组汇报后,其他组学生要对该小组打分评价,对PPT制作、讲解进行评价。

3.布置家庭任务

(1)做一做

回家完成"我的家人得过哪些病,用过那些中药"调查表。

表1　我的家人得过哪些病,用过那些中药

家庭成员	得过哪些病	用过那些中药
我		

(2)找找你家的中药,看看它们都是什么样子的? 猜一猜它们是怎样做出

来的?

(四)第四课时

师生参观爱国主义教育基地:中新药业现代中药产业园。

中新药业现代中药产业园建于 2004 年,位于天津经济技术开发区,一期投资近 6 亿元,总建筑面积 6.2 万平方米。产业园以中药的现代化研发、提取和制剂为核心,是目前国内颇具特色和规模的中药现代化生产基地之一,已成为天津中药现代化发展成果的集成平台。

中新药业现代中药产业园共有两个展览馆、三个参观区域。

天津医药展览馆展示了天津医药百年发展变迁对中华医药文化的推动作用和中新药业对历史文化的传承与创新。

中新药业自然人文陈列馆展示了各类药物标本 1 万多份,其中动物矿物标本 600 多份,包括全国稀有的虎骨、豹骨各一架,植物标本 2000 余份,蜡叶标本 7000 多份,是集科研、教学、标本收集、鉴定与制作于一体的多功能展馆。

三个参观区域——"百年老字号"达仁堂制药厂、"卫药"代表隆顺榕制药厂和集成现代中药提取技术的中新制药厂,展出了天津传统中药产业逐渐走向现代化与国际化的进程,从博大精深的中药文化和"津药文化"角度,赋予产业园丰富而独特的爱国主义和励志教育精神内涵。

学生边参观边听讲解,同时留意前两课时家庭任务的相关答案。利用参观间隙修改家庭任务,如果有问题可以向讲解人员提问。

四、学习评价

(一)评价原则

评价以鼓励为原则,激励全校师生对科学的热情,取得更大成绩。

(二)评价目的

评价的目的是为了激发学生爱科学的兴趣、学科学热情、用科学的信心,培养学生科学探究精神和动手实践能力。评价应以发展性评价为主,根据学生在活动中表现状况,对其优缺点、学习方法态度和进步情况等情况进行多样性地评价,关注到学生发展中的个别差异。在总结评价的基础上,引领学生进行深入的思考和探究,尤其是要促进活动与校内学科课程的融合,促进校内教育和校外教育的协同配合,从而最大程度上促进学生们的学习和发展。

(三)评价主体

采用教师评价和学生互评相结合的方式,进行学习评价。

(四)评价周期

第二三学时内随课程,课程结束后教师通过展示学生作品进行评价。

(五)评价方式

1.小组汇报:学生评价

学生以小组为单位完成PPT,并进行展示讲解,其他组学生对该小组的PPT制作、讲解进行评价。

2.教师评价:教师建立科技成果展示板块,展示学生的成果,并组织师生学习、参观,激励师生取得更大成绩。同时,教师对学生的活动表现进行综合评价。

专家点评:

整体设计很好,但是还可以放得稍微再开一些,运用小学生综合实践活动学习的方式,通过设置一些情境(比如找一些视频,新闻或者介绍一些中医的故事,或者中西医看病的对比的案例)先激发学生的兴趣,然后对中医和中医药进行介绍,可以让孩子们自己针对自己想了解的问题先提出问题,然后帮助他们梳理、归纳,合理表达自己的问题,让愿意研究同一主题的学生自愿分成一组。

东北师范大学 李 君

生物医药　健康生活①

天津经济技术开发区国际学校　朱丽娜

一、课程设计理念与目标

（一）课程设计起源

医药产业是国民经济的重要组成部分，与人民群众的生命健康和生活质量等切身利益密切相关。我国医药产业一直落后于美国、欧盟，目前国家大力支持发展医药产业，特别是生物医药产业，不断出台促进医药健康发展的政策。

随着生物制剂的不断发展，包装材料和给药系统作为生物制剂不可或缺的组成部分，对确保药物的安全性、有效性以及提升药品附加值上发挥着重要作用，因此也越来越受到生物制药企业的关注和重视。

近年来，人类重大疾病如恶性肿瘤、心脑血管疾病等重大疾病的治疗面临着严峻的挑战。随着生物治疗技术取得的重大突破，其在治疗领域发挥着举足轻重的作用。

中国生物技术药物市场仍处于起步阶段，目前中国生物技术药物的市场总额为180亿元人民币，仅占全球市场总额的2%。但是中国拥有丰富的科技和人才资源，又有巨大的市场需求，有希望打造出世界一流的创新型生物技术药物产业。

新时代的学生要增加疾病类型以及生物医药技术的了解。提升药物创新的意识。争取以后从事相关职业，为生物技术药物和人类健康奉献自己的力量。

---

① 本教案为作者与天津国际生物医药联合研究院合作开发。

(二)学情分析

4—5年级的学生充满好奇心,具备一定的创造力、动手能力和探究能力。具有较强的生命保护和生命健康的意识与经验,但是对于生物医药技术的应用和发展前景的了解较少,因此需要增加学生的了解,激发学生对生物医药技术的学习兴趣,同时培养学生的创新意识。

(三)课程目标

1.学生发展目标

(1)了解生物医药技术。

(2)了解生物医药技术的现状和发展前景。

(3)了解疾病类型和生物医药种类。

(4)提升学生保护生命,健康生活的意识。

(5)引导学生对未来职业发展规划。

2.教师发展目标

(1)增加老师对生物医药技术的认识。

(2)能够在实际的教学中讲授健康生活方式。

(3)提升课程开发与课程评价的能力。

二、课程实施设计

4课时,每课时40分钟

三、活动资源与实践条件

(一)企业方面提供的资源

学校已与天津国际生物医药联合研究院达成开展实践活动的协议,在场地支持、人员配备、经费支出、时间选取、安全保障、协调机制等方面做出相应的商定和说明。

天津国际生物医药联合研究院按照学校开展活动的需要,提供参观时间、活动地点、专业人员、资料设备等方面的资源和支持。企业的联系人与学校联系人建立常态的沟通互动。开展活动前,针对活动方案进行深入的协调,能够根据学校方案提供的资源条件、活动实施方式、人员安排等情况做出有针对性的计划。

(二)学校方面需要做的准备

1.根据企业提供的资源,学校选择 30 名对科学感兴趣的学生组成"科创空间"校本课,学校利用校本课对学生参与生物医药,健康生活等方面进行摸底调查,确定参与学生是否了解相关背景知识和应用技术,再与天津国际生物医药联合研究院商定具体部门和人员等。

2.结合活动开展的需要,进行课程活动前期准备,包括问卷设置、资料整理、企业参观等,设置符合学生思维发展的课程活动。

3.把"生物医药,健康生活"科普实践活动大致分为"前期准备——中期实践——后期总结"三个基本环节。教师负责问卷设计、活动设计、资料调查与整理、课程评价等环节;企业工作人员负责介绍和参观引领。

4.学校与天津国际生物医药联合研究院沟通,学校除了制定方案和安排人员等方面的准备,还需要准备学习卡、绘制工具、制作工具等,帮助学生进入深度探究和动手实践。

5.学校选择科学组直接参与活动研发、实施以及相应的后勤保障、人员安排等。

(三)家长方面的配合与准备

家长负责与学生一起填写生物医药问卷调查表、搜集生物医药资料、整理生物医药产品、帮助学生进行产品的创新创造等。

四、课程实施建议与活动设计

课程总共分为三个部分来进行研究,分别是前期引入课程主题,中期学生参观天津国际生物医药联合研究院,后期课程的评价与反馈。

（一）前期准备

课程时长:40分钟

课程地点:学校科学教室

授课者:学校教师

课程目标:增加学生对生物医药技术的了解,提升学生保护生命,健康生活的意识。

课程内容:

1.导入

(1)视频欣赏:世界疾病,求医求药。

(2)提问:你有什么感受? 你在生活中遇到过求医求药难的问题吗?

(3)视频欣赏:生物医药技术的发展。

2.了解低碳生活

(1)提问:什么是生物医药技术? 你了解哪些?

(2)分发问卷:完成一份问卷调查。

(3)小组讨论:生物医药种类和重要性。

(4)组织分享:你们组总结出哪些生物医药种类? 对我们的生活有什么作用?

(5)介绍生物医药。

3.了解天津国际生物医药联合研究院

(1)简介天津国际生物医药联合研究院环境,展示图片和视频。

天津国际生物医药联合研究院始终坚持"开放联合,以创新为驱动,以服务为目标"的主题,广泛集成优势资源,建设了药物发现平台、药物分析测试平台、药物研发信息平台、生物药 GMP 中试平台、中药新药研发平台和临床研究平台等核心技术平台,并集全市之力,依托天津市优势产学研机构,联合天津市肿瘤医院、泰达国际心血管病医院、凯莱英生命科学技术(天津)有限公司、药明康德新药开发有限公司等建设了系统化的支撑技术平台,涵盖了药物早期发现、临床前研究、临床试验、中试生产等药物开发的各个环节,配备了与国际接轨的现代化仪器设备,能够充分满足进驻联合研究院的研发团队需要。

详见网址:http://www.tjab.org/Content.aspx?Content.aspx&ArticleId=7ff29947-0872-495f-8ca3-5d41cde6fbdf&channelId=f09a5f80-f2ab-4ada-bb9f-26481b76bfb1

(2)简介天津国际生物医药联合研究院。

(3)任务布置:课下了解天津国际生物医药联合研究院;准备一个关于"生物医药,健康生活"有关的问题写在卡片上。

4.课外拓展

(1)与父母一起共同完成一份问卷调查。

(2)与父母一起搜集"生物医药,健康生活"相关资料。

(3)与父母一起了解天津国际生物医药联合研究院。

(二)中期实践:生物医药,健康生活

课程时长:90分钟

课程地点:天津国际生物医药联合研究院

授课者:天津国际生物医药联合研究院的工作人员

课程目标:了解生物医药技术的现状和发展前景;了解疾病类型和生物医药种类;提升学生保护生命、健康生活的意识。

课程内容:

1.参观准备

(1)安全教育:上下楼梯靠右慢行,不拥挤;不私自行动,听从带队老师指挥;晕车同学提前告知;行车中不喧哗不随意走动并系好安全带;有秩序地进行参观。

(2)任务要求:根据自己卡片问题,进行有目地参观。

(3)将30位学生分成两组,分开并同时进行参观。

2.参观活动

(1)由天津国际生物医药联合研究院的工作人员作为讲解员,带领小组学生进行参观,教师进行安全和纪律辅助。

(2)配合工作人员安排进行企业参观,主要集中在产品介绍与参观。

(3)问题交流时间:学生向专家或者工作人员进行提问与交流,并及时记录。

注意:所有的活动和精彩瞬间,教师要及时拍照、录像和录音,收集好资料,以备后期宣传。

(4)返校,强调安全教育。点名整队,强调行车安全注意事项。

3.活动任务

该任务在参观活动之前由科学老师向学生们发布。

(1)卡片收获。针对自己提出的问题和与专家交流学习内容,写一份50字左右的收获。

(2)写一篇300字左右的参观感悟。

(3)搜集生物医药资料。下节课带到科学教室。

(三)后期拓展

课程时长:40分钟

课程地点:学校科学教室

授课者:学校教师

课程目标:激发学生对生物医药包装方式与产品的创新、创造与探究;提升学生保护生命、健康生活的意识。

课程内容:

1.分享交流

(1)组织:按照小组(每组5人)进行卡片展示。主要展示问题和收获。

(2)交流心得:通过此次参观活动,同学们有什么感悟。

2.探究活动

(1)探究主题:根据小组收集的材料设计一个"生物医药、健康生活"的宣传图案,或者制作一个生物医药包装材料的设计作品。

(2)小组合作设计。组织研讨:你们小组为什么要这样设计?你们小组的设计理念是什么?存在哪些问题和困难?

(3)小组合作制作。教师提供制作工具:剪刀、双面胶、胶带、固体胶、棉线等。

3.作品展示与总结

（1）作品展示。按照组别进行作品成品展示，并要求全组成员简单介绍自己的作品。

（2）活动总结分享。想要表达的"生物医药、健康生活"理念是什么？创新点是什么，还存在哪些问题和困难，如何解决？

五、学习评价

（一）激励性原则

开展激励性评价，呵护学生的自信心，充分调动学生学习的主动性和积极性，在授课过程中积极与学生互动，对参与讨论或者参与提问的学生给予奖励。

（二）多样性评价原则

形成性和发展性评价为主，总结性评价为辅。根据学生在活动中表现状况、学习卡完成度、问卷调查的完成度、准备工作、过程性表现、作品设计、学习心得与总结等多个方面进行评价。对其优缺点、学习方法态度和进步情况等情况进行多样性地评价，关注到学生发展中的个别差异。在总结评价的基础上，引领学生进行深入的思考和探究，尤其是要促进活动与校内学科课程的融合，促进校内教育和校外教育的协同配合，从而最大程度上促进学生们的学习和发展。

（三）评价目的

为了激发学生学科学的热情、用科学的信心，培养学生科学探究精神和动手实践能力。

六、课程反思

通过这四次课程的深入学习，学生们对世界疾病的种类、求医求药的艰难、生物医药的原理、生物医药的发展史、生物医药的种类、生物医药技术的应用以及重要性有了充分的了解,也对生物医药技术未来的发展方向有了明确的认识。

在此过程中,任务卡、学习卡的设置充分锻炼了学生的记录能力、汇报、总结、交流能力。

问卷调查活动加强学校、企业和家庭之间的联系。

参观活动的安排使学生有意识地拓宽对生物医药以及健康生活的认识和产品的应用,更突出健康生活的现实意义。

设计与制作活动既是对前面课程所学知识的总结和运用,又可以联系所学科学知识,充分发挥学生的创造力和想象力。

整个活动渗透了 STEAM 理念,将科学、数学、美术等知识完美融合,全面提高学生的核心素养。

七、课程拓展与延伸

1.课程成熟后,可以扩大学生学习规模,争取实现面向更高年级的学生。

2.进一步加强与企业的联系,争取专业人员进校开展"生物医药"初级课程。

3.深入 STEAM 理念,策划丰富的设计与制作活动,锻炼学生的探究能力、解决问题的能力和创新能力。

4.学生设计宣传活动,将"生物医药、健康生活"理念扩展到学校、小区等社会层面。

5.指导学生进行创新与实践论文的撰写,提升学生探究、总结与写作能力。

专家点评:

"生物医药 健康生活"这一案例经过了开发区国际学校朱老师数次设计与修改。在设计课程之前,她多次到生物研究所调研,与课题组老师分析学生学情,设计了前期、中期和后期三部分课程。由于生物医药是一个非常专业的领域,为了增加学生们的生命意识和职业意识,朱老师特意设置了参观和实践活动环节,让学生自己提出问题和设计制作,增强学习自主性,提升创新能力和解决问题的能力。我详细阅读课程设计,课程设计思路清晰,本案例设计已经具备了一定的实施条件。

东北师大附中净月实验学校　吕　丽

第六章　高端服务业

认识轻轨一二三①

天津经济技术开发区第二小学　曹　露　王佳欣

一、课程设计理念

(一)课程设计概述

在国内,城市轨道交通中的很多类型还没有明确的规范定义。"地铁"和"轻轨"的名称本身就不严谨,此活动进行的过程中,将对广大的小学生进行科普教育、环境教育,并进一步激发他们的创造力与进取心,让他们感受到轻轨科技的无穷魅力和无限乐趣!活动所传递的环保意识、创新意识、公民意识和企业精细化管理的魅力,会源源不断地浸润着孩子们的心灵,滋润着他们健康成长。

(二)学情分析

小学 1—2 年级学龄儿童想象力与创造力处于即将活跃时期,他们已经具有一定的动手能力和审美能力。这一学龄阶段的学生好奇心强,活泼好动。好奇心使他们愿意运用自己的感官去探究、发现和观察。

二、课程的价值与目标

(一)知识方面

1.小学生参与此项活动过程中,会认识不同的轻轨和地铁,发现车上的不同数字、文字、标记和图像等信息,了解它们的意义。

---

① 本教案为作者与天津滨海快速交通发展有限公司合作开发。

2.课堂授课,参观轻轨工作间,了解轻轨的历史发展,以及轻轨从研发到设计到组装最后出产的各个环节。

(二)情感方面

1.活动不仅能增加小学生与他人的交流,提升了观察力、辨别能力和归类能力,还能丰富孩子们的兴趣爱好。

2.了解民族轻轨工业的发展,立志振兴中华。

(三)体验方面

1.活动能让学生们了解轻轨知识,提高他们的动手能力、创新意识。

2.一方面教育小学生增强安全意识,另一方面传播轻轨文化、工业文化概念,让更多的人了解轻轨。

三、课程实施前的准备

(一)学校方面需要做的准备

1.学校配合轻轨公司首先对学生了解轻轨知识的兴趣、知识基础、能力特点等方面进行摸底调查,也就是了解学生对于轻轨知识的前概念。用以确定学生想要学习轻轨知识的具体方面、诉求等,商定支持企业的具体部门和人员等。

2.结合我校活动开展的需要,进行天津轻轨公司轻轨知识的内培训和其他教师的培训,对活动开展的基本思路和实施细节展开充分的动员和讨论,集思广益,充分发挥每位教师的特长和智慧。这既是完善活动方案的过程,也是凝练愿景、凝聚团队的过程。

3.学校与企业沟通,学校除了方案和人员、场地、设施等方面的准备,还需要做哪些准备。

4.确定学校中由哪个学科组直接参与活动开展,哪个部门组织具体实施,以及相应的后勤保障及相关安排等。

（二）家长方面的配合和准备

了解家长对于轻轨知识学习系列活动的态度,邀请家长参与到活动设计中来,认真听取家长的意见,争取家长的支持,帮助学生在活动前对该领域有所了解。

四、课程整体设计

课程总共分为三个部分来进行研究,分别是前期引入课程主题,中期学生走近轻轨,后期课程的评价与反馈。

（一）前期:"认识轻轨一二三"启蒙课

课程时长:40分钟

课程地点:学校班级

授课者:学校教师

课程目标:激发学生对轻轨的兴趣,科普有关轻轨的知识,了解轻轨的历史,了解我国轻轨的发展,尤其是轻轨的发展过程,知道轻轨的几个系列和在中国轻轨制造行业的地位。

课程主要内容:

1.了解轻轨的发展历史

你知道老师每天怎么来的学校吗?（播放世界轻轨发展史PPT）

2.轻轨发展的几个关键阶段

现在让我们一起来了解一下轻轨发展经过了几个阶段:

（1）地铁系统

地铁是一种大运量的轨道运输系统,采用钢轮钢轨体系,标准轨距为1435mm,主要在大城市地下空间修筑的隧道中运行,当条件允许时,也可以穿出地面,在地上或是高架桥上运行。

（2）轻轨系统

轻轨是一种中运量快速轨道交通运输系统。英、美称之为LRT,俄国称为OPT,其意为"轻轨运输"或"轻轨系统"。德国把它称为"城市铁道",日本称为

"轻轨电车"。它可以运行在地下,也可以建成高架轨道形式,也可在地面运行,它是由现代有轨电车发展起来的,既可在技术上自成体系,也可采用地铁技术制式,几乎与地铁难以辨别。但从宏观上说,轻轨交通的最主要特征是其运量规模比地铁小,其单向高峰小时断面流量在 10000 至 30000 人。因此,有人把凡是高峰小时断面流量在这个范围的其他形式轨道交通,如单轨交通、新交通系统、直线电机驱动的城轨车辆交通等都称之为轻轨交通。

同学们,经过老师的介绍,相信大家已经对世界轻轨发展史有所了解,那么有的同学一定想问:我们国家的轻轨是如何发展的呢?(播放中国轻轨发展史 PPT)

3.中国轻轨的发展历史

中国城市轨道交通发展迅猛,已经建成或正在兴建的城市轨道交通几乎包括了上述各种类型,已有 30 多座城市建成了或正在新建或拟就了建设规划。

天津地铁 9 号线始建于 2001 年 1 月 18 日,是天津市区与滨海新区连接的重要轨道交通线路,起到了重要的连接作用。线路也是目前唯一将两地连接的地铁线路。工作日有大量的通勤客流,非工作日也有大量的旅游、业务等客流,极大方便了市区与滨海新区之间的来往。

现在我们一起来做个游戏,好不好?(好)

4.轻轨简介

①猜车标辨活动。老师这里有一些车标,谁愿意上来说说都是属于哪个系统的?举手让大家看看!(这么多)这是什么系统?(轻轨)下面老师再给大家介绍一下轻轨。②出示轻轨车标,以及轻轨公司的简介(播放轻轨 PPT 和宣传片)。轻轨是城市轨道建设的一种重要形式,也是当今世界上发展最为迅猛的轨道交通形式。轻轨的机车重量和载客量要比一般列车小,所使用的铁轨质量轻,每米只有 50 千克,因此叫作"轻轨"。城市轻轨具有运量大、速度快、污染小、能耗少、准点运行、安全性高等优点。城市轻轨与地下铁道、城市铁路及其他轨道交通形式构成城市快速轨道交通体系。它可以有效缓解人口与交通资源、汽车与交通设施之间的紧张关系。③出示轻轨天津开发区照片,想不想去参观轻轨?想去看什么呢?想要了解轻轨,先要认识轻轨的主要结构(出

示轻轨结构 PPT）

5.布置课后学习任务

同学们,车辆轻重分为轻轨、重轨。轨道宽度分为宽轨、标准轨道、窄轨(包括米轨和寸轨)。城市轨道交通中的"轻轨"与重轨及其中的"地铁"、市域铁路、市域快铁、城际铁路相对应。你们想不想像科学家那样做研究?老师这里有学习卡片,大家可以来领取不同部分的学习卡片。下节课,会有轻轨的专业工程师来向同学们进行讲座,解答同学们提出的问题,大家期待吗?(期待)请同学们回家仔细想好自己的问题,做好卡片知识的预习。

(二)中期——"中国造,轻轨车"之轻轨企业园区参观

课程时长:60分钟

课程地点:轻轨东海路站

授课者:轻轨企业工程师

课程目标:参观轻轨厂区,参观部分零件的生产过程,了解轻轨的企业文化,激发民族自豪感。

课程内容:

1.引出主题,激发兴趣

师:同学们你们想不想看看真正的轻轨是怎样制造的?

生:想。

师:一会儿老师带着大家一起去轻轨工作间看一看,学习一下轻轨。

2.参观前指导

在我们开始参观之前,老师要提几个小要求:

◎ 不能随意走动,要跟随老师和工厂员工走人行便道,过马路请走人行横道。

◎ 迎宾馆内展台玻璃光滑易碎,不能踩踏及触摸展车。

◎ 不能在展车或展板上涂抹乱画。

◎ 因车间内常有备件物流车经过,进入车间后,一定要服从老师的指挥,走安全参观通道。

◎ 任何同学不能触摸车间内存放的零部件及器具。

◎ 时刻保持安静,展现我们一二年级小朋友的精神风貌。

大家能做到吗?(能)

3.轻轨站整体介绍

此部分由轻轨工作人员简单介绍轻轨天津公司概况。

4.参观车间厂房,了解轻轨的制作过程

下面请同学们跟我一起参观部分轻轨工作间。

5.轻轨企业文化展厅

同学们,通过我们的参观学习,相信大家对轻轨的制造过程已经有所了解,想不想看看轻轨公司的发展史?(想)参观轻轨发展史,听工作人员讲解轻轨公司企业文化。

6.提问互动环节

下面各小组讨论交流,并填写学习卡片,与企业人员交流问题。

表1 讨论交流记录表

说一说:我学到了什么?	写一写:假如我是轻轨工程师	画一画:我设计的轻轨

(三)后期:"认识轻轨一二三"反馈评价

课程时长:40分钟

课程地点:学校班级

授课者:学校教师

课程目标:整理反馈本课程的活动效果。学生彼此交流学习心得。组内交流展示学习卡片,组评和以班级为单位推选优秀学习卡片进入年级交流。拓展延伸,激发学生对设计及科技的兴趣。

课程内容:

1.组内交流

以第一节课结束时学生选择的轻轨结构卡片为分组标准,进行组内经验的交流。

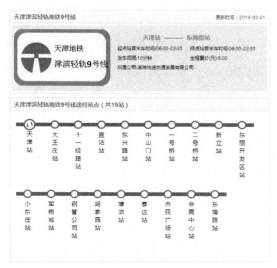

图1　津滨轻轨9号线线路图

2.组间相互展示

不同的小组,展示交流学习到的内容。

3.拓展活动,设计未来的车

(1)按照自己所选择的轻轨结构,设计未来轻轨的特点。

(2)在充分交流的基础上将不同的设计组和在一起,形成一辆未来的车。组内绘制,可展示交流或参加科幻画比赛等。

4.学习评价

(1)评价方法

◎ 关注学生课堂及参观表现,能否认真听讲,积极参与活动,认真思考,态度端正。

◎ 收集学生的学习卡片,根据卡片填写情况,对学生的学习成果进行评价。

(2)课程实施效果的呈现:

◎ 校园楼道内展报展出学生学习卡片、科幻画等。

◎ 组织学生参加轻轨知识小问答比赛。

◎ 结合其他课程,如美术课、劳动课等继续进行课程的探索和延伸。

5.课程反思

(1)总结

通过这三次课程的深入学习,学生们对世界轻轨史、中国轻轨史、轻轨的基本结构、轻轨的制造流程、轻轨的企业文化有了初步的了解,也对轻轨未来的发展方向有了一些认识。在此过程中,任务卡、学习卡的设置充分锻炼了学生的记录能力、汇报、总结、交流能力;小游戏的安排使学生在无意识学习过程中丰富了轻轨知识、拓展了轻轨方面的视野;设计未来轻轨的活动既是对前面课程所学知识的总结和运用,又可以联系所学科学知识,充分发挥学生的创造力和想象力;科幻画的绘制,渗透了 STEAM 理念,将科学、数学、美术等知识完美融合,全面提高学生的核心素养。

(2)反思

◎ 本次课程的实施,充分发挥了学生的主体地位,但是学生轻轨知识、认知水平还要进行深入了解。对一些知识,我们不能自认为很容易或者是认为自己讲得清晰到位,没有随时观察学生的学习状态,没有随时获取学生的反馈信息。

◎ 对知识、能力、情感、与社会关系的教学目标是否全面落实。要充分做好学情分析,为学生真实收获设计课程。以培养学生的小组合作、交流、汇报能力,培养科学探究精神。

◎ 在此过程中,我们可以获得家长的支持,积极让家长参与到我们的课程和活动中来,这样可以全面了解学生的兴趣,对一些学生的不足有更充分的认识。还可以让家长帮助学生完成活动的研究、调查、汇总等工作。

6.活动效果照片

图1　学生参观轻轨列车　　　图2　学生与工作人员合影

图3 学生听工作人员讲解

图4 学生体验安检程序

图5 学生学习安检知识

图6 学生学习售票知识

专家点评：

这个案例是让低学段儿童认识轻轨,通过在学校利用一节课时间让大家初步认识轻轨的发展历史,然后带着学习卡片到企业参观、实地了解轻轨的制造与发展,最后让学生们根据了解到的知识进行一些轻轨小设计、小创造的拓展活动,让孩子们走出校园、认识外面的生活世界。本课例充分考虑低龄段儿童的认知与学习特点,将游戏与孩子的学习相结合,保护孩子的好奇心与想象力;在对轻轨企业参观的过程中,通过学习卡片,引导孩子们养成观察、记录的习惯,逐渐培养他们逻辑思维能力;轻轨小设计环节,打开孩子们的想象空间,给他们提供了一个无限的畅想世界,充分保护了孩子们学习与创作的主动性。

如果在去参观轻轨前,让孩子们做些资料查阅,提前了解一些自己感兴趣的信息,老师根据学生提出的问题再去参观,参观后带着问题的回答状况进行反馈汇报,那孩子们参观收获就会更大,在这个学习过程中,学生的学习主动性就会展现得更为明显。

东北师范大学　王海英

家庭消防安全①

天津经济技术开发区第二小学　曹　露　高章明

一、课程设计方案

（一）课程设计理念与目标

1.课程设计理念

小学生的学习过程既是在教师指导下的初步认识过程，又是在课内外和家庭等不同场合综合学习的过程，也是个体各方面素质动态发展的启蒙过程。因此我们的课程是以"课堂—家庭—企业"三者联动为基础。学生首先在教师指导下自主学习防火安全知识、了解火灾的危害，认识到掌握防火知识和在火灾中自救的本领。通过在课堂学习、疏散演习，最后通过走访企业深化对知识的理解和对企业的了解，同时树立防火意识，促进其增强消防安全意识、提高防火安全能力。

2.学情分析

（1）小学中高年级学生对身边的事物具有强烈的好奇心，防火是学生们在学校、广播中经常听到的词汇。特别是在学生参观体验消防逃生演习、消防器材使用后，孩子们对消防器材使用产生浓厚的兴趣。

（2）目前，国家从五年级开始开设信息技术课，中高年级学生已经具有一定的信息技术知识基础，也在信息课和班会课中上了解过绘图、演示文稿制作、消防安全等相关知识。

（3）对于中高年级学生而言，开展"家庭消防安全"安全教育系列课程既满足了学生的兴趣，又补充了学生在生活上的一些误区与盲点，让学生对生

----

① 本教案为作者与天津滨海新区联成顺消防器材销售有限公司合作开发。

命安全有更深层次的认识。

3.课程设计缘起

我校定期开展消防逃生演习、地震逃生演习、反恐演习,并利用广播进行安全教育,并邀请消防队参与学校消防教育,但家庭消防知识的教育是短板,通过联系天津滨海新区联成顺消防器材销售有限公司,让孩子了解家庭防火安全的重要性,学习报警和逃生知识,学习使用消防应急包中的灭火毯、灭火器、过滤式呼吸器,家庭消防安全是生命教育的极为重要组成部分,天津滨海新区联成顺消防器材销售有限公司秉承"进取不懈,成功尽享"的企业精神,以消防安全为特色的公司,因此我们首先选择天津滨海新区联成顺消防器材销售有限公司作为我们课题开发的合作企业。

4.课程的价值与目标

(1)学生发展目标

◎使学生了解熟悉火场中,各种逃生自救的办法;学会应付轻微火情。采用了学生们喜闻乐见、通俗易懂的观摩、讨论、合作交流学习等多种教学方式方法,并紧紧结合发生在身边的火灾案例,对学生进行了火灾危害性、家庭用火用电、初期火灾扑救、火场逃生等安全教育。

◎充分调动学生学习的积极性和主动性,使教育教学真正达到预期的目的和效果。通过小组合作学习,提高信息技术水平和自我保护的安全逃生能力。

◎养成注意防火的好习惯,提高自我保护意识;培养热爱生命的情感,以及遇事不慌、沉着冷静、积极面对困难的勇气。

(2)教师发展目标

在活动设计与实施中,提高教师对现代企业教育的兴趣和热情,增强教师课程资源整合能力。在活动组织中,进一步体会多元教学方法的运用,提高指导学生进行综合实践的能力。激发教师活动热情、积累教学经验,形成教育教学智慧,促进教师专业发展。

(二)课程实施设计

1.课时规定

3课时,每课时40分钟

第一课时:利用画图软件绘制家庭逃生路线图

第二课时:利用演示文稿制作家庭防火知识宣传

第三课时:参观和体验家庭消防设备使用

2.课程资源

学校:科学实验室、活动时间、多媒体设备、参与教师

企业:活动材料、PPT、专业技术人员

3.课程内容的选择与确定

学校与企业进行反复沟通,共同打磨教学内容,确定授课人员、时间、场地等。

二、课程实施建议与活动设计

(一)第一课时 利用画图软件绘制家庭逃生路线图

1.家庭逃生口诀"1+2+1+6"

家庭逃生口诀"1+2+1+6"指的是 1 份平面图、2 个安全出口、1 个户外集合地点和每 6 个月做一次演练。

(1)1 张平面图:即绘制 1 份家庭疏散逃生平面图(家庭逃生计划图)。

(2)2 个安全出口:指的是至少铭记 2 个安全出口,确保一个安全出口被堵截时,仍可以从另一个安全出口快速逃离火灾现场。

(3)1 个户外集合地点:指的是当所有人从火灾现场中逃离后,应该到一个提前指定的,所有人都熟知的地点集合,以便做好人员清点工作。

(4)每 6 个月做一次逃生演练:以家庭为单位,每 6 个月,至少应开展一次疏散逃生演练。有条件的还可以参与社区居委会或者消防部门组织开展的消防疏散逃生演练,增强对突发火灾的应急处置和逃生自救的能力。

2.布置小组合作任务,用计算机绘制家庭逃生计划图

(1)绘制家庭平面图。

(2)标出所有出口。要把所有房门、窗户、楼梯都标注在图上。

(3)绘制每个房间的逃生路线。

(4)注明户外会合点。若火灾发生,家庭成员直接到会合地点集中。

(5)保存在服务器中,利用多媒体广播展示,分小组汇报交流。

(二)第二课时 利用演示文稿制作家庭防火知识宣传

1.教师指导

大部分火灾是因人为思想麻痹、消防法制观念淡薄、消防知识缺乏、用火用电用气不慎引起的。因此教师指导学生安全用电非常重要。考虑到小学生的生活实际,不会使用明火、煤气,因此重点放在电器的使用安全上。

教师指导学生制作演示文稿,考虑家庭中的用电器,电灯、充电器、电暖器、长时间不关的电器;要考虑到长时间、短时间离开家等多种情况。

2.学生分组制作演示文稿

教师指导学生技术问题,制作内容要求越详细越好。

3.评价与展示

每个小组汇报后,其他组学生对该小组的 PPT 制作、讲解进行评价。

(三)第三课时 参观和体验家庭消防设备使用

1.技术人员操作,学习消防设施使用

(1)灭火器

拔掉保险销,左手端着瓶底,右手抓着压把,然后对着火苗根部压下压把进行灭火。

(2)过滤式自救呼吸器

撕开包装袋取出呼吸装置。按照提醒带绳拔掉前后两个红色的密封塞。将呼吸器套入头部,拉紧头带,迅速逃离火场。

(3)灭火毯

在起火初期,将灭火毯直接覆盖住火源或着火物体上,可迅速在短时间内扑灭火源。还可以将灭火毯批裹在身上并带上防烟面罩,迅速脱离火场。

2.学生体验消防设施使用

动手操作,体验学习。

3.有奖问答活动

学生边参观边听讲解,如果有问题可以向讲解人员提问。

三、学习评价

(一)评价原则

评价以鼓励为原则,激励全校师生对信息技术的热情,取得更大成绩。

(二)评价目的

评价的目的是为了激发学生热爱生命的兴趣、学计算机应用知识的热情、用好计算机的信心,培养学生信息素养。评价应以发展性评价为主,根据学生在活动中表现状况,对其优缺点、学习方法态度和进步情况等情况进行多样性地评价,关注到学生发展的个别差异。在总结评价的基础上,引领学生进行深入的思考和探究,尤其是要促进活动与校内学科课程的融合,促进校内教育和校外教育的协同配合,从而最大程度上促进学生们的学习和发展。

(三)评价主体

采用教师评价和学生互评相结合的方式,进行学习评价。

(四)评价周期

第二、三课时内随课程进行评价。
课程结束后教师通过展示学生作品进行评价。

(五)评价方式

1.小组汇报 学生评价
学生以小组为单位完成逃生演习图、家庭安全用电演示文稿,并进行展示讲解,其他组学生对该小组的 PPT 制作、讲解进行评价。

2.教师评价
教师根据学生的建立科技成果展示板块,展示学生的成果,并组织师生学习、参观,激励师生取得更好成绩。同时,教师对学生的活动表现进行综合评价。

专家点评：

本案例趣味性强，适合小学生的心理，可操作性强，通过口诀的形式帮助学生对消防知识理解记忆，学生平日对消防这样的事物只停留在表面说教，而没有真正从意识上有所理解，本次设计通过幻灯片加强了学生对消防的理解。

东北师范大学　刘芳晴

津滨轻轨进校园 安全伴我一路行①

天津泰达实验学校 李 贺

一、课程设计方案

1.课程设计理念及目标

我校始终坚持"办一所师生喜爱的学校",广泛开设社团课、校企合作课,培养学生"各美其美",让每一个学生都能得到全面而有个性的发展。此项课程给学生提供更多走进社会的机会,通过参观轻轨站,亲身体验售票员、安检员等工作,增强学生的实践技能和公民意识,对于以后的职业发展也意义深远。

2.课程设计缘起

轻轨与我们的日常生活息息相关,通过此课程,将更有助于规范小学生的日常生活交通习惯,促进学生近距离感受轻轨的魅力,激发和唤起学生关心城市建设和社会发展的小主人翁精神,同时满足小学生对轻轨运行的好奇心。

3.课程的价值与目标

(1)学生发展目标

◎知识与技能:激发学生对轨道交通行业的兴趣,使学生基本了解轨道交通行业状况。提高学生实践技能和公民意识。

◎过程与方法:引导学生自主了解文明乘车、安全出行的知识。通过体验活动"小小引导员""小小售票员"等服务岗位,体验平凡工作中的辛苦,也体会到帮助他人的快乐。

◎情感态度价值观:通过对企业的深入了解,激发学生对交通知识的学

---

① 本教案为作者与天津滨海快速交通发展有限公司合作开发。

习兴趣,培养学生的职业规划素养;通过实践活动,养成乐于研究,乐于探究的学习习惯。培养文明出行、安全出行的意识。

(2)教师发展目标

在综合实践活动的过程中,提高教师对企业的认知度。在活动组织中,进一步体会多元教学方法的运用,提高指导学生进行综合实践的能力。激发教师活动热情、积累教学经验,形成教育教学智慧,促进教师专业发展。

4.活动资源与实践条件

(1)企业提供的资源

◎ 企业为前期的讲座提供相应的稿件,为校企双方共同签署《合作共建协议书》做好相关安排。

◎ 企业为学校提供体验的场地、相关服务人员负责讲解。

(2)学校方面需要做的准备

◎ 制定活动方案,与企业联系人商定具体细节。

◎ 结合活动开展的需要,根据企业提供的资源,学校准备讲座地点和相关安排。

◎ 学校为实践活动做好人员安排及后勤保障。

◎ 教师对参加活动的学生进行安全教育。

(3)家长的配合

学校下发相关通知,限定人数、相关家长配合体验活动。

二、课程实施设计

(一)前期课:校企合作共建——轻轨知识主题讲座

建议时间:1课时

上课地点:学校小剧场

主讲人员:天津滨海快速交通发展有限公司相关职员

课程目的:学生通过在日常生活中对交通方面知识的了解,指导学生更细致、更多角度的了解,激发学生对相关知识了解的积极性。

课程内容：

1.签署协议书

泰达实验学校武校长和天津滨海快速交通发展有限公司赵书记分别从学生综合素质发展和绿色环保出行的角度进行发言，校企双方共同签署了《合作共建协议书》。

2.发出倡议

大队委姚君彤朗读倡议书，带领300余名同学共同倡议：乘坐轻轨，文明出行，从我做起，美丽滨海！

3.知识讲座

活动最后，滨海快速的工作人员为学生们带来了一场别开生面的轻轨知识讲座，讲座主题为轻轨建设与安全乘车。

（二）中期课之一："参观轻轨站 绿色环保行"——学生代表走进轻轨太湖路站

建议时间：2课时

活动地点：轻轨太湖路站

主讲人员：轻轨工作人员

活动目的：为深入开展社会实践活动，倡导社会文明新风，培养青少年对环保、科技知识的兴趣。我校经研究决定和天津滨海快速交通发展有限公司共同组织少先队员代表开展"参观轻轨站绿色环保行"走进轻轨太湖路站社会实践活动。

活动内容：

1.学生代表参观轻轨车控室、站台、闸机。

"轻轨站的内部结构怎样的""为什么每个车站都有控制室""闸机是如何工作的"，经太湖路轻轨站的工作人员指引，由车站的整体设计讲起，边走边讲。在车控室，面对着一堆按钮和一串电脑显示屏，这个"神秘"的房间让大家都瞪大了眼睛。工作人员一边慢慢讲解，一边与同学们进行互动，面对学生们问不完的问题，工作人员都耐心地进行一一解答。在闸机前，工作人员向学生们展示了进站的几种方式，如刷地铁票、刷一卡通、刷银行卡、刷手机 App 等等,学生们此时才发现原来乘坐轻轨这么方便。

2.亲身体验轻轨安检设备,培养青少年学习交通知识的兴趣。

在安检机前,学生们纷纷提问:"安检机显示出来包包怎么是彩色的?"安检机如何检测包包里面的东西?安检机是否有对人体有害?负责安检的工作人员耐心地回答了学生们的疑问,并亲身示范正确的安检流程。随后,学生们纷纷起身体验,工作人员一一指导,对规范的安检动作给予了表扬。

3.学生们描绘了一幅幅地铁线路图。

最后,在会议室内,工作人员为学生们讲解了轻轨的线路图走势,以及车站地点选择需要注意哪些条件。学生们在工作人员的安排下,自己设计完成了地铁线路图。

(三)中期课之二:"文明有我 安全同行"——开展红领巾实践基地体验活动

建议时间:2课时

活动地点:轻轨太湖路站

主讲人员:轻轨工作人员

活动目的:为了更好地开展学生实践活动,开发社会课程资源,让学生有全面发展的机会,少先队员代表来到我校红领巾实践基地——轻轨太湖路站,参加"文明有我 安全同行"实践活动。在前期学生已经对轻轨运行知识初步了解的基础上,本次活动设计由学生亲身体验轻轨工作人员日常工作。

活动内容:

1.津滨轻轨许部长、我校德育处孙主任为队员们佩戴了志愿者绶带。

活动开始,队员们排成一列,精神饱满,跃跃欲试。津滨轻轨许部长、我校德育处孙主任为队员们佩戴了志愿者绶带。孙主任鼓励队员们,以"文明有我,我为文明"为行动口号,以认真负责的态度完成好此次实践活动。许部长也要求队员们,认真聆听工作人员的安排和注意事项讲解,注意自身安全,积极完成实践任务。

2.队员动手,用鲜艳的红领巾、精美的手抄报、感人的征文装点实践基地的展示区。

首先,队员们按活动要求完成第一项工作,自己动手装饰轻轨站展示区,体现文明出行、安全出行的主题。各小组队员充分利用自己的特长,有的用自己的红领巾、有的用手抄报、有的用文明征文来装饰展示区。经过装饰的展示区充满了队员的心意,路过的乘客纷纷驻足观看,并夸赞小队员们的创意。

3.队员们体验"小小引导员""小小售票员"等服务岗位。体验平凡工作中的辛苦,也体会到帮助他人的快乐。

职业体验环节是队员们最期待的,一个个"小小地铁人"整衣扶帽,带着一点点小忐忑,更多的是走向"职业"的认真。安检员、自助买票引导员、出入闸机引导员、电扶梯引导员、站台岗,队员们自由分组,在五个不同的岗位,用三十分钟,体验了一把轻轨工作的职业生涯,满满的收获不言而喻。就像一个小姑娘说的:"我今天很开心,刚刚我引导了一位乘客购买轻轨票呢!"可能对于孩子来说,职业体验带来的成就感才是最珍贵的。

图1　活动后学生与工作人员合影

(四)后期课:说一说,轻轨职业体验心得

建议时间:1.5小时

活动地点:学校活动教室

主讲人员:学生

活动目的:在前期听报告、参观、职业体验的基础上,以小组为单位,由学生展示心得、感想、新闻稿,进一步提高学生对职业的思考和认识。

活动内容:

1.小组汇报

2.教师展示

3.综合评价

评价采取教师评价 + 学生自评 + 同伴互评的方式,评价表如下:

学生评价表

活动内容_____ 班级_____ 姓名_____

项目	评价要点	自评	互评	师评
一、在活动中参与的态度	1.认真参加每一次活动。对每一次活动始终保持浓厚的兴趣			
	2.努力完成自己承担的任务			
	3.做好资料积累和处理工作			
	4.主动提出自己的设想			
	5.乐于合作,能和同学交流,尊重他人			
二、在活动中获得的体验	6.善于提问,乐于研究,勤于动手			
	7.关心国家大事,有一定的责任心			
	8.能对自己进行"反思"			
	9.实事求是,尊重他人想法与成果			
	10.活动中遇到困难不退缩,并且自己想办法解决问题			
三、在活动中学习方法的掌握	11.能用多种途径获取信息			
	12.采用了两种以上的方法进行研究			
	13.能运用已有知识解决问题			
四、在活动中的实践能力的发展	14.有求知的好奇心、探索的欲望			
	15.独立思考、自主学习,主动发现问题,提出问题,寻求解决问题的方法			
	16.积极实践,发挥个性特长,施展才能			
五、活动的总体体会	17.自己的总体评价			

三、学习评价

(一)评价原则

评价以鼓励为原则,激励全校师生对交通相关知识的热情,培养学生的综合实践能力和职业规划能力。

(二)评价目的

评价的目的是为了激发学生学习的兴趣、学交通知识的热情,培养学生科学探究精神和动手实践能力。评价以发展性评价为主,根据学生在活动中表现,对其优缺点、学习方法态度和进步情况等状况进行多样性地评价。

(三)评价主体

采用教师评价和学生互评相结合的方式,进行学习评价。

(四)评价周期

课程结束后运用一堂课(40分钟)的时间进行评价。

(五)评价方式——课程实施效果评价

四、课程反思

(一)深挖企业课程资源

开发区的科技企业具有丰富的课程资源,我们应该善于利用这些优质资源,结合学生不同年级的特点,设计符合顺应学生心理及接受能力的课程。讲座只是科技企业进校园的一种常见形式,为中期的相关体验的实践活动进行了良好的铺垫。此次教学设计得到了学校领导的支持,经过专家指导改进,让学生通过了解、参观、实践、体验这一系列的过程,更加深切的了解银行。

(二)继续加强后期与企业的沟通联系

交通企业与我们的生活息息相关,相关话题也比较有热度,学生也很感兴趣,应加强后期的联系和合作,有助于课程进一步的开发。

五、课程拓展与延伸

同学们,相信"津滨轻轨进校园 安全伴我一路行"活动一定给你留下了深刻的印象，课余时间大家也可以继续通过各种渠道了解有关交通的知识，希望你们能成为生活的"有心人"。同时，也希望该课程对你们未来的职业发展有所帮助！

专家点评：

李老师设计的这个关于"轻轨"的课程过程清晰，环节完整，能够很好地衔接轻轨与校园的对接点，开展的活动必较符合小学特点，尤其是孩子的体验环节较好。虽然课程设计的前期、中期和后期课程中没有具体到每句对话，但是整体脉络已经体现了内容，具有一定的操作性。建议可以增加轻轨给人类带来的交通便捷讨论，进而引导孩子理解企业文化和精神，会更有教育意义。

东北师范大学附中净月实验学校　吕　丽

小小银行家①

天津泰达实验学校　李　贺

一、课程设计方案

1.课程设计理念

我校始终坚持"办一所师生喜爱的学校",广泛开设社团课、校企合作课,培养学生"各美其美",让每一个学生都能得到全面而有个性的发展。只有挖掘学生身边的资源,密切联系学生生活,才能开展符合学生年龄特点,利于学生长远发展的有益活动。

"小小银行家"就是我校与招商银行共同开发的首批校企合作课程。

2.学情分析

四年级学生对身边的事物具有强烈的好奇心,银行对同学们来说非常熟悉,街上四处可见,孩子们对银行有着浓厚的兴趣。但学生对于一些银行的专业知识了解得很少,并没有独自亲身体验去银行办理业务的经历,缺乏经验。对于四年级学生而言,"小小银行家"课程既满足了学生的兴趣,又扩展了学生的知识面,对于以后的职业发展也很有帮助,也对于"资金管理""财商"等方面埋下了种子,具有很强的可行性。另外,以讲座的形式可以让学生学到更多有关于银行的知识、切身体验更能学以致用,提高了学生理论联系实际的能力,对于以后的职业发展也意义深远。

3.课程设计缘起

"小小银行家"作为我校课程实施形式的新探索,是我校校企合作课程的重要组成之一。依据我校办学特色,结合我校能力兴趣类课程和实践体验类课程来开发设计,本课程的开发能促进校外课程资源的合理利用,挖掘学校

---

① 本教案为作者与招商银行天津滨海分行合作开发。

与企业合作的最大潜力。另外,银行与学校的联系是很有意义的,可以培养学生金融方面的知识,也会提高数学方面的能力,甚者,对于以后的日常生活的"理财"也会有很大的帮助。该课程操作起来并不复杂,并且具有"横向""纵向"两大优势。"横向"可以以招商银行为案例,联系不同银行企业,了解不同银行的企业文化,做出相应的对比,有益于培养学生的相关能力。"纵向"——该课程适合各个年龄段的学生,区别只在于,可以根据学生不同年龄段的不同理解能力开展不同层次的讲座,切身体验的业务也可以有所不同。低年级偏向基础,高年级更可以涉猎金融及职业规划的相关知识,这也是现代企业的魅力及意义之所在。

4.课程的价值与目标

(1)学生发展目标

◎知识与技能:激发学生对银行行业的兴趣,使学生基本了解银行的业务范围和相关知识。了解目前银行业务办理的方式及金融安全。

◎过程与方法:引导学生自主观察街面上不同的银行。通过讲座的提问互动、模拟办理业务环节,激发学生的兴趣和求知欲,使学生进一步了解银行行业及如何提高金融安全意识。通过亲子体验活动,提高学生的实践操作办理业务的能力。并提高了亲子之间的协助能力。

◎情感态度价值观:通过对企业的深入了解,激发学生对金融知识的学习欲望,培养学生的职业规划素养;通过实践活动,养成乐于研究,乐于探究的学习习惯。

(2)教师发展目标

在综合实践活动的过程中,提高教师对企业的认知度。在活动组织中,进一步体会多元教学方法的运用,提高指导学生进行综合实践的能力。激发活动热情、积累教学经验,形成教育教学智慧,促进教师专业发展。

5.活动资源与实践条件

(1)企业提供的资源

◎ 企业为前期的讲座提供相应的稿件,为讲座中的问答环节提供相应和企业有关的有意义的奖品。为每个学生都准备了一张"愤怒的小鸟"借记卡,提高了学生的参与度和热情。

◎ 企业为学校提供了亲子体验的场地、相关服务人员负责讲解。

（2）学校方面需要做的准备

◎ 制定活动方案，与企业联系人商定具体细节。

◎ 结合活动开展的需要，根据企业提供的资源，学校准备讲座地点和相关安排。

◎ 学校为实践活动做好人员安排及后勤保障。

◎ 教师对参加活动的学生进行安全教育。

（3）家长的配合

学校下发相关通知，限定人数、相关家长配合亲子体验活动。

二、课程实施设计

（一）前期准备活动：招商银行"小小银行家"系列活动主题讲座

建议时间：1课时

活动地点：学校小剧场

主讲人员：招商银行讲师、银行专业技术人员

活动目的：学生通过在日常生活中对银行方面知识的了解，指导学生更细致、更多角度的了解，激发学生对相关简单金融知识了解的积极性。旨在让学生们了解基础的金融知识，通过现场提问、情景演练、互动参与等丰富多彩的方式，培养学生们从小理财的意识和好习惯，为未来的财富人生铺设第一块"基石"。

活动内容：

1.在学生入场口发给每个学生"愤怒的小鸟"借记卡，强烈地激发了学生们的热情和参与度。

2.生活中的银行：组织学生以抢答的方式认识了不同银行的标志及缩写。该环节有顺应学生年龄段特点准备的相关与银行有关的奖品。

3.学生们通过讨论、抢答的方式进一步了解了银行的功能以及银行在我们生活中的作用。另外，对银行的相关金融知识进行了拓展延伸。

4."纸上得来终觉浅，绝知此事要躬行"。在了解了一些基本的银行知识

后,招商银行的叔叔阿姨让学生们闯关体验各种银行业务。例如,第一次存款时必须带上自己的身份证,账户的名字要和身份证上一致,否则存折丢失就没有办法挂失。给自己的存折设一个密码,可以选择一个自己容易记住的密码,但不要太简单,如不要设为123456或000000等。第二次存钱就不需要带身份证了,只要带上钱和银行卡就可以。

(二)中期准备活动:"走近招商银行"——亲子体验日活动

建议时间:半天

活动地点:招商银行营业大厅

主讲人员:银行工作人员

活动目的:通过亲子体验日活动,让学生切身体验银行办理相关业务的流程,还可以体验作为银行的工作人员的相关要求和任务。使学生们在第一课时的基础上,学以致用,提高学生的综合实践能力及相关的职业能力。

活动内容:

1."我是大堂引导员":银行工作人员首先向大家介绍招商银行滨海分行的历史。随后带领学生们体验银行大堂引导员的日常工作,通过接待银行真实客户锻炼了大家的礼仪和社交能力。

2."我是储蓄卡的好朋友":学生们根据自己的兴趣选取了取款、存款、开卡等业务中的一项进行深入了解和体验,并对货币的起源、假币辨别、存贷款等金融知识有了初步的理解。

3."我是小小理财师":银行工作人员引导学生们成为一名"小小理财师"。讲解结束后,家长和学生们来到营业大厅,在银行大堂经理的带领下开展一场别开生面的点钞比赛。

快乐总是让时间过得飞快,活动在学生们的欢声笑语中结束了,学生们久久不愿离开,依然聚在一起畅谈着活动中的趣事和收获。家长们也纷纷表示本次体验日通过寓教于乐的活动模式,让

图1 亲子体验日活动现场学生与

学生们初步了解了银行产品及业务、货币历史、反假知识和理财理念,养成爱护人民币,关注国家金融发展等良好习惯。今后,学校将继续和开发区的现代企业联系,不断探索新的活动模式,提高学生的综合实践能力。

三、学习评价

(一)评价原则

评价以鼓励为原则,激励全校师生对银行相关知识的热情,培养学生的综合实践能力和职业规划能力。

(二)评价目的

评价的目的是为了激发学生学习的兴趣、学金融知识的热情,培养学生科学探究精神和动手实践能力。评价以发展性评价为主,根据学生在活动中表现状况,对其优缺点、学习方法态度和进步情况等情况进行多样性地评价。

(三)评价主体

采用教师评价和学生互评相结合的方式,进行学习评价。

(四)评价周期

课程结束后运用一堂课(40分钟)的时间进行评价。

(五)评价方式——课程实施效果评价

1.小组汇报 学生评价

通过"做一做 说一说 评一评"的方式进行小组评价,学生以小组为单位完成学习简报、感想、新闻稿,小组间进行展示、学生互评。

2.教师评价 作品展示

教师建立科技成果展示板块,展示学生的不同类别的成果,并组织师生学习、参观,激励师生发明、创造热情,取得更大成绩。同时,教师对学生的活动表现进行综合评价。

四、课程反思

(一)深挖企业课程资源

开发区的科技企业具有丰富的课程资源，我们应该善于利用这些优质资源，结合学生不同年级的特点，设计符合顺应学生心理及接受能力的课程。讲座只是科技企业进校园的一种常见形式，为中期的实践活动——亲子体验日进行了良好的铺垫。此次教学设计得到了学校领导的支持，经过专家指导改进，让学生通过了解、参观、实践、体验这一系列的过程，更加深切的了解银行。

(二)丰富互动环节

本次讲座活动得到了家长和孩子们的一致好评。有家长在孩子的随笔后点评到："金融知识进课堂这样多元化的课程挺好，让孩子在日益高速发展的社会中能及时多一分了解，也意味着以后可以多一分自信。"为了让孩子们能在健康、快乐的学习环境下不断地学到各种各样有用的知识，我校会进一步广泛组织学生们到招商银行参观，哪怕不能全员参与，也可以采取班级内的全员模拟活动，这样，让学生的认知更加深刻。欢迎孩子们踊跃做小小志愿者，了解更多的金融知识。

(三)继续加强后期与企业的沟通联系

银行企业与我们的生活息息相关，相关话题也比较有热度，学生也很感兴趣，应加强后期的联系和合作。有助于课程进一步的开发。

(四)加深对课程的开发

本课程很有继续开发的价值，可以根据不同年级的学生认知水平的不同，开设不同类别不同难度的讲座，另外，也可以开发除了招商银行以外的其他银行的课程。让学生加以对比，提高不同维度的能力。

五、课程拓展与延伸

同学们,相信"小小银行家"活动一定给你留下了深刻的印象,课余时间大家也可以继续通过各种渠道了解有关银行、金融方面的知识,希望对你们未来的职业发展和理财能力都有所帮助!理财应该从家庭教育抓起:①培养孩子储蓄习惯。②启发孩子理性消费。③引导孩子懂得花钱。④让孩子在管理零花钱中学会理财。

专家点评:

该方案的设计符合学生的认知发展阶段,每个小活动的设计都能有意识地激发学生兴趣并注重学生的体验。组织者能够积极反思活动的设计和组织情况,值得肯定。未来应加强活动的延伸,注重在日常生活中培养学生的理财意识。另外,可在高年级设置更为高层次的金融话题,比如金融危机、国家经济发展等话题。

东北师范大学　吴晓靓

第七章　新能源、新材料

水之密语①

——膜天膜水处理科普实践活动

天津经济技术开发区国际学校　焦木子

一、课程设计理念与目标

(一)活动设计缘起及设计理念

近 10 年来各地经济增长迅速,工业用水量不断增加,再加上连续几年降水偏少,以及许多水资源污染严重,水的供需矛盾更加凸显。根据统计我国 610 个中等以上城市中,不同程度缺水的就达到了 400 多个,其中 32 个百万人口以上的大城市中,有 30 个长期受缺水困扰。

为解决水的资源性危机,人们自然想到了节约用水、水资源重复利用、海水淡化等可行措施。在水资源回用以及海水淡化的过程中我们会用到物理过滤的方法把水中的杂质过滤除去,净化回用水以及海水,而我们用来过滤水的就是膜。此次社会实践活动,目的是让学生通过对水处理相关技术的了解、学习,知晓当下水资源的紧缺情况,节水的重要性,并能提高学生对净水行业的兴趣,知晓每一滴水的来之不易,也需要我们从而教育学生节约用水。

(二)主题活动目标

1.学生发展目标

(1)知识与技能:

◎增加学生们对膜法水处理的认识和了解,了解各类膜在水处理中的作用。

◎加深学生对水资源的认识,了解水资源开发利用现状。

---

① 本教案为作者与天津膜天膜科技股份有限公司合作开发。

◎提高学生的自主学习、观察、提出问题以及解决问题的能力。

（2）过程与方法：

◎引导学生自己设计节水膜。

◎通过参观体验，设计节水创意方案。

◎通过小组交流，设计节水宣传方案。

（3）情感态度价值观：

◎提高学生的科学素养，加强学生节约用水的教育。

◎学生在活动中不仅能走进水处理技术，也对我们的水资源、环境问题有了近距离切身体会。

2.教师发展目标

在本次课程中，提升老师们对膜法水处理的了解，增强老师的资源整合以及综合实践能力，在组织学生对企业进行参观的过程中也能够提升教师的组织协调能力。

二、课程实施设计

4课时，每课时40分钟

三、活动资源与实践条件

（一）企业方面提供的资源

1.教育局或学校与企业达成开展实践活动的协议，在场地支持、人员配备、经费支出、时间选取、安全保障、协调机制等方面做出相应的商定和说明。

2.企业按照学校开展活动的需要，提供参观时间、活动地点、专业人员、资料设备等方面的资源和支持。企业的负责人或联系人与学校负责人或联系人建立常态的沟通互动。开展活动前，针对活动方案进行深入的协调，能够根据学校方案提供的资源条件、活动实施方式、人员安排等情况做出有针对性的计划。

（二）学校方面需要做的准备

1.活动开发团队首先对学生参与膜法水处理的基本知识、应用方式、处理效果等方面进行摸底调查。参照学生对膜法水处理的理解程度,制定此次活动的具体目标及大致流程,商定支持企业的具体部门和人员等。

2.结合活动开展的需要,进行活动开发团队内培训和其他教师的培训,对活动开展的基本思路和实施细节展开充分的动员和讨论,集思广益,充分发挥每位教师的特长和智慧。

3.把膜法水处理以及膜在未来生活中的应用科普实践活动大致分为"前期准备—中期实践—后期总结"三个基本环节。根据活动实施的各个环节,把学校教师、相关企业工作人员、学生家长等主题组织在一起,成立几个活动筹备实施小组。小组之间纵向沟通和配合,每个小组都有自己的核心任务,同步推进活动方案设计和实施。

4.学校与企业沟通,学校除了方案和人员等方面的准备,还需要做哪些材料和工具的准备,提前购买膜法水处理所需的膜组,以及配套设备、检测仪表、工具等。

5.学校中由哪个学科组直接参与活动研发,哪个部门组织具体实施,以及相应的后勤保障、人员安排等。

(三)家长方面的配合和准备

1.家长在日常生活中举例告知孩子能够应用膜处理的地方,加强他们对此次活动的兴趣程度。

2.邀请家长参与此次活动的方案设计,多多采纳建设性意见。通过家长的帮助尽量让孩子对膜法水处理有深层次的了解。为以后活动的开展做铺垫。

(四)学情分析

处在小学段的孩子们对生活中的事物充满了好奇心,像这样深入到企业的实践活动更能让孩子们通过亲身经历,感受水是如何经过处理来到我们的生活中的。一味告诉孩子节约用水,孩子们是体会不到为什么的。通过校企合作的形式,企业进校园,学生到企业参观的形式了解如何让用膜法处理水,了解世界上水资源被污染、浪费的情况。

四、课程实施建议与活动设计

（一）前期准备环节

前期活动之——校内讲座

建议时间：1课时

活动地点：学校教室

主讲人员：企业专业人员

活动内容：

（1）播放当今水资源现状的视频。

（2）介绍水资源该如何进行的再利用，可以怎么做（例如：雨水回收，水处理技术，生活用水循环使用）。

（3）介绍天津膜天膜科技股份有限公司的概况，结合膜天膜产的各种类型的膜设备说明膜设备是如何影响我们的生活。在讲座的过程中，主讲人员与学生们展开互动，回答学生们心中的疑问和提出的问题。可设计观看完视频，听完水资源再利用提出自己要问的问题。可解决问题请企业专业人员做详细讲解，可通过参观企业解决的问题，设计一张参观问卷，也就是通过这样的形式，设计一张能够自己解决的调查问卷。教师也需要有计划地在调查问卷后附上开放性的，宣传设计海报等。

（4）请企业专业人员讲解一些膜设备的分类以及膜法水处理的大致流程，提高学生对科学的好奇，探究意识。为以后动手实践膜法水处理做准备。讲座最后主讲人员拓展讲一讲企业的公益性、节水、水资源再利用的社会意义，将讲座内容升华，实现校企合作的意义。

前期活动之二——参观企业

建议时间：1课时

活动地点：企业场地

主讲人员：企业专业技术人员

活动内容：组织相应的学生进入到天津膜天膜科技股份有限公司进行实地参观考察，目的是使学生对天津膜天膜科技股份有限公司及其产品有一个初步的认识,了解天津膜天膜科技股份有限公司生产的膜设备在市政给水和污水处理及回用、工业给水和废水处理与回用、海水淡化、饮用水净化、生物制药净化、浓缩及分离处理中的应用。通过参观企业,也可以使学生进一步了解膜法水处理对我们生活的影响,水处理行业对未来社会的影响。

(二)中期实践环节

中期活动:利用膜设备及膜组件完成水的净化

建议时间:1课时

活动地点:实验室

主讲人员:企业技术人员和学校教师共同参与

活动内容:首先回顾一下水净化的流程,通过给学生们介绍每种膜设备的功能以及水中杂质的组成,企业提供半成品膜具,并由企业技术人员及老师做引导,学生们自主设计膜法水处理的工艺流程。在工艺流程确认后,由企业工程师主导,学生共同参与完成水处理设备的安装,通过水处理设备以及事先制定好的水处理工艺完成对水的净化。通过对净化后水质的测评让学生们深刻体会理论知识应用于实践的乐趣,水净化失败的情况下学生也可以对本次活动有一个深入的了解,知晓失败的原因,找到净化工艺和设备安装、调试方面存在的不足。进一步能够加强对学生的教育,体验水净化的不易,来教育学生节约用水。

(三)后期拓展环节

后期活动:拓展提升

建议时间:1课时

活动地点:学校教室

主讲人员:学校教师

活动内容:

1.成果展示:以小组为单位进行学习成果展示和总结汇报,学校可以建立科技成果展示室,展示的成果既可以是物品,也可以是创意、思考、视频等多种形式。可以组织师生学习、参观,激励全校师生发明、创造热情,取得更大成绩。

2.从生活出发该如何从小事、生活中做到节约用水或者水资源的再利用。(例如:淘米水洗菜,再用清水清洗;冲厕所用节水型设备)活动更重要的目的是培养孩子节水意识,通过孩子感兴趣的活动,激发内心的认同感,形成更强的社会责任感。教师要对学生的活动表现进行综合评价。评价的目的是为了激发学生爱科学的兴趣、学科学的热情、用科学的信心,培养学生科学探究精神和动手实践能力。评价应以形成性和发展性评价为主,根据学生在活动中表现状况,对其优缺点、学习方法态度和进步情况等情况进行多样性地评价,关注到学生发展中的个别差异。在总结评价的基础上,引领学生进行深入的思考和探究,尤其是要促进活动与校内学科课程的融合,促进校内教育和校外教育的协同配合,从而最大程度上促进学生们的学习和发展。

五、学习评价

(一)评价形式

1.过程和结果统一原则

注重过程。重视学生学习过程中所表现出来的学习态度和学习方法,引导学生亲身参与学习过程并获得的感悟和体验,增强学生发现问题、提出问题、解决问题的综合思考方式和见解创新能力。对学生课上表现进行评价,引导学生进行课后学习,对其做出自主学习能力方面及综合能力素质的评价。发挥评价的激励作用。

2.全面性原则

用发展的观点、思想去评价学生,对不同的学生在学习过程中的点滴进步给予肯定,激励他们不断努力。关注学生的个体学习差异,发现不同层次学生在原有基础上的变化,使每个学生都能持续性发展。

3.多元与多样化原则

为了学生均衡全面发展,要求:评价内容多元化,评价方式多元化;对学生掌握知识的情况进行评价,也对学生能力进行评价;向学生本人评价,也向家长评价。

（二）评价周期

4 课时。

（三）评价内容

首先，设计评价量表，对不同能力较强的学生都给予评价，评出沟通交流小能手、操作设计小明星、优秀合作小组等形式。

1.沟通交流小能手

对此类能力突出的学生，给予他们的评价、奖励应是更多的沟通机会，也可以是校企合作大使的称号。可以让老师和沟通能力较强的学生一起与企业沟通交流，对学生的沟通能力加以提升。

2.操作设计小明星

通过在校内组织学生设计水净化膜，发现热爱设计、动手能力强的学生，与企业沟通并颁发校企合作实践活动的荣誉证书，给予孩子荣誉性的鼓励。鼓励他们参加科学校本课程或者社团中，发现学生更多的设计天赋。实现校企合作的另一个目的，在校企实践课中发现学生的闪光点。

3.优秀合作小组

通过观察、汇报等形式发现活动中分组参观、小组汇报、学校组资料整理、分工情况，发现学生的小组合作能力，给予他们一定的礼品奖励，从小培养合作意识。

（四）评价方式

问卷调查法、访谈法、量规法、档案袋评价法、观察法。

六、课程拓展与延伸

1.课程成熟后，可以在各个年级开展这种实践性强的课程形式，争取实现面向全体学生。

2.进一步加强与企业的联系，争取联系更多的企业参与到校企合作中来，把校企合作发展教育课程形式发展为常态。

3.通过学生的自我反思,推己及人宣传节能用水活动,将在实践中学到的理念扩展到学校、家庭乃至社会各个层面。

4.指导学生进行创新与实践的海报设计,或宣传节水、水资源再利用的方案设计,提升学生探究、设计与总结能力。

专家点评:

"水之密语"课程方案紧密围绕着膜法水处理这个主题,针对小学生进行了一系列的设计。课程方案设计理念考虑到了社会发展背景和学生发展特点,结合了区域企业资源优势,着力拓展学生的视野和社会实践能力。课程方案对课程设计的理念、课程设计的缘起、学生的发展目标等方面都有清晰的阐述,对课程活动内容和过程的分析也比较具体,评价部分也做了详细的阐述。建议活动设计的广度和深度要更加切合小学生的年龄和个性特点,做到详略得当,难度适中,进而最大程度发挥出课程活动的育人价值。整体来看,是一份很好的课程设计方案。

东北师范大学　于　冰

第八章　节能环保

走近"低碳生活"①

天津经济技术开发区国际学校　朱丽娜

一、课程设计理念与目标

(一)课程设计起源

随着世界工业化进程的深入、经济的发展、人口的剧增和生产生活方式的变化,以二氧化碳为主的温室气体排放量愈来愈大,全球气候变暖已日益成为危及人类生存的严重问题。频繁发生的灾害性气候所引发的山洪、泥石流、飓风雪灾等已经严重危害到人类的生存环境和健康安全。

我们只拥有一个地球,任何人都无法逃避气候变化的威胁。应对全球气候变暖,人人有责,每个人都需要从日常生活中的点滴做起,为应对气候变化做出贡献。

低碳生活是现代社会倡导的健康生活。学生不仅要懂得温室效应的原因和影响,更应该了解低碳生活方式,做一名弘扬低碳生活的新时代学生。

(二)学情分析

1至6年级的学生对低碳生活有不同层次的了解。1至2年级的学生对低碳生活方式以及温室效应的了解甚微。3至6年级的学生在日常生活中接触较多的低碳生活方式,了解温室效应的成因和影响,但缺少对低碳技术和低碳产品的了解;3至6年级学生充满好奇心,具备一定的创造力、动手能力和探究能力。如何保护环境,低碳环保有哪些产品以及如何应用等问题这些都是学生感兴趣的问题。

---

① 本教案为作者与天津泰达低碳经济促进中心合作开发。

(三)课程目标

1.学生发展目标

(1)学生了解温室效应的起因和影响。

(2)增加对低碳生活方式的认识,了解低碳生活的发展历程。

(3)了解低碳产品与低碳技术的应用,提高学生对低碳生活产品的创新与创造。

(4)提升学生保护环境,倡导低碳生活的意识。

(5)引导学生对未来职业发展进行规划。

2.教师发展目标

(1)提升老师对低碳生活产品和技术的认识与应用。

(2)能够在实际的教学中更好的应用低碳生活技术。

(3)提升课程开发与课程评价的能力。

二、课程实施设计

4课时,每课时40分钟

三、活动资源与实践条件

(一)企业方面提供的资源

学校已与天津泰达低碳经济促进中心达成开展实践活动的协议,在场地支持、人员配备、经费支出、时间选取、安全保障、协调机制等方面做出相应的商定和说明。

天津泰达低碳经济促进中心按照学校开展活动的需要,提供参观时间、活动地点、专业人员、资料设备等方面的资源和支持。企业的联系人与学校联系人建立常态的沟通互动。开展活动前,针对活动方案进行深入的协调。

(二)学校方面需要做的准备

1.学校选择40名科技兴趣生参加校本课,首先对学生日常参与低碳生活等方面进行调查,确定参与学生是否了解相关背景知识和应用技术,再与泰达低碳中心商定具体事宜。

2.结合活动开展的需要,进行课程活动前期准备。

3.把走进低碳生活科普实践活动大致分成"前期准备—中期实践—后期总结"三个基本环节。教师负责问卷设计、活动设计等环节;企业工作人员负责介绍和参观引领。

4.学校与泰达低碳中心沟通,学校还需要准备学习卡、环保材料、制作工具、绘制工具等,提供动手实践依据。

5.学校选择科学组直接参与活动研发、实施以及相应的后勤保障。

(三)家长方面的配合与准备

家长负责与学生一起填写低碳生活问卷调查表、搜集低碳生活资料、整理低碳生活产品、帮助学生进行产品的创新创造等。

四、课程实施建议与活动设计

课程总共分为三个部分,分别是前期引入课程主题,中期学生走进天津泰达低碳中心,后期课程的评价与反馈。

(一)前期准备:打开"低碳生活"之门

课程时长:40分钟

课程地点:科学教室

授课者:教师

课程目标:增加学生对低碳生活的了解,提升学生保护环境和低碳生活的意识。

课程内容:

1.导入

(1)视频欣赏:冰川融化的视频。

(2)提问:如果地球上大量的冰川融化,我们的地球、我们的生活会有什么变化?

(3)提问:你知道是什么导致冰川融化吗?

(4)交流:冰川融化跟温室效应有关。

自工业革命以来,人类向大气中排放的二氧化碳等吸热性强的温室气体逐年增加,大气的温室效应也随之增强,已引起全球气候变暖等一系列极其严重的问题。为了保护我们的环境,全球提倡低碳生活。

2.了解低碳生活

(1)提问:你们了解哪些低碳生活方式?

(2)提问:你们平时存在哪些非低碳生活方式的生活习惯?

(3)分发问卷:完成一份问卷调查。

(4)小组讨论:低碳生活的方式和重要性。组织分享:你们组总结出哪些低碳生活方式? 对我们的生活和环境有什么作用?

(5)介绍低碳生活:低碳生活(low carbon living),就是指生活要尽力减少所消耗的能量,特别是二氧化碳的排放量,从而低碳,减少对大气的污染,减缓生态恶化。主要是从节电、节气和回收三个环节来改变生活细节。

3.了解天津泰达低碳经济中心

(1)简介泰达的工业环境:展示图片和视频。

天津经济技术开发区（即泰达,Tianjin Economic-Technological Development Area)于 1984 年 12 月 6 日经中华人民共和国国务院批准建立,为中国首批国家级开发区之一。

(2)简介天津泰达低碳经济促进中心。

(3)任务布置:课下了解天津泰达低碳经济促进中心;准备一个关于低碳生活有关的问题写在卡片上。

4.课外拓展

(1)与父母一起共同完成一份问卷调查。

(2)与父母一起搜集低碳生活相关资料。

(3)与父母一起了解泰达低碳中心。

(二)中期实践:走近"低碳生活"

课程时长:90 分钟

课程地点:天津泰达低碳经济促进中心

授课者:工作人员

课程目标:增加学生对低碳生活方式和产品的了解,提升学生保护环境和低碳生活的意识,鼓励学生设计环保材料、创新环保产品等。

课程内容:

1.参观准备

(1)安全教育。

(2)任务要求:根据自己卡片问题,进行有目的的参观。

(3)40人分成两个组:根据场地情况将40位学生分成两组,两楼层分开并同时进行参观。

2.参观活动

(1)讲解员带领小组学生进行参观,教师进行安全和纪律辅助。

(2)配合工作人员安排进行企业参观,主要集中在产品介绍、产品体验和低碳技术参观。

(3)问题交流时间:学生向专家或者工作人员进行提问与交流,并及时记录。

注意:所有的活动和精彩瞬间,教师要及时拍照、录像和录音,收集好资料,以备后期宣传。

(4)返校,强调安全教育。

3.活动任务

该任务在参观活动之前由科学老师向学生们发布。

(1)卡片收获:学生写一份50字左右的收获。

(2)写一篇300字左右的参观感悟。

(3)收集包装盒、塑料瓶和瓶盖等,下节课带到科学教室。

(三)后期拓展:探索"低碳生活"

课程时长:40分钟

课程地点:科学教室

授课者:教师

课程目标:培养学生低碳生活方式与产品的创新的能力、激发创造与探究的潜力;提升学生保护环境、低碳生活的意识

课程内容:

1.分享交流

(1)组织:按小组进行卡片展示。

(2)交流心得:同学们有什么感悟?

2．探究活动

(1)探究主题:设计一个低碳环保宣传图案或制作一个环保作品。

(2)小组合作设计。组织研讨:你们小组的设计理念是什么,存在哪些问题和困难?

(3)小组合作制作。教师提供制作工具。

3.作品展示与总结

(1)作品展示。

(2)活动总结分享。想要表达的低碳理念是什么,创新点是什么?

五、学习评价

(一)激励性原则

在授课过程中积极与学生互动,对参与讨论或者提问的学生给予奖励。

(二)多样性评价原则

形成性和发展性评价为主,总结性评价为辅。根据学生在活动中表现状况、学习卡完成度、问卷调查的完成度、准备工作、过程性表现、作品设计、学习心得与总结等多个方面进行评价。

(三)评价目的

为了激发学生爱科学的兴趣、学科学的热情、用科学的信心,培养学生的科学探究精神和动手实践能力。

六、课程反思

通过这四次课程的深入学习,学生对温室效应的原理、低碳生活的发展史、低碳生活的方式、低碳生活技术的应用有了充分的了解,也对低碳生活未来的发展方向有了明确的认识。在此过程中,任务卡、学习卡的设置充分锻炼了学生的记录、汇报、总结、交流能力。问卷调查活动加强了学校、企业和家庭之间的联系。参观活动的安排使学生在有意识地拓宽对低碳生活的认识和产品的应用,更突出低碳理念的现实意义。设计与制作活动既是对前面课程所学知识的总结和运用,又可以联系所学科学知识,充分发挥学生的创造力和想象力。整个活动渗透了 STEAM 理念,将科学、数学、美术等知识完美融合,全面提高学生的核心素养。

七、课程拓展与延伸

1.课程成熟后,可以扩大学生学习规模,争取实现面向全体学生。

2.进一步加强与企业的联系,争取专业人员进校开展"低碳"课程。

3.深入 STEAM 理念,设计丰富的活动与制作活动,锻炼学生的探究能力、解决问题的能力和创新能力。

4.学生设计宣传活动,将低碳生活理念扩展到学校、小区等社会层面。

5.指导学生进行创新与实践论文的撰写,提升学生探究、总结与写作能力。

专家点评:

"走进低碳生活"这一案例设计是朱丽娜老师经过认真调研完成了课程设计,几轮修改后而成,在三个部分的前期、中期和后期课程设置中,她共用了 4 个课时,有重点有内容,带动学生进行了很好的参观实践、思考学习的过程,很有针对性也很有实用性。在与企业合作的分析中有了针对本校学生的个性化做法,在后期的评价、反思和延伸中,能够考虑到让学生主动参与、同时深入渗透 STEAM 理念,这是非常好的。总体来看,本案例设计已经具备了一定的实施条件。

东北师大附中净月实验学校　吕　丽

附件
"低碳环保"调查表

班级:_____　姓名:_____

1.对于"低碳环保"这个词你熟悉吗?

A.很熟悉

B.比较熟悉

C.不是很熟悉

2.你觉得"低碳"与我们的生活关系大吗?

A.没有什么关系,"低碳"不能解决根本问题

B.觉得我有必要有所行动,但还没有采取行动碳排放

C.关系到地球气候恶化影响,我正在采取行动减少碳排放

3.你认为什么是"低碳"?

A. 降低碳的使用量

B. 降低二氧化碳的排放量

C. 降低含有碳物质的使用量、排放量

D. 降低所有有害的碳物质的使用量、排放量

E. 没有听说过,不清楚是什么

4.你是从哪些方面了解到"低碳环保"的?

A.从朋友口中

B.网络、报纸、电视等媒体宣传

C.商家的广告里

D.环保志愿者的宣传

E.相关部门组织的展览宣传活动

5.你知道生活中哪些行为会增加碳的排放吗?

A.知道

B.不知道,也不想知道

C.不清楚,想知道

6.你认为"低碳生活"会降低生活水平吗?

A.会降低

B.不会降低,是一种合理生活方式

C.无所谓

7.你是否考虑过你日常生活方式的碳排放对环境的影响?

A.考虑过,也尽量低碳生活

B.考虑过,但很难做到

C.没考虑过,想要了解

D.不考虑

8.在炎热的夏天,你在教室或在家里休息时一般把空调调到多少摄氏度?

A.26℃或以上

B.20℃—25℃

C16℃—20℃

9.时间允许的情况下,是否会尽量使用步行/乘坐公交代替自己开车?

A.经常

B.很少

C.几乎没有

10.你认为冰箱中存放的东西占冰箱容积的____为宜?

A.100%

B.80%

C.60%

11.你出门就餐会选择?

A.自带餐具

B.外面提供的消毒餐具

C.使用一次性餐具

12.你经常把一些环保的知识告诉你身边的人吗?

A.经常

B.偶尔

C.几乎没有

13.你的房间或教室无人时是否会关灯?

A.关灯

B.不一定

C.不关灯

14.你经常双面使用纸张吗?

A..经常

B.偶尔使用

C.几乎没有

15.当你在生活中发现有人破坏环境时,你的态度是什么？

A.积极制止

B.观望

C.无所谓

16.你常常对用过的水进行二次利用吗?

A.常常

B.不经常

C. 从来不

17.你对你身边环境的评价怎样?

A.良好

B.一般

C.不太好

18.给你提供机会,你会参加植树吗?

A.会去

B.如自付费用的话不会

C.不会去

19.平时买东西时,是否会尽量挑选环保节能型的?

A.常常

B.不经常

C.从不

20.日常生活中你是如何处理废旧电池的?

A.放进专门回收箱

B.随便扔进垃圾桶

C.随便放

【参考文献】

[1]天津经济技术开发区[DB/OL].[2020-11-05]. https://baike.so.com/doc/2866726-3025189.html

[2]低碳环保调查问卷[DB/OL].[2018-06-30].https://wenku.baidu.com/view/8e6b55bf294ac850ad02de80d4d8d15abe23009b.html

现代城市立体绿化中的科学与技术应用探究①

天津经济技术开发区国际学校　陈欣悦

一、课程设计主题

"现代城市立体绿化中的科学与技术应用探究"科学活动,依据我国现阶段义务教育已明确将加强生态环境教育写入课程标准,成为我国素质教育的重要环节。《国家中长期教育改革和发展规划纲要》及《全民科学素质行动计划纲要(2016—2020年)》指出,要开展课外科技活动,引导未成年人增强创新意识和实践能力。普及保护生态环境、节约资源能源、心理生理健康、安全避险等知识,使未成年人对科学的兴趣显著提高,创新意识和实践能力有较大增强。

二、课程设计背景及目标

(一)课程设计背景

党的十九大首次提出了建设富强民主文明和谐美丽的社会主义现代化强国的目标。树立和践行"绿水青山就是金山银山"的理念。随着近年来城市的飞速发展,城市品位日趋提高,许多城市在"五一""十一"和春节等大型节日都进行大规模的花坛的布置,以增加节日的气氛。节日花坛已经成为节日期间市民游玩赏花不可缺少的一道靓丽风景。

天津开发区以生态工业示范园区、低碳工业园区、循环经济示范区、循环化改造示范区为依托,持续推进美丽泰达建设。加快建立绿色低碳的生产方

---

① 本教案为作者与天津泛美园环境科技有限公司合作开发。

式、生活方式和治理方式,发展循环经济产业链。按上级要求推动落实既有建筑绿色化改造。这为充分挖掘区域资源提供便利、为教育事业发展服务、为学生终身发展奠基,为实现现代企业资源与学校教育课程的深度融合提供了很好的条件。

在开发区学校现代企业教育工作领导小组的带领下,进一步加强校内资源与校外资源的互动和整合,发挥各方参与青少年发展的积极性。我们设计了"现代城市立体绿化中的科学与技术应用探究"科学活动。通过以后类似系列主题活动的建设和不断完善,让广大学生都能了解科学、关心科学、热爱科学,具备一定的创新能力,尤其是基于真实情境的问题解决能力,促进每一个学生全面而有个性地发展。

(二)活动目标

1.学生发展目标

(1)知识与技能目标:说出花坛所用植物的种类和特征,知道花坛采用的技术和养护知识,分析花坛象征的社会文化含义。

(2)过程与方法目标:激发学生科学学习的兴趣,培养学生观察、提出问题、搜索信息、搜集材料、交流互动、合作学习。

(3)情感态度和价值观:体验参与花坛调查的乐趣,养成亲身参与的环保理念,理解科学与社会之间的复杂联系。

2.教师发展目标

在活动设计与实施中,提高教师对教育的兴趣和热情,增强教师课程资源整合能力。在活动组织中,进一步体会多元教学方法的运用,提高指导学生进行实践的能力。

三、课程实施设计

8课时,每课时45分钟

(一)课程内容

1.准备阶段(1课时)

（1）小组搭建

按照学校要求，组建科技创新训练营，召开家长会，取得各方对活动的支持。

（2）学情调查

组织学生进行问卷调查，摸清学生对科技活动和花坛的了解情况，同时让学生对此次实践活动有一个初步的了解。

（3）拟定方案

大致明确活动地点、所需设备等，搜集相关材料，准备相关展览，并与相关专家取得联系，安排知识讲座。

（4）场地踩点

在国庆期间，重点对校园和社区，完成实地调查和研究活动。

2.知识搭建阶段（2课时）

（1）给学生讲解花坛相关知识，包括植物识别和养护知识。

（2）邀请企业专家讲座，邀请植物和科技活动专家，指导学生学习科学探究方法，编写科学探究任务单，并进行校内预实验。

（3）企业方面提供的资源：天津泛美园环境科技公司按照学校开展活动的需要，提供参观时间、活动地点、专业人员、资料设备等方面的资源和支持。企业的联系人与学校联系人建立常态的沟通互动。

3.实施阶段（3课时）

（1）植物和花坛相关资料的收集

"工欲善其事，必先利其器"，在实践活动开展之前，指导学生到图书馆或者到网络上搜集有关节日花坛等相关资料，了解花坛的含义，识别植物的种类，认识花坛在人们节日生活中的作用。

（2）校本课程开发，讲解植物和花坛知识

根据天津泛美园环境科技有限公司提供的资源，学校选择30名对科学感兴趣的学生组成校本课班集体。学校利用校本课让学生进行植物识别和栽培，花坛历史、设计及养护等知识的学习，教师和学生一起开发相关校本课程的资料，利用活动课时间讲解、积累植物和花坛的知识，了解花坛的发展历程、设计原则、配置原理、花坛材料、艺术手法以及天津节日花坛的特点，为后续活动做好准备。

（3）进行科普讲座，开展节日花坛的预调查活动

根据活动内容要求，邀请企业相关专家走进校园，进行"常见植物识别""科学调查方法""节日花坛"等科普讲座，介绍植物识别和科学调查方法，了解花坛摆放前的栽培情况，并在学校及周边社区、公园进行预调查，充分调动学生的兴趣，并使学生对本次活动内容能整体把握和初步了解。

（4）实地探究节日花坛的奥秘

在节日前进行分组，发放花坛探究任务单，从科学、技术、文化等角度，对公园社区等进行实地探究。

花坛中的科学：在探究花坛中的科学部分，主要是了解花坛分类方法和设计，分类主要按表现主题、空间形式、运用方式、观赏季节、栽植材料区分，设计内容有设计原则、花坛植物用材、花坛位置。

花坛中的技术：节日花坛在设计、施工与管理等方面需要技术保障系统，工艺保障、花材保障、造型保障、养护保障，是技术创新的展示。

根据天津泛美园环境科技公司相关专家介绍，巨大的花坛要能抵抗 10 级大风，同时底部要设有排水系统，如遇到大雨，雨水可以从底部排走。现在的天津津湾广场花坛，已经开始使用中国自主发明的、世界最先进的灌溉技术——痕量灌溉技术，整个花坛内部终日润而不湿，表面干燥，没有多余的水流出，植物生机勃勃、造型美丽壮观。花坛引入 3D 裸眼技术，在广场周围放置了 3D 激光发射器，保证花坛四周都能看到立体夜景。

花坛中的文化：花坛除了满足人们的视觉感官效果外，还承载社会文化功能，国庆花坛成了最热门的留影地。2019 年是中华人民共和国成立 60 周年，天津和平区步行街广场中心花坛主景为巨型的同心圆，花坛直径

图 1　滨江道的庆祝祖国 70 华诞花坛

50米,顶高15米,可抵抗10级大风。花坛四周都展示"70华诞"字样,突出祝福祖国、实现伟大复兴中国梦的美好意愿。

(5)活动汇报及展示阶段(1课时)

◎ 组织小组学生进行总结,撰写活动报告;在活动课上分小组进行交流,分享花坛给人们节日带来的欢乐以及我们的探究收获。

◎ 指导学生撰写科技创新论文,召开论文答辩交流会,择优推荐参加区、市以及全国科技竞赛。撰写文章和拍摄照片,参加科普竞赛。

◎ 整理学生花坛探究的文章、图片、视频等相关资料,汇集成册,作为校本教材进行使用;制作展板、PPT等,在学校宣传,LED屏、校园网、社区等进行宣传,并利用微博、微信等新媒体扩大宣传。

◎ 向园林绿化部门提出建议,为天津建设贡献自己的力量。

(二)重点、难点、创新点

1.活动重点

(1)搜集天津市城市节日花坛的资料。

(2)实地探究天津国庆花坛情况。

(3)学会调查、记录、分析数据,熟悉查阅资料的方法,撰写调查报告。

(4)向有关部门提交节日花坛的改进建议。

2.活动难点

(1)花坛植物识别和花坛中包含的科学、技术及文化内涵。

(2)实地调查中的观察、采访、记录、整理,以及传播等方法。

(三)利用各类科技教育资源

1.场所:教室、校园、社区、公园、植物园等多个上课和调查地点;在家里、学校图书馆、阅览室、计算机房查阅资料等。

2.必配的器材有:探究任务单、照相机、DV等。

四、活动过程和步骤

1.准备阶段

制订活动方案,开展基础性调查研究工作,与学校领导、学生、家长沟通,邀请专家,准备材料和器材。

结合活动开展的需要,进行活动开发团队内培训和其他教师的培训,对活动开展的基本思路和实施细节展开充分的动员和讨论,集思广益,充分发挥每位教师的特长和智慧。

2.实施阶段

组织开展专家讲座、方法培训、实地调查、相关部门走访等活动。

(1)识花坛,认植物。把花坛内容和常见植物做成展板,在学校的科技长廊内展出;在植物园和学校内,开展识别花坛植物活动;参观天津花木公司花卉基地,了解花坛用材的培育特点。

图2 学生调查MSD花坛

(2)大手拉小手——亲子一起"庆国庆,拍花坛"。在国庆期间,开展学生和家长一起"逛公园、游广场、拍花坛"活动,把花坛作为重点,一起来探究花坛蕴含的文化、科技和环保内容,记录并拍摄下来,利用微信、网络等新闻媒介,在朋友圈分享,优秀作品在学校屏幕展示。

3.总结阶段

(1)学生整理活动资料、撰写报告,汇报交流活动收获与体会,出一期板报,在学校科技节期间进行花坛作品展出。

天津国庆期间花坛所采用的主要植物种类

地点	主要植物种类		
	草类	花卉类	长青植物
开发区 MSD 花坛	1.墨西哥鼠尾草 2.兰花鼠尾草 3.重盆草 4.御谷	1.葵花 2.菊花 3.百日菊 4.四季海棠 5.柳兰	1.海枣 2.大叶黄杨 3.凤尾兰 4.变叶木 5.龙舌兰
	5.芒草 6.天鹅绒草 7.铃草	6.碧冬茄 7.醉蝶花 8.鸡冠花	
北塘古镇花坛	1.芒草 2.墨西哥鼠尾草 3.玉带草 4.萱草	1.一串红 2.菊花 3.长春花 4.醉蝶花	1.鹅掌柴 2.变叶木 3.美人蕉 4.蒲苇
	5.御谷 6.垂盆草 7.兰花鼠尾草	5.四季海棠 6.凤仙花	
友谊路银河广场花坛	1.兰花鼠尾草 2.垂盆草 3.玉带草 4.萱草 5.芒草	1.水蓝绣球 2.碧冬茄 3.万寿菊 4.鸡冠花 5.五彩苏 6.香彩雀 7.柳兰	1.海枣 2.凤尾兰 3.龙舌兰 4.美人蕉

开发区国际学校
六年二班
毕铭恩

图3 学生调查花坛植物类别记录表图

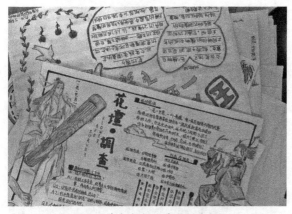

图4 学生完成的花坛调查报

（2）设计花坛和花坛标识牌。每个人都可以成为社会小主人和小小设计师，发动学生的设计才能，开展"我来设计花坛和标识牌"活动，激发学生关注社会、关心花坛的积极性。

（3）成果分享和交流。科技训练的学习，广场、花园的探究，给学生带来了无限的乐趣。整理学生关于花坛探究的文章、图片、视频等相关资料，汇集成册，作为校本教材使用。

（4）相关成果向园林绿化部门提出建议，科技小组的孩子们还建议，花坛摆放结束后，让市民通过网上预约，将花坛中的花卉领回去，让美丽的鲜花伴随市民生活，拉近市民与国庆花坛的距离。

五、活动效果

1.践行了知行合一的理念

"游广场，看花坛"一直是众多天津市民和海内外游客国庆期间的传统节目。通过观察天津街头的国庆花坛，和学生们一起探究其中蕴含的科技内涵。在活动过程中，学生学会了与人沟通，体验到同学合作的愉快；锻炼了自己的动手能力，享受到了成功的快乐。

2.调动了学生参与环保的积极性

通过这次生动活泼的活动，学生学到了有关花坛植物的相关知识；认识了各种各样的花坛植物，并亲自动手设计花坛和标识牌；同时体味到了科技进步的应用。

（一）采用科学的方法，对此次活动进行评估

（1）过程评价：每一次活动学生都有完整、规范、真实的活动记录，教师对每次活动都给予鼓励评价。

（2）成果评价：进行多种多样的成果展示，如研究报告、摄影作品、DV 作品、手抄报、总结建议等。

（二）收获和体会

古人云："一花一世界，一叶一菩提。"古人最喜于观世间万物，于花团锦簇中赏清欢至味。不论是"田田初出水，菡萏念娇蕊"之清染出尘，还是"最喜牡丹真国色，花开时节动京城"的娇艳欲滴，抑或是"鹿蕉覆去当年梦，鲑菜持来次日欢"的眷恋欢快，都应了这句话。

在这次活动中，我开阔了视野，认识了许多新奇秀丽的花卉、挺拔的草木，发现了许多生活中的小美好；提升了能力，学会了识别、归纳、总结植物，也学会了如何进行实践活动；了解了花坛设计师这一工作种类的重要性与困难性，同时也领略了祖国母亲的端庄雍容、美丽典雅。

专家点评：

该课程方案以天津花坛等一系列资源为基础，围绕"现代城市立体绿化中的科学与技术应用探究"这个主题，整合学校跟企业资源使学生体验动手动脑趣味性强的实践课程。

课程设计用了 8 课时，在不同的地点来开展课程，整个方案考虑得很具体详实。从整体上，本方案课程设计的理念贴合实际，针对性强。设计思路清晰，可以对学生、家长乃至社会达到一定的环保影响力。

东北师范大学　王海英

污水化清流　绿意满校园①

天津经济技术开发区国际学校　刘丽玉

一、课程设计理念与目标

（一）课程设计理念

1.体现全人教育的价值取向,培养学生爱水、护水的道德素质

2018 年 3 月 22 日的世界水日当天，联合国秘书长潘基文指出："清洁饮水已经成为稀缺资源，而且随着气候变化的到来将变得更加稀缺。"现如今世界范围内清洁水资源严重短缺,作为未来主人的当代学生急需珍惜水资源的教育。通过此课程使学生意识到清洁水资源的匮乏,建立珍惜水资源的道德观念,从而身体力行,为珍惜水资源贡献力量。

2.让课程走向生活,面向儿童的生活世界和社会实践

2017 年教育部印发了《中小学综合实践活动课程指导纲要》。文件指出,要坚持教育与生产劳动、社会实践相结合,从学生的真实生活和发展需要出发,从生活情境中发现问题,通过探究、体验等方式,进一步培养学生的综合素质。

儿童在生活中处处利用水资源,课程从儿童熟悉的生活用水入手,层层递进的展示水资源的现状,引发学生对水资源现状危机的共鸣。

充分利用开发区第一污水处理厂的专业优势、污水处理场地,开发专业知识讲座,开展进厂参观活动,以综合实践活动和与生活相联系的形式使学生切身了解污水处理的过程,增强珍惜水资源的意识。

---

① 本教案为作者与天津泰达威立雅水务有限公司合作开发。

(二)学情分析

由于生活经验的限制,学生对水资源的缺乏现状和保护情况只有很简单的了解,知道淡水和海水的比重,了解生活污水和工业污水在慢慢侵蚀地球,但并没有意识到问题的严重性,也不曾关注节水的具体做法,尚处于心已动,身未行的阶段。因此没有在生活中做到真正的护水、爱水、节约水。

(三)课程设计缘起

我国是一个干旱缺水严重的国家。随着国内及国际范围内工业的发展和城市规模的不断扩大,人们在生产和生活中,排放的各种废物对水体的污染越来越严重,本就严峻的水资源面临着更大的挑战。

作为新时代的学生,应该了解污水的处理环节,以此明确水资源面临的严峻形势,从而建立珍惜水资源的意识。

二、课程实施设计

(一)学时规定

课程完成需 4 课时

课程实施时间:校本课时间

课程实施对象:"科创空间"校本课成员 26 人

课程实施地点:科学教室和天津泰达威立雅水务有限公司(天津开发区第一污水处理厂)

课程负责人:刘丽玉

(二)课程内容

以讲座、参观为主要方式开展课程,利用企业已有专业领域知识资源、污水处理厂的场地及学校科学教室、材料,引导学生认识我国水资源及污水处理的现状,了解开发区第一污水厂处理的基本流程和技术手段,思考及探讨生活中珍惜水资源的方法。具体分为以下四次活动:

1.以"水资源及水污染现状"为主题的校内讲座,旨在通过数据分析和图片视频等多媒体材料,直观的向学生展示生活中不曾接触的水资源现状,帮助学生建立关于水资源的危机意识。

2.以"污水处理工艺"为主题的校内讲座,通过净化水小实验,学生以小组为单位参与到净化水的活动中,亲身体验水由污浊变清澈的完整过程,形成初步的科学概念。由此由浅入深地介绍开发区第一污水处理厂的污水处理工艺,利于学生理解、学习。

3.赴开发区第一污水处理厂参观,充分利用该企业的场地和设施进行讲解和演示,介绍污水处理厂的建设和运转情况,直观的向学生呈现污水处理的全过程,加深学生对水污染及水污染治理的认识。

4.以"节水妙招"为主题的校内讲座,本次讲座分为两部分,前期学生就活动心得进行展示交流,在交流过程中学生分享、提升、发展对污水处理的认识。从而引发珍惜水资源的情感共鸣,进而探讨节水、爱水小妙招,争做生活中的护水小卫士。

(三)课程资源的开发与建设

1.企业方面提供的资源

泰达威立雅水务有限公司在场地支持、人员配备、安全保障等方面做出相应的商定和说明。

泰达威立雅水务有限公司根据学校开展活动的需要,安排固定的专业讲师,根据课程负责教师所提供的授课提纲,充分备课,并在授课前就授课内容与负责教师进行沟通,建立常态的沟通互动。

在学生进污水处理厂参观时,做好充分的活动预案,保证活动安全、有序的进行。

2.学校方面需要做的准备

学校需要与企业建立常态沟通,将活动安排与泰达威立雅水务有限公司尽早协调,保证其有足够的准备时间。

企业进校园活动,需要学校安排好授课场地和时间,提前选定听课学生,并交代听课要求,保证授课活动有序进行。

学生进企业活动,需要学校安排好车辆、随行人员,并与家长做好沟通。做好活动开展材料的搜集和整理工作,便于后期使用。

(四)课程实施建议与活动设计

第一课:校内讲座:水资源及水污染现状

课时时间:40分钟

活动地点:学校科学教室

活动主体:"科创空间"校本课成员26人

主讲人员:学校科学教师

活动内容:

(1)地球水资源现状

地球水资源,从广义上来说是指水圈内的水量总体,我们所说水资源主要指陆地上的淡水资源。

水是地球上最丰富的一种化合物。全球约有四分之三的面积覆盖着水,地球上的水总体积约有13.86亿立方千米,其中96.5%分布在海洋,淡水只有3500万立方千米左右。

(2)中国水资源现状

我国水资源总储量约2.81万立方米,居世界第六位,但人均水资源量不足2400立方米,仅为世界人均占水量的1/4,世界排名110位,被列为全球13个人均水资源贫乏国家之一。

(3)水污染概念

水污染是指进入水体的污染物含量超过水体本地值和自净能力,使水质受到损害,破坏了水体原有的性质和用途。水污染主要来自工业废水、生活污水、农业废水等。

(4)水污染实例

◎ 重金属污染:水俣病

◎ 赤潮

◎ 多瑙河污染

(5)世界及国内水污染现状

目前,全世界每年约有4200多亿吨污水排入江河湖泊,污染了5.5万亿吨的淡水,相当于全球径流总量的 14% 以上。

(6)我国水污染治理现状

◎ 污水处理管网建设滞后

◎ 污水处理厂运营与管理水平较低

◎再生水的利用率低,城市、城镇污水处理厂负荷高

第二课:校内讲座:污水处理工艺

课时时间:100 分钟

活动地点:学校科学教室

活动主体:"科创空间"校本课成员 26 人

主讲人员:企业专业人员,学校科学教师

活动内容:

(1)污水处理模拟实验

◎ 观察比较自来水和生活污水,观察它们有什么不同。(生活污水颜色深,浑浊,有泥沙,有油污,有难闻的气味。)

◎ 用什么方法可以把污水中的杂质分离出来?(沉淀和过滤)

学生以小组合作的形式对所取污水样本进行沉淀和过滤。

(2)企业简介

天津开发区第一污水处理厂是滨海新区第一座污水处理厂,占地 6.71 公顷,日处理污水 10 万立方米,被列为天津市"环境保护规划"和天津市"绿色工程计划"。自 2007 年 7 月,由天津泰达威立雅水务有限公司负责运营、维护、保养及经营。

(3)污水处理工艺流程

该项目的处理工艺预处理 + SBR 序批式活性污泥法 + 深床反硝化滤池 + 臭氧催化高级氧化 + 紫外消毒,进水经粗细格栅、沉砂池等预处理,进入 SBR 反应池、反硝化深床滤池处理,经紫外消毒灭菌和臭氧催化高级氧化后,部分回用,其余处理水排入渤海湾。

(4)污水处理工艺特点

◎ SBR 序批式活性污泥法

SBR 工艺主体构筑物是两个串联的需氧池(DAT)和曝气池(IAT),一般情

况下 DAT 池连续进水曝气,其出水进入 IAT 池完成曝气、沉淀、滗水和排除剩余活性污泥的操作。该工艺具有自动化水平高,运行调度灵活,占地省,抗冲击负荷能力强等优点。

图 1 开发区第一污水处理厂 SBR 生物反应池

◎ 后置深床反硝化滤池和紫外消毒

通过生物滤池除臭系统,将产生的臭气送至生物过滤器,由微生物氧化分解,达到除臭效果;利用深床反硝化滤池工艺去除总氮、总磷和过滤悬浮物;利用紫外线消毒系统进行消毒灭菌。

◎ 臭氧高级氧化

通过臭氧接触池工艺,利用臭氧催化高级氧化法,进一步去除溶解性难生物降解的 COD,实现达标排放。

(5)污水处理后的用处

处理后的水一部分直接排入渤海湾达标排放;另一部分进入泰达新水源科技开发公司进行进一步处理和净化再利用。剩余污泥经脱水机脱水处理,泥饼外运进行生物利用和无害化处理。

第三课:参观企业

课时时间:100 分钟

活动地点:开发区第一污水处理厂

活动主体:"科创空间"校本课成员 26 人

主讲人员:企业专业人员,学校科学教师

活动内容及形式:

(1)请泰达威立雅工作人员从整体上介绍污水处理厂的建设和运行情况。

(2)在工作人员及教师的带领下参观厂区及主体工艺。了解污水由污浊变澄清的过程。

(3)学生就所看到的环节进行提问,与工作人员进行交流。

(4)布置作业:写参观心得。在下次校本课进行交流。

第四课:校内讲座:节水妙招

课时时间:40分钟

活动地点:学校科学教室

活动主体:"科创空间"校本课成员26人

主讲人员:学校科学教师

活动内容:

(1)分享参观心得

以小组为单位阅读、分享所写参观心得,评选小组内最优秀作品进行全班展示。

(2)讨论珍惜水资源,减少污水的方法

可从以下几个方面进行考虑:

◎ 洗澡节水

A.学会调节冷热水比例。

B.不要将喷头的水自始至终地开着。

C.洗澡要专心致志,抓紧时间。

D.不要利用洗澡的机会"顺便"洗衣服、鞋子。

◎ 厕所节水

A.在厕所水箱里竖放一只装满水的大可乐瓶,以减少每一次的冲水量。

B.用收集的家庭废水冲厕所,可以一水多用,节约清水。

C.垃圾不论大小、粗细,都应从垃圾通道清除,而不要从厕所用水来冲。

◎ 洗衣机节约用水

坚持三件以上的衣物才用洗衣机洗,一两件衣物坚持手工洗。

◎ 一水多用

A.洗脸水用后可以洗脚,然后冲厕所。

B.家中应预备一个收集废水的大桶,用来冲厕所。

C.淘米水、煮过面条的水,用来洗碗筷,去油又节水。

D.养鱼的水浇花,能促进花木生长。

◎ 洗餐具节水

家里洗餐具,最好先用纸把餐具上的油污擦去,再用热水洗一遍,最后才用较多的温水或冷水冲洗干净。

三、学习评价

开展诊断性评价,对学生的学习情况进行量化统计和诊断。开展问卷调查,以讲座中的理论知识为内容设计答卷,了解学生的理论知识学习水平。

开展形成性评价,布置学生写活动心得,将通过参加活动收获到的知识、认识、心得进行梳理,用课件进行呈现,以反映学生在任务完成过程中的反思与总结,升华学生的综合技能。

开展激励性评价,学生以小组为单位,为小组成员介绍对水资源现状的认识,介绍生活中的节水小妙招,充分调动学生学习的积极性。

通过以上几个方面完成对活动效果的评价,调查参加活动的学生是否对水资源、水污染、节水有了新的认识。学生观察、提出问题、搜索信息、搜集材料,交流互动、合作学习等方面的能力和科学素养是否得以提高。是否完成养成乐于学习科学,乐于探究的态度,养成科学的思维习惯,理解科学与社会、技术与生活之间的复杂联系,进一步增强科学态度和责任的目标,进而对开设本课程的意义进行综合性评价。

专家点评:

该课程方案紧密围绕"污水处理"这个主题进行了一系列的设计,课程内容紧密联系生活实际,充分考虑了学生的生活经验和发展水平,结合区域企业资源和学校办学实际情况。课程活动环节安排校内讲座和校外参观相结合,着力促进学生对水资源和污水处理等方面的理解,加强日常生活、学校教育与生产实践之间的联系,提高学生的认识,优化学生的习惯。整体来看,课程方案对课程设计理念、课程设计缘起、课程活动内容、课程实施过程等方面都有具体清晰的阐述,具有较强的可操作性。

东北师范大学　于　冰

走进植物王国[①]

天津经济技术开发区国际学校 于 萍

一、课程设计理念与目标

（一）课程设计起源

令人着迷的自然世界，总有某个角落或某个领域能迷住你的眼睛。一旦走进去，就会被它的魅力吸引，学生尝试用只言片语对大自然的鬼斧神工进行一次次地解释，而这就是学生对自然科学产生兴趣，进而探索、发现真理的过程。

地球上几乎到处都生长着植物，它们种类繁多，达40多万种。它们形态、结构和生活习性大不相同。多种多样的植物与学生生活是息息相关的，无论是身边高大的树木还是路边的野花小草，利用学生已有的生活经验，发现植物生命的变化，带领学生进入奇妙的植物王国，增加学生对植物探索的兴趣，从此深切地爱上大自然。

近年来，多种植物都急剧减少，其中我们的绿色屏障（森林）正以平均每年4000平方千米的速度消失。森林的减少给我们赖以生存的地球带来了极大的影响，涵养水源的功能受到破坏、物种的减少、水土流失，甚至二氧化碳的吸收减少进而又加剧了温室效应。因此，让学生了解植物、保护植物是当务之急。

通过这种形式的学习，学生对植物科学形成一个初步的概念，让他们了解植物，掌握探究科学的一般研究方法，为以后的学习培养兴趣、做好铺垫。希望通过这样一个活动，让学生自己组织安排，制定计划，分工合作，使学生

---

① 本教案为作者与天津津彩自然科技有限公司合作开发。

的自主、合作、探究等能力得到提升。同时,丰富多彩的植物知识,使学生对植物的多样性,以及植物与人类的关系有更深刻的理解。

(二)学情分析

低学段学生的好奇心强,开始能够理性的去思考问题。他们渴望了解植物的种种秘密,思考植物科学的奥秘。走进植物王国正是针对这一阶段学生的心理特征,通过活动创设的情境,引发学生思考,激发学生对科学的求知欲和浓厚的探索兴趣。让他们通过学习和思考去感受自然科学的神奇魅力,学会主动观察、主动思考、发挥他们的想象力和创造力,以适应时代的需要。

(三)课程目标

1.学生发展目标

(1)对植物的特征有初步的认识。

(2)初步了解科学的观察方法。

(3)培养学生学习科学的兴趣。

(4)体会植物也是生命体,懂得爱护植物。

(5)培养合作交流,动手实践的能力。

2.教师发展目标

(1)增加教师对植物科学的认识。

(2)提升教师的组织能力。

(3)增强教师的课程开发能力。

二、课程实施设计

4课时,每课时40分钟

三、活动资源与实践条件

(一)企业方面提供的资源

1.学校已与天津津彩自然科技有限公司达成开展实践活动的协议,在场地支持、人员配备、经费支出、时间选取、安全保障、协调机制等方面做出相应的商定和说明。

2.天津津彩自然科技有限公司按照学校开展活动的需要,提供参观时间、活动地点、专业人员、资料设备等方面的资源和支持。企业联系人与学校联系人建立常态的沟通互动。开展活动前,针对活动方案进行深入的协调,能够根据学校方案提供的资源条件、活动实施方式、人员安排等情况做出有针对性的计划。

3.因企业的接待能力有限,也为了保证活动开展的效果和质量,每次到企业进行实践活动的人数最好为40人左右,以小组为单位展开活动,每组6人。

(二)学校方面需要做的准备

1.根据企业提供的资源,学校选择40名对科学感兴趣的学生组成"科创空间"校本课,学校利用校本课,从中筛选出对植物科学更了解、更感兴趣的学生,确保参与活动的学生有一定的知识基础,再与天津津彩自然科技有限公司商定具体部门和人员等。

2.结合活动开展的需要,进行课程活动前期准备,包括科普学习、讲座、演讲等符合学生思维发展的课程活动。

3.学校与天津津彩自然科技有限公司沟通,学校除了方案和人员等方面的准备,还需要准备学习卡、制作工具、绘制工具等,帮助学生进行深度探究和动手实践。

4.学校选择科学组直接参与活动研发、实施,以及相应的后勤保障、人员安排等。

四、课程实施建议与活动设计

课程总共分为三个部分来进行研究,分别是引入课程主题、学生参观天津津彩自然科技有限公司、后期课程的评价与反馈。

(一)课前准备

课程时长:40分钟

课程地点:学校科学教室

授课者:学校教师

课程目标:了解植物的特征。

课程内容:

1.导入

(1)视频欣赏:我们的植物王国。

(2)提问:你有什么感受? 生活中你都知道哪些植物?

2.了解植物的特征

(1)提问:植物都有哪些结构?

(2)提问:植物生长需要什么?

(3)教师出示 PPT 图片讲解。

3.了解天津津彩自然科技有限公司

(1)简介天津津彩自然科技有限公司:天津津彩自然科技有限公司致力于提升中小学学生的科学观察能力,以自然观察为平台,并由天津师范大学生命科学学院本科生搭建,主推介绍天津市各种常见的动植物,分享动植物的观察乐趣与研究心得,组织与动植物相关的各种公益讲座、野外实践等活动,为爱好科学的孩子们提供科学探究盛宴。

(2)带领学生了解天津津彩自然科技有限公司以往的科考活动。

(3)任务布置:了解一种自己喜欢的植物,准备一个相关的问题并记录在卡片上。

(二)自然科考

课程时长:40 分钟

课程地点:天津师范大学

授课者:天津津彩自然科技有限公司工作人员

课程目标:了解天津师范大学校园内的植物,实地观察植物的各个结构

课程内容:

1.参观准备

(1)安全教育

乘车途中不喝水以免临时停车时呛到;参观过程中,两两结伴,相互照应;听老师指挥,不掉队不擅自离队;遇到意外情况或需要帮助时,应及时与老师进行沟通;注意安全,不要追逐打闹,不要随意同陌生人交谈;检查学生与老师须带物品;交代参观任务,有秩序地进行参观。

(2)任务要求

完成实地观察中任务学习单,并记录最感兴趣的植物及其结构特点。

(3)学生分组

将40人分成A、B两个小组,分别由讲解老师同时带领进行参观。

2.参观活动

(1)由天津津彩自然科技有限公司工作人员作为讲解员,带领小组学生进行参观,老师进行安全和纪律辅助。

(2)配合工作人员安排进行参观。

(3)问题交流时间:学生向工作人员进行提问与交流,并及时记录。

注意:所有的活动和精彩瞬间,老师要及时拍照、录像和录音,收集好资料,以备后期宣传。

3.活动任务

(1)该任务学习单在参观活动之前,由科学老师向学生们发布。

(2)根据参观,针对自己最感兴趣的植物以及提出的问题,写一份50字左右的收获,或者完成一份手抄报。

(三)植物标本制作

课程时长:40分钟

课程地点:天津师范大学明理楼

授课者:天津津彩自然科技有限公司工作人员

课程目标:激发学生对植物探索的兴趣

课程内容:

1.标本制作讲解

(1)组织:将学生分成A、B两个小组,每组到各自教室进行制作植物标本的学习。

(2)分组:学生每 6 人为一组进行后续学习。

(3)学习:学习植物标本制作。

2.标本制作

(1)学生领取制作材料。

(2)学生制作标本。

3.作品展示与总结

作品展示。按照组别进行作品成品展示,分享自己在制作过程中遇到的问题。

(四)后期拓展

课程时长:40 分钟

课程地点:学校科学教室

授课者:学校教师

课程目标:体会植物也是生命体,懂得爱护植物。

课程内容:

1.分享交流

活动总结分享:今天你最感兴趣的是哪个部分? 印象最深刻的植物是什么?

2.了解植物与环境

(1)提问:植物对我们有什么作用呢?

(2)出示视频、图片进行讲解。

(2)活动总结:植物和我们的生活息息相关,我们如何做才能保护植物,保护我们赖以生存的家园呢? 设计一份宣传海报,倡导大家一起爱护我们的植物王国吧。

五、学习评价

(一)发展性原则

用不断发展的态度去评价学生,他们是不断进步的,不论是具有丰富植物科学知识的学生,还是在此活动中才接触的学生,对于他们在学习活动中点点滴滴的进步,都应给予鼓励和肯定。其次,在对学生进行评价时,应特别注意学生本身的个体差异,不同程度的学生接受和理解能力是不同的,评价的衡量标准应是纵向和横向的,肯定每个学生都能持续发展进步。

(二)多样性评价原则

评价方式多样化,要对学生掌握植物科学知识的情况进行评价,也要对学生的学习能力进行评价。在开展活动中,课堂上多采用口头评价,也要把评价用书面语表达。此外,评价内容也应多元化,根据学生在活动中最初的潜概念状况、准备工作的落实、任务单的记录完成度、植物标本的完成度、过程性表现、宣传海报、学习总结等多个方面进行评价。评价方式与内容的多元化,以期能关注到在活动中每个学生的发展,引发深入地思考和探究,促进其全面健康的发展。

(三)评价目的

通过评价提高每个学生的科学素养,发现学生的潜能,引发他们与生俱来对科学、对自然的好奇心,激发学习的求知欲,自觉地去学习科学知识。

表1 走进植物王国评价表

评价	自评	互评	教师评
1.活动中能仔细观察、独立思考	☆☆☆☆☆	☆☆☆☆☆	☆☆☆☆☆
2.积极参与活动	☆☆☆☆☆	☆☆☆☆☆	☆☆☆☆☆
3.高质量完成任务单	☆☆☆☆☆	☆☆☆☆☆	☆☆☆☆☆
4.团队合作	☆☆☆☆☆	☆☆☆☆☆	☆☆☆☆☆

六、课程反思

1.课堂教学、实地参观以及动手实践有机结合,渗透了 STEM 的教学理念,使课程活动效果最大化,学生的科学素养得到提升,教师的教学组织能力也得到了锻炼。

2.教学与参观活动中师生都积累了丰富的资料与经验,活动中能自觉、主动地学习,如拍照、记录、搜集资料等。

3.参观活动前进行充分的前期准备,以及充足的知识储备,保证活动顺利开展且有侧重点,活动中,教师、学生、讲解员等各司其职,活动有条不紊地进行。

4.活动开展步步设疑,好奇心是学生与生俱来的,带着疑问去探究、带着任务去发现,设计简单的问题以及导向性的任务单,保证活动的质量。

七、课程拓展与延伸

◎ 走进植物王国的课程成熟后,可以引导学生进行动物王国的探索。

◎ 加强与企业的联系,争取专业人员进校开展"自然科学"的科普讲座。

◎ 本次活动学生设计的保护植物的宣传海报以及植物标本,会以展览的形式向全校发起"保护大自然"的倡议。

专家点评:

课程设计方案能够充分实现教学与企业生产同步,充分利用社会教学资源,将课堂与生活紧密地结合在一起。活动中有对植物知识的学习,有实地去感受植物,还有学生亲自动手体验,活动开展起来由浅入深,由表及里,充分调动了学生的积极性。

此外,课程设计与当今的环境问题息息相关,潜移默化的渗透保护环境的思想,在拓展环节又将活动的影响力扩大到整个社会,引发更多人的深刻思考。本课程方案能够很好地契合低年级学生的学情,有效开发利用身边的教育资源,聚焦学生核心素养的提高,希望未来可以看到更多像植物王国这样相关的课程案例。

天津经济技术开发区国际学校　赵立群

让"绿色"融入我们的生活①

天津经济技术开发区泰达实验学校　孙　静　孙　莹

一、课程设计理念与目标

1.课程设计理念

我校始终坚持"办一所师生喜欢的学校",广泛开设社团课、校企合作课,培养学生"各美其美",让每一个学生都能得到全面而有个性的发展。绿水青山就是金山银山。保护地球,低碳环保是我们从小应该养成的良好行为习惯,也是学校重要的办学理念。为此我校与泰达低碳环保中心共同开发了"让'绿色'融入我们的生活"校企合作课程。

2.学情分析

(1)六年级学生对身边的事物具有强烈的好奇心,低碳与环保是同学们经常听到的词汇。因此,孩子们对什么是低碳,怎样才能环保有着浓厚的兴趣。

(2)目前,国家从一年级开始开设科学课,六年级学生已经具有一定的科学知识基础,也在科学课和生活中了解过环保的相关知识。

(3)对于六年级学生而言,开展"让'绿色'融入我们生活"系列课程既满足了学生的兴趣,又纠正和弥补了学生在生活上的一些误区与盲点,让学生对低碳与环保有更深层次的认识。

3.课程设计缘起

"让'绿色'融入我们生活"作为我校"环保时装秀"课程实施形式之后的又一次探索,是我校校企合作课程的重要组成之一。依据我校办学特色,结合我校兴趣类课程和实践体验类课程来开发设计,本课程的开发能促进校外课程资源的合理利用,挖掘学校与企业合作的最大潜力。

---

① 本教案为作者与天津泰达低碳经济促进中心合作开发。

4.课程的价值与目标

(1)学生发展目标

①使学生了解绿色出行的交通方式,了解如何在生活中做到低碳,引导学生记录自己一天在哪些地方可以做到低碳环保。②激发学生对环保知识的兴趣,通过小组间的交流汇报,提高语言表达能力和小组合作能力。③养成绿色出行的好习惯,提高环保意识,树立热爱家乡的朴素情感。

(2)教师发展目标

在活动设计与实施中,提高教师对现代企业教育的兴趣和热情,增强教师课程资源整合能力。在活动组织中,进一步体会多元教学方法的运用,提高指导学生进行综合实践的能力。激发教师活动热情、积累教师教学经验,形成教育教学智慧,促进教师专业发展。

二、课程实施设计

1.课时规定

3课时,每课时40分钟

第一学时:开展讲座,留下思考问题并布置小组合作任务。

第二学时:带着问题去参观低碳环保中心,在参观中寻找问题的答案。

第三学时:学生的感悟和低碳小妙招交流分享会。

2.课程资源

学校:小剧场、活动时间、多媒体设备、参与教师

企业:活动材料、PPT、专业技术人员

3.课程内容的选择与确定

学校与企业进行反复沟通,共同打磨教学内容,确定授课人员、时间、场地等。经过对六年级学生的学情分析,结合企业资源,最终确定三大课程内容:低碳环保的简单介绍;实际参观低碳环保中心;学生的交流分享与教师答疑解惑。

三、课程实施建议与活动设计

第一课时

1.情景导入,引起关注

通过电影片段和丰富的图片,向学生们介绍环境保护的重要性。气候变暖,冰川融化,越来越多的环境问题摆在我们面前,低碳环保是我们正确的选择。

2.相互交流,深入发现

随着工业革命到现在的几百年中,地球正在悄悄地发生变化。师生一起探讨,共同交流了如下问题:

(1)气候变暖问题

(2)水污染问题

(3)土壤污染问题

(4)大气污染问题

3.发出倡议,注重环保

提醒学生如何处理好经济发展与环境保护的关系,请大家畅所欲言。

倡议:为生命注入爱的底色,倡导低碳环保生活。积极参与创建"绿色学校"活动。不乱丢垃圾、不浪费资源、节约用水、用电、节约粮食。珍惜纸张,搞好教室、公共区域卫生;种植花草树木;回收废旧电池;不使用一次性筷子;保护野生动植物;同破坏环境的行为做斗争。

4.设置问题,引发兴趣

同学们,听完了今天的讲座你还有哪些小疑惑吗?那让我们带着问题去泰达低碳环保中心参观学习,寻找答案吧。

第二课时

1.小组合作,有序参观

2017年12月8日,泰达实验学校的50多名师生参观全国科普教育基地泰达绿色技术产品展厅、泰达绿活馆。学生们在邓老师的指挥下迅速排成两组,并选出两个小组长,在小组长的带领下有序参观。

2.参观体验,交流发现

参观泰达绿活馆后,学生们体验了自行车发电装置、用废旧纸盒回收加工而成的纸张桌椅、神奇的环保衣服等,也学到了很多环保的知识。最让学生们惊讶的是一个小小的纽扣电池对水污染的破坏性,纷纷说要回去换掉这种电池的计算机。

图 1　学生了解低碳环保产品　　　图 2　教师走进低碳环保中心

参观完一楼的生活类展厅后,学生们悄悄地来到三楼的泰达绿色技术产品展厅,在老师的陪同下听着邓老师讲述泰达的绿色发展之路,参观低碳示范楼模型,满足了学生们的好奇心。

3.满载而归,合影留念

愉快的合影结束了此次参观,学生们学到了很多课堂上较少接触的环保知识,同时也满足了他们探索新知识的好奇心。看似普通的绿色产品激发了学生们的热情,此次活动不仅丰富了他们的课后实践活动形式,还真正体验了一次环保之旅。

第三课时

1.小组分享

以班级为单位,每个小组分享自己的感悟和低碳小妙招。第一小组分享了在生活中节约用水的好方法;第二小组分享了自己废品回收利用的好想法;第三小组分享了在绿色出行上的好建议……不同的小组从不同的角度和切入点谈了对绿色与低碳的想法和感悟。最后全体成员举手表决,选择最优秀的 2 组,为他们的作品贴上科学之星。

2.教师评价

教师通过学生参与情况和作品展示情况，为优秀作品贴上科学之星，并进行点评和指导。在学生谈到好的想法和建议以后，及时给予肯定和表扬。在学生谈到一些误区和不太可行的建议以后，及时给予答疑和修正。8个小组都将自己的感悟进行了分享，可以看出大家不仅学到了绿色低碳的环保知识，而且学会如何进行分工合作。

3.妙招展示

各个班以低碳为主题，组织班级利用午休时间将好的"低碳小妙招"粘贴在黑板一侧，以供全校师生参观，进一步激发学生的学习兴趣，同时树立了学生的自信心，提高成就感。

四、学习评价

1.评价原则

评价以鼓励为原则，激励全校师生对科学的热情，取得更大成绩。

2.评价目的

评价的目的是为了激发学生爱科学的兴趣、学科学热情、用科学的信心，培养学生科学探究精神和动手实践能力。评价应以发展性评价为主，根据学生在活动中表现状况，对其优缺点、学习方法态度和进步等情况进行多样性地评价，关注到学生发展中的个体差异。在总结评价的基础上，引领学生进行深入的思考和探究，尤其是要促进活动与校内学科课程的融合，促进校内教育和校外教育的协同配合，从而最大程度上促进学生们的学习和发展。

3.评价主体

采用教师评价和学生互评相结合的方式，进行学习评价。

4.评价周期

课程结束后运用一堂课（40分钟）的时间进行评价。

5.评价方式

（1）小组汇报 学生评价

通过"做一做 说一说 评一评"的方式进行小组评价，学生以小组为单位完成学习简报、感想，小组间进行展示，学生互评。

（2）教师评价 作品展示

教师建立科技成果展示板块,展示学生的成果,并组织师生学习、参观,激励师生发明、创造热情,取得更大成绩。同时,教师对学生的活动表现进行综合评价。

五、课程反思

1.深挖企业课程资源

开发区的科技企业特别多,而且种类特别齐全。讲座和参观只是科技企业进校园的一种形式,今后还可以开展科学大比拼活动,让学生通过参观、实践、体验,更加深切的了解科学,爱上科学。

2.丰富讲座前中后

建议在讲座之前让学生先自己搜集资料,了解相关知识,讲座中给予学生更多的参与机会和互动环节。讲座后组织学生开展分享交流会。这些活动既可以增加学习气氛,又可以增强学生的合作能力。

3.增加参观的机会与地点

后期,还可以增加参观其他的低碳与环保的基地,让学生从多角度、多维度去了解低碳的相关知识。

4.继续加强学情分析

针对六年级学生的特点,进行前期课程的兴趣引入,提高学生参与度,适当提高任务的难度。

5.突出小组合作学习

进一步加强小组合作学习的真实体验,增强课程学习的实效性。本次课程的实施,充分发挥了学生的主体作用,在基于兴趣共同体建立的学习小组,会在学习和研究、汇报、评价等环节起到非常好的作用,对于培养学生的合作精神、探究精神具有实效性。

六、课程拓展与延伸

气候变暖、冰川融化、环境污染,这些问题,越来越威胁到地球——我们共同的家园。人们也越来越意识到环境污染的严重性,越来越意识到低碳环保的重要性了。前段时间,我给学生们做了一个环境与保护的报告"让'绿色'融入我们的生活"。

学生们听得津津有味,有的手托着腮全神贯注地倾听,有的埋头奋笔疾书,有的皱着眉头认真思考,有的思维活跃积极发言。通过这次讲座,我们知道了一片森林、一棵树的生态价值,明白了气候变暖的原因以及什么是生态平衡,了解了许多废物利用的方法。面对自然气候和环境的恶化,我们从日常生活做起,倡导低碳生活,保护我们赖以生存的家园。不要以为低碳生活距离我们很遥远,其实,对我们小学生来讲,从我做起,养成良好的生活习惯,同样十分重要。比如,我们可以时刻提醒家人要节约用水。自来水在洗完菜之后,不要轻易倒掉,可以用洗菜水来冲厕所,或者用来洗拖把。又比如,我们要养成随手关灯、及时拔电源的好习惯,在用完电脑、看完电视后,要及时关闭电源,这样不是缴不起电费,而是减少不必要的电力消耗,降低碳的排放。据统计,节省一度电就可以减少 0.68kg 的碳排放,这样算来,我们每天节约一度电,一年要降减少多少碳排放啊!

纸上得来终觉浅,老师们带领泰达实验学校六年级学生参观了泰达低碳环保中心。同学们看到很多绿色产品并进行了体验,动感单车发电装置,塑料瓶制成的运动球衣,瓦楞纸桌椅,玉米秆制成的筷子都让孩子们新奇不已。学生惊讶、好奇的眼神给我留下了深刻的印象,我想这些低碳环保的产品也给他们留下了深刻的印象。

一次讲座,一次参观就给孩子们带来这么大的改变。在后期,我们要在教学中继续渗透低碳环保的知识。在科学课上给学生继续讲述一些生活低碳小妙招,在语文课上给学生继续强化环保的重要性和形势的严峻性,在美术课上让学生以绿色为主题绘画一些作品。相信他们一定可以成为低碳小达人。

专家点评:

"让'绿色'融入我们生活"这一案例设计是泰达实验学校孙静、孙莹老师几易其稿而成,而且是已经实施过的案例,有一定可借鉴性。案例课程设计中的前期铺垫引发学生兴趣,中期参观各有侧重,后期展示尽展所长。评价之中的生生互评、师生共评给予了学生以继续学习的信心。课程反思环节提出了本次课例中的不足与下一步工作的设想。总体来看,本案例设计已经具备了一定实施的条件。

东北师大附中净月实验学校　吕　丽

泰达新水源①

天津经济技术开发区第一中学　赵志军　徐　瑶

一、课程设计缘起

滨海新区污水处理水平居于国家前列。现有 5 座污水处理厂,日处理污水能力为 15.1 万立方米。预计到"十一五"末年,滨海新区城市污水排放量将达到每天 140 万立方米。现在天津开发区、塘沽区、汉沽区、大港区、保税区、天津港以及滨海休闲旅游度假区、散货物流加工区、空港物流加工区、东丽湖地区、海河下游工业区和葛沽等地区的污水处理设施正加快建设。这些污水处理设施建成后,将使滨海新区日产再生水 70 万立方米至 80 万立方米,中水回用率达到 30%。

为了增加学生对污水治理过程和污水治理行业的了解,结合滨海新区的企业资源,开发出适合中学生的现代企业教育活动方案。

二、课程价值与目标

(一)课程价值

1.理论联系实际,培养学生创新精神

党的十八大提出要把"立德树人"作为教育的根本任务,党的十九大再次提出要把"立德树人"的工作落实到位。学校现代企业教育是中小学生素质拓展课外活动的重要组成部分,是丰富学生学习生活、培养全面发展人才的有效途径,是全面实施素质教育、落实立德树人根本任务的重要举措,是着力培养中小学生的社会责任感、创新精神和实践能力的迫切需要。

---

① 本教案为作者与天津泰达新水源科技开发有限公司合作开发。

2.为新高考"六选三"做准备

自 2017 年开始,高一开始进行新课程和新高考改革,高中学习不分文理,高校高考录取采取"两依据,一参考"的模式,依据高考语、数、外三科成绩,依据史、地、政、理、化、生"六选三"的等级性学业考试成绩,参考综合素质评价。这样的改革就要求学生在中学期间就提前要了解自己,了解大学专业,了解职业和行业,了解各种不同的岗位以及以上种种之间的关系等,帮助学生做好高中的选考抉择,确定自己的学习目标,做好生涯规划。

(二)教学目标

1.知识与技能

(1)通过学习让学生了解不同职业的发展历程和未来发展前景,了解不同职业不同岗位的工作内容和工作特点(薪资待遇、工作时长、工作性质等),了解不同职业对人们日常生活的影响,了解不同岗位对推动国家和社会发展所做出的贡献。

(2)通过参观学习让学生初步掌握高中学习教材中的知识与污水处理中应用的关系。

2.过程与方法

通过参观学习,学生可以学会理论联系实际,并且培养学生细心观察以及表达交流能力。

3.情感态度价值观

引导学生从不同从业人员的生涯故事中认识职业价值观,反思不同种类价值观对人生轨迹的引导作用,促进学生进行外在导向职业价值观向内在导向职业价值观转化。

三、课程设计理念

在课程设计、建设和教学实施过程中,贯彻以下教育理念:

1.社会认知职业理论认为在个体的生涯经验会影响个体的生涯决策。生涯经验包括对职业的整体认识和掌握职业内容、技能要求及发展前景等方面的知识。生涯经验积累的途径有二:一为教师传授;二为社会观察学习。因此本方案将二者结合,为学生营造良好的生涯学习氛围。

2.建构主义的学习观:学生的知识是在一定的情境中通过与他人的互动,利用必要的学习资源,主动建构获得的。灌输式教学限制学生创造性思维的发展,剥夺了学生建构知识和理解自身的机会,学生通过探究和主动学习,才能达到最好的学习效果。

四、学情分析

在中国的教育考试背景下,大部分高中生学习目标薄弱,没有强大的内在动力和学习信心,仅知道自己的当前任务是考上重点大学,完成爸妈的愿望。至于他们自己对于专业的选择,未来职业的选择几乎是一无所知。这就造成了未来就业兴趣和所学专业不对称的现实。为了从内在激发学生的学习兴趣,也为了从根本上解决学生兴趣和所学专业不对称问题,应该在高中阶段大力开展学生职业体验课程,让学生在已有的认知水平上,结合自我兴趣,深层次多角度的了解不同企业、不同专业、不同职业的发展前景,帮助学生明确自己的专业和院校选择以及未来的职业方向。

五、课前准备

(一)企业方面

1.教育局或学校与企业达成开展实践活动的协议,在场地支持、人员配备、经费支出、时间选取、安全保障、协调机制等方面做出相应的商定和说明。

2.企业按照学校开展活动的需要,提供参观时间、活动地点、专业人员、资料设备等方面的资源和支持。企业的负责人或联系人与学校负责人或联系人建立常态的沟通互动。开展活动前,针对活动方案进行深入的协调,能够根据学校方案提供的资源条件、活动实施方式、人员安排等情况做出有针对性的计划。

(二)学校方面

1.学校与企业加强沟通,确定企业可提供的场地和容纳的人数,以及企业对于此次活动的意见和要求,以对活动方案进行调整。

2.学校为参与活动的教师提供必要的支持,比如在活动前对教师进行生涯相关知识的培训。

3.明确参与活动的教师和后勤人员的工作职责,确保活动的每个环节顺利进行。

(三)家长方面

了解家长对于生涯体验活动的态度,邀请家长参与到活动设计中来,认真听取家长的意见,争取家长的支持。同时邀请家长与学生共同完成生涯知识的搜索,帮助学生在活动前对该领域有所了解。

六、课程设计

1.初识污水治理(共 1 课时)

活动场地:学校教室

课程时长:45 分钟

教学目标:通过企业人员对污水处理的过程与原理的讲解,让学生在深入了解污水处理的同时,能够将书本上所学的知识与污水治理过程进行连接,以促进学生对知识工具性的觉知。

活动内容:

(1)将学生分成小组,以小组为单位发表自己对于污水处理过程的了解。

(2)在对学生的发言进行总结和评论后,由企业人员讲授污水处理的具体流程以及其中所涉及的生物、物理和化学原理。讲解结束后,学生可根据自己的疑问进行提问。

(3)由企业人员总结污水处理这一行业对国家发展的重要性:如 2006 年,污水处理厂电镀废水处理中心为长威科技有限公司处理电镀锡铅漂洗废水 24998 立方米。其中,镀前漂洗废水 7284 立方米,镀后漂洗废水 17714 立方米;为精工制版有限公司以化学法处理镀铜、镀镍漂洗废水 59 立方米、处理镀铬漂洗废水 79 立方米;为科汉森公司以化学法处理酸碱废水 20 立方米;为诺维信公司处理高浓度废水 7 立方米。有毒有害物质去除率均逾 17%,达到国家规定排放标准。并向学生展示这一行业的发展前景。

2.参观污水治理车间(共 2 课时)

第一课时:工厂场地参观

活动场地:开发区新水源一线车间

课程时长:50 分钟

教学目标:

(1)通过对新水源公司发展历史的了解,让学生了解污水治理行业的发展历程。

(2)通过参观污水治理车间,深化学生对污水治理过程的认识。

活动内容:

(1)在企业人员和教师的共同带领下,学生参观新水源公司的企业发展与文化展厅。在企业人员结合国家发展、生态环境变化及新水源企业的发展历程的讲述过程中,深化学生对污水治理的发展和对国家社会的重要作用的认识。

(2)组织学生参观新水源公司污水治理车间,让学生直观了解污水处理池、沉降过滤系统等生产设备的工作流程和状态。

第二课时:采访工作者

活动场地:新水源会议室

课程时长:40 分钟

教学目标:

(1)通过企业人员对岗位的介绍,提升学生对不同岗位工作内容和学历技能需求的认识。

(2)通过对企业人员的采访,提升学生对不同工作状态和价值观的了解。

活动内容:

(1)由企业选出来自不同岗位的工作人员与学生交流,这些工作人员既包括工程师,也包括车间工人。

(2)企业工作人员对自己的日常工作内容、职责以及本岗位对学历及技能的具体要求进行讲述。

(3)学生以小组为单位对工作人员进行采访,了解其职业价值观以及在工作的满意度,学生对采访内容进行详细记录。

3.总结与反思(共 1 课时)

活动场地:学校教室

课程时长:45 分钟

教学目标:

(1)通过分享小组采访结果,让学生了解不同的职业价值观与工作满意度。

(2)通过引发学生讨论,让学生明白不同价值观影响工作满意度。

(3)通过撰写学习感悟,帮助学生回顾在活动过程中的成长。

活动内容:

(1)以小组为单位对本次活动进行总结,内容分为对企业工作人员的采访结果。

(2)由教师引发以"什么样的职业价值观有更高的工作满意度"为题的讨论,引发学生思考工作是否只为赚钱,工作中的快乐来源是什么。先由小组内部进行讨论,另由各小组总结发言。

(3)由教师对讨论结果进行总结。

(4)课后作业:学生撰写学习感悟。

七、学习评价

(一)评价的原则

1.发展性原则

活动评价的重点要放在学生发展水平、发展程度和发展层次上,引导学生进行自我反思性评价,关注学生的体验过程,注重以学生的自我发展为核心,关注学生在探究过程中形成的情感、态度、价值观、综合能力等等。

2.多元性原则

对学生发展的评价不仅由指导教师来完成,还应积极鼓励学生自主评价、相互评价,有效利用学生家长的评价、社会有关人员的评价等。

3.全程性原则

重视对学生活动过程的评价,注重评价学生在活动过程中的表现,以及他们解决问题的方法、态度和体验。

4.激励性原则

活动的评价要紧扣体验目标,做到因人而异、多激励、少批评,注意个体的纵向发展,力求推动每个学生在原有水平上有新的进展,不用同一尺度对不同学生进行评价,不断促进自身的发展。

评价主体:教师评价、学生自评、学生互评、家长评价、社会相关人员评价。

(二)评价方法

1.随机评价

教师可以随时随地对学生的言行做出及时的评价。

2.档案袋评价

学生在活动的过程中建立的记录档案袋,记录学生活动过程中的点滴收获和串串足迹。这些档案袋是学生活动过程的见证,它的评价方法是合作评价,包括学生互评与集体评价。

3.描述性评价

对学生活动过程的态度、能力、方法以及最终的成果进行描述性评价。

八、课程反思

通过四个课时的参观学习,本节课从"实用、学校、企业"三个角度综合进行了交流,学生课后反馈效果良好,基本实现了课前设定的教学目标,对于自己的将来的职业生涯规划和污水处理的重要性都有了深刻的感悟。家长也反馈本节课对孩子的启示意义是重大的,孩子回家后跟家长交流沟通,家长对于孩子的成长非常开心。

从学生角度反思:通过参观学习,学生对于新水源的原理和程序非常感兴趣,对于生物和物理学科的结合在实践中的应用有了进一步的了解,在学校的学习只是理论的学习,很少去接触实践的操作,进入企业的参观使得学生能够有效地将理论和实践结合起来,进一步地升华所学的知识。

通过对于水的了解,学生都能够重视水的价值,使得学生在日常的生活中也能进一步加强保护水资源的意识。

从教师角度反思:校企合作的教学学习,对于教学管理难度大大增加,教师不仅要随时关注学生对于企业文化、工艺知识的关注度,还有关注学生的安全,除此之外对于自控能力比较差的学生,更要尤其关注。

从评价及后续发展角度分析,学生通过4课时的学习只是对于污水处理有了初步的了解,或者说只是从理论层面深入了解了该行业,但是对于这个行业真正感兴趣的同学还需要后续进一步的学习,如何能进一步动手操作实践,效果会更好。但是由于时间、课时、安全等各个方面的因素,还需要综合考虑。

专家点评:

"开发区新水源参观学习"课程方案紧密围绕着污水治理这个主题,针对中学生的发展特点进行了系列的活动设计。课程方案充分利用区域企业资源,将科学教育、生涯教育融入活动方案中,活动目标清晰,课程内容与过程也较为具体。建议在未来的活动设计中增加学生提问与反思的环节,结合学生特点扩展活动的广度与深度,采取更为丰富的手段对活动进行评价。

东北师范大学　刘芳晴

第九章　航空航天

我的太空梦①

——走近天津航天长征火箭

天津经济技术开发区国际学校　焦木子

一、课程设计缘起

21世纪以来,"科技教育"引起了世界各国的高度重视。我国教育部对于科技教育的发展颁布了《中小学综合实践活动课程指导纲要》。文件要求,坚持教育与生产劳动、社会实践相结合,充分发挥中小学综合实践活动课程在教学中重要作用。综合实践活动纳入了国家义务教育和普通高中课程方案规定的必修课程。综合实践活动从学生的真实生活和发展需要出发,从生活情境中发现问题,转化为活动主题,通过探究、服务、制作、体验等方式,进一步培养学生的综合素质。

天津经济技术开发区地处天津沿海开放区,随着经济技术开发区经济飞速发展,形成了相当规模的高科技产业群,不仅为区域创造了大量的物质财富,也成为优质的文教资源。这为充分挖掘区域资源为教育事业发展服务,为学生终身发展奠基,实现现代企业资源与学校教育课程的深度融合提供了很好的条件。"我的太空梦——走近天津航天长征火箭"主题活动可以让学生更多地了解科技、认识科技、关心科技,具备一定的科技探知欲望,尤其是基于真实情境的问题解决能力,促进每一个学生全面而有个性的发展。

---

① 本教案为作者与天津航天长征火箭制造有限公司合作开发。

二、课程价值与目标

(一)课程价值

为深入贯彻落实《全民科学素质行动计划纲要》,促进全民科学素质的普遍提高,紧紧围绕着《天津市"十二五"科学普及工作发展纲要》的要求,天津航天长征火箭制造有限公司秉承"弘扬载人航天科学精神、普及航天科学知识、传播科学思想和方法"的宗旨,积极开展航天科普基地的建设工作,2015年8月被中国科协命名为"全国科普教育基地"。学生可以通过社会实践类课程开阔视野,通过实践课的形式融入科学探索中来。学生也可以看到我国航天事业的蓬勃发展,科技水平的不断进步,增强学生的国家荣誉感,近距离感受到现代科技的成就对我国航天科技事业具有重要意义。

(二)课程目标

1.学生目标

(1)使学生进一步了解长征火箭的相关科技知识,认识到科技正在改变生活。引导学生走进企业实地观察,了解身边的高科技企业,理解企业火箭研发技术与生活实践的关系。

(2)激发学生对科学学习的兴趣,培养学生观察、提出问题、搜索信息、搜集材料,交流互动、合作学习等方面的能力,促进学生科学素养的提高。

(3)通过一系列观察、设计简易火箭模型等活动,提高学生手脑并用的能力,在真实实践中,掌握调查的原则、构思的方法、操作的技术等,学会撰写研究报告(对于低学段学生能把自己涉及过程有逻辑地记录即可)、学会呈现创意研究产品。

(4)让学生养成乐于学习科学,乐于动手探究的态度,养成科学的思维习惯,对科学技术的前景和风险有清晰的认识,理解科学与社会之间的复杂联系,进一步增强科学态度和责任。

2.教师发展目标

在活动的设计和实施的过程中,提高教师对现代企业教育的兴趣和热情,增强教师课程资源整合能力。在活动组织中,进一步体会多元教学方法的运用,提高指导学生进行综合实践的能力。

三、课程设计理念

(一)企业方面提供的资源

1.滨海泰达街与企业达成开展实践活动的协议,在场地支持、人员配备、经费支出、时间选取、安全保障、协调机制等方面做出相应的商定和说明。

2.企业按照学校开展活动的需要,提供参观时间、活动地点、专业人员、资料设备等方面的资源和支持。企业的负责人或联系人与学校负责人或联系人建立常态的沟通互动。开展活动前,针对活动方案进行深入的协调,能够根据学校方案提供的资源条件、活动实施方式、人员安排等情况做出有针对性的计划。

(二)学校方面需要做的准备

1.学校与企业加强沟通,确定企业可提供的场地和容纳的人数,以及企业对于此次活动的意见和要求,以对活动方案进行调整。

2.学校为参与活动的教师提供必要的支持,比如在活动前对教师进行相关知识的培训。

3.明确参与活动的教师和后勤人员的工作职责,确保活动的每个环节顺利进行。

(三)家长方面的配合和准备

1.了解家长对此次社会实践活动课的态度与需求,争取家长方面对活动诸方面的最大支持。做好活动实施的调查,收集各方主体对活动的建议和返回等信息。

2.邀请家长参与活动方案的设计。如果学生家长中,有相关的企业人员或者专业人员,要多听取他们的建议。

（四）学情分析

处在小学段的学生们对生活中的事物充满了好奇心，像这样深入到企业的实践活动更能让学生们通过亲身经历，感受航天航空事业的发展。一味告诉他们航天事业的伟大神奇，学生们是体会不到原因的。通过校企合作的形式、企业进校园、学生到企业参观的形式了解火箭是如何制造的，了解我国航天科技的发展进程等。

主题活动的开展以学生自主学习，老师及企业工作人员辅助引导为主，打破学科的限制，综合各学科知识，在老师及企业工作人员的正确帮助下，通过学生的自主学习、积极思考，动手操作等形式较好完成本次主题活动。

四、课程实施建议与活动设计

（一）前期活动

活动形式：校内讲座

课程时长：1 课时

活动地点：学校教室

主讲人员：企业专业人员

活动内容：播放火箭制造、火箭运输到火箭发射的相关视频（涉及国家机密视频除外）。介绍我国火箭制造业发展现状。介绍天津航天长征火箭有限公司的概况，公司主要研发的项目是什么，在国家火箭制造、装配的重要地位。在讲座的过程中，主讲人员与学生们展开互动，回答学生们心中的疑问和提出的问题。可设计观看完视频，并听完企业简单的介绍后提出自己要问的问题。可请企业专业人员做详细讲解，可通过参观企业解决的问题，设计一张参观问卷。通过这样的形式，设计一张参观完企业自己解决的调查问卷。教师也需要有计划地在调查问卷后附上宣传设计海报等。

请企业专业人员讲解一些浅显的火箭装配流程知识，提高学生对科学的好奇，探究意识，为后期的设计活动环节做准备。讲座最后，企业负责人为学生科普长征火箭的相关知识，激发学生爱科学、学科学的热情。企业负责人以宣传科普航天基地为重点进行讲授，同时也要让学生们对航天基地有所认识，希望能由此产生更大的社会效益。从小树立学生们科学改变世界的观念，也为航天事业的不断进步发展营造软环境，了解中国航天梦，让"大火箭"成为运载火箭的科普名片，升华实现校企合作的意义。

（二）中期活动

参观企业：走进企业（天津航天长征火箭制造基地）

课程时长：1课时

活动地点：企业场地

主讲人员：企业专业技术人员

活动内容：组织相应的学生进入到天津航天长征火箭有限公司进行实地参观考察，目的是使学生对天津的航天航空事业有初步的认识，科普知识的宣贯需要多样化传播媒介，充分利用现代信息化手段实现集科技教育、现场观光、仿真模拟为一体的航天知识普及体系。长征火箭制造基地已经成为国家科普基地试点，目前基地已启用总装车间展厅作为公司形象宣传的科普点，采用透明显示器技术，参观人员可以通过点击操作屏幕，了解长征系列火箭及在制新型运载火箭系统知识。在不影响生产的前提下其他车间也可以适当建设参观走廊，制作各车间具有专业技术特点的展示宣传牌，使参观者从参观走廊直观地了解火箭生产的全过程，全面地了解火箭产品零件、部段的构成和生产。完善已有的参观走廊建设，将宽阔廊道空间建成科普宣传的文化长廊，让科学氛围无处不在，让科普基地的墙壁可以"说话"。设立专栏介绍航天科普知识、前沿科学技术、著名航天专家以及航天技术在生活及高新技术领域的应用等内容，让参观的学生了解科学研究的过程，有助于从小培养学生的科学精神和提高科学素养。

注意事项：参观时安全要放在第一位，做好安全教育，组织有序。要注重学生的文明礼仪教育，不大声喧哗、不乱丢垃圾等。引导学生们多思考、多提问、多记录。遇到不懂的问题和感兴趣的问题，参观结束后进行讨论或者查阅资料。

(三)后期活动环节

拓展活动一:企业讲座

课程时长:1课时

活动场地:校内教室

主讲人员:企业代表

活动内容:邀请企业负责人进到学校为学生科普长征火箭的如何组装相关知识,每个环节的工作任务、火箭每个零部件加工流程、如何让火箭成功发射、一枚火箭从生产到成功发射要经历的周期是多少。通过一系列知识的介绍,把学生们实地参观想要了解的知识通过讲座形式一起教授给他们,留下更深的印象。科技创新是科普宣传的不竭源泉。我国航天事业的发展依托自身各项专业科学技术,用这样的科普形式可以让学生们对航天基地有更深的认识,希望能由此产生更大的社会效益。从小树立学生们科学改变世界的观念,也为航天事业的不断进步发展营造软环境,了解中国航天梦,让"大火箭"成为运载火箭的科普名片。

拓展活动二:活动交流

课程时长:1课时

活动场地:各体验单位

活动内容:制作海报或手工模型。在前面3节活动课过后,建议学生四人为一组,小组活动。制作一张海报,把自己参观所看、所学、所想画出来,写出来。也可以选择利用自己手中的资源,制作火箭模型,可以通过两节校内讲座,一节企业参观,把自己听到的学到的,做一个简易的模型。这样可以深化孩子在科学实践课中对所学知识的理解。最后利用10分钟汇报此次活动的收获,表明自己的设计意图,并谈谈此次活动课的感悟。

注意事项:提前准备好彩纸、彩笔、制作工具,分好小组。

五、学习评价

(一)评价的原则

1.发展性原则

活动评价的重点要放在学生发展水平、发展程度和发展层次上,引导学生进行自我反思性评价,关注学生的体验过程,关注学生在探究过程中形成的情感、态度、价值观、综合能力等等。

2.多元性原则

对学生发展的评价不仅由指导教师来完成,还应积极鼓励学生自主评价、相互评价,有效利用学生家长的评价、社会有关人员的评价等。

3.全程性原则

重视对学生活动过程的评价,注重评价学生在活动过程中的表现,以及他们解决问题的方法、态度和体验。

4.激励性原则

活动的评价要紧扣体验目标,做到因人而异、多激励、少批评,注意个体的纵向发展,力求推动每个学生在原有水平上有新的进展,不用同一尺度对不同学生进行评价;不断促进自身的发展。

评价主体:教师评价、学生自评、学生互评、家长评价、社会相关人员评价。

评价周期:每学期一评价。

(二)评价方法

随机评价、档案袋评价、描述性评价。

六、总结与反思

本次实践课程目的在于帮助学生通过进一步了解长征火箭的相关科技知识,认识到科技与生活实践的密切联系,由此激发学生对科学学习的兴趣,培养学生善于观察、提出问题、搜索信息、搜集材料,交流互动、合作学习等方面的能力,促进学生科学素养的提高。在此次活动中,通过一系列观察、设计简易火箭模型等活动,提高学生手脑并用的能力。通过活动,还可以促进学生社会情感的发展,激发青少年学生爱国、爱科学的热情。因此,活动多以学生参与为主,在活动中更要注重学生能力的培养,不同于常态课堂的形式。

专家点评:

该课程方案以"走进天津航天长征火箭"为主题,针对小学生的学情特点进行了相对系统的活动设计。在主题活动开展过程中,以基于项目的学习为主要方式,着力打破学科的界限,着力促进学生科学素养以及情感态度等方面的发展。方案对课程的价值目标、内容环节、评价反思等方面都进行了比较细致的分析说明,是一篇较好的课程设计方案。

东北师范大学   于冰

航空主题科技类综合实践活动课程①

天津经济技术开发区国际学校　赵立群

一、课程设计理念与目标

(一)课程设计起源

21世纪以来,我国航空事业高速发展。航空科技的发展反映了一个国家的科技综合实力,也能带动一系列科学技术的进步。航空科技对人才的要求更高、专业性更强、身体素质更好、道德品行更优。

体育总局、国家发改委、工业和信息化部、财政部、国土资源部、住房城乡建设部、交通运输部、国家旅游局、中国民航局联合发布的《航空运动产业发展规划》(以下简称《规划》)是为了抢抓我国航空运动产业发展战略机遇,为普及和推广航空运动项目,加快航空运动产业发展而制定的规划。

《规划》提出,到2020年航空运动产业经济规模达到2000亿元,建设航空飞行营地2000个,各类航空运动俱乐部达到1000家,参与航空运动消费人群达到2000万人,初步构建布局合理、功能完善、门类齐全的航空运动产业体系,基本形成安全规范、管理有效、军民融合的航空运动产业发展格局等发展目标。

从加强航空运动基础设施建设、完善航空运动赛事体系、培育多元化航空运动市场主体、提升航空运动产业发展水平、积极引导航空运动消费等5个方面提出主要任务,此外还明确了深化体制改革、强化政策支持、完善安全监管体系、规范行业管理、吸引社会投资、加强人才培养等6个方面的保障措施。

---

① 本教案为作者与中国飞龙通用航空有限公司合作开发。

直升机作为20世纪航空技术极具特色的发明之一，其突出特点使其具有广阔的用途及发展前景，已广泛应用于军事侦察巡逻、指挥控制等领域，民用医疗救护、救灾救生等领域。

中国飞龙通用航空有限公司(天津航空科普基地)与学校高效合作,通过航空科普教育使学生从好奇到产生兴趣,从兴趣上升到爱好,进而帮助有些学生进一步树立起献身祖国航空事业的理想。从个人角度来说,让热爱航空事业、适合航空事业的学生得到更早的专业训练,为将来的职业生涯打下良好的基础,让他们将来的学习更轻松。即使有的学生将来不从事与航空相关的职业,但通过航空教育,让他们关注航空科技的发展、了解一些专业术语,参与一些航空活动,也有利于丰富生活的内容、提升生活品质。

(二)学情分析

低年级的学生充满好奇心,具备一定的创造力、动手能力和探究能力,具有较强的小组合作意识。高年级的学生具有合作的经验,但是对于航空技术的应用和发展前景的了解较少。因此需要增加学生的了解,激发学生对航空技术的学习兴趣,同时培养学生的创新意识。

(三)课程目标

1.学生发展目标

(1)了解航空事业发展。

(2)了解飞机的系统及原理。

(3)了解飞机和直升机的操作。

(4)培养学生对航空事业的兴趣爱好。

(5)引导学生对未来职业发展规划。

2.教师发展目标

(1)增加老师对航空事业认识。

(2)有助于在实际的教学中传播航空文化。

(3)提升课程开发与课程评价的能力。

二、课程实施设计

10 课时,每课时 45 分钟

三、活动资源与实践条件

(一)企业方面提供的资源

学校已与中国飞龙通用航空有限公司达成开展实践活动的协议,在场地支持、人员配备、经费支出、时间选取、安全保障、协调机制等方面做出相应的商定和说明。

中国飞龙通用航空有限公司按照学校开展活动的需要,提供参观时间、活动地点、专业人员、资料设备等方面的资源和支持。企业的联系人与学校联系人建立常态的沟通互动,开展活动前,针对活动方案进行深入的协调,能够根据学校方案提供的资源条件、活动实施方式、人员安排等情况做出有针对性的计划。

(二)学校方面需要做的准备

1.根据企业提供的资源,学校选择 30 名对科学感兴趣的学生组成"科创空间"校本课,学校利用校本课对学生参与飞机构造、飞机操纵方面进行摸底调查,确定参与学生是否了解相关背景知识和应用技术,再与中国飞龙通用航空有限公司商定具体部门和人员等。

2.结合活动开展的需要,进行课程活动前期准备,包括问卷设置、资料整理、企业参观等,设置符合学生思维发展的课程活动。

3.把"航空强国"科普实践活动大致分为"前期准备—中期实践—后期总结"三个基本环节。教师负责问卷设计、活动设计、资料调查与整理、课程评价等环节;企业工作人员负责介绍和参观引领。

4.学校与中国飞龙通用航空有限公司沟通,学校除了方案和人员等方面的准备,还需要准备学习卡、制作工具、绘制工具等,帮助学生进入深度探究和动手实践。

5.学校选择科学组直接参与活动研发、实施以及相应的后勤保障、人员安排等。

（三）家长方面的配合与准备

家长负责与学生一起填写航空强国问卷调查表、搜集航空素材、飞行员体检标准、帮助学生进行产品的创新创造等。

四、课程实施建议与活动设计

课程总共分为三个部分来进行研究，分别是前期引入课程主题，中期学生参观中国飞龙通用航空有限公司天津基地，后期课程的评价与反馈。

（一）在校课程

课题名称	航空发展史
课时	45分钟
讲师	中国飞龙通用航空有限公司教员
教学目标	让学生了解航空发展历程
知识点	学习了解代表性的飞机及人物
器材	

课题名称	电动小飞机拼装
课时	45分钟
讲师	中国飞龙通用航空有限公司教员
教学目标	1.让学生了解飞机组成部分 2.增强学生动手能力
知识点	学习了解飞机组成的5大部分及作用
器材	电动小飞机拼装

课题名称	手抛飞机
课时	45 分钟
讲师	中国飞龙通用航空有限公司教员
教学目标	1.让学生了解失速原理 2.让学生了解滑翔比的概念
知识点	1.失速如何产生的 2.滑翔比的概念
器材	手抛飞机

课题名称	飞吧少年
课时	45 分钟
讲师	中国飞龙通用航空有限公司教员
教学目标	让学生了解飞机的减速装置
知识点	了解不同减速装置的利弊
器材	手抛飞机 + 减速材料

课题名称	飞行器操作
课时	45 分钟
讲师	中国飞龙通用航空有限公司教员
教学目标	了解飞机的操作系统
知识点	学习了解飞机驾驶舱布局以及如何驾驶飞机
器材	模拟飞行器

课题名称	飞行员的养成
课时	45 分钟
讲师	中国飞龙通用航空有限公司教员
教学目标	1.如何成为一名飞行员 2.飞行员的荣耀
知识点	成为飞行员的条件
器材	飞行制服

3.课外拓展

（1）与父母一起共同完成一份问卷调查。

（2）与父母一起搜"航空强国"相关资料。

（3）与父母一起了解中国飞龙通用航空有限公司。

（二）中期实践

课程时长:90 分钟

课程地点:中国飞龙通用航空有限公司天津基地

授课者:中国飞龙通用航空有限公司教员

课程目标:了解我国直升机发展历程,培养动手能力增强团队协作,增强爱国主义意识

课程内容:

1.参观准备

（1）安全教育

上下楼梯靠右慢行,不拥挤;不私自行动,听从带队老师指挥;晕车同学提前告知老师;行车中不喧哗、不随意走动,并系好安全带;有秩序地进行参观。

（2）任务要求:根据自己卡片问题,进行有目的的参观。

（3）30 人为 1 个小组。

2.参观体验活动

（1）由中国飞龙通用航空有限公司天津基地的教员为讲解员,带领小组学生进行参观,教师进行安全和纪律辅助。

（2）在活动中积极参与活动,了解飞机系统的组成,认识飞机的主要部件,体验航空器驾驶。

（3）配合工作人员安排进行企业参观,主要集中在产品介绍与参观。

（4）问题交流时间:学生向专家或者工作人员进行提问与交流,并及时记录。

注意:所有的活动和精彩瞬间,教师要及时拍照、录像和录音,收集好资料,以备后期宣传。

（5）返校,强调安全教育。点名整队,强调行车安全注意事项。

3.活动任务

该任务在参观活动之前由科学老师向学生们发布。

（1）卡片收获。针对自己提出的问题与专家交流学习,写一份 50 字左右的收获。

(2)写一篇 300 字左右的参观感悟。

(3)收集直升机机型资料,下节课带到科学教室。

(三)后期拓展

课程时长:90 分钟

课程地点:学校科学教室

授课者:学校教师

课程目标:激发学生对航空的热爱,增强爱国意识,树立职业规划。

课程内容:

1.分享交流

(1)组织:按照小组(每组 5 人)进行卡片展示。主要展示收获和问题。

(2)交流心得:通过此次参观活动,同学们有什么感悟。

2. 探究活动

(1)探究主题:根据小组收集的材料设计一个飞机的宣传图案,或者制作一个简易飞行器。

(2)小组合作设计。组织研讨:小组为什么要这样设计,小组的设计理念是什么,存在哪些问题和困难。

(3)小组合作制作。教师提供制作工具:剪刀、双面胶、胶带、固体胶、棉线等。

3.作品展示与总结

(1)作品展示。按照组别进行作品成品展示,并要求全组成员简单介绍自己的作品。

(2)活动总结分享。航空事业对我国发展的意义？如何成为一名飞行员？我国航空事业有哪些先进领域以及不足？

五、学习评价

(一)激励性原则

开展激励性评价,呵护学生的自信心,充分调动学生学习的主动性和积极性,在授课过程中积极与学生互动,对参与讨论或者参与提问的学生给予奖励。

(二)多样性评价原则

形成性和发展性评价为主,总结性评价为辅。

1.根据学生在活动中表现状况、学习卡完成度、问卷调查的完成度、准备工作、过程性表现、作品设计、学习心得与总结等多个方面进行评价。对其优缺点、学习方法态度和进步等情况进行多样性地评价,关注到学生发展中的个别差异。

2.在总结评价的基础上,引领学生进行深入的思考和探究,尤其是要促进活动与校内学科课程的融合,促进校内教育和校外教育的协同配合,从而最大程度上促进学生们的学习和发展。

(三)评价目的

激发学生爱科学的兴趣、学科学的热情、用科学的信心,培养学生科学探究精神和动手实践能力。

六、课程反思

通过这 10 个学时的深入学习,学生们对我国航空事业发展、飞机以及直升机的主要系统和原理、航空器的驾驶有了深入了解,同时认识到我国航空事业各个领域的优劣,树立职业方向。

在此过程中,任务卡、学习卡的设置充分锻炼了学生的记录能力和汇报、总结、交流能力。问卷调查活动加强学校、企业和家庭之间的联系。设计与制作活动既是对前面课程所学知识的总结和运用, 又可以联系所学科学知识,充分发挥学生的创造力和想象力。整个活动渗透了 STEAM 理念,将科学、数学、美术等领域的知识完美融合,全面提高学生的核心素养。

七、课程拓展与延伸

1.课程成熟后,可以扩大学生学习规模,争取实现面向更高年级的学生。

2.进一步加强与企业的联系,争取专业人员进校开展"航空强国"初级课程。

3.深入STEAM理念,设计丰富的设计与制作活动,锻炼学生的探究能力、解决问题的能力和创新能力。

4.学生设计宣传活动,将"航空强国"理念扩展到学校、小区等社会层面。

5.指导学生进行创新与实践论文的撰写,提升学生探究、总结与写作能力。

八、课程留影

图1 中国飞龙通用航空有限公司工程师授课

图2 STEAM飞机DIY作品展示及分析

图3 教师讲解手抛飞机的原理及飞行要领

图4 手抛飞机飞行实训

专家点评:

"志在蓝天 航天强国"是开发区国际学校与中国飞龙通用航空有限公司(天津航空科普基地)进行校企合作的典型案例。双方基于对航空科普教育基地这一校外实践基地资源的深入分析,结合学生核心素养发展的实际需要,借助学校"科创空间"校本课这一载体进行了比较规范的课程开发和实施设计。课程目标清晰,课程结构合理,课程内容进行了系统的前、中、后三阶段设计和整合,使学生带着现实问题进入学习空间,并在学习结束后进行有效的学习反思和交流,体现了探究性学习的主要特征。这一课程的学习还很好地融合了科学、技术、工程、艺术和数学的思想和内容,积极体现了 STEAM 的先进教育思想和理念,是一个较为成功的校企合作案例。

东北师范大学　李　君

航空航天课程①

天津经济技术开发区第二中学　樊佳琪　朱秀华

一、主题课程设计缘起

(一)开发区管委会成立学校现代企业教育领导小组

为实现现代企业资源与学校教育课程的深入融合,管委会成立天津开发区学校现代企业教育工作领导小组,给各学校下发了《学校现代企业教育课程开发与实施方案》,并在实践工作中给予各课题组大力支持。

(二)落实"立德树人"的根本任务

党的十八大提出要把"立德树人"作为教育的根本任务,党的十九大再次提出要把"立德树人"的工作落实到位。学校现代企业教育可以构成中小学生素质拓展课外课程的重要组成部分,是丰富学生学习生活、培养全面发展人才的有效途径。

(三)为新课程、新高考改革做准备

自 2017 年开始,天津高中开始新一轮课程和高考改革,不分文理,高考录取采取"两依据,一参考"的模式,这就要求学校为高中学生做好选考抉择,确定自己的学习目标,做好生涯规划。

(四)航空航天领域职业生涯体验活动的必要性

航空航天领域的职业生涯体验活动能够帮助学生扩展对航空航天领

---

① 本教案为作者与中天翔翼航空科技有限公司合作开发。

域的知识,增加对该领域工作内容和意义的理解,提升学生对该领域的学习热情。

二、主题课程目标

(一)学生发展目标

高中生目标:

1.增加学生对航空航天行业、专业的了解,了解该领域的发展历程、未来发展前景、各个岗位的工作内容和工作特点。

2.让学生了解人造卫星、空间站等相关原理,为学生动手操作制作卫星模型、月球车打下理论基础,培养学生的创新精神。

3.帮助学生建立当前学习与航空航天行业的联系,引导学生思考该职业应用了哪些学科的知识,拉近职业世界与学生当前学习生活的距离。

4.通过模拟招聘让学生了解如何能成为一名飞行员,了解航空航天行业对专业知识和技能的需求,在招收学员时对学历、毕业院校和实践经历的要求。

初中生目标:

1.让学生了解当前国内航空航天科技现状、发展历程和未来发展前景,了解航空航天对推动国家和社会发展所做出的贡献。

2.了解人造卫星、空间站等相关原理讲解,能使用工具动手制作简单的卫星模型和月球车模型。

3.通过学生体验飞行模拟驾驶,激发学生航空兴趣。

(二)教师发展目标

在课程的设计和实施的过程中,提升教师对航空航天的认识,积累生涯规划的指导经验,提升指导能力,也增强对学生动手操作和航天器原理的讲解能力。

三、课程资源与实践条件

(一)企业方面提供的资源

1.教育局或学校与企业达成开展实践课程的协议,在场地支持、人员配备、协调机制等方面做出相应的商定和说明。

2. 企业联系人与学校联系人建立常态沟通,按照课程需要,填写课程纲要,开展课程前,针对课程方案进行深入研究,提供参观时间、课程地点,在专业人员、资料设备等方面给予支持,做出有针对性的计划。

(二)学校方面需要做的准备

1.学校制定课程纲要表,与企业加强沟通,确定企业可提供的场地和容纳的人数,通过企业对课程的反馈,对课程方案和纲要进行修改。

2.学校为企业专业人员提供学生心理特点、学情等各方面的分析。

3.明确参与课程的教师和后勤人员的工作职责,确保课程的每个环节顺利进行。

(三)家长方面的配合和准备

了解家长对于企业教育进校园的态度,认真听取家长的意见,争取家长的支持。同时邀请家长与学生共同完成对该课程的搜索,帮助学生在课程前对该领域有所了解。

四、主题课程过程设计

(一)准备环节

准备课程:当前国内航空航天科技现状

课程时长:1 课时

课程场地:学校功能教室

主讲人:企业专业技术人员

课程内容:

主要介绍国家航空航天的概况、历程、发展动态,结合人造卫星、宇宙飞船、空间实验室、火箭、卫星发射中心等内容让学生了解天宫一号的发射过程,了解航空航天对于日常生活和国家及社会进步方面做出的贡献。课程从介绍我们生存的地球的视频出发,最后与学生进行互动,就学生关于航空航天的疑问进行解答。

1.人造卫星

2.中国主流人造卫星

3.通过微信登录界面,展现"中国面孔"

4.宇宙飞船

5.神舟系列宇宙飞船

6.那些中国航天"第一人"

7.空间实验室:天宫一号发射过程

8.火箭

9.四大卫星发射中心

(1)酒泉卫星发射中心

(2)太原卫星发射中心

(3)西昌卫星发射中心

(4)文昌卫星发射中心

注意事项:企业人员的讲解内容需与学校教师进行沟通,共同挖掘航空航天技术与高中课程内容的链接。尽量选择生动的实例进行讲解。学校教师要在课前布置学生搜集航空航天相关信息,让学生带着疑问听课。

(二)前期理论学习过程

理论课程一:人造卫星

课程时长:1课时

课程地点:学校功能教室

主讲人员:企业专业人员、学校物理教师

课程内容:

组织学生学习人造卫星的定义、发射、轨迹和向心力的来源等原理知识。

1.认识人造卫星

2.如何发射卫星

3.人造卫星的轨迹

4.人造卫星向心力的来源

5.同步卫星

6.卫星变轨

7.万有引力定律：自然界中任何两个物体都相互吸引，引力的方向在它们的连线上，引力的大小与物体的质量 m1 和 m2 的乘积成正比，与他们之间距离 r 的二次方成反比

注意事项：在企业人员讲解过程中，学校的物理教师要提前与企业人员沟通学情，在某些点上进行整合和补充，在用词和专业术语上与中学生的课内学习不发生冲突。

理论课程二：空间站

课程时长：1 课时

课程地点：学校功能教室

主讲人员：企业专业人员、学校物理教师

课程内容：

从空间站的历史沿革、构造与组成、特点以及发展型号等对学生进行普及。

空间站又称太空站、航天站。是一种在近地轨道长时间运行、可供多名航天员巡访、长期工作和生活的载人航天器。

1.空间实验室和空间站有什么区别

2.历史沿革

3.构造与组成

4.空间站的探索与探讨

从空间站的特点、发展、型号、礼炮号系列空间站、天空实验室号空间站、和平号空间站、国际空间站、天宫系列空间实验室、中国未来空间站等几个方面搜索学习内容，探讨相关问题。

(三)中期体验环节

体验课程一:驾驶飞行模拟器

体验目的:通过模拟驾驶飞行器,让学生了解飞行员的工作状态。通过企业人员的讲解,帮助学生积累飞行员的能力要求和待遇等方面信息。

课程时长:1课时

课程地点:企业场地

授课教师:企业人员

课程内容:

由企业人员为学生介绍中国的民用飞机计划,这一过程边体验边详细讲解,让学生了解如何成为一名飞行员,如民航飞行员执照的考取、对个人身体的要求、招聘的过程等。

注意事项:在体验的过程中,让学生分组交换进行,维持良好的秩序。

图1 学生体验模拟驾驶飞行器

体验课程二:卫星模型和月球车的制作以及工具的使用

体验目的:通过制作模型,让学生熟悉不同工具的使用方法,培养学生创新实践能力。

课程时长:4课时

课程地点:企业场地

授课教师:企业人员、学校通用技术教师

体验环节一:工具的使用

在这一体验课程中,首先由学校通用技术老师对学生进行各种工具的使用培训,工具包括热熔枪、钢锯及各种锉、手电钻、美工刀、电烙铁、台式砂轮机等。认识丝锥,了解铁锤子和橡胶锤的多种用途等。然后由企业人员与学生一起设计制作卫星模型,以最简单的正方形卫星入手,画图,掌握卫星结构。最后利用工具动手制作卫星模型,在制作的过程中,让学生主动参与,发挥主观能动性。

体验环节二：立方体卫星的制作

1.结构设计：卫星框架、内部支撑结构，既要注意可以安装太阳能电池板和天线，也要注意承重

2.结构材料：铝等轻质材料

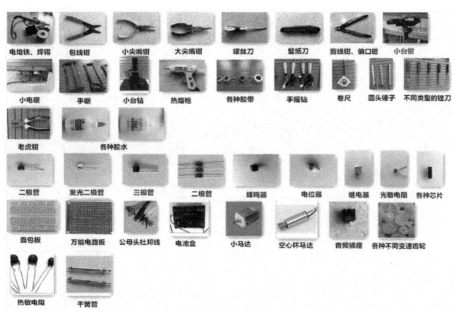

电熔铁、焊锡　包线钳　小尖嘴钳　大尖嘴钳　螺丝刀　壁纸刀　剪线钳、偏口钳　小台钳

小电颐　手锯　小台钻　热熔枪　各种胶带　手摇钻　卷尺　圆头锤子　不同类型的锉刀

老虎钳　各种胶水

二极管　发光二极管　三极管　二极管　蜂鸣器　电位器　继电器　光敏电阻　各种芯片

面包板　万能电路板　公母头杜邦线　电池盒　小马达　空心杯马达　音频插座　各种不同变速齿轮

热敏电阻　干簧管

图2　各种工具

3.结构要求：空间大、强度不低、重量小、方便组装

4.电源电气：太阳能电池板、电池

5.载荷：无线

体验环节三：月球车的认识与制作

月球车是一种能够在月球表面行驶并完成月球探测、考察、收集和分析样品等复杂任务的专用车辆。

1.通过月球车队月面进行一系列的考察探测可以为今后人类登上月球提供大量资料。

2.了解月球车的研制

3.了解世界著名月球车：如索杰纳、FIDO、Nomad（流浪者）、Nanorover、Micro5、玉兔号

4.月球车机电系统关键技术

(1)体积小、重量轻、低功耗

(2)灵活的越障、避障能力

(3)微重力考虑

(4)环境防护能力

图3　企业人员讲解月球车模型制作过程　　图4　学生制作月球车模型

(5)月球车能源系统

注意事项:

要注意学生使用各种工具的过程中容易出现的危险,要提前嘱咐好学生注意安全,要注意防电,防止锐器对学生产生伤害等。

(四)后期拓展环节(只针对高中生)

拓展课程一:搜集生涯故事,反思工作意义

课程时长:1课时

课程地点:企业场地

课程内容:

由企业选出不同岗位的工作代表接受采访。在采访前将学生分组。每组学生负责采访一名工作者,搜集该名工作者的生涯故事,采访提纲采取半规定半自由的方式进行,规定的问题如下:

1.您当初选择大学专业的原因是什么?

2.您毕业后选择这份工作的原因是什么?

3.您在这份工作中最大的收获是什么?

4.在您从业过程中有哪些事情让您十分难忘?

5.您所在的岗位对于应聘者的学历和能力、资历要求有哪些?

在这五道规定采访题目之外,学生可自由发挥。采访的过程中要求学生对采访内容进行详细记录,并以小组为单位撰写采访报告。

注意事项:

在采访前要提醒学生注意自己的言语措辞,避免询问过于隐私的问题和难以回答的问题。

拓展课程二:模拟求职

建议课时:2 课时

课程场地:校内教室

主讲人员:学校生涯教师、航空航天相关企业 HR

课程内容:

根据企业的岗位设置发布虚拟招聘信息,学生编写求职简历,由学校生涯教师进行筛选,确定进入面试的人员名单。入围面试的学生将接受 HR 为主的虚拟面试环节,HR 对每个面试的学生进行点评,从求职简历、面试礼仪以及心态等方面对面试进行全面解读。课程最后,HR 补充企业各岗位对人才资历的要求,例如大学、专业、学历和薪资等,为学生以后的生涯决策做准备。

在课程过后,建立职业档案,将该行业的工作范畴、行业所设的不同岗位的工作内容以及对工作者资历的要求一一收录。在以后的体验课程中不断丰富这一职业档案,帮助学生积累生涯经验,做好生涯规划。

注意事项:

虽然入围面试的学生只是少数,但整个虚拟面试的过程可以面向全体学生。在与 HR 沟通时强调还原企业面试的真实场景,采取多样化的面试方法,帮助学生开阔眼界。

五、总结与反思

(一)课程开发总结

首先,通过学校调查发现学生对于此类课程非常感兴趣,根据学生的意见,我们对课程进行了调整,把前面的理论课程内容减少,多增加动手操作的环节。

其次,在本次课程开发过程中,中天翔翼航空科技有限公司的各位同人给予了课程开发高度的支持,充分体现了开发区企业人的无私和发展理念。

最后,从课程设计到实施的各个环节,学校和企业都从自己的角度进行了总结和反思。反复改进的课程提高了学生动手能力,增强了学生学习动机,通过对航空航天等职业领域对推动国家和社会发展及生活的影响,帮助有这方面意向的学生明确自己的专业和院校选择以及未来的职业方向,为学生终身发展奠定了基础。

(二)学生总结

在每次课程和体验活动、拓展活动的结束,学生通过填写反馈表格记录收获以及总结和反思。

专家点评:

该方案深入分析了活动背景,在航空航天社团的基础上,拓展出对口企业的生涯体验环节,不仅增强了社团活动的生态性,也为高效的生涯体验活动夯实知识基础。活动设计由知识讲授、生涯体验和生涯拓展三个部分组成,层层递进,逐步深入。方案内容详实具体,活动内容丰富形式多样。

东北师范大学　刘芳晴

【参考文献】

[1]物理课程教材研究开发中心.普通高中教科书物理必修第二册[M].北京:人民教育出

版社,2019:43-64.

[2]李颐黎.遨游天宫:载人航天器.北京:中国宇航出版社.2016:269-272,306.

[3]李磊.载人月球车结构设计与仿真分析[D].南京航空航天大学硕士学位论文,2012.

航空科普体验①

天津经济技术开发区实验学校　郝菁菁

一、课程设计理念

我校始终坚持"办一所师生喜欢的学校",广泛开设社团课、校企合作课,培养学生"各美其美",让每一个学生都能得到全面而有个性的发展。合作开发航空科普教育活动,推广普及青少年航空文化,助力我国的航空人才培养。

二、学情分析

◎ 三年级学生对身边的事物具有强烈的好奇心,航空航天是同学们非常好奇、感兴趣但是却对专业知识很陌生的领域。学生知道航空航天的重要作用,几乎每个孩子都拥有或者制作过航空航天的小玩具的经历。因此,虽然孩子们对航空航天有着浓厚的兴趣,但是他们对于具体专业领域知识知之甚少。

◎ 目前,国家从一年级开始开设科学课,三年级学生已经具有一定的科学知识基础,也在科学课上学习过关于航空航天的知识。

◎ 对于三年级学生而言, 开发航空科普教育活动既满足了学生的兴趣,又补充了学生在课堂上的知识网络,具有很强的可行性。

三、课程设计缘起

兴趣和理想是激发人们努力学习、刻苦钻研的巨大动力,从小接受航天教育,让孩子们从好玩到产生兴趣,从兴趣上升到理想。航空航天课程作为我校课程实施形式的新探索,是我校校企合作课程的重要组成之一。依据

---

① 本教案为作者与中天翔翼航空科技有限公司合作开发。

我校办学特色,结合我校能力兴趣类课程和实践体验类课程来开发设计,本课程的开发能促进校外课程资源的合理利用,挖掘学校与企业合作的最大潜力。

四、课程的价值与目标

(一)学生发展目标

了解航天理论知识,包括航天原理,航空气象等科目。了解航天员的养成,使学生更加清楚地了解航天员的职业规划,树立爱国情感,养成热爱科学、乐于探究的学习习惯。

(二)教师发展目标

在活动设计与实施中,提高教师对现代企业教育的兴趣和热情,增强教师课程资源整合能力。在活动组织中,进一步体会多元教学方法的运用,提高指导学生进行综合实践的能力。激发教师活动热情、积累教师教学经验,形成教育教学智慧,促进教师专业发展。

五、课程实施设计

(一)课时规定

整个活动时间为 1 课时,每课时 60 分钟

(二)课程资源

学校:小剧场、活动时间、多媒体设备、参与教师
企业:活动材料航空航天小模型、PPT、专业技术人员

(三)课程内容的选择与确定

学校与企业进行反复沟通,共同打磨教学内容,确定授课人员、时间、场地等。经过对三年级学生的学情分析,结合企业资源,最终确定课程以讲座形

式进行,主要分成两部分:

1.航天知识介绍

(1)航天与航空的区别

(2)飞行器如何进入太空

(3)航天器的失重环境

(4)我国的神舟飞船的结构

(5)我国的航天英雄和航天精神

2.学生的交流分享与教师答疑解惑

第一部分

1.情景导入

通过播放影片和视频,引起学生的兴趣和关注,并且抛出讲座的主题——"厉害了,我的航天!"。

图1　学生听航天科普讲座

2.深入讲解

追溯到公元 1270 年,最早的喷气推进原理的火箭是我们国家发明的,并且在战争中已经投入使用这种武器。包括后来的"一窝蜂""火龙出水"以及"神火飞鸦"一直到现在的飞行器。

(1)航天与航空的区别

首先,探讨经常混为一谈的航空航天究竟有什么区别和联系。航天又称空间飞行或宇宙航行。"航天"系泛指航天器在太空在地球大气层以外(包括太阳系内)的航行活动,粗分为载人航天和不载人航天两大类。"航天"这个人类历史长河中的新事物应用了众多涉及基本概念的名词,这些名词与"航空"有很大差别。

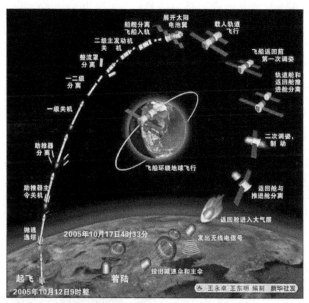

图 2　神舟六号飞船发射返回全程图

(2)飞行器如何进入太空

准备一根小绳子,一头拴住一块橡皮,一只手让这块橡皮一直围绕自己手转起来,从慢到快地转,当转动速度越来越快,橡皮被甩的距离就越远,如果有地球半径这么大的绳子,当飞行器的速度足够大,物体就不会落入地面,围绕地球旋转,成为一颗人造卫星。

(3)航天器里的失重环境

围绕地球飞行的载人飞船,在向外的力量和地球的引力相等的时候,两个力量就抵消了,就好像生活中两个人往相反方向拉动同一个物体,力量相同,那么这个物体不动的道理一样,所以当这个物体不受任何力量的时候就是失重。太空中其实没有绝对无引力的地方,所以飞船上的重力比较小。(观看一段在飞船中失重环境的视频)

(4)我国的神舟飞船的结构

我国的飞船主要依靠表面烧蚀材料,是由玻璃纤维增强的酚醛塑料或环氧树脂,它们在高温高压气流冲刷的条件下,发生热解、气化、升华、熔化、辐射等作用,通过材料表面的物质损耗而带走大量热,从而达到耐高温和保护飞船内部的目的。

（5）我国的航天英雄和航天精神

航天飞行是有危险的,2003年2月1日,美国"哥伦比亚号"航天飞机返回地面时在空中解体,使机上7名航天员全部遇难。其原因是航天飞机起飞时遭到外力撞击,结果导致防热瓦上出现裂缝,使得超高温气流乘虚而入,最终造成飞机解体。

载人航天工程是当今世界高新技术发展水平的集中体现,是衡量一个国家综合国力的重要标志。在实施载人航天工程的进程中,中国航天人牢记党和人民的重托,满怀为国争光的雄心壮志,自强不息、顽强拼搏、团结协作、开拓创新,取得了一个又一个辉煌成果,也铸就了特别能吃苦、特别能战斗、特别能攻关、特别能奉献的载人航天精神。

第二部分

1.互动提问

课堂上允许学生对本讲座学习的内容进行提问有关于航空航天的。提问过程中,大部分学生对宇航员在太空当中的生活方式非常感兴趣,还有的同学对航空飞船的组成

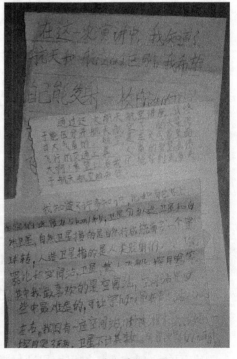

图3 学生认真听讲座　　　　图4 学生学习心得

结构非常感兴趣,同学们听得津津有味,有的手托着腮全神贯注地倾听,有的埋头奋笔疾书,有的皱着眉头认真思考,有的思维活跃积极发言。

2.注意事项

(1)在活动过程中可以叮嘱孩子带笔记本和笔,在学习过程中随时记录下来自己的心得与体会。

(2)每完成一部分内容后,在休息过程中,小组组长组织小组同学进行简单的交流和沟通。

六、学习评价

(一)评价原则

评价以鼓励为原则,激励全校师生对航空航天的热情,激励对科学、信息技术的热情,取得更大成绩。

(二)评价目的

评价的目的是让学生对新接受的感兴趣的知识有很好的吸收,并且,提高学生对新知识和旧知识的融合的能力。与此同时,激发学生热爱信息技术、爱科学的兴趣,激发学习热情。培养学生探究精神和动手实践能力。

评价应以发展性评价为主,根据学生在活动中表现状况,对其优缺点、学习方法态度和进步情况等情况进行多样性的评价,关注到学生发展中的个别差异。

在总结评价的基础上,引领学生进行深入的思考和探究,尤其是要促进活动与校内学科课程的融合,促进校内教育和校外教育的协同配合,从而最大程度上促进学生们的学习和发展。

(三)评价主体

采用教师评价和学生互评相结合的方式,进行学习评价。

（四）评价周期

课程结束后运用一堂课的时间进行评价。

（五）评价方式

小组汇报，学生评价。

通过"做一做 说一说 评一评"的方式进行小组评价，学生以参观活动的过程为脉络，回忆参观的内容，汇报自己的真实感受，以小组为单位完成学习简报、感想。小组间进行展示，学生互评。

教师建立科技成果展示板块，展示学生的成果，并组织师生学习、参观，激励师生发明、创造热情，取得更大成绩。同时，教师对学生的活动表现进行综合评价。最后由教师总结我国航空航天经历的困难，以及我们取得今天举世瞩目成绩的不容易，激发学生爱国的热情。

（六）课程反思

1.深挖企业课程资源

开发区的科技企业特别多，而且种类齐全。讲座只是科技企业进校园的一种形式，后期，还可以增加参观航空航天基地，让学生多角度、多维度去了解航空航天相关知识。让学生通过实践、体验，更加深切的了解航空航天，更加爱国。

2.丰富讲座前中后

建议在讲座之前让学生先自己搜集资料了解相关知识；讲座中给予学生更多的参与机会和互动环节。讲座后组织学生开展分享交流会。这些活动既增加了学习气氛，又可以增强学生的合作能力。

3.继续加强学情分析

针对各个年级学生的特点，引入航空航天不同方面，不同难度的课程。

专家点评：

该方案充分利用区域内的现代企业自资源，围绕着航天这个话题进行活动的设计,希望促进学生全面而有个性的发展。通过合作开发航空科普教育活动,还可以推广普及航天航空文化。该方案对课程活动的理念、目标、内容、流程、评价等方面都进行了较为全面的分析与论述,思路清晰,具有可操作性。未来在课程活动的实施形式上来可以探索更为多元化的方式,进一步提升育人效果。

东北师范大学　于　冰

第十章　军事国防

航母军事主题课程①
——海洋力量

天津经济技术开发第二小学 刘梦青

一、课程设计理念与目标

天津滨海航母主题公园,位于天津滨海新区八卦滩,是以基辅号航母这一独特旅游资源为主体的国防教育基地。该场拥有特别的基辅号航母资源,具有大面积的陆、海两域规划,高科技含量的军事、海洋主题,富有体验性、参与性、娱乐性、刺激性的体验项目,是特大型的国防教育基地,京津地区的明星景区,该项目是京津地区竞争力综合指数最高的景区之一。

一个国家、一个民族想要强大,依靠的不仅仅是先进的武器装备,团结一致的人民群众,还要依赖不断壮大的国防力量,一个国家的根本是国防实力,它是一个国家抵御外来侵略者的根本。没有国防基础,就没有国家的繁荣昌盛,民族的兴旺发达。而对小学生进行国防教育,开设军事主题课程,可以提高学生爱国主义精神,提高民族自豪感,强化其爱国爱军意识。

小学生欠缺社会经验,在年龄阶段内很难接受完整系统的国防军事教育,又因此类内容相对枯燥,学生无法亲自参与体验,兴趣不高等原因,爱国主义教育的开展一直比较低迷。针对学生年龄特点,好奇心强,喜欢动手,乐于探索,喜欢参与集体活动等,设计了"航母军事主题课程"。

本课程是航母军事主题课程之一"海洋力量",开展以了解海洋资源以及海洋军事保护作战为主要方向的军事理论教育,通过培养学生对军事的了解和热爱,培养出更多的爱好军事的孩子,对未来的国防建设具有积极的战略意义。虽然我国现在正处于和平稳定发展中,但和平与发展是当代全世界的

① 本教案为作者与天津泰达航母主题公园合作开发。

主题,但我们应当清楚地看到很多国家还不停地爆发局部战争,地区战争不断,很多国家的青少年还身处战乱之中。开设军事课程可以培养学生坚定的政治方向和良好的道德素质,在感受和平稳定生活来之不易的同时,也是一个很好的用来对学生进行爱国主义为核心的理论与实践教育的契机。

二、课程实施设计(本课程共分 4 课时)

(一)前期课程:我国的海洋情况

课程时长:40 分钟

课程地点:学校班级

授课者:学校教师

1.课程目标:

(1)认识地球海陆板块,了解国家分布区域,理解领海的概念。

(2)通过绘画活动了解我国的领海区域。

(3)观看视频,理解海洋资源对建设国家的重要意义。

(4)积极引发思考,如何保护好我国的海洋资源,提升建设海洋强国的意识。

2.课程主要内容:

(1)什么是领海

教师出示世界地图,让学生观察大陆板块与大洋板块。

介绍领土划分,以及领海的范围:沿海国主权管辖下与其海岸或内水相邻的一定宽度的海域,是国家领土的组成部分。领海的上空、海床和底土,均属沿海国主权管辖。每个国家的领海范围各不相同。

(2)中国的领海范围

每个小组发一张中国行政省份图,观察我国的国土面积,找出临海的省份,在图上用彩笔标记出来。数一数一共有几个省。

介绍我国的领海范围:

由北往南,为渤海、黄海、东海、南海,我国是一个陆海兼具的国家,大陆海岸线长达 1.8 万千米,居世界第四。

中国主张 12 海里领海权，即领海的宽度从领海基线向外延伸 12 海里，12 海里外就不是中国领海。

我国内海、领海共有 37 万平方千米,我国管辖海域面积约为 300 万平方千米。中国的海洋面积约为 300 万平方千米,东部和南部大陆海岸线 1.8 万多千米,内海和边海的水域面积 470 多万平方千米。

在刚才的地图上按照比例尺把我国的领海范围画一画,更直观了解我国具体的领海范围。

（3）建设海洋强国

21 世纪是海洋的世纪。海洋的发展事关国家的安全和长远的发展方向,世界主要海洋国家都把海洋的权益视为其最重要的利益所在,全面大力地推行新一轮战略调整和海洋经济政策。中国作为世界第二大经济体,外向型经济中已有非常大的一部分需要依靠海洋的权益,对海洋资源、空间的依赖程度大幅提高。中国拥有着高达 300 多万平方千米海域以及 1.8 万多千米海岸线,构建海洋强国、维护海洋权益是我们国家发展之要、民生之需。

学生观看视频:《向海洋索取资源》,时长 3 分 45 秒

地址链接:https://v.youku.com/v_show/id_XMjEzMTg5NjI0.html?debug=flv

（视频来源:优酷视频）

（4）维护我国的海洋资源的军事实力

海军指的是一个国家对海上军事和防御的全部军事组织，包括船只,人员和海军机构。在海上作战的军队,通常由水面舰艇部队、潜艇部队、航空兵部队、海军陆战队、海军岸防兵及各专业部队组成。水面舰艇部队,是海军兵力中类型最多、能执行多种任务的基本兵种,主要分为战斗舰艇和辅助舰船两大类,它是海军最基本的突击兵力,具有在中、近海区独立作战和合同作战的能力。水面舰艇部队包括驱逐舰、护卫舰(艇)、导弹艇、鱼雷艇、猎潜艇、扫(布)雷舰(艇)等战斗舰艇部队和登陆舰(艇)以及担负各种保障任务的勤务舰船部队。

（二）前期课程:我们需要怎样的航母

课程时长:40 分钟

课程地点:学校班级

授课者:学校教师

1.课程目标:

(1)了解现代航母在海洋战争中的重要地位。

(2)观看视频,参与讨论,思考未来航母的发展趋势以及利弊。

(3)对航母有初步的认识,提出一些有关航母的问题,带着问题进行参观。

2.课程主要内容:

观看《军事解码 2016》——一个国家到底需要怎样的航母,视频时长:43 分 37 秒

视频地址:http://v.youku.com/v_show/id_XMTczMjE3NzEzMg==.html?s=cd47 abfc8e9011e5be16

(视频来源:优酷视频)

(1)视频开始—4 分

提出问题:为什么美国曾一度认为航母无用论,美国历史上造价最高的航母使用维护成本总计多少亿美元? (560 亿美元相当于 30000 亿人民币)这些钱有多少?

讨论:你觉得花重金建造航母有必要么?

(2)6 分 10 秒—9 分

提出问题:航母是越大越好吗?(10 万吨以下越大越好)为什么?(10 万吨以下排水量大一倍,舰载机数量远大过一倍)为什么不能把航母造得太大? (机动性,隐蔽性,灵活性,成本)

(3)16 分 15 秒—23 分

提出问题:航母的动力选择有什么必须依靠的依据?(根据舰载机的类型、起飞时速及吨位来选择)核动力航母的优势和劣势分别是什么?(动力强劲,燃料轻,劣势成本高昂,核辐射)

讨论:中国第一台航母辽宁号已经成功起航,对中国未来的航母你有哪些憧憬?你能为之做些什么?

（三）中期课程：游览滨海航母主题公园

课程时长：300 分钟

课程地点：滨海航母主题公园

授课者：园区导游

1.课程目标：

参观了解基辅号航母的内外部结构，重点了解航母在现代战争中的地位及作用，了解我国的海军军事实力。

2.课程主要内容：

（1）分小组，领取学习卡片，带着任务参观航母，参观结束交还学习卡片。

（2）跟随引导人员，参观游览整个航母基地，包括舰上开放面积 8 万余平方米，设有作战指挥中心、情报舱、航母科技馆、舰船发展史、水兵倾斜舱、勇士走廊等几十个项目。舰下的世博天津馆、码头广场、4D 影院、航母野战营等特色项目，视情况安排。

（3）具体方案：

集合地强调参观注意事项。

以 4 人 1 组划分好活动小组，进行编号。

领取学习卡片，学生根据自己的兴趣选择主要参观学习内容。

教师指导填写，例如：基辅号航母的排水量，是什么级别的航母，可以搭载多少士兵和武器弹药，最大航行距离是多远？

舰上活动、吃午餐、观看表演。

整队回校，完善记录卡片的填写。

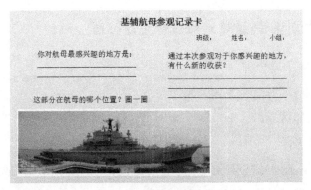

学生参观记录卡

（四）后期课程：交流汇报学习感受

课程时长：40分钟

课程地点：班级教室

授课者：学校教师

1.课程目标：

以游记的形式，或者征文的形式，撰写交流参观感受。

2.课程主要内容：

（1）安排交流内容

语文课可以针对实践活动，提出写作要求，或者交流的具体内容、形式。

（2）举办心得交流会

利用班会课，以班级为单位进行交流展示，提高写作水平，或语言表达能力。

三、学习评价

（一）评价原则

1.激励性原则：为了保护学生的自信心，开展激励性的评价，充分调动学生学习的积极性和主动性，授课过程中积极与学生互动，学生可以对任何内容发问，教师需要及时回答学生提出的问题。

2.过程和结果统一原则：注重过程，要重视学生学习过程中所表现出来的学习态度和创新意识。

3.全面性原则:在参观的过程中,学生是否提高了对于国防军事主题的兴趣。通过学习,学生的求知过程、进步状况和努力程度是否都有所提高,结合整个课程的外部表现,评价其情感态度与价值观。

(二)评价目的

通过课程的实施,了解学生在对军事国防内容的理解上是否有了更深的感受,是否培养了学生的爱国主义精神。学生能否在整个过程中充分地表达自己的观点,积极学习。

(三)评价方法

1.关注学生课堂及参观表现,能否认真听讲,积极参与活动,遵守纪律,服从安排,认真思考,态度端正。

2.对后期文字作品的评价与展示。

四、课程实施效果的呈现

校园楼道内展报展出学生优秀作文案例等。

结合其他课程,如语文、科学、美术、劳动课等继续进行课程的探索和延伸。

专家点评:

该课程方案设计紧密围绕航母、海军等主题,活动目的明确。前期活动能够组织学生参与到课堂准备中,激发学生的主动性,并且通过活动环节适当的激发学生的兴趣。中期活动以参观为主,通过设计观察卡片的方式引导学生有目的地观察航母基地,具有一定的引导性。后期延伸活动着重于提升学生的创造力和动手能力。该方案基本能够达到促进学生了解航母、激发相关兴趣的目的。未来可以继续加强学生在活动中的参与度。

东北师范大学　吴晓靓

航母军事主题课程①

——海上堡垒

天津经济技术开发区第二小学　刘梦青

一、课程设计理念与目标

天津滨海航母主题公园,位于天津滨海新区八卦滩,是以基辅号航母这一独特旅游资源为主体的国防教育基地。该公园拥有特别的基辅号航母资源,具有大面积的陆、海两域规划,高科技含量的军事、海洋主题,富有体验性、参与性、娱乐性、刺激性的体验项目,是特大型的国防教育基地,京津地区的明星景区,该项目是京津地区竞争力综合指数最高的景区之一。

一个国家、一个民族想要强大,依靠的不仅仅是先进的武器装备,团结一致的人民群众,还要依赖不断壮大的国防力量,一个国家的根本是国防实力,它是一个国家抵御外来侵略者的根本。没有国防基础,就没有国家的繁荣昌盛,民族的兴旺发达。而对小学生进行国防教育,开设军事主题课程,可以提高学生爱国主义精神,激发民族自豪感,强化其爱国爱军意识。

小学生欠缺社会经验,在年龄阶段内很难接受完整系统的国防军事教育,又因此类内容相对枯燥,学生无法亲自参与体验,兴趣不高等原因,爱国主义教育的开展一直比较低迷。针对学生年龄特点,好奇心强,喜欢动手,乐于探索,喜欢参与集体活动等,设计了"航母军事主题课程"。

本课程是航母军事主题课程之一海上堡垒。开展以了解海上战舰类型、功能用途,武器装备等相关军事理论教育,通过培养学生对军事的了解和热爱,培养出更多爱好军事的孩子,对未来的国防建设具有积极的战略意义。虽然我国现在正处于和平稳定发展中,但和平与发展是当代全世界的主题,但

---

① 本教案为作者与天津泰达航母主题公园合作开发。

我们应当清楚地看到很多国家还不停地爆发局部战争,地区战争不断,很多国家的青少年还身处战乱之中。开设军事课程可以培养学生坚定的政治方向和良好的道德素质,在感受和平稳定生活来之不易的同时,也是一个很好的契机——用来对学生进行爱国主义为核心的理论与实践的教育。

二、课程实施设计(本课程共 3 课时)

(一)前期课程:海上战舰

课程时长:40 分钟

课程地点:学校班级

授课者:学校教师

1.课程目标:

(1)了解我国的海军舰队组成,战舰类型,武器装备等相关方面知识。

(2)通过活动,理解海军舰队中不同舰艇的用途,明确航母在作战中的核心作用。

(3)重点了解基辅号航母的信息,为中期参观做铺垫。

(4)形成对武器舰队等研究兴趣,提高国防意识,理解建设现代化军事部队的意义。

2.课程主要内容:

前期准备:分组活动的卡片资料(见附件图片),提前安排学生分 6 组,收集三类主要战舰(航母、护卫舰、驱逐舰)的功能和任务。

(1)初步认识国家的海军舰队类型

教师:你们喜不喜欢解放军叔叔? 他的全称是中国人民解放军,你知道中国人民解放军由哪些军种组成吗?

学生答:有陆军,空军和海军。

海军的部队由很多种类型,海军指的是一个国家对海上军事和防御的全部军事组织,包括船只、人员和海军机构。在海上作战的军队,通常由水面舰艇部队、潜艇部队、航空兵部队、海军陆战队、海军岸防兵及各专业部队组成。

（2）认识了解水面舰艇部队

介绍水面舰艇部队：水面舰艇部队包括驱逐舰、护卫舰(艇)、导弹艇、鱼雷艇、猎潜艇、扫(布)雷舰(艇)等战斗舰艇部队和登陆舰(艇)以及担负各种保障任务的勤务舰船部队。

学生交流提前安排好的学习任务，认识三种主要战舰的功能和任务。

每个小组上前介绍各自主要的战舰类型(常见的三种)。

驱逐舰：既能在海军舰艇编队担任进攻性的突击任务，又能担任作战编队的防空、反潜护卫任务，还可在登陆、抗登陆作战中担任支援兵力，以及担任巡逻、警戒、侦察、海上封锁和海上救援等任务。

护卫舰：护卫舰是以反舰/防空导弹、中小口径舰炮、水中武器(鱼雷、水雷、深水炸弹、反潜火箭弹等)为主要武器的中型战斗舰艇。

航空母舰：以舰载作战飞机为主要武器，并整合通讯、情报、作战信息、反潜反导装置及后勤保障为一体的大型海上战斗机移动基地平台。

（3）战舰分类大作战

为每组学生提供 10 艘不同样式的水面舰艇小卡片。

要求：在 3 分钟内将 10 艘舰艇分类，按照类型涂上三种不同颜色。

在 A4 纸上贴出你对这 10 艘战舰的位置安排。

以小组为单位到前面进行交流，讲述这样安排 10 艘战舰位置的理由。

教师进行简单引导：航母是整个编队的核心，在编队中间靠后的位置，护卫舰具备中型打击力量，围绕航母可以发挥最佳作用。驱逐舰舰艇瘦长灵活，适合在外围灵活机动，对目标进行干扰或突袭。

（4）了解基辅号航母的相关信息

航母外观信息：基辅号航空母舰全长 273 米，全宽 53 米，吃水 9.5 米，排水量 43000 吨，4 组涡轮机，20 万马力，航速 32 节(1 节 =1 海里/时)。属于典型的苏联航母布置。

舰载机信息：基辅号航母搭载了 12 架 Yak-38A "铁匠"战斗机、一架 Yak-38B "铁匠"战斗机、19 架 Ka-27 "蜗牛"反潜直升机、3 架 Ka-25 "荷尔蒙"直升机。

武器装备：8 具 SS-N-12 反潜导弹发射器，10 具 533 毫米鱼雷发射管、2

对 SA–N–3B 防空导弹发射器、4 具 SA–N–4 防空导弹发射器、4 具 SA–N–9 防空导弹六联装垂直发射器、一具 SUW–N–1 反潜导弹双臂发射器、2 座双联装76 毫米炮、8 具 30 毫米六管机炮、2 具 RBU 1200 十二管火箭等。

（5）航母贴贴贴

每组发放一张 A4 大小的航母轮廓卡片，以及印有直升机和各种武器装备的迷你图片。

小组讨论这些舰载装备都应该分别在航母的哪个位置？简单地在纸上摆一摆。等到参观结束后将位置固定下来。

（二）中期课程：游览滨海航母主题公园

课程时长：300 分钟

课程地点：滨海航母主题公园

授课者：园区导游

1.课程目标：

参观了解基辅号航母的内外部结构，了解航母在现代战争中的地位及作用，体验海军工作环境，了解我国的海军军事实力。

2.课程主要内容：

跟随引导人员，参观游览整个航母基地，包括舰上开放面积 8 万余平方米，设有作战指挥中心、情报舱、航母科技馆、舰船发展史、水兵倾斜舱、勇士走廊等几十个项目。舰下建设世博天津馆、码头广场、4D 影院、航母野战营等特色项目，视情况安排。

具体方案：

（1）集合地强调参观注意事项。

（2）以 4 人 1 组划分好活动小组，进行编号。

（3）领取学习卡片，学生根据自己的兴趣选择主要参观学习内容。

（4）教师指导填写，感兴趣的部分具有什么功能，运用哪些技术？这和你以往想到的航母上的样子有什么不同？

例：停机坪在哪里，可以停几架飞机？

导弹平时装在哪儿，怎么运输？

发射口平时是开还是关,如何控制?

(5)舰上活动,吃午餐,观看表演。

(6)整队回校,完善记录卡片的填写。

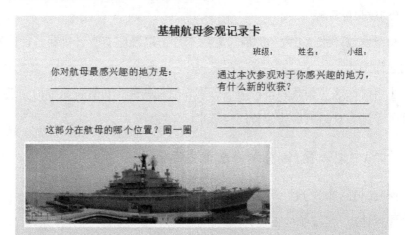

学生参观记录卡

(三)后期课程 1:参观心得交流会

课程时长:40 分钟

课程地点:班级教室

授课者:学校语文教师

1.课程目标:

撰写以"伟大的海上堡垒"为主题的征文,交流参观感受。

能将参观的感受充分表达出来,激发爱国主义热情。

2.课程主要内容:

(1)安排交流内容:

语文课可以针对实践活动,提出写作要求,或者交流的具体内容、形式。

(2)举办心得交流会:

以班级为单位进行交流展示,提高写作水平,或语言表达能力。

(四)后期课程 2:设计我的移动堡垒

课程时长:40 分钟

课程地点:班级教室

授课者:学校美术劳动教师

1.课程目标

利用手中的废旧纸箱泡沫塑料等制作未来的航空母舰。

用形象的表现手法将心目中的航母模型塑造出来。

提高动手制作能力,善于与同伴交流,充分吸取他人意见。

2.课程主要内容

(1)航母的结构

设计未来航母的外形、结构,思考能分别用什么材料来制作这些部分,画出设计图。

(2)动手制作

利用废旧纸箱、胶带、壁纸刀,废旧金属螺母等材料,设计打造独一无二的航母。

(3)美化展示

利用彩笔,水粉颜料等给航母上色,做个性化装饰。写好航母功能使用指南,展示航母功能及特点。班级评比优秀作品楼道内展示。

三、学习评价

(一)评价原则

1.激励性原则

开展激励性评价,呵护学生的自信心,充分调动学生学习的主动性和积极性,在授课过程中积极与学生互动,及时回答学生的问题。

2.过程和结果统一原则

注重过程,要重视学生学习过程中所表现出来的学习态度和创新意识。

3.全面性原则

关注通过参观后,学生对于国防军事主题的兴趣是否浓厚了,而且关注学生的求知过程、进步状况和努力程度,评价其情感态度与价值观。

(二)评价目的

通过课程的实施,了解学生在对军事国防内容的理解上是否有了更深的感受,是否培养了学生的爱国主义精神。学生能否在整个过程中充分的表达自己的观点,积极学习。

(三)评价方式

1.关注学生课堂及参观表现,能否认真听讲,积极参与活动,遵守纪律,服从安排,认真思考,态度端正。

2.对后期手工作品或者文字作品的评价与展示。

四、课程实施效果的呈现方式

校园楼道内展报展出学生制作的航母模型,优秀作文案例等。结合其他课程,如语文、科学、美术、劳动课等继续进行课程的探索和延伸。

专家点评:

该课程方案设计紧密围绕航母、海军等主题,活动目的明确。前期活动能够组织学生参与到课堂准备中,激发学生的主动性,并且相对适当的通过活动环节激发学生的兴趣。中期活动以参观为主,通过设计观察卡片的方式引导学生有目的地观察航母基地,具有一定的引导性。后期延伸活动着重于提升学生的创造力和动手能力。该方案基本能够达到促进学生了解航母,激发相关兴趣的目的。未来可以继续加强学生在活动中的参与度。

东北师范大学　吴晓靓

航母军事主题课程①

——我要当海军

天津经济技术开发区第二小学　刘梦青

一、课程设计理念与目标

天津滨海航母主题公园,位于天津滨海新区八卦滩,是以基辅号航母这一独特旅游资源为主体,特别的基辅号航母资源,大面积的陆、海两域规划,高科技含量的军事、海洋主题,富有体验性、参与性、娱乐性、刺激性体验项目,特大型的国防教育基地,使其成为京津地区的明星景区,该项目是京津地区竞争力综合指数最高的景区之一。

一个国家、一个民族,想要强大,不仅要靠武器装备的先进,人民的团结一致,还需要国防力量的不断壮大,国防是一个国家的根本,是一个国家抵御外来侵略者的实力。没有国防,就没有国家的昌盛、民族的兴旺。对小学生进行国防教育,开设军事主题课程,可以提高学生爱国主义精神,激发民族自豪感,强化其爱国爱军意识。

小学生欠缺社会经验,在年龄阶段内很难接受完整系统的国防军事教育,又因此类内容相对枯燥,学生无法亲自参与体验,兴趣不高等原因,爱国主义教育的开展一直比较低迷。针对学生年龄特点,好奇心强,喜欢动手,乐于探索,喜欢参与集体活动等,设计了"航母军事主题课程"。

本课程是航母军事主题课程之一"我要当海军",开展以了解海军组成,部队编制,功能划分等相关军事理论教育,通过培养学生对军事的了解和热爱,培养出更多的爱好军事的孩子,对未来的国防建设具有积极的战略意义。和平与发展是当代的主题,但我们应当清楚地看到局部战争,地区战争不断,

---

① 本教案为作者与天津泰达航母主题公园合作开发。

开设军事课程可以培养学生坚定的政治方向和良好的道德素质,同时也是以爱国主义为核心的理论与实践的教育。

二、课程实施设计(本课程共分 4 课时)

(一)前期课程:中国人民解放军海军简介

课程时长:40 分钟

课程地点:学校班级

授课者:学校教师

课前准备:分组收集中国人民解放军的相关信息,主要包括:中国人民解放军的组织结构。中国海军的主要任务。中国海军的规模。中国海军的舰队分布。

1.教学目标

(1)了解中国海军的设置和中国海军的基本特点。

(2)了解我国的海上舰队,以及海军的海上生活情况。

(3)体验站军姿敬军礼的过程,体验晕船感受,理解海军在海上需要克服的种种困难。

(4)增强爱国强军的意识。

2.课程主要内容

(1)中国海军概况

以小组为单位,汇报收集的信息,其他小组对汇报内容有疑问可以随时提问,由汇报小组进行解答,如有不完善的地方由教师补充。

人民解放军的组织结构

可提出问题:中国人民解放军现役部队由几部分组成?(陆军、海军、空军、火箭军、战略支援部队)。现中国人民解放军现役总人数是多少?(200 万人)中国的国防军费约为多少?(1 万亿人民币,占中国国内生产总值的 2.0%,占世界各国国防预算总额的 8.2%,居世界第二位)。

中国海军的主要任务

可提出问题:中国人民解放军海军的主要任务是什么?(独立或协同陆军、空军防御敌人从海上的入侵,保卫领海主权,维护海洋权益)海军的作战

主场可以包括哪些地方？（具有在水面、水中、空中作战的能力）

中国海军的规模

可提出问题：中国人民解放军海军现役军人约多少人？拥有舰船多少艘？飞机多少架？（24万人，舰船300余艘，飞机600余架）

中国海军的舰队组成

可提出问题：三部分舰队负责的主要区域是如何划分的？可在地图上标记一下。

北海舰队，其前身为华东解放军海军支队，是中国人民解放军海军最早的海军部队。是中国海军唯一拥有核动力弹道导弹潜艇的队伍。北海舰队负责黄海、渤海的防务，主要任务就是守卫北京的海上门户。

东海舰队，成立于1949年4月23日，最初以上海作为基地。现司令部设在浙江宁波。东海舰队负责台湾海峡南端以北、连云港以南的东海和黄海海域的防务。

南海舰队，司令部设在广东湛江。南海舰队负责台湾海峡南端的西南方向海域，包括西沙群岛、南沙群岛的防务，维护中国在南中国海的海洋权益和岛屿的防卫。

（2）主要服役舰艇

辽宁号航空母舰，简称"辽宁舰"，舷号16，是中国人民解放军海军第一艘可以搭载固定翼飞机的航空母舰。

001A型航母是中国真正意义上的第一艘国产航空母舰。

"基辅号"航母是基辅级航母的第一艘，是苏联太平洋舰队的旗舰。

3.海军生活

（1）播放中国海军宣传片时长2分30秒

视频地址：http://v.youku.com/v_show/id_XMzU1OTgyNjkxNg==.html?from=s1.8-1-1.2

（视频来源：优酷视频）

谈一谈你看完这段视频的感受。

（2）体验军人生活

站军姿（2分钟）：军姿的动作要领：脚跟靠拢并齐，两脚尖向外分开约60

度;两脚挺直;小腹微收,自然挺胸;上体正直,微向前倾;两肩要平,稍向后张;两臂自然下垂,手指并拢自然微屈,拇指尖贴于食指的第二节,中指贴于裤缝;头要正,颈要直,口要闭,下颌微收,两眼向前平视。

行军礼(1分钟):上体正直,右手取捷径迅速抬起,五指并拢自然伸直,中指微接帽檐右角前约2厘米处(戴无檐帽或者不戴军帽时微接太阳穴,与眉同高),手心向下,微向外张(约20度),手腕不得弯曲,右大臂略平,与两肩略成一线,同时注视受礼者。

体验晕船测试(5分钟):取一把转椅,请学生坐在转椅上握紧把手,带上眼罩,教师推动转椅旋转3圈,解开眼罩,让学生起立走回座位。多测几个同学,谈谈感受。

海军要一天24小时在船上,遇到大风浪会持续几十个小时在晕眩状态,如何提高抗晕眩能力,他们发明了很多装置。观看视频,谈一谈你的感受。

播放抗晕船训练方法:

视频地址 https://v.youku.com/v_show/id_XMzQ0ODgwMjkyNA==.html

(视频来源:优酷视频)

(二)中期课程:游览滨海航母主题公园

课程时长:300分钟

课程地点:滨海航母主题公园

授课者:园区导游

1.课程目标:参观了解基辅号航母的内外部结构,重点了解海军人员在战舰上的日常工作和生活情况,了解我国的海军军事实力。

2.课程主要内容:跟随引导人员,参观游览整个航母基地,包括舰上开放面积8万余平方米,设有作战指挥中心、情报舱、航母科技馆、舰船发展史、水兵倾斜舱、勇士走廊等几十个项目。舰下建设世博天津馆、码头广场、4D影院、航母野战营等特色项目,视情况安排。

3.具体方案:

集合地强调参观注意事项。

以4人1组划分好活动小组,进行编号。领取学习卡片,学生根据自己的兴趣选择主要参观学习内容。教师指导填写:寻找和海军生活有关的信息。

　　例如:海军生活仓位于整个航母的什么位置? 在海上航行士兵们怎么吃饭、洗漱? 航母上有没有娱乐设施?

　　舰上活动,吃午餐,观看表演。

　　整队回校,完善记录卡片的填写。

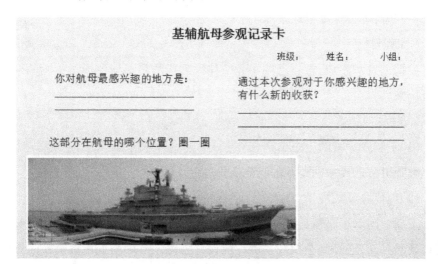

图1　学生参观记录卡

(三)后期课程1:交流汇报学习感受,进行口语交际

课程时长:40分钟

课程地点:班级教室

授课者:学校教师

1.课程目标

中高年级以"如果我是一名海军"为主题进行征文,或撰写参观航母等感受。低年级以"我想当海军"为主题进行口语交际活动。

2.课程主要内容

(1)安排交流内容:语文课可以针对实践活动,提出写作要求,或者交流的具体内容、形式。

(2)举办心得交流会:以班级为单位进行交流展示,提高写作水平,或语言表达能力。

(3)优秀作品展示

(四)后期课程 2:设计未来的海军服饰

课程时长:40 分钟

课程地点:班级教室

授课者:学校美术劳动教师

1.课程目标

发挥创意和想象,把自己心中光荣伟大现代的海军形象通过绘画的形式表现出来。

2.课程主要内容

(1)了解海军服的历史

教师讲解近代中国海军的服饰变化过程。

(2)现代海军服饰

现在中国海军服装是 07 式海军服。07 式军服中的海军制服,总体设计上可谓焕然一新,已经完全摆脱了以往的设计思路。其中与人民解放军海军此前的各代军服区别最大,也是最为抢眼的,莫过是海军军官的藏青色春秋、冬常服。

(3)设计未来的新式海军服

提出设计要求:从美观、实用、创意几个方面设计你心中未来的海军军服。通过彩色铅笔、蜡笔、水粉等颜料在图画纸上绘制。班级交流投票评选最受欢迎的未来海军服装。

三、学习评价

(一)评价原则

1.激励性原则

开展激励性评价,呵护学生的自信心,充分调动学生学习的主动性和积极性,在授课过程中积极与学生互动,及时回答学生的问题。

2.过程和结果统一原则

注重过程,要重视学生学习过程中所表现出来的学习态度和创新意识。

3.全面性原则

关注通过参观后,学生对于国防军事主题的兴趣是否浓厚了,而且关注学生的求知过程、进步状况和努力程度,评价其情感态度与价值观。

(二)评价目的

通过课程的实施,了解学生在对军事国防内容是否有了更深的理解,是否培养了学生的爱国主义精神。学生能否在整个过程中充分的表达自己的观点,积极学习。

(三)评价方法

1.关注学生课堂及参观表现,能否认真听讲,积极参与活动,遵守纪律,服从安排,认真思考,态度端正。

2.对后期绘画作品或者文字作品的评价与展示。

四、课程实施效果的呈现

校园楼道内展板展出学生绘制的海军服装,优秀作文案例等。

结合其他课程,如语文、科学、美术、劳动课等继续进行课程的探索和延伸。

专家点评:

该课程方案设计紧密围绕航母、海军等主题,活动目的明确。前期活动能够组织学生参与到课堂准备中,激发学生的主动性,并且相对适当的通过活动环节激发学生的兴趣。中期活动以参观为主,通过设计观察卡片的方式引导学生有目的地观察航母基地,具有一定的引导性。后期延伸活动着重于提升学生的创造力和动手能力。该方案基本能够达到促进学生了解航母,激发相关兴趣的目的。未来可以继续加强学生在活动中的参与度。

东北师范大学　吴晓靓

第十一章　食品饮料

关注健康，走进养乐多①

天津经济技术开发区第二中学　崔文静　王菲菲

一、课程设计理念与目标

（一）课程设计理念

我校始终坚持广泛开设社团课、校企合作课，培养学生的组织能力、交际能力、思维能力，增长学生的见识，拓宽学生的视野，让每一个学生都能得到全面而有个性的发展。健康问题是人类社会中时时刻刻都在关注的问题，同时也是每个人一生中最重要的问题，人类对健康概念的认识是随着社会的发展以及人类自身认识的变化而不断丰富的。为此我校与天津养乐多乳品有限公司共同开发了"关注健康，走进养乐多"校企合作课程。

（二）学情分析

1.中学生对生活中的事物有着强烈的好奇心和探索欲，而健康与养生也是学生经常听到的话题。因此，孩子们对健康知识和常见的养生饮品有着浓厚的兴趣。

2.目前，国家从一年级开始开设科学课，中学生已经具有一定的科学知识基础，比如有关化学、生命科学方面的知识。

3.对于中学生而言，走进企业，实地考察，这样的课程既满足了学生的兴趣，激发学生们的学习热情，又解决了学生生活中由常见事物引发的困惑，让学生对健康与养生方面的知识有更深层次的认识与了解。

---

① 本教案为作者与天津养乐多乳品有限公司合作开发。

(三)课程设计缘起

现代企业教育课程是开发区根据本地经济社会发展和学生需要的具体实际,充分利用现代企业聚集的资源优势,旨在培养学生创新意识、企业家精神,拓宽学生视野,规划职业生涯的课程。而"关注健康,走进养乐多"是我校现代企业教育课程的重要组成之一。本课程的开发能促进校外课程资源的合理利用,挖掘学校与企业合作的最大潜力,同时也促进了教师专业的成长与发展,促进了学生的全面发展与个性发展。

(四)课程的价值与目标

1.学生发展目标

(1)使学生了解养乐多企业的发展历程,尤其是作为企业所承担的社会责任,引导学生培养责任担当意识,努力实现自己的价值,为社会贡献自己的力量。

(2)通过肠道大解密、益生菌百科知识以及养乐多成分的讲解,学生学习益生菌对人类身体的作用,了解如何选择益生菌产品以及如何科学补充益生菌。

(3)通过实地参观天津养乐多乳品有限公司,学生了解养乐多整个生产流程,感受现代科技的发展,认识到科技与创新的重要性。

(4)通过自由分享,让学生大胆猜测养乐多的未来,让学生了解生活中更多的健康小妙招,并在生活中能有所应用,同时也培养了学生的语言表达能力和沟通交际的能力。

2.教师发展目标

在活动设计与实施中,提高教师对现代企业教育的兴趣和热情,增强教师课程资源整合能力。在活动组织中,进一步体会多元教学方法的运用,提高指导学生进行综合实践的能力。激发教师活动热情、积累教师教学经验,形成教育教学智慧,促进教师专业发展。

二、课程实施设计

（一）学时规定

学时为 3 学时,每学时 40 分钟。

第一学时:观看企业制作的宣传片

第二学时:带领学生实地参观养乐多企业

第三学时:交流分享

（二）课程资源

学校:教室、多媒体设备、参与教师

企业:宣传片、会议室、专业技术人员、养乐多饮品

（三）课程内容的选择与确定

学校与企业进行反复沟通,共同打磨教学内容,确定授课人员、时间、场地等。经过对初高中学生的学情分析,结合企业资源,最终确定三大课程内容:通过宣传片介绍企业、实地参观养乐多企业、学生交流分享。

三、课程实施建议与活动设计

（一）第一课时

课前布置任务,要求学生在网络上查阅了解养乐多企业,课中分享对养乐多的看法和猜测;

组织学生观看企业制作的宣传片《肠道与健康》,宣传片内容包括以下四个方面:

1.肠道大解密

学生了解肠道的工作机理:食物由口腔进入消化道再由肛门排出,会用 24 至 72 小时走完长约 9 米的旅程。食物在消化道中,通过各器官的分工协调共同努力,转化为营养供人体吸收并提供能量。

2.益生菌对肠道的作用

学生了解益生菌对肠道的作用:抑制有害菌的繁殖,抑制有害物质的生成,帮助消化、吸收,调节身体的抵抗力。

3.科学补充益生菌

学生了解如何补充益生菌:

(1)人体每天所需的益生菌摄入量约为几十亿,每瓶养乐多富含100亿以上的干酪乳杆菌代田株足够满足每天人体正常的需求。

(2)肠内菌群容易受饮食、气候、药物(抗生素)等多方面因素影响而失衡,且有益菌会随正常排泄而流失,所以为了保持肠内菌群平衡,保护身体健康,建议每天补充活性益生菌。

(3)养乐多不可以用微波炉或明火加热。如果觉得太冷,建议提早从冰箱中取出后, 在常温下放置30分钟左右再饮用。活性乳酸菌在超过人体体温后,会随着温度升高而逐渐失去活性,最终死亡。非活性的乳酸菌起不到调节肠内菌群的作用。

(4)养乐多在餐时或餐后摄取,可保证更多益生菌活着到达肠道,另外益生菌需要低温保存。

4.养乐多的成分

水、白砂糖、脱脂奶粉、葡萄糖、食品用香精、干酪乳杆菌是养乐多的配料,它的营养成分如下:

表1 养乐多的营养成分

成分	每100ml	NRV%
能量	287千焦(KJ)	3%
蛋白质	1.2克(g)	2%
脂肪	0克(g)	0%
碳水化合物	15.7克(g)	5%
钠	19毫克(mg)	1%

图 1　观看宣传片

(二)第二课时

1.有序参观

天津经济技术开发区第二中学的
50 多名师生参观天津养乐多乳品有限
公司，学生们在老师和企业人员的指
挥下有序参观养乐多企业发展历程的
宣传版和养乐多饮品的生产过程。

2.交流发现

参观天津养乐多乳品有限公司,学

图 2　企业参观

生们发现整个养乐多生产线自动化程度非常高，只有少数几个人参与到养乐
多的生产过程中,学生对生产线自动化水平都非常惊讶,开拓了学生的视野。

参观了养乐多生产过程,学生们都亲自品尝了养乐多,对养乐多的味道
赞不绝口。

3.合影留念

愉快的合影结束了此次参观，学生们学到了很多课堂上较少接触的知
识,同时也满足了学生们探索新知识的好奇心,激发了学生们的热情、此次活
动不仅丰富了学生们的课后实践活动形式,还真正体验了一次健康之旅。

(三)第三课时

1.小组分享

以小组为单位,每个小组分享自己实地参观的感悟和学习到的健康知识。

第一小组：

对养乐多成分的学习了解，可以加深对化学、生物课本上知识的理解，更好地将理论与实践相结合。

第二小组：

通过对养乐多企业的参观，学生从之前养乐多只是一种饮料的认识转变为小小一瓶养乐多蕴含着许多科学健康知识：如何保持肠道健康、如何选购益生菌产品、如何科学补充益生菌等。

第三小组：

通过对养乐多生产流水线的参观，学生对高度自动化的生产线非常惊叹，充分认识到科技是第一生产力，科技创新才能使一个企业提高市场竞争力并不断发展，以此教育鼓励学生学好知识技能，增强创新能力，为国家发展贡献力量。

2.健康知识拓展

参观完企业后以小组为单位布置作业：通过网络、生活、书籍等渠道搜集健康小妙招，并在这一课时集体分享交流。

第一小组分享的小妙招：

吃了辣的东西，感觉被辣得难度，就往嘴里放上少许盐，含一下，吐掉，漱下口，就不辣了。

第二小组分享的小妙招：

(1)经常装茶的杯子里面留下难看的茶渍，用牙膏洗之，非常干净；

(2)仰头点眼药水时微微张嘴，这样眼睛就不会乱眨了。

第三小组分享的小妙招：

(1)嘴里有溃疡，就用维生素 C 贴在溃疡处，等它溶化后溃疡基本就好了。

(2)眼睛进了小灰尘，闭上眼睛用力咳嗽几下，灰尘就会自己出来。

3.小组讨论并分享对未来养乐多的预测和憧憬

学生们大胆猜想，对养乐多的未来进行了预测和憧憬：从 1935 年世界上第一瓶养乐多诞生之日起，养乐多的足迹已经遍布全球 33 个国家和地区，目前每天销售的瓶数达到 3500 万之多。养乐多作为肠道健康忠实护卫者的形象正在为更多人所熟知和喜爱。养乐多始终秉持"不断探索生命科学，为世界人类的健康和美好生活做贡献"的理念。同时,我们也看到消费者所给予的信任越多,品牌所肩负的责任也就越大。希望养乐多集合优势今后共同致力于益生菌食品科研,促进产业发展,积极布局健康事业版图,努力将肠道健康送入更多中国家庭,将人类的健康事业推向更高点,建立食品安全新标杆,引领行业正向发展。

4.教师评价

最后,教师通过学生参与情况和分享情况,进行点评和指导。在学生谈到好的想法和建议以后,及时地给予肯定和表扬。在学生谈到一些误区和不太可行的建议以后,及时给予答疑和修正。每个小组都将自己的感悟进行了分享,学生学到了很多有关健康的知识,并希望学生能将这些小妙招应用到生活中,并告知自己的父母、家人、朋友,让更多的人受益。

5.妙招展示

组织班级利用午休时间将分享的健康小妙招汇集在一起,并粘贴在教室外的展板上,以供全校师生参观学习,培养学生助人的良好品性,同时树立学生的自信心,提高成就感。

四、学习评价

(一)评价原则

1.参与性原则

活动要注重学生亲身参与和学生全员参与,强调课程计划规定的课时活动量的参与情况和参与态度的考核, 即学生是否参与了活动的某些环节,参与是否主动积极。同时重视学生自觉参与评价。

2.多元性原则

包括评价主体的多元、评价标准的多元、评价形式的多元。实践活动的评价强调多元价值取向和多元标准,肯定学生与世界交往的多元方式。

3.全程性原则

重视对学生活动过程的评价,注重评价学生在活动过程中的表现,以及他们解决问题的方法、态度和体验。

4.激励性原则

活动的评价要紧扣体验目标,因人而异、多激励、少批评,注意个体的纵向发展,力求推动每个学生在原有水平上有新的进展,不断促进自身的发展。

(二)评价主体

采用教师评价、学生自评、学生互评、企业相关人员评价相结合的方式进行。

(三)评价周期

课程结束后运用一堂课(40分钟)的时间进行评价。

(四)评价方式

1.学生自评与互评

根据在整个课程中学生的表现,学生进行自评与互评,并制定如下评价表格:

表2 课程评价表

班级: 组别: 姓名: 日期:

课题名称:	
本人承担的任务:	完成情况:
自我评价 本人在完成任务的过程中目标是否清晰?你相信自己能够完成任务吗?	
本人完成任务的主动性	
本人在活动中能否积极发言	
本人在小组活动中提了哪些积极建议	
本人与小组同学的合作情况	
本人查阅了哪些书籍、网站(填名称)	
本人在活动中哪些能力得到了提升	
本人在活动中遇到了什么困难?是怎么解决的?	
活动中你印象最深的事情是什么?	
你在活动中最满意的是什么?最大收获是什么?	

小组互评	组员1	意见：	
	组员2	意见：	
	组员3	意见：	
	组员4	意见：	
	组员5	意见：	
	组员6	意见：	
总评			

2.教师评价 作品展示

教师组织师生学习、参观,并把学生分享的妙招进行展示,激发师生的创新热情,培养师生的创新意识。同时教师可以根据学生在整个课程中的表现及时地做出评价。

表3　教师课程评价表

课程主题：　　　　组别：　　　　日期：

评价项目	具体内容	评价等级			
		A	B	C	D
情感态度	1.积极参与活动				
	2.主动提出设想建议				
	3.不怕困难和辛苦				
合作交流	1.主动和同学配合				
	2.乐于帮助同学				
	3.认真倾听同学的观点和意见				
	4.对班级和小组的学习做出贡献				
学习技能	1.会用多种方法搜集处理信息				
	2.实践方法、方式多样				
实践活动	1.积极动脑、动口、动手参与				
	2.会与别人交往				
	3.关注社会、关注环境的意识				
总体描述					

专家点评：

这篇"关注健康，走进养乐多"的现代企业课程设计在规范、特色和全面、深度性上都下了功夫。设计以天津养乐多乳品有限公司为对接点，站在中学生的立场上，设置前期课程、中期课程和后期课程，有学生自己的了解，有亲自参观的过程，有回味反思的收获，并对课程的延伸做了处理。在课程实施过程中，体现了小组合作、各有分工的特点；在实施评价环节，有多元多角度的评价。总体上，这是一篇综合性较强的课程设计。

东北师大附中净月实验学校　　吕　　丽

走进宝矿力，解锁水密码[①]

天津经济技术开发区第二中学　李　欢

一、课程设理念与目标

（一）课程设计理念

　　提高同学们对水资源的重视以及如何更好地补充身体内的水能量，同时让学生的研究性学习与社会实践真正结合起来，走出校园、走向社会、走进企业，去关心社会发展、关注社会问题，尝试解决自己研究的社会问题，勤于学习，勇于实践，努力实现全面发展，开辟出有自己特色的社会实践新途径。促进中学生了解社会、了解企业、增长才干、奉献社会、锻炼毅力、培养品格、增强社会责任感。

（二）学情分析

　　学生对企业发展、饮料制作都有一些感性的认识，但没有具体了解，一般会认为比较高深，与自己所学知识关系不大，但是对这些新事物具有很强的好奇心和探索欲望，所以在老师们的带领下，从生活点滴入手，学生会很快感受到科技与所学知识相关，提升学习的兴趣，思考自己将来的人生规划。

（三）课程的价值与目标

1.学生发展目标

（1）使学生了解设计生产的大体方法和相关知识，拓展理性思维。

（2）通过参观学习了解饮料生产制作的全过程，构建与课本知识的联系，

---

① 本教案为作者与天津大冢饮料有限公司合作开发。

消除与科技的距离感。

（3）通过亲自动手设计活动内容，提高实践能力，交流能力，激发学生的创造力，学会多角度思考问题。通过小组合作及展示交流培养合作的精神。

2.教师发展目标

在活动设计与实施中，提高教师对现代企业教育的理解，扩充教师知识储备，增强教师课程资源整合能力。在活动组织中，进一步提高指导学生进行综合实践的能力。

二、课程实施设计

（一）课时规定

课程时长为 4 课时，每课时 45 分钟

（二）课程资源

学校：教室、活动时间、多媒体设备、参与教师
企业：活动材料、专业技术人员

三、教学设计

（一）前期筹备分工

1.活动策划

2.横幅、旗帜制作

3.安全预案

4.企业背景资料搜集

5.发布活动通知，邀请家委会成员参加活动

（二）活动过程分工

1.拍摄照片、视频、网络直播

2.活动记录

3.纪律组织

（三）活动总结分工

1.结题报告

2.活动总结、主题班会

3.组织全班撰写个人心得体会

（四）"走进宝矿力，解锁水密码"参观研学课题方案

1.研学旅行地点：天津大冢饮料有限公司

2.课题小组成员：组长，组员

3.分工情况

4.课题完成要求：

（1）从列出的主题中自选课题，自愿结组。

（2）组内完成分工合作。

（3）各个主题下的研学问题要求必须完成，而且要配以相应的图片说明。

（4）课题呈现形式，以 PPT 的形式呈现，并配有 PPT 演讲稿的文字说明版（Word 文本）。

（5）利用班会进行研学报告的汇报交流和评比。根据实际情况，各班推荐优秀小组，给予表彰和宣传。

（五）评价标准

1.小组分工明确、全员参与。

2.PPT 制作内容完整，鼓励创意制作，形式美观会酌情加分。

3.小组交流表达清晰，配合默契。

（六）提供选题

主题一：地球上的水

1.什么是水资源？地球上的水资源主要来自哪里？

2.地球上水资源众多，我们还有没有必要珍惜水资源，为什么？

3.什么是矿泉水，一般产自哪些地区，对人体有哪些益处？

4.在日常生活中我们应该如何节约用水?

主题二:身体里的水

1.人体体液成分有哪些,跟何种物质相似?

2.人体中水分含量大约是多少,主要储存在哪里?哪种类型的人群水含量最少,为什么?

3.生命是离不开水的,那么水到底在哪些方面对人体有重要作用呢?

4.身体里的水和电解质,在什么情况下会流失? 水分大量流失有什么危害?

主题三:宝矿力水特的水

1.为何"宝矿力水特"比其他饮品更解渴及容易被人体吸收?

2.什么时间饮用宝矿力水特最好?

3.每天需要喝多少宝矿力水特? 有没有上限?

4.宝矿力水特会对心脏造成负担吗?

5.发烧、感冒、肠胃炎时可以饮用"宝矿力水特"吗?

6.糖尿病人可以饮用"宝矿力水特"吗?

7.可否饮用"宝矿力水特"来服药?

8."宝矿力水特"开启后可存储多久?

9.宝矿力水特的热量是多少?

10.宝矿力水特加热可以喝吗? 成分会不会受影响?

11.女性长期喝,对皮肤补水有没有作用?

主题四:宝矿力水特的生产

1.宝矿力水特的生产流程是什么,需要经过哪几道工序?

2.整个生产流程需要经历几次杀菌,分别是什么类型的杀菌,各有什么作用?

3.为什么我们永远喝不到昨天生产的宝矿力水特?

4.在生产区域中,为什么灌装机区域的地面是黄色的,其他区域是绿色的?

5.宝矿力水特配料工序都有什么,主要原料有哪些?

6.巴氏杀菌需要达到多少度?

7.在所有生产环节中,直接参与生产的人员一共有多少人?

主题五:水与生活

1.我们日常喝的水(非饮料类)都有哪些种类?

2.水与中水有什么不同? 中水的用途有哪些?

3.关于水污染,你了解多少?

4.通过参观宝矿力水特,你对水资源有了什么更深刻的认识?

(七)企业参观

图 1

参观实践,完成表格。(见附表 1、2、3)

(八)学习总结

◎ 前期:

在班内开展以"水资源"为主题的班会,让班内同学明确"节约"的基本概念以及具体做法,分组讨论如何落实到生活中,之后的参观可以带着"这些理念是如何落实到企业中"的问题,自主思考并结组讨论,带着"宝矿力水特公司又是如何实践"的问题进行之后的参观。

班级内各组分别负责探讨不同的专题,组内成员分工配合,全员参与。

◎ 参观中:

在报告厅内,同学们带着问题参观,使其在参观过程中专注认真,带着责任感。可向工作人员提问,随问随记,明确问题及知识点。讲解员以提问的形式,提问人身体内的水分含量是多少,后邀请同学上前体验。以动画的形式,生动形象地向我们介绍了人体内的体液成分,宝矿力的发展过程,宝矿力对人体的益处等,大家都很认真地观看并进行记录。了解了一些基本常识,增加了知识储备量,提高了同学们对水资源以及对身体的重视。

走出报告厅,我们跟着工作人员参观了制作宝矿力水特的过程。讲解员耐心地演示、讲解,同学们了解到宝矿力水特是如何一步步制作出来的,负责这项专题研究的同学也认真地进行观察和记录。在一个全息投影房中,我们观看了宝矿力水特的宣传片,再次了解到我们身体中的水含量,宝矿力水特的作用及其他知识,加深了我们脑海中的印象。

而后,我们与摆放在会说话的台子上的杯子干杯,台子会用不同国家的语言向我们问好,同学们都很激动。在台阶上合影留念过后,同学们每人都领到了纪念品,依依不舍地与工作人员告别后,我们坐上了回程的大巴。

◎ 后期:

各个小组负责的专题研究在班会课上进行了展示,这样的方式让学生的研究性学习与社会实践真正结合起来,促进中学生了解社会、了解企业、增长才干,让同学们担起责任,增强了社会责任感。同时,在了解到了水资源的可贵后,同学们也纷纷设计了手抄报,展示在墙报上。

此次活动,不单单是一次社会实践,而是将学习也结合在其中,真正意义上地实现了学习与实践的结合。专题研究使得每个同学都担起责任,清楚自己的位置,明白自己在活动中的作用。同时,不仅增强了学生的能力,还增加了每个人的知识储备,将"水资源"的宝贵明白得更透彻,且真正落实到了生活中。

◎ 活动新闻报道

图 2

◎ 小组研学成果

图 3

四、学习评价

(一)评价原则

1.参与性原则:注重学生亲身参与和学生全员参与,参与是否主动积极。

2.多元性原则:实践活动的评价强调多元价值取向和多元标准,肯定学生与世界交往的多元方式,评价方式多元。

3.全程性原则:重视对学生活动过程的评价,注重评价学生在活动过程中的表现,以及他们解决问题的方法、态度和体验。

4.激励性原则:紧扣体验目标,多激励、少批评,注意个体的纵向发展,推动每个学生在原有水平上有新的进展,促进其自身的发展。

(二)评价主体

采用教师评价和学生互评相结合的方式,进行学习评价。

(三)评价方式

1.过程中小组内学生评价(见附表4、5)

通过小组自评的方式进行组内评价,学生以小组为单位完成制作、整理过程报告、展示交流,学生对过程自评。

2.学生互评价 作品展示(见附表6)

(1)通过比赛对完成的作品进行评价。

(2)对交流过程中展示的问题和表现进行评价。

(3)教师对学习成果报告和作品规范度等进行评价。激励学生发明、创造热情,同时,对学生的活动表现进行综合评价。

五、课程拓展与延伸

整个活动从策划到执行以及最后的总结反思基本都由学生主持完成,且过程中强调事事有人做、人人有事做,让每一个学生在过程中能真正融入其中,有收获,有成长。教师的作用要体现在整体设计和核心引领上,在学生提出问题时提供及时有效的沟通和解决方案。囿于能力和精力,研学成果的结题报告稍显稚嫩和业余,在以后类似的研学活动中,可以据此设计系统化的研学方案,形成更有代表性和指导性的研学成果。

附表 1　天津经济技术开发区第二中学社会实践表

实践地点	
参加社会实践	
参加社会实践内容	
个人总结	
考核结果及小组意见	
班主任意见	学校意见

附表 2　研学选题登记表

班级：　　　　班主任：

小组序号	组　长	组　员	课题	成绩

附表 3　研学活动家长反馈表

家长姓名		电话	
研学时间			
研学地点			
您对此次实践活动有什么意见和建议?			
您认为班级还应该组织哪些活动锻炼学生的实践能力?			
您认为我们的工作中还有哪些需要注意的问题?			

附表 4　小组分工合作表

班级:　　　　组名:　　　　组长:

任务	负责人	联系方式
材料搜集		
图文报告设计与制作		
PPT 制作		
展示说明		

附表 5　小组活动过程评分表

班级:　　姓名:　　学号:　　　总分:

项目	评分依据	完成程度及评分		
		A 级(8—10 分)	B 级(5—7 分)	C 级(1—4 分)
过程性评价	是否按时参加小组讨论			
	是否积极参与讨论			
	是否按照分工按时完成任务			
	任务完成的质量			
组长签名				

附表6　小组展示评比表

项目	评分依据	完成程度及评分		
		A级(4—5分)	B级(2—3分)	C级(1分)
汇报展示	PPT制作(图片与文字清晰,版面设计精美)			
	图片与文字无知识性错误			
	声音洪亮、语言流畅、仪态大方			
	态度认真,按时完成			
	教师签字			

班级:　　　姓名:　　　学号:　　　总分:

专家点评:

课程设计充分体现了"以学生发展为本"的新课程理念,从内容上来看帮助学生结合课本知识进行实践探索,获得了价值体任上的积极体验和丰富经验，并形成从自己的周边生活中主动发现问题并独立解决问题的态度和能力。从形式上看,学生主导,小组合作,体验并初步学会研究与访问内容,实验研究与观察,技术设计与制作,信息收集与处理等多种实践学习方式,切实有效地发展了学生搜集处理信息的能力、自主获取知识的能力,分析与解决问题的能力,表达与交流的能力。

当然,最终活动的呈现效果如果能更加多元化、信息化、系统化将会使本次活动增色不少，另外可依据不同年级学生所学知识及生活经验的不同,继续将活动进行课程化建设,争取让同一批学生在相同的场地根据不同的活动内容获得递进式的收获和成长。

天津经济技术开发区国际学校　赵立群

康师傅之旅①

天津泰达实验学校　王　风

一、课程设理念与目标

(一)课程设计理念

秉承"办一所师生喜欢的学校"的教学理念,我校与康师傅(天津)饮品有限公司共同开发"康师傅之旅"现代企业教育课程,力求用最贴合学生发展特点的活动方式和内容,让学生能够直观感受食品诞生的过程,了解基本的食品营养知识。通过此次活动,能够帮助学生对于此类行业的认识由书本图画的抽象形式转变为实地参观更为具象,将成为学生最近发展区的一个有效推动力。它在一定程度上满足学生的好奇心,为彰显学生的个性发展提供了空间,将学生的学习与教育放置于真实的自然与社会中,更能满足学生的发展需求。此类体验课程有利于提高学生的观察能力、问题意识,给学生提供了真正参与实践的机会,帮助学生获得积极的情感体验和科学研究态度,形成正确的科学道德,发展对人、对社会的责任心和使命感。

(二)学情分析

一年级学生正对生活的世界形成一个初步的看法,他们擅长于识别物体的特点、判断物体之间的相同点和不同点,能很快并很容易地掌握任何一个物体所固有的特征。一年级学生能够认识和列举多种多样的物体、识别和描述所有物体的基本特征、根据物体的相同点和不同点对物体进行比较。虽然学生们对于康师傅饮料及食品是熟悉的, 但对于具体的制作过程是非常陌

---

① 本教案为作者与天津顶新食品有限公司合作开发。

生,并充满好奇和兴趣的。"康师傅之旅"能够大大丰富学生的课外知识,拓宽学生的视野,首先,帮助学生们了解一定规模的企业是如何利用机器自动化控制生产的。其次,在参观过程中,学生们可以观察生产环境是否安全卫生,是否符合国家质量标准。最后,学生能够现场品尝康师傅的食品,增加体验的兴趣和乐趣,具有很强的可行性。

(三)课程设计缘起

1.社会需要

俗话说:"民以食为天,食以安为先。"随着我国经济的发展,粮食产量逐年提高,相应的食品也越来越丰富。与此同时,食品安全也被广泛关注。康师傅作为食品生产与加工为一体的企业,从事生产和销售方便面、饮品及方便食品,深受消费者的喜爱和支持。康师傅视消费者食品安全为己任,以构建质量安全管理的良性循环为目标,拥有一套监管严格,保质保量的操作体系。保障食品安全是每个企业的首要标准,也是社会责任,不仅是对消费者负责,也是对企业自身负责。

2.学生个体需要

学生在选择食品时,容易被食品的包装和附赠的小礼物所吸引,对方便速食产品情有独钟,喜爱碳酸饮料。然而在绚丽多彩的包装之下的食品是否达到了食品安全的标准,附赠的小礼物是否达到食品级的安全,学生并没有意识去深究。同时速食产品中过多的添加剂以及碳酸饮料对钙的损害,并没有对学生引发足够的重视。为此,已有多个地区禁止学校周边贩卖五毛产品和碳酸饮料。但学生依旧能够在多个渠道接触到这些不安全食品,因此帮助学生树立食品安全和健康信息意识势在必行。

(四)课程的价值与目标

1.学生发展目标

(1)知识与技能

使学生了解康师傅食品及饮料的生产过程、了解食品安全相关知识。

（2）过程与方法

通过专业人员的讲解和参观食品生产工厂,让学生对食品的制造流程有更深入的了解。

（3）情感态度与价值观

引导学生树立食品健康与安全的意识,形成健康饮食的习惯。

2.教师发展目标

在活动设计与实施中,提高教师对现代企业教育的兴趣和热情,增强教师课程资源整合能力。在活动组织中,进一步体会多元教学方法的运用,提高指导学生进行综合实践的能力。激发教师活动热情、积累教师教学经验,形成教育教学智慧,促进教师专业发展。

二、课程实施设计

（一）课时规定

课程时长为 1 课时,时长为 60 分钟

环节一:参观康师傅方便面。

环节二:参观康师傅饮料。

环节三:知识小竞赛。

（二）课程资源

企业:专业技术人员、实践场地。

（三）课程内容的选择与确定

学校与企业进行反复沟通,共同商讨活动的流程和内容,确定专业技术人员、时间等。主要围绕两个方面开展,一是参观康师傅方便面制作过程,二是参观康师傅饮料制作过程。

（四）课程实施建议与活动设计

环节一:参观康师傅方便面

1.熟悉方便面制作流程,观看相关电影。

坐着和谐号同款小火车,孩子们来到了康师傅的生产园地。映入眼帘的是康师傅方便面的宣传画,碗装的、袋装的;红烧牛肉面、红烧牛肉面、香辣牛肉面、鲜虾鱼板面、香菇炖鸡面、酸菜牛肉面等琳琅满目。那方便面到底有没有营养呢? 带领参观的工作人员解答了学生的困惑。方便面的营养成分主要包含淀粉、蛋白质、能量和碳水化合物。为满足消费者的需要,康师傅配备了三个材料包:调料包、酱包、蔬菜包。调料包主要包含食用盐、麦芽糊精、味精、白砂糖、香辛料、食用香料等,普通包装重量在 5 克左右。我国居民膳食指南推荐成年人每人一天盐的摄入量是小于 6 克,青少年每天吃盐不要超过 4 克。所以可适当加入少量调料,保证身体健康。方便面最好冲水后把面汤倒掉,再续上水或汤,以减少盐分和其他有害物质。最好不要把调味品全部放入,只要放一半。正常成年人每周吃 1—2 包,青少年 1 周 1 包。

随后,在工作人员的带领下,学生参观了康师傅方便面的流程线,并观看了有关康师傅方便面特色发展相关的电影。

图 1 学生参观康师傅方便面的制作过程

2.了解方便面制作过程,游戏代入激发兴趣。

在有关人员的介绍下,同学们看到了生活中熟悉的食品方便面的制作过程。工作人员用一些简单的游戏让同学们了解制作过程中严格的质量管控细节,从面粉储存到和面、切面、蒸面、油炸、冷却……从蒸馏水制作到冲泡、加料……都是在干干净净的无人车间中,几乎没有人的介入,由自动生产线环环紧扣的流程制作出来的。此外,康师傅还赠送了同学们每人一袋方便面,带着这份小惊喜,同学们的脸上都洋溢着幸福的微笑。

环节二：参观康师傅饮料

1.观赏立体环绕电影,体验康师傅品牌文化。

接下来,同学们来到了720度立体环绕影院观看立体影片,了解了康师傅品牌文化。在康师傅,"勤、廉、能"的理念已经成为在职员工的行为准则,"康师傅"本人不仅以此作为衡量自身价值的标准,更将其贯彻到工作和行动中去,严格要求自己。

2.参观饮料生产线,品尝康师傅饮料。

然后,同学们来到了饮料的生产线,刚进入展示区,就看到了"饮水思源"四个大字,体现了企业的追求和标准。踏着好奇的步伐,同学们来到了饮料瓶的制作展示区。最后,在休息区同学们品尝了康师傅的饮料。与此同时,工作人员介绍了康师傅饮料的种类,分为五个系列:茶系列、冰系列、果汁系列、运动饮料及水。功能不同,所含成分不同:运动饮料含热量成分相对较高,茶系列添加茶粉、柠檬酸、柠檬酸钠、维生素 C 等,增加口感和体验。

图 2 学生参观康师傅饮料的制作过程

环节三:知识竞赛 总结收获

将学生分成小组,以抢答和必答的形式开展食品健康知识竞赛。竞赛内容包括与方便面和饮料相关的知识、食品安全标识和食品健康等。用竞赛的方式帮助学生总结在康师傅参观之旅中学习到的知识。

竞赛结束后,由教师总结食品安全与个人健康的关联,引导学生为家人撰写选购食品的健康建议。

三、学习评价

（一）评价原则

评价以鼓励为原则，激励全校师生对科学的热情，取得更大成绩。

（二）评价目的

评价的目的是为了激发学生爱科学的兴趣、学科学的热情、用科学的信心，培养学生科学探究精神和动手实践能力。评价应以发展性评价为主，根据学生在活动中的表现状况，对其优缺点、学习方法态度和进步情况等情况进行多样性地评价，关注到学生发展中的个体差异。在总结评价的基础上，引领学生进行深入的思考和探究，尤其是要促进活动与校内学科课程的融合，促进校内教育和校外教育的协同配合，从而最大程度上促进学生们的学习和发展。

（三）评价主体

采用教师评价和学生互评相结合的方式进行学习评价。

（四）评价周期

课程结束后运用辅导课（20分钟）的时间进行评价。

（五）评价方式

1.相互交流　学生评价
通过"说一说 评一评"的方式，说说感想和收获。
2.教师评价　交流心得
教师对学生的活动表现和感想进行综合评价，鼓励学生有所思、有所想、有所得。

四、课程反思

(一)深挖企业课程资源

开发区的科技企业具有丰富的课程资源,而康师傅(天津)饮品有限公司作为积极投身校企合作的企业,可以进行相关知识的讲座,宣传食品安全方面的内容及教育,为激发学生的热情,可适当增加一些视频及礼品作为奖励方法。

(二)丰富活动内容

目前根据一年级学情,学生们在动手观察能力方面有着不断地提升。可以适当增加一些互动环节,主要考查学生在观察过程的细心和认真。比如,方便面制作过程第一步先要干什么,在饮料生产过程中需要注意什么。带着一些疑问和探究,让学生们更有目的地观察,能够有所收获。

(三)拓宽不同年龄段学生

针对不同阶段的学生,分年龄段拓宽体验活动。低年龄段以参观体验为主,高年龄段是否可以以制作为主。高年龄段有着一定的生活经验和较强的动手实践能力,如果能够将参观变成制作,提供一定的场地供高年级学生亲自体验方便面的生产过程,更能够加深学生对于操作过程的问题做出充分地了解。

(四)继续加强学情分析

针对一年级学生的特点,进行前期课程的兴趣引入,增强学生参与,适当提高任务的难度,让学生在思考中去发现,去探索。可以适当布置一点小任务,让学生通过画图的形式展示收获。

五、课程拓展与延伸

◎ 增加学生在康师傅之旅前的调查工作,可制作一个简单的参观手册,包括食品的种类、成分和安全问题,带着问题意识去观察体验,收获会更大。

◎ 增加设计不同年龄段参观体验的机会,将内容丰富化提升层次感,紧紧把握学情,加强校企合作,设置更多的互动环节,提高学生的积极性和参与感。

专家点评:

"康师傅之旅"通过带领小学生参观康师傅工厂,帮助学生树立食品安全与健康的意识。该方案贴合小学生的发展特点,关注小学生的健康发展。建议未来开展方案时,在参观前帮助学生进行相关知识的学习或搜索,让学生带着问题进行参观。建议学生内部食品安全与健康监督机制,让学生将此次学习到的知识运用到实际的生活中,形成自律、健康的生活习惯。

东北师范大学 刘芳晴

"身边的康师傅"实践课程①

天津经济技术开发区第一小学　杨　淳

一、课程设计理念与目标

（一）课程设计理念

学校以"从学生实际出发,为了学生的发展"为原则开发实践课程。只有挖掘学生身边的资源,只有密切联系学生生活,才能开展符合学生年龄特点、利于学生长远发展的有益活动。

"身边的康师傅"是学校与康师傅饮品体验馆和康师傅方便面印象体验馆合作的现代企业课程。

（二）学情分析

开发区有很多现代化企业,许多企业和人们的生活和工作息息相关。

二年级的学生非常熟悉康师傅饮品和方便面,开设"身边的康师傅"实践课程,不仅可以帮助学生了解企业精神,还可以引导学生将他们的学习活动与现实生活紧密联系起来,让学生懂得,学习从生活中来,到生活中去。

二年级的学生有了一定的识字基础和认知水平,具有一定的学习能力。通过丰富的活动,可以帮助学生提高实践能力。

（三）课程设计缘起

综合实践活动是国家义务教育规定的与学科课程并列的义务教育课程,是基础教育课程体系的重要组成部分。实践课程针对学生的完整生活世界,

---

① 本教案为作者与康师傅饮品、方便面体验馆合作开发。

引导学生从日常学习生活、社交生活或与大自然接触中提出教育活动,使学生能够获得自我、社会和自然的真实体验,建立学习与生活的有机联系。

天津经济技术开发区有众多的知名企业,部分企业有诚意为泰达街的中小学校提供学习实践的场所和机会。泰达街文教办开启了现代企业教育项目,为学校开展综合实践活动提供了更大的可能和更有利的保证。

康师傅饮品系列、方便面系列,已成为全国各大中小型超市货架上的必卖品,也是学生喜欢的食品之一。但是饮品、方便面的制作流程、食品的生产工艺等信息,对学生来说却是陌生的。基于这些来源于生活中的问题以及学生希望了解的信息,组织学生开展市场调研、到企业参观,引导学生采取自主探究的方式,帮助学生提高学习能力。

(四)课程的价值与目标

1.学生发展目标

(1)知识与技能:走进超市进行市场调研,教导学生在实践中面对困难勇于挑战,学会独立自主解决问题,感受社会的支持,而且有利于培养学生的观察、搜索信息、交流互动等方面的能力;通过到企业参观活动,让学生了解企业生产与日常生活的关系。

(2)过程与方法:走进超市,指导学生采取观察、采访、交谈、记录等方式进行调研,给学生提供接触社会的机会;走进企业实地参观,通过观察、质疑、讲解,学习关于饮品、方便面的相关知识,了解企业文化;鼓励学生大胆想象,设计方便面包装,设计创意广告,展示实践活动成果。

(3)情感态度价值观:通过实践活动,更好地激发学生学习科学知识的欲望,培养学生的科学素养;通过创意实践,旨在培养学生的创新意识和艺术素养。

2.教师发展目标

在全面开展实践活动的过程中,提高教师对企业的认识,提高教师指导学生参加实践活动的能力,提高教师的专业发展。

(五)活动资源与实践条件

1.企业提供的资源

（1）企业为前期的市场调研提出建议，为后期开展的实践体验活动，提供完善的场地支持和人力支持。

（2）企业为学校制作活动导读手册，提供企业的相关资料。

2.学校方面需要做的准备

（1）制定活动方案，与企业联系人商定具体细节。

（2）根据企业提供的资源，学校设计前期调研框架，设计制作活动导读手册。

（3）学校为实践活动做好人员安排及后勤保障。

（4）教师必须对参加活动的学生进行安全教育。

3.家长的配合

学校下发家长信，征得家长对学生参加活动的意愿。

二、课程实施设计

（一）前期准备活动一：了解康师傅

建议时间：1课时

活动地点：学校教室

主讲人员：教师、学生

活动目的：通过学生在日常生活中对康师傅饮品和方便面的了解，指导学生多角度、全面、细致地了解相关信息，激发学生参与市场调研的积极性，培养学生主动探究的学习意识。

活动内容：

1.学生交流、罗列日常喜欢喝的饮品和喜欢吃的方便面，归纳康师傅系列饮品和系列方便面，说明喜欢的原因，将生活与实践活动联系起来，激励学生参与市场调研的积极性。

2.鼓励学生关注、观看与康师傅饮品和方便面相关的电视广告，记录喜欢与否及其原因。

3.将班级学生分成6个小组，根据活动需要确定人数；每个小组选出正、副小组长；提出市场调研的活动安排。

4.各小组根据活动专题,充分发挥学生自主性,商量、设计调查表,确定调查要解决的问题。

(二)前期活动二:"走进超市"市场调研

建议时间:2课时(时长为60分钟至90分钟)

活动地点:各大、中、小型超市

主讲人员:家长、超市工作人员

活动目的:走进超市进行市场调研,让学生在实践中挑战困难、学会独立自主解决问题,感受社会的支持;指导学生采取观察、采访、交谈、记录等方式进行调研,培养学生观察、搜索信息、交流互动的能力。

活动内容:

1.小组成员在家长的陪同下,在组长的组织下,一起走进超市,进行市场调研。

2.调研的内容包括以下四个专题的内容:

(1)专题一:饮品类(两组,每组7至8人)

①康师傅饮品分哪几个系列? 每个系列有哪些饮品? ②同一款饮品的包装及材质是什么? 多少毫升? ③相同净含量的饮品价格上有哪些不同? ④不同的康师傅饮品,保质期分别是多长时间? ⑤向超市工作人员了解:康师傅饮品中哪种销量最好? ⑥向不同年龄段的消费人群了解,儿童、成年人、老年人分别喜欢哪种口味的饮品?(附件1)

(2)专题二:方便面类(两组,每组7至8人)

①方便面有哪些系列? ②方便面的净含量、保质期、价格? ③向超市工作人员了解:从销量上看,哪种康师傅方便面卖得最好? ④向不同年龄段的人群了解,儿童、成年人、老年人分别喜欢哪种口味的方便面? ⑤对方便面的其他了解?(附件2)

(3)专题三:方便面营养价值类(小组学生人数不超过5人)

①阅读方便面营养成分表,从中了解了什么? ②结合营养标准,分析方便面中有利于和不利于营养的成分。(学生可从方便面的某一成分分析其营养价值,并作简要说明)③怎样食用方便面更有营养?

学生可以向康师傅方便面印象体验馆工作人员、家长、有营养学经验的人请教,针对方便面的配料,了解怎样食用方便面才最为营养?(附件3)

(4)专题四:包装设计类(小组学生人数为10人左右)

①向消费者了解人们最喜欢和最不喜欢的饮品、方便面包装,可以剪贴产品包装并说明原因。②观看饮品、方便面的电视广告,你最喜欢哪个产品的广告?为什么?(附件4)③学生完成市场调研记录,每个学生做好调研小结。在前期准备活动的交流环节,跟同学分享自己的调研成果。

注意事项:

学生按调查项目进行交流分享,不要求学生面面俱到,但组内的学习伙伴可以补充,这样可以确保调查的彻底性和全面性。

(三)中期准备活动一:"走近康师傅"

建议时间:1课时

活动地点:学校教室

主讲人员:各班班主任老师

活动目的:通过讲解、交流,让学生知道市场调研的结果,深入了解饮品和方便面,进一步了解企业文化。

活动内容:

1.在前期调研的基础上,由学生介绍康师傅饮品及方便面的相关信息。

2.各组学生针对一个方面,交流市场调研的情况。根据学生的发言,确定在实践活动中讲解的学生及关于营养方面的内容。

3.引导学生提前阅读《实践活动导读手册》(附件5),结合自己想要了解的问题确定学习目标。

注意事项:

"走近康师傅"前期活动之前,与两个场馆的工作人员做好充分的沟通,确保教师讲解内容的科学性;教师在学生已有认知的基础上,引导学生学习、质疑,指导学生带着问题参加活动。同时,教师应对学生可能提出的问题进行筛选,确保提问有意义,有价值。教师一定要结合导读手册和本班学生的实际情况,认真对学生进行安全教育。

（四）中期活动二:"走进康师傅"

建议时间:2 课时(每个场馆参观 1 小时)

活动地点:企业场馆

主讲人员:学生及场馆主讲人员

活动目的:通过到企业参观活动,让学生了解企业生产与日常生活的关系;通过观察、质疑、讲解,学习关于饮品、方便面相关知识,了解企业文化;通过进一步了解企业,激发学生学习科学知识的欲望,培养学生的科学素养。

活动内容:

1.组织学生到康师傅饮品品牌体验馆参观。

(1)知道场馆的设计理念为"上善若水,多彩多姿",体会品牌形象的时尚与活力。

(2)结合工作人员的讲解,了解饮料瓶的制作过程。

(3)观看全球领先的 720 度全天域电影院,了解饮料对人类的贡献。

2.组织学生到康师傅方便面印象体验馆参观。

(1)欣赏康师傅企业宣传片,了解前卫的设计理念和高科技手段。

(2)乘坐美味专列到生产车间参观。美味专列是以"和谐号"列车为原型的,在短短的一分钟时间内,你可以一眼看到整个工厂。

(3)主讲人员带领学生参观生产车间,让学生观看完整的方便面生产流程,了解方便面制作的工艺特色。

(4)结合方便面营养成分表,由学生讲解如何食用方便面更为营养。

3.场馆主讲人员在讲解过程中,设计互动环节,让学生充分参与其中,解决学生的困惑,指导学生完成导读手册。

注意事项:

随行教师起辅助作用。一是指导学生认真倾听主讲人员的讲解,从中获取有用的信息;二是监管学生的安全;三是及时处理突发事件。

（五）后期回顾总结:课程拓展与评价

建议时间:1 课时

活动地点:学校教室

主讲人员:学校教师

活动目的:通过课程拓展,让学生体验到活动带来的生活感悟以及实践能力的提高;通过多种形式的评价,让学生清楚自己在活动中的表现,增强学生参与活动的自信。

活动内容:

1.引导学生回顾参观过程,感受企业文化,了解科技发展,完成导读手册。

2.拓展活动

活动一:针对方便面的配料,学生采用录制视频的方法,介绍食用方便面最营养的方法。

活动二:广告创意设计

(1)对不喜欢的包装进行创意设计,并说明创意设想。

(2)设计、整理饮品、方便面的广告语,推荐给康师傅企业。

3.鼓励学生用自己喜欢的方式记录这次活动的收获,展示方式多样化,可以以绘画、照片、小结等各种形式进行活动总结。

让学生了解,这样的实践活动,不同于课堂学习,可以在活动中了解社会、增长见识、学会思考、有所感悟。

4.通过实践活动,评选在活动中有突出表现的学生,可以设立单人奖和小组合作奖,例如最优合作组、最佳沟通奖、最细观察员、文明礼仪奖、最棒分析员等。

三、学习评价

《基础教育课程改革纲要(试行)》明确规定:"建立促进学生全面发展的评价体系。评价不仅要关注学生的学业成绩,而且要发现和发展学生多方面的潜能,了解学生在发展中的需求,帮助学生认识自我,建立自我评价的教育功能,促进学生在原有水平上的发展。"

现代企业教育实践课程评价以此作为评价标准,注重评价的原则和方法,促进学生的能力培养,树立正确的情感、态度、价值观,使实践课程成为学生喜爱的课程之一。

（一）过程性评价

在活动中,超市人员、企业人员、教师、家长,应对学生进行全面的过程性评价,注重超市人员、企业人员、消费者、家长及同伴对学生参与活动的评价,可以从学生的态度、沟通能力、表达能力等方面进行他评、互评和自评。(附件6、附件7)

同时,实践活动的参与者也应结合实践活动提供的机会进行评价,以此验证实践活动的可行性与培养学生能力的可接受度。

（二）主体性评价

现代企业教育实践课程是学生自我成长、自我发展的最佳平台,教师、家长需激发学生以认真的态度来参与活动过程,并指导学生客观地评价自己。

在实践活动中,注重学生的自我评价,强调在评价中的主要作用,学生的主动性、积极性、自觉性应得到充分调动,使评价过程真正成为学生认识自我、完善自我和自我教育的过程。

（三）开放性评价

鼓励学生将自己在实践活动过程中的收获和体验,通过多种形式进行展示,可以用绘画的形式展示自己的实践活动;可以录制自己做方便面的视频展示实践活动的成果,也可以用手抄报的形式介绍自己参观的企业,还可以用作文的形式谈谈自己实践活动的体验。

在活动中,可以采用集体讨论和交流的形式,鼓励学生充分发表自己的意见和评论。这样的评论不仅可以使学生吸收他人的有益经验,还可以促使学生加深对问题的认识,有助于培养学生敢于发现问题、善于表达个人意见的优秀素养。

四、课程拓展与延伸

学生了解身边的企业和人们生活、学习的密切关系,知道企业为人们生活做出的贡献,对企业文化有了更多的了解。学生的观察能力、调查分析能力、信息采集与整理能力、人际交往能力、沟通能力等都有很大的提高。在此基础上，有意识地培养学生的审美能力及创新意识，鼓励学生设计康师傅饮品和方便面的外包装和创意广告语，并提供给企业，促进校企合作。

附件1：

市场调研记录表（饮品类）						
调研人员						
饮品系列	外包装	容量	价格	保质期	销量	喜欢人群
调研分析						

附件2：

市场调研记录表（方便面类）						
调研人员						
方便面口味	外包装	质量	价格	保质期	销量	喜欢人群
调研分析						

附件3：

方便面营养成分分析表 （可任选一种方便面进行分析）	
调研人员	
方便面营养成分表（可粘贴、可绘制）	
利于健康的 营养成分	
如何食用 更有营养	
调研分析	

附件4：

创意设计记录表	
调研人员	
最喜欢的包装	
拍照打印粘贴处	简要说明喜欢的原因
最不喜欢的包装	
拍照打印粘贴处	简要说明不喜欢的原因
创意设计	
针对某一款方便面包装的细节设计	针对某一款方便面电视广告的广告语设计

附件5:现代企业教育中期体验课程——"走进康师傅"导读手册

【安全告知】

一、出行

着装:穿校服,穿舒适的运动鞋。

纪律:1.以班级为单位活动,严禁自由活动。

2.按规定的时间和地点集合。

3.遵守企业规定和有关纪律,严禁打闹。

4.自觉爱护企业展馆内的环境卫生,不随意乱扔垃圾。

二、活动物品的准备

1.视天气情况添加衣物。

2.本手册和笔。

三、出行安全

1.有组织、有秩序地列队行走。按顺序上下车,不拥挤。

2.在车上做好安全防范,上下车等车停稳以后,先下后上。

3.参观过程中,自觉保持安静,不追逐打闹,不大声喧哗。

4.紧跟导游,对感兴趣的话题及时提问,增加自己的见识。

【学习导航】

康师傅饮品品牌体验馆

康师傅饮品品牌体验馆是康师傅企业文化的一个重要组成部分。科学的规划和精巧的设计,让参观者与先进的饮品工艺面对面,见证中华饮品文化的演进。体验试听科技带来的惊奇,更可以品尝到最新口味的饮品。体验馆集观赏、体验、教育、休闲等多功能于一体,内设品牌展示区、无限畅饮区、粉丝区、礼品区及720度全天域影院等部分。

▲活动时间:40分钟

▲学习内容

1.参观康师傅饮品生产走廊

2.观看720度电影

▲思考与探究

1.康师傅饮品品牌体验馆的设计理念是什么?

答:

_____

_____

2.写出饮料瓶的制作过程。

答:

_____

_____

3.写出三种康师傅饮品的名称。

答:

_____

康师傅方便面印象体验馆

康师傅方便面印象馆,是居中国方便面市场销售量第一的康师傅控股有限公司于2009年建成并试运营,以国际性、科技性、前瞻性与趣味性为基础,突出了工业旅游的历史性与专业性,成为中国第一座面食印象馆,2010年2月成为天津市十大工业旅游景点之一。

康师傅方便面印象馆,是康师傅企业文化的一个重要组成部分,他规划科学,设计精妙,让参观者与先进的制面工艺面对面,这里是最佳的中华美食文化体验馆和责任企业回馈社会的蓝本和典范。

▲活动时间: 50分钟

▲学习内容

1.乘坐小火车到生产线

2.参观康师傅方便面生产线

▲思考与探究

1.你乘坐的小火车叫什么专列?

答:

_____

_____

2. 第一包康师傅方便面生产下线是在哪一年?

答:

_____

_____

3.每天能生产多少包方便面?

答:

_____

【活动总结】

同学们,今天我们走出校园,走进企业,感受企业文化,了解科技发展。这次活动不是简单的一次游玩,也不同于课堂学习,这样的实践活动,是让大家在活动中了解社会的发展,在活动中增长见识,在活动中学会思考,在活动中有所感受。此次社会实践活动结束了,你有什么收获?有什么感受?有什么值得你怀念的事情?请你拿起笔,记录下你的心声吧!

1.今天你最想感谢的人是谁?

_____

_____

2.今天你最大的收获是什么?

_____

_____

3.今天最令你难忘的事情是什么?

_____

_____

附件6:过程性评价表

表一　市场调研他评表							
调研组成员					组长		
对小组评价	评价人	评价指标					
		全员参与	表述清楚	团结合作	分工明确	沟通顺畅	勇于挑战
	超市人员	😃🙂😐	😃🙂😐	😃🙂😐	😃🙂😐	😃🙂😐	😃🙂😐
	家长	😃🙂😐	😃🙂😐	😃🙂😐	😃🙂😐	😃🙂😐	😃🙂😐
	顾客	😃🙂😐	😃🙂😐	😃🙂😐	😃🙂😐	😃🙂😐	😃🙂😐
突出表现组员推荐							

备注:小组研究,推荐有突出表现的组员,并简要说明原因。

表二　小组活动互评表							
小组名称				评价人			
组员姓名	评价指标						
	积极参与	乐于表达	善于合作	勤于思考	观察细致	善于沟通	勇于挑战
组员一	😃🙂😐	😃🙂😐	😃🙂😐	😃🙂😐	😃🙂😐	😃🙂😐	😃🙂😐
组员二	😃🙂😐	😃🙂😐	😃🙂😐	😃🙂😐	😃🙂😐	😃🙂😐	😃🙂😐
……							
……							
综合评价							

备注:"综合评价"中,你可以根据小组成员的表现,可以对某个组员,也可以对全体组员,在整个实践活动中的表现进行综合评价。

<table>
<tr><td colspan="8">表三　实践活动自评表</td></tr>
</table>

姓名				所在小组			
评价指标							
积极参与	乐于表达	善于合作	勤于思考	观察细致	善于沟通	勇于挑战	敢于创新
☺☺☺	☺☺☺	☺☺☺	☺☺☺	☺☺☺	☺☺☺	☺☺☺	☺☺☺

最满意的表现	
有待改进的方面	

附件7：

课程实施过程评价量表				
题目	没有	很少	偶尔	经常
(1)提供独立自主的机会				
(2)提供自我展示的机会				
(3)提供自我反思的机会				
(4)提供承担责任的机会				
(5)提供挑战困难的机会				
(6)提供团结协作的机会				
(7)提供情感交流的机会				
(8)提供互助的机会				
(9)提供领导、组织的机会				
(10)提供服务和关爱的机会				
(11)提供接触社会的机会				
(12)提供感受社会支持的机会				
(13)提供观察学习的机会				
(14)提供发挥动手操作的机会				

请活动参与者针对此次活动提供的机会进行评价，验证活动的可行性、科学性、有效性。

专家点评：

该课程方案设计紧密围绕与学生日常生活息息相关的康师傅品牌，活动设计有层次，注重对学生实践能力的培养。前期活动从组织学生调研展开，激发学生的主动性，从中培养学生的社会实践和调研能力。中期活动以参观为主，其中设计了学生与企业工作人员互动的环节，充分调动学生的兴趣和好奇心，并促进学生提问和表达观点。后期活动着重于提升学生的总结和反思能力。该方案能够达到促进学生了解企业，激发相关兴趣和促进学生积极发展的目的。未来可继续开发更为丰富的企业合作项目。

东北师范大学　吴晓靓

第十二章　农业科技

走近杂交水稻　体验绿色农业[①]

天津经济技术开发区国际学校　李竹青

一、课程设计缘起

民以食为天。水稻是我国的主要粮食作物,我国 65%以上的人口以稻米为主食。学生见过米粒,吃过米饭,但是米粒是从哪里来的,怎么来的,却无从知道。在城市里长大的孩子,四体不勤、五谷不分,他们没见过水稻,更不知水稻是如何播种、种植和收割的。

2017 年 9 月,教育部印发了《中小学综合实践活动课程指导纲要》。文件指出,要坚持教育与生产劳动、社会实践相结合,充分发挥中小学综合实践活动课程在立德树人中的重要作用。综合实践活动要从学生的真实生活和发展需求出发,从生活情境中发现问题,并转化为活动主题,通过探究、模拟、制作、体验等方式,培养学生的综合素质。

天隆农业科技有限公司坐落于天津经济技术开发区,主要从事杂交水稻的研发和推广工作,公司设有"天津市水稻中心科普教育基地",此基地设有水稻科普教育展厅、科普培训中心、实验室、室外体验基地等场所。在这里,学生们可以学到书本中学不到的东西,将课本知识延伸到日常生活与生产实践中,开阔眼界、增长见识、培养能力。

本课程是教师对天隆农业科技有限公司进行了充分的调研,与企业人员进行了大量的沟通后,依据七八年级学生的实际认知能力进行开发设计的。

---

① 本教案为作者与天津天隆农业科技有限公司合作开发。

二、主题活动目标

(一)学生发展目标

1.知识与技能

(1)了解水稻从种子到种子的一生以及水稻的分类。

(2)初步了解杂交水稻的培养思路和方法,了解袁隆平对杂交水稻的贡献。

2.过程与方法

(1)通过参观活动、体验活动、阅读相关书籍和收集有关资料,培养学生收集信息、处理信息、整合信息的能力。

(2)通过亲手种植水稻,使学生真实感受水稻种植过程。

(3)通过小组合作学习,培养学生归纳总结能力、语言表达能力、交流沟通能力、与他人配合协作能力。

3.情感态度价值观

(1)通过对袁隆平事迹的介绍,激发学生的爱国情怀,学习科学家心系人民、造福人类的高度社会责任感;吃苦耐劳、艰苦奋斗、锲而不舍、勇于创新、永不言败的科学精神;严谨求实和深入细致的实干精神。

(2)认同国家粮食安全战略,以及杂交水稻在国家粮食安全中占有的重要地位。

(3)通过亲手插秧种植水稻,学生体验到农民伯伯耕种的辛苦和粮食的来之不易,从而培养学生不浪费粮食、珍惜别人劳动成果的美德。

(4)通过参观实践活动,体验天隆农业的企业文化,认同企业"杜绝污染、追求绿色、善待环境、持续发展"的社会责任意识。

(5)通过走进企业参观实践,在学生心里埋下职业理想的种子,为振兴祖国的农业事业而奋发读书。

(二)教师发展目标

在活动设计与实施中,提高教师对现代企业教育的兴趣和热情,提高教师课程资源整合能力、自主建设课程能力和指导学生进行综合实践的能力。提高教师理论与实践相结合的能力,激发教师的教育智慧和热情,积累教师实践教学经验,促进教师专业发展。

三、活动资源与实践条件

学校与企业达成开展实践活动的协议,在场地支持、人员配备、经费支出、时间选取、安全保障、协调机制等方面做出相应的商定和说明。

企业按照学校课程设计的需要,提供参观时间、活动地点、专业人员、资料设备等方面的资源和支持。企业联系人与学校联系人要经常沟通互动。开展活动前,针对活动方案进行深入的协调,能够根据学校方案提供的资源条件、活动实施方式、人员安排等情况做出有针对性的计划。

因企业接待能力有限,也为了保证活动的效果和质量,每次到企业进行实践活动的人数最好为一个班(40人左右),可将全班分为6至7个小组,平均6人一组。

从企业借阅《杂交水稻之父袁隆平》《中国杂交粳稻》等图书。

四、主题活动过程设计

(一)前期准备环节

教师展示水稻的图片,提问:同学们,你们知道这是什么植物吗?(同学们说什么的都有。)看来,很多同学都没有亲眼见过它。它与我们的生活息息相关,离开了它,我们就要饿肚子。它就是水稻!我们吃的大米就是水稻这种农作物结出的种子经过加工而成的。你想认识水稻、了解水稻吗?就让我们走近水稻的世界。

学生阅读导读手册《水稻知识知多少》,共有7个问题:

1.你了解水稻的一生吗?请根据七年级生物所学的知识,描述水稻从种子萌发到种子成熟的一生。

2.你了解水稻的分类和中国人民种植水稻的历史吗?

3.稻米中有哪些组成成分,有哪些营养价值?

4.你了解天津的小站稻吗？

5.水稻在国家粮食安全战略中占有什么地位？

6.你知道杂交水稻吗？你了解杂交水稻的培养思路和方法吗？

7.你知道杂交水稻之父吗？你了解他的贡献吗？

每组同学根据自己的兴趣点认领一个问题。同学们可以上网查找资料，也可以到图书馆查阅有关书籍，如《杂交水稻之父袁隆平》《中国杂交粳稻》等。各组将总结的材料写在导读手册上。

此过程为期一个星期。一个星期后，教师将每组的导读手册收上来。对做得好的小组进行表扬，做得不够好的小组也不要灰心，因为老师要带着你们到天隆农业科技有限公司进行参观学习。那里是专门研究杂交水稻的，孩子们可以带着问题到企业进行实地参观考察，亲自请教那里的叔叔阿姨。

(二)中期实践环节:共2课时

1.第一课时

时长:1小时

地点:开发区第四大街与睦宁道交口天隆农业科技有限公司水稻科普教育基地

人员:七年级或八年级的一个班的学生

要求:学生保持安静,认真倾听讲解员的讲述,带好纸笔,做好记录,也可以用相机拍照。

展厅分为四部分,按顺序进行参观。

第一部分：杂交水稻与粮食安全——主要介绍30年来杂交水稻在中国科技发展过程中的贡献。

第二部分:袁隆平谱写绿色革命神话——主要介绍袁院士的突出贡献及水稻良种的繁育与贮藏、高产高效栽培技术、杂交水稻和超级水稻的发展现状、现代生物技术在水稻科技发展中所起的作用。

第三部分:振兴天津小站稻——主要介绍天津小站稻的悠久历史和未来发展方向。

第四部分:展望——杂交水稻的未来与展望。

在参观讲解的过程中,同学们可以和讲解老师进行互动交流,将自己不明白的问题向讲解老师提出,请讲解老师进行解答。

2.第二课时

时长:1小时

地点:开发区第十二大街天隆农业科技有限公司室外体验基地

人员:七年级或八年级的一个班的学生

先来到形态观察区。

要求:工作人员讲解,学生认真观察、倾听。

学生来到水稻田,观察水稻在稻田中的生长状态。工作人员手拿一株水稻,讲解哪里是主根,哪里是不定根,什么叫作分蘖。学生们认真观察,学习专业知识,对自己不明白的问题提出疑问,与工作人员互动交流。

再来到种植体验区。

要求:一定要注意安全,严格听从工作人员的指挥。

工作人员讲解:插秧,是指将秧苗移栽到水田中,一般秧苗长到3—5寸长时即可移栽。育种的时候水稻比较密集,不利于生长,经过人工移植或机器移植,让水稻有更大的生长空间。插秧也是有技巧的,横竖都要在一条线上。

学生体验:同学们按照要求,纷纷脱掉鞋袜,挽起裤腿,戴上工作人员分发的草帽。学着工作人员的样子,按照事先留好的穴位,开始插秧。

插秧时要合理密植,既不能过稀,也不能过密。在课堂中同学们学过植物的光合作用,可以将理论知识用于解释实际问题。过稀不能充分利用太阳能,减少有机物的产量;过密则影响植物的通风透光,也会降低有机物的产量。因此,插秧深浅要整齐一致,1—2厘米,不能高高低低。

同学们在阳光下劳作,不一会儿便大汗淋漓。看起来简单的工作,实际做起来还真是蛮辛苦的。很多同学手忙脚乱,笨手笨脚。等到熟练了之后,有了一定的技巧,就插得又快又好了。

(三)后期总结展示环节

活动一

以小组为单位,每组制作一份手抄报,将本次实践活动的感受、收获、体验以文字、图画、照片等形式展示出来,要求图文并茂,兼具科学性、知识性、趣味性和艺术性。手抄报作品在学校宣传栏中展出,每位同学利用课间时间参观学习并进行评分。

活动二

以小组为单位,就各自领取的问题进行总结,制作 PPT,向全班同学进行汇报交流并进行答辩,回答同学提出的各种问题。教师可进行适时补充或点拨。采用小组合作学习评价表对各组进行评分。

第一小组　介绍水稻的一生

第二小组　介绍水稻的分类和中国人民种植水稻的历史(这个小组还亲手制作了粽子供同学品尝)

第三小组　介绍稻米的营养价值

第四小组　介绍天津的小站稻

第五小组　介绍水稻在国家粮食安全战略中的地位

第六小组　介绍杂交水稻的培育思路和栽培方法

第七小组　介绍杂交水稻之父——袁隆平的一生及其贡献

小组合作学习评价表

组别	自评分	他组提问分	本组答题分	助答分	他评分	教师评分	总分

备注:

自评分——本组为自己组专题打分,满分 10 分,其中科学性占 4 分,资料丰富占 2 分,课件制作占 2 分,汇报表现占 2 分。

他组提问分——在本组汇报后,其他组成员对本组专题进行提问,一次有效提问得 1 分。

498

本组答题分——本组成员解答他组成员的提问,有效解答一次得 1 分;

助答分——本组成员如果回答不出,其他组成员可帮助回答,一次有效助答得 1 分。

他评分——本组为其他组专题打分,满分 10 分。

教师评分——教师为每组专题打分,满分 10 分。

最后汇总每组总分,对分数高的小组给予口头表扬和物质奖励。

五、学习评价

学习评价以形成性和发展性评价为主,总结性评价为辅。根据学生在活动中表现状况、参与活动的积极性与主动性、手抄报完成情况、总结汇报情况等多个方面进行评价。对其优缺点、学习方法态度和进步情况等方面进行多样性地评价,关注到学生发展中的个别差异。在总结评价的基础上,引领学生进行深入的思考和探究,尤其是要促进活动与校内学科课程的融合,促进校内教育和校外教育的有机结合,从而最大程度上发展学生的综合能力,提高学生的综合素质。

专家点评:

该方案能够充分运用开发区的资源优势,走进天隆农业科技有限公司,选取水稻产业作为活动设计的切入点,贴近学生生活,容易激发学生的兴趣。活动设计中有意识的调动学生积极性,让学生动手体验水稻种植等内容,注重学生的体验。此外,活动内容与当今的粮食问题、水稻科技前沿进展等内容相联系,激发学生思考大问题,活动设计具有一定的格局。未来应加强活动设计的丰富性以及辅助资料的多样性,充分调动学生的积极性和促进学生的活动投入。

东北师范大学　吴晓靓

神州稻花香①

天津经济技术开发区国际学校　周　桐

随着社会发展,现代化的程度越来越高,小学生很少能接触到农产品的来源,他们对很多粮食的认知都来自于课本和图片,但是"纸上得来终觉浅,绝知此事要躬行",小学生如果能亲身体验粮食的生长,在参观中激发对农业知识的兴趣和对科学家潜心钻研技术的敬佩,就能提升学生的核心素养,特别是社会责任感、民族自豪感、创新精神和实践能力。

一、活动目标

天津天隆农业科技有限公司成立于 2003 年 1 月,是商务部、科技部批准设立的首批 18 家国家级科技兴贸创新基地之一。天津市水稻中心科普教育基地于 2010 年由天津市科委批准成立。基地主要面向广大青少年和农民,深入开展水稻科普宣传和培训,建成了包括水稻科普教育展厅、科普培训中心、6 个专业实验室、室外体验基地等四方面内容。

学生可以借助天隆农业科技有限公司这个平台,了解先进的农业科技,简单体验农业种植。本课程让学生有机会走出教室、走进田地,了解改革开放后农业的发展,这种活动的主要特点不仅在于让学生有机会动手"做",还在于可以让学生手脑并用,在于让学生亲身体验现实社会生活以获得直接经验,它一改课堂教学中学生单向被动"接受"的模式,让学生体验真实的感受,有助于他们形成珍惜粮食、尊重科学家的良好品质。也能发展学生核心素养,特别是社会责任感、民族自豪感、创新精神和实践能力。

---

① 本教案为作者与天津天隆农业科技有限公司合作开发。

二、活动对象

小学 4—6 年级学生。

三、活动时间

3 周,共需 6 课时,每周 2 课时,每课时长 40 分钟

四、活动准备

多媒体播放设备,外出参观需要经费支持,并提前与企业预约参观实践时间

五、活动形式

校内讲座和校外参观实践相结合。

六、活动过程

(一)前期准备环节

水稻知识普及,以及"袁隆平院士介绍"科普讲座,分配小组任务。
建议时间:2 课时
活动场地:学校教室
主讲人员:学校老师
所需资源:电脑,播放设备
1.教学目标:通过浅显易懂的教学,配合学生的心理,讲授高科技类的水稻种植技术,激发学生对水稻种植强烈的学习兴趣,并对科技兴国有初步认识,为第二课时的企业实地参观留下悬念。
2.教学内容:了解什么是粮食危机。水稻发展历史及袁隆平院士的成绩。通过视频,让学生对水稻知识有初步了解,激发兴趣。通过与学生们的互动,做到提出疑问、找寻结论、寻找专业知识、延伸知识点。各小组根据了解到的知识,确定需要深入了解的问题。第二阶段到企业参观考察时是带着问题而

去,并为第三阶段的考察汇报做好主题确定。

3.教学的重点和难点:学习本课的学生都是生长在城市里的孩子,他们对水稻的认知仅仅停留在书本,几乎没有机会有种植农作物的体验。但是该年龄段的学生对新鲜事物善于探索,拥有旺盛的好奇心与求知欲,并且已经具备自主学习能力,动手能力强,合作意识好。需要前期充分唤醒他们的好奇心和求知欲,才能顺利展开后续课程。

4.教学过程步骤与分析:

(1)导入设问

师(声情并茂):他梦想用一粒种子改变世界,他执着于儿时的一个追求,他被誉为"杂交水稻之父",并因此享誉世界,他却说他只是一个爱做梦的农民。面对"谁来养活中国"的疑问,他给出了坚定的答案,也因此被世界瞩目。自称"80后"的耄耋老人,前行的梦想依旧辉煌,你们知道他是谁吗?

生:袁隆平/不知道。

师:他就是中国著名科学家、中国工程院院士袁隆平。

师:大家了解袁隆平院士吗?知道他最大的成就是什么吗?知道什么是粮食危机吗?请大家带着这些疑问,观看央视的《人物》栏目,带你了解一位伟大的科学家。

教师以谈话式教学方式引入,吸引学生的兴趣和对新事物的发现和认知,并为下一课时做好引入准备,激发孩子兴趣。

(2)课后延伸

分配小组任务,选定想要弄清楚的问题,为第三阶段小组汇报确定汇报内容和方向。

下课休息时加深与学生的交流,增进师生之间的了解。

留作业:请学生课后观看电影《一九四二》,了解饥荒带给人民的灾难,并上网查阅资料,并相互交流粮食危机的信息,谈谈对杂交水稻的理解。

(3)注意事项

讲座时,学校教师和主讲人员做充分沟通,共同完善教案设计,确保内容的科学专业及学生的趣味适应性。引导学生兴趣点做好互动,调动积极性,提高效果。

（二）中期实践环节：参观专业研究中心

建议时间：2课时

活动场地：天隆农业专业研究中心

主讲人员：企业专业技术人员、学校带队教师

1.教学目标

了解水稻种植的原理和最新技术，以及科技创新为人民生活带来的福利与变化，感受科研人员的辛苦付出。通过体验插秧等劳动过程，体会粒粒粮食来之不易，培养孩子尊重科学家，珍惜粮食的品质。

2.教学内容

（1）企业人员普及杂交水稻的原理和意义

（2）在试验田里体验插秧

（3）品尝公司选育的优质大米

3.教学重点和难点

学生对于专业的知识介绍理解不到位，在自己动手操作插秧的过程中需注意安全。

4.教学过程步骤

行程1：参观科普窗

涵盖"杂交水稻与粮食安全""袁隆平谱写绿色革命神话""振兴天津小站稻"三大主题的水稻科普窗共68块。

"杂交水稻与粮食安全"主题展厅以图文并茂的形式展现了30多年来杂交水稻在中国科技发展过程中的贡献；"袁隆平谱写绿色革命神话"主题展示了袁隆平院士的突出贡献及水稻良种繁育与贮藏、高产高效栽培技术、杂交水稻和超级稻的发展现状、现代生物技术在水稻科技发展中的作用和成就等内容；"振兴天津小站稻"主题展厅展示天津小站稻的悠久历史和未来的发展方向。

行程2：参观实物展示柜

主要包括稻米制成的速食米饭、茶、稻米深加工提取物质、袁隆平小行星、杂交水稻专著、特种米等展品。

行程3：参观科普培训中心

科普培训中心总面积200平方米，能够同时容纳200人进行多媒体形式的科普知识讲座，配有大型投影幕布及壁挂式液晶电视等声像设施。通过多媒体演示方式宣传讲解、普及水稻知识，更加直观、形象和生动，学生更易于理解和接受。

行程4：参观实验室

配置有稻米品质、生物技术、育种研发、组织培养等先进仪器设备，在为科普基地提供技术支撑的同时，还可为来访者开放，展现最先进的水稻科学研究技术。通过将校外体验基地资源与学校教育特别是科学课程、综合实践活动、研究性学习衔接，参观者能够真实感受水稻种植过程并学习先进的水稻栽种技术。

行程5：参观稻米精深加工、鉴别、品尝体验室

为参观者提供一个从水稻收获到精深加工，从米质筛选鉴别到蒸煮、食用品尝整个过程的体验机会，主要展品包括：水稻精深加工相关仪器设备、国内外优质稻米品种、功能性稻米品种、五谷杂粮等，以及稻米加工营养常识的挂图展示。让人们在了解水稻科普基础知识的同时，配以前沿科技、生活常识等方面的实物展示和实践操作体验，从纵向和横向两个方面扩大水稻科普知识覆盖范围，同时，使人们真正了解到盘中餐的详细来源，以及稻米培育、生产、加工过程中的多样化方式，从科普展厅映射到国内外的稻米文化。

行程6：参观水稻科普知识图书室

搜集、整理水稻相关图书、期刊数百余本，主要为读者提供水稻相关科普书籍和电子共享资源。

行程7：活动交流

与企业工作人员交流，询问有关水稻的知识和科学家的故事，在参观与工作人员交流中完成自己在第一课时计划的问题。

（三）提升实践阶段：成果汇报

建议时间：2课时

活动场地：学校教室

教学内容：将小组事先确定的调查问题进行成果汇报,汇报形式包括作文、手抄报或 H5 网页,演讲等,让学生间互相交流所见所学所想,表达自己的创意;学生在合作中,主动发表自己的观点,尊重同学的想法,学会聆听,取长补短。

注意事项：正确引导学生,帮助其树立正确的学习理念,增强自主学习力,巩固他们所学知识,激发其对知识延伸探究的欲望。

七、活动成果

学生通过参观实践收获了水稻的相关知识,并将自己的知识和感受写成文章,画成手抄报,动手能力更强的甚至做成了 H5 网页。文章和手抄报可以在学校宣传栏展出,H5 网页可以利用网络传播,以小点带动大面,让参与这门课程的有限的同学发挥出无限的影响力, 让更多的人感受科技带来的进步,增强学生的创新意识和民族自豪感。

八、活动评价

(一)评价原则

1.激励性原则

开展激励性评价,增强学生的自信心,调动学习主动积极性,引导学生了解其学习状况,调整学习行为,关注自己学习的提高,增强自主学习力,使评价成为学生发展的内在要求。

2.过程和结果统一原则

注重过程。重视学生学习过程中所表现出来的学习态度和对学习运用的学习方法,引导强调学生亲身参与学习过程中所获得的感悟和体验,引导学生发现问题、提出问题、解决问题的综合、思考方式和见解创新能力。对学生课上表现进行评价,对课后进行引导学习,做出自主学习能力方面的评价,对综合能力素质的评价,发挥评价的激励作用。

3.全面性原则

用发展的观点、思想去评价学生,对不同的学生在学习过程中的点滴进步给予肯定,激励他们不断努力。关注学生的个体学习差异,发现不同层次学生在原有基础上的变化,使每个学生都能持续发展,看到学习成功的希望。

4.多元与多样化原则

评价内容多元化,评价方式多元化,对学生掌握知识的情况进行评价,也对学生能力进行评价。

(二)评价目的

检验教学效果,诊断教学问题,提供反馈信息,引导教学方向,调控教学进程。

(三)评价主体

学生自评、学生互评、教师评价。

(四)评价周期

贯穿整个课程实施过程。

(五)评价内容

学习态度、学习能力、团队合作能力等评测点的考核。

1.学生自评:学生先对自己这学期的学习态度、学习成果进行打分,并用一句话总结自己的收获和感想,满分20分。

2.学生互评:对除了自己的其他学生进行学习态度,和学习成果的打分,满分20分。

3.教师评价:教师对学生的学习态度、学习能力、作品、团队合作能力,满分60分。

专家点评:

本案例针对水稻的种植知识与技术,与天津天隆农业科技有限公司合作,通过知识介绍、确定问题、实地参观、总结汇报四个环节,让学生对水稻的种植技术与科技创新为人们生活带来的变化有所了解,激发学生树立起科技改变生活的信念和兴趣,并对以袁隆平为首的科学家表达崇高的敬意,感谢他们为科技进步所做出的贡献,学习他们坚韧不拔和勇于创新的精神。学生走出校园,走进农业科技企业,了解农业科技人员的工作状况,并进行初步体验,在了解农业科技知识的同时,也了解到农业科技人员的职业状态,为学生们未来丰富的职业选择奠定基础。

东北师范大学　王海英

探索水稻的奥秘①

天津泰达实验学校　孙　静　王　凤

一、课程设计目标

(一)学情分析

小学 1—3 年级学生对周围世界有着强烈的好奇心和探究欲望,善于通过观察判断外部事物,能够对事物进行描绘和辨别。因此,将水稻种子带到学生身边,通过近距离地接触水稻种子,观察水稻种子的外部结构,能够激发学生对于水稻的了解。

小学 4—6 年级的学生随着年龄的增长,观察能力和动手实践能力都在逐步提升。基于对植物的知识储备和积累的种植经验,可在课堂内完成对于水稻生活习惯及生长特点的调查研究。在前期的铺垫下,学生走进企业,在专家的介绍和指导下,进行水稻幼苗的观察及水稻种植技术的学习,体验种植水稻的方法。

"探索水稻的奥秘"系列课程既巩固了学生在课堂上的知识体系,也拓宽了学生的视野,具有很强的可行性。

(二)课程设计缘起

我国自古以来就是一个农业大国,农业一直是国民经济的命脉,由于人口多,耕地面积相对较少,粮食生产尤占主要地位。城市中长大的孩子们,对于水稻的生长过程是相对陌生的,对于粮食生产及安全的了解也是很少的。"探索水稻的奥秘"课程的实施,不仅能够在拓宽学生的知识,也能够帮助学

---

① 本教案为作者与天津天隆农业科技有限公司合作开发。

生认识国家粮食生产现状。

（三）课程的价值与目标

1.学生发展目标

知识与技能

（1）激发学生对水稻知识的兴趣,使学生了解水稻的性状和种植过程。

（2）了解植物的生长过程。

（3）熟悉食品的制作过程。

过程与方法

（1）根据植物生长的已有知识,认识水稻的结构和性状。

（2）在专业人员的指导下,体验水稻种植的过程和方法。

（3）用文字记录的方式描述观察到的现象和体会。

（4）在外界的帮助下,动手制作一些食品。

情感态度与价值观

（1）树立珍惜粮食,节约粮食的意识和习惯。

（2）养成乐于学习科学,乐于探究的学习习惯。

（3）体会动手制作的乐趣。

2.教师发展目标

在活动设计与实施中,提高教师对现代企业教育的兴趣和热情,增强教师课程资源整合能力。在活动组织中,进一步体会多元教学方法的运用,提高指导学生进行综合实践的能力。激发教师活动热情、积累教师教学经验,形成教育教学智慧,促进教师专业发展。

二、课程实施设计

（一）课程划分

课程分为前期活动、中期活动、后期活动三个部分,共 5 课时,每课时 40分钟。

前期活动:水稻进校园,知识共分享（1 课时）

中期活动:春种一粒稻,秋收万里香(1课时)

赏专家风采,感企业文化(1课时)

谁知盘中餐,粒粒皆辛苦(1课时)

后期活动:我是小厨师,米食我在行(1课时)

(二)课程资源

学校:专用教室、活动时间、多媒体设备、参与教师

企业:活动材料、PPT、专业技术人员、实践场地

三、课程内容的选择与确定

讲座课程:可分学生年龄段进行,1—3年级可以介绍水稻的特点,水稻制品的广泛,及观察水稻种子为主。4—6年级可以结合企业资源,主要围绕两个方面开展,一是介绍水稻的特点;二是介绍水稻的种植技巧。

实践课程:分校内和校外进行,校外:天隆农业公司本部及实践基地,学校与企业进行反复沟通,共同商讨活动的流程和内容,确定主讲人员、时间等,校内:学校餐厅,组织安排各班级进行食育课程实践活动。

四、课程实施活动设计

(一)前期活动:水稻进校园,知识共分享(1课时,40分钟)

◎ 活动目的:

1.通过搜集相关水稻资料,激发学习兴趣和学习的自主性。

2.运用科普讲座,使学生了解水稻的基本生活习性和种植技巧。

3.通过观察水稻,提高学生的学习和探究意识。

◎ 活动流程:

环节一:收集问题,激发兴趣

设置问题卡,主题为"我和水稻交朋友",鼓励学生提前收集相关资料,并记录自己的问题。

环节二:科普讲座——水稻的特点

通过丰富的图片,向同学们介绍水稻的特点和主要的性状。

环节三:水稻的种植技巧

稻米的种植技术,包括稻田和插秧。稻的耕种除传统的人工耕种方式,亦有高度机械化的耕种方式。

整场讲座互动积极、气氛活跃,最受欢迎的是"如何在家种水稻",孩子们兴趣浓厚。活动结束后,每个孩子都收到了一份天隆公司带来的小礼物——"五彩稻"种子。

(二)中期活动:春种一粒稻,秋收万里香(1课时,40分钟)

◎ 活动目的

1.实地观察水稻,了解水稻的基本结构和生活习性。

2.亲身种植水稻,掌握种植水稻的基本操作和技能。

3.体验劳动常态,感受农民的辛苦,增强节约粮食的意识。

◎ 活动流程

环节一:参观试验田,观察水稻幼苗

此时的稻子处于秧苗期,生长到三叶或四叶阶段。在专业人士朱老师的讲解下,同学们了解到水稻的一生主要分为秧苗期、分蘖期、幼穗分化期、开花期和成熟期。

环节二:观察水稻种子及稻田

图1　学生参观水稻试验田

由朱老师带领同学们来到水稻播种现场。首先要晾晒,打破休眠;其次浸泡,在20℃~30℃下泡2—3天后控水1—2小时;最后催芽,用纱布包裹,在透气的环境其进行呼吸作用。

环节三:种植水稻

两名学生代表穿上靴子在朱老师的指导下亲自体验种子播种过程。轻轻撕开包裹在外面的纱布,将催完芽的种子洒在稻田的沟壑上,轻轻盖住,等待它的发芽。

(三)中期活动:赏专家风采,感企业文化(1课时,40分钟)

◎ 活动目的

1.走进企业文化,了解企业的发展历史和前沿科技动态。

2.目睹专家风采,树立榜样意识,激发学习兴趣。

3.关心粮食安全,增强国家安全防范意识和爱国情怀。

◎ 活动流程

环节一:了解企业文化

天津天隆农业科技有限公司通过文化窗展示了公司的宗旨、办厂特色、管理及科研团队、生产基地、杂交水稻的知识及改良、公司自主研发的水稻。

环节二:欣赏专家风采

天隆农业科技有限公司拥有一支优秀的科研和管理团队,其中博士14人,硕士8人,博士后10人。公司申请发明专利50多项,先后承担完成了国家科技支撑计划、863计划等多项国家和天津市科技攻关及产业化项目,尤其在杂交粳稻研究方面已走在全国的前列。

环节三:关注粮食安全

随着中国加入世界贸易组织(WTO)后,粮食安全问题也在日益突出。可设置问题:什么是粮食安全问题?你对中国粮食生产和供应情况了解吗?了解中国的粮食安全问题吗?教师适当引导,学生逐步解决。

(四)中期活动:谁知盘中餐,粒粒皆辛苦(1课时,40分钟)

◎ 活动目的

1.观察成熟水稻,加深对水稻基本结构的认识。

2.体验收割水稻,体会劳动者的辛苦和不易。

3.分享收获水稻,享受劳动成果的愉悦。

◎ 活动流程

环节一:观察成熟水稻

"春种一粒稻,秋收万里香",同学们在实验基地种下的水稻种子经过萌芽、生长、成熟,在收获的季节也将迎来收获的喜悦。通过观察水稻成熟期的特征,加深对水稻结构的了解。

环节二:体验收割水稻

学生参与到水稻收割的劳动中来,让学生做土地的主人。在过程中,亲身体验农民的辛苦与不易,也更能够珍惜手中的粮食,养成节约的好习惯。

环节二:分享收获水稻

将收获后的水稻捧在手里,通过感官和分享去体会劳动的快乐。引导学生进行交流,主题可选"我和水稻共成长""水稻丰收季,收获万颗粒"。

(五)后期活动:我是小厨师,米食我在行(1课时,40分钟)

◎ 活动目的

1.交流身边常见米制品,增强学生的探究意识和研究热情。

2.通过米食制作,提高学生的动手能力。

3.品尝自制米食,享受劳动收获的喜悦。

◎ 活动流程

环节一:稻米食品我知道

设置问卷调查,主题为"稻米食品我知道",鼓励学生采用多种方法进行材料的收集和汇总,包括"超市调查员""网上搜集员""周边美食家"等,从身边入手,收集生活中常见的米制品。借助文字描述、绘画的形式增加学生的兴趣和积极性。

环节二:制作米食我在行

针对米制品的制作,开展于我校开设的综合实践"食育"课程。我校的食育课程开展别具特色,目前在家长、埃顿公司的配合下,在德育处的精心组织下,我校已经开展了"端午包粽子"及"中秋制月饼"活动。

五、学习评价

(一)文字记录 学生评价

通过"写一写 说一说 评一评"的方式进行,完成感想,学生互评。

写一写:以随笔或日记形式记录,比如在活动过程中我的"所见所闻所想"以及最终的感悟;设计学习卡片,内容与每一期的主题相结合。

说一说:活动过程中进行学习交流,包括知识的疑惑、提问、解答;活动结束后,全班进行活动交流,说说自己的感悟。

评一评:学生进行相互的评价,可相互补充,相互质疑,相互鼓励。

(二)教师评价 交流心得

教师对学生的活动表现和感想进行综合评价,鼓励学生有所思,有所想,有所得。主要可从以下几部分展开:

(1)你在活动过程中观察到了什么?

(2)你在活动过程中学习到了什么?

(3)说说你对生活或科学技术的畅想?

(三)每周评价

通过每周三进行的"我光盘 我光荣"的评选,培养节约粮食,珍惜粮食的意识,让每个孩子能够养成好的饮食习惯。

六、课程反思

(一)深挖企业课程资源

开发区的科技企业具有丰富的课程资源,而天隆农业科技有限公司作为积极投身校企合作的企业,后续也会推出系列的相关课程。

(二)丰富讲座多元内容

建议在讲座中适当增加更丰富的互动环节,可以制作一些视频或动画。后期还可以增加许多教学内容。

(三)拓展实践基地体验

水稻种植阶段,学生体验的充分性还不够,未能实现人人体验,人人参与的最终目标。在条件允许的情况下,是否可以增加一块学生试验田,扩大学生的体验和感受。

(四)加强小组合作方式

小组合作学习是增强课程学习实效性的有效方式。本次课程的实施,充分发挥了学生的主体作用,但基于兴趣共同体建立的学习小组建设还有待进一步加强。

七、课程拓展与延伸

(一)真正实现课堂理论知识与动手实践的有效结合

在以后的课程实施过程中,如果能够将课堂和实践进行有效的结合,将课堂转到实践基地,学生的体验会更加深刻。

(二)开辟劳动实践专用场地

如果条件允许,可以在校内开辟一块试验田,专门供不同年级的学生开展一些种植方面相关的实践,尤其是以观察体验为主的课程。

专家点评:

该方案选取水稻为主题,贴近学生生活。方案的结构清晰,可操作性强,适合在小学生中开展。设计者有意识地提供机会让学生合作完成任务,注重学生的全面发展,设计理念值得推广。

东北师范大学 吴晓靓

禾下乘凉梦，神州稻花香①
——走进天津天隆农业科技有限公司

天津经济技术开发区第一小学　张元喜　杨文胜

一、课程设计理念与目标

（一）课程设计理念

我校为促进学生全面健康发展、开阔学生视野、挖掘学生身边的资源、密切联系学生生活，开展了符合学生年龄特点，利于学生长远发展的有益活动。

"禾下乘凉梦，神州稻花香——走进天津天隆农业科技有限公司"是我校与天隆公司合作的现代企业课程。

（二）学情分析

小学中高年级学生具有强烈的好奇心和求知欲，开设"禾下乘凉梦，神州稻花香——走进天津天隆农业科技有限公司"实践课程，既可以让学生将学习活动与实际生活紧密联系起来，也可以帮助学生更深入地了解杂交水稻的营养价值和生长过程。

（三）课程设计缘起

天津经济技术开发区有很多高科技企业，这些企业也愿意为学生提供学习的便利条件。滨海新区泰达街发起现代企业教育项目，学校积极响应，参与此项课题。

---

① 本教案为作者与天津天隆农业科技有限公司合作开发。

（四）课程的价值与目标

1.学生发展目标

（1）给学生提供实践机会,学生在实践中挑战困难、尝试通过独立思考和动手操作解决实践中遇到的问题。

（2）走进场地和车间实际观察体验,通过观察、质疑、了解,培养学生观察、搜索信息、交流互动等方面的能力。

（3）通过实地观察体验,感受科技知识应用于日常生活,培养学生科学素养。

2.教师发展目标

在课程的前期准备、中期进行和后期总结中,逐步加强对学生实践活动的指导能力,提高教师素养。

（五）活动资源与实践条件

1.企业提供的资源

（1）天隆农业科技有限公司:学校在开发课程前期,与企业人员联系,提出课程需求。企业为开展的实践体验活动提供完善的场地支持和人力支持。

（2）天隆农业科技有限公司根据学校提供的中期体验课程活动方案,确定具体时间,做好深入细致的协调。

（3）企业提供的相关资料。

2.学校方面需要做的准备

（1）制定活动方案,与企业联系人商定具体细节。

（2）结合活动开展整合企业的资源,学校设计前期调研框架,制作活动导读手册,不断修正和总结提升。

（3）在活动前,组织教师培训,充分发挥教师的智慧,对活动方案,包括活动目标、活动过程、课程评价等,进行研讨和完善。

（4）学校为实践活动做好人员安排及后勤保障。

（5）强调师生加强安全意识,活动中杜绝安全事故。

二、课程实施设计

(一)前期准备活动:走近杂交水稻企业天隆公司

建议时间:1课时

活动地点:学校教室

主讲人员:教师、学生

活动内容:

1.师:我们每天吃米饭,那大米是怎么来的?(学生讨论发言)

师:我们的爷爷奶奶当时能吃一顿白米饭是一件非常奢侈的事情。

(学生观看闹饥荒的图片或者视频,增加孩子们对粮食紧缺认识的深度。)

2.师:现在全国14亿人口能够解决温饱问题,其实来源于一项重要的技术,那就是杂交水稻。大家知道杂交水稻之父袁隆平吗?(学生讨论发言)

3.师:下面我们就来观看关于袁隆平的视频资料。(学生观看)

4.师:杂交水稻是怎么来的?研究团队是经过怎样的艰苦奋斗才试验成功的?(学生讨论发言,观看视频)

5.师:一亩地能产多少斤杂交水稻? 能解决多少人吃饭问题?(学生数据调查)

6.师:袁隆平爷爷做出巨大贡献,杂交水稻技术我们必须传承发扬光大。现在,在我们天津开发区,就有一家这样的公司,它叫天隆公司。(师简单介绍天隆公司资料,学生观看图片)

7.师:同学们,如果你走进天隆公司,你想问什么?你想干什么?(师生罗列问题,设计问题小卡片,卡片按不同颜色分类。有搜索百度的,有询问工作人员的,有下课继续探讨的)

8.教师将班级学生分成3个小组,每组10—12人。每个小组选出正、副小组长。教师和企业人员设计参观路线图、时间表、参观流程,提出参观的活动安排。

注意事项:活动之前,与企业的工作人员做好充分的沟通,教师引导学生在已有认知的基础上,提出质疑,并结合参观手册,指导学生做好带着问题参加活动的准备,同时,教师也应对学生可能提出的问题进行把关,确保所提问题有意义,有价值。

(二)中期活动:天隆公司杂交水稻科学之旅

建议时间:1 课时(参观 1 小时)

活动地点:开发区天隆公司

主讲人员:天隆公司科研人员

活动内容

组织学生到天津开发区天隆种业科技有限公司参观。

1.总体讲述(师生来到公司二楼展厅,观看照片和实物,在讲解员带领下参观。)

2.专题讲解(我国杂交水稻的发展史和天隆公司的企业奋斗史。)

3.咨询科研人员(学生根据不同颜色小卡片的分类问题,分组现场咨询相关科研人员,互动交流。)

4.以水稻样本为主的实验(观察花序、种子、花粉的结构,观察授粉。用具:小剪刀,小喷壶,水稻样本。)

5.体验活动:米粒的研磨。

6.活动评价:

学生能积极参与实践互动活动,面对主讲人员能勇敢质疑,努力从讲解人员的口中得到需要的信息。初步了解杂交水稻的知识,感受我国杂交水稻的伟大成就,了解天隆公司的贡献,感受勇于钻研,勇于创新的企业精神。

7.注意事项:

在整个参观过程中,教师一直起辅助作用:一是指导学生认真倾听主讲人员的讲解,从中获取有用的信息;二是监管学生的安全;三是及时处理突发事件。

(三)后期回顾总结:综合评价

建议时间:1 课时

活动地点:学校教室

主讲人员:学校教师

活动内容：

1.口头汇报。(学生分组汇报,主要是对第一节课罗列的问题的回答和解决情况的汇报)

2.课程拓展与延伸。描绘参观收获与提出畅想。(学生可以画图,可以写感受、制作 ppt,用多种方式记录自己的畅想。畅想自己未来研究杂交水稻科学,也成为这样的科研技术人员,也创办这样的公司,为祖国发展做贡献,回家给家长讲)

3.注意事项:实践活动结束之后,及时对实践活动进行小结;学生对自己、对同学参加实践活动的表现进行评价;教师批阅学生完成的《实践活动导读手册》,对学生的完成手册的情况进行等级评价。

三、学习评价

现代企业教育实践课程评价以此作为评价标准, 注重评价的原则和方法,促进学生的能力培养,树立正确的情感、态度、价值观,使实践课程成为学生喜爱的课程之一。

(一)过程性评价

现代企业教育实践课程的评价不必强调结果的科学性和合理性,而应注重学生的体验过程,其目的在于培养学生的态度和能力。评价内容包括学生在活动中对各种现象的理解程度、专注度和形成的技能,显现学生在活动过程中的思维过程和操作过程。

(二)主体性评价

学生是评价中主体。调动每个学生的主动性,使评价过程真正成为学生的自我教育和再度提升的过程。

(三)开放性评价

在自我评价的基础上,开展开放性评价,学生展示活动成果,交流活动中的收获,吸收其他同学的经验和实践成果,提升对问题的认识。

现代企业教育课程适宜以一个主题活动为评价周期,如果活动周期较长,可以增加阶段性评价。

四、课程反思

(一)有准备,有计划

任何事情只要做好充分的准备,就会事半功倍。

(二)有指导,有收获

此次活动带领学生深度走进天隆公司,面对主讲人员的讲解,教师指导学生与讲解员进行积极的语言交流。这样的学习过程气氛活跃,每个学生都会有很大的收获。

(三)有总结,有提升

实践课程结束了,认真做好活动总结,是十分必要的。教师指导学生从自身参加活动的态度、参与度等方面进行小结,是帮助学生自我提升的重要手段。教师从活动设计、活动过程以及活动的结果进行小结,有助于今后的活动策划更趋于完善,会提升整个活动的效果。

五、课程拓展与延伸

学生对水稻的生长过程有了全新的认识。在此基础上,应用所学,为日常家庭生活选择稻米提供科学建议。

专家点评:

这个现代企业教育课程的方案设计非常不错!在前期的第一课时,教师将主题引入水稻及天隆公司,并调动大家积极性,确定自己想要了解和关注的问题,使学生们能带着问题和思考到企业去参观,增加了参观活动的目的性;中期参观活动形式丰富,除了有实物和图片等常规场馆参观与企业发展史的介绍外,还精心设计了问题答疑、实验与体验环节,让学生们不仅对企业的知识与文化有了更为全面与深刻的感受,还能将企业与日常生活、与动手实践结合起来,增强了企业参观活动与学生发展的联结性,体现了活动的教育性与设计性;最后的回顾总结环节,让学生们汇报第一课时自己感兴趣和待解决的问题的完成情况,让孩子们经历了一次完整的问题解决过程。或许这个过程还很稚嫩,但已经包含了问题解决流程的基本要素,给学生们提供了自由的思考与探索的空间。尤其在最后的"提出畅想"部分,开放式的题目给学生们的作品展开了无限可能性,让学生们的心灵放飞、想象放飞,更是为未来的放飞埋下了种子。

东北师范大学　王海英

现代农业中的无土栽培①

天津经济技术开发区国际学校 赵立群 于 萍 陈欣悦

一、课程设计理念与目标

（一）课程起源

2000 年 11 月 16 日,科技部、教育部、中宣部、中国科协、共青团中央联合印发了《2001—2005 年中国青少年科学技术普及活动指导纲要》,要求开展科学技术科普活动,而农业技术是其中的一项重要内容。2001 年 4 月 9 日,教育部印发《普通高中"研究性学习"实施指南(试行)》(教基〔2001〕6 号)的通知,要求学生必须走出课堂、走出校门,积极地开展社会调查研究和实践活动。2001 年 5 月 29 日国务院发布《关于基础教育改革与发展的决定》,要求中小学增设信息技术教育课和综合实践活动,中学设置选修课。2017 年 9 月,为充分发挥中小学综合实践活动课程的育人功能,教育部印发《中小学综合实践活动课程指导纲要》。2020 年 8 月 11 日,中共中央总书记、国家主席、中央军委主席习近平对制止餐饮浪费行为做出重要指示。

综合实践课程在实施的过程中,融通学科教育与 STEM 课程设计的综合实践活动课程开发项目在天津市青少年科技中心与天津师范大学的合作中有计划地开展和实施,并形成了多个普适性科技类综合实践活动方案,科技类综合实践活动《现代农业中的无土栽培》方案设计,是在天津师范大学 STEM 课程专家李维老师、天津大学课程专家那一纱老师的指导下完成的课程设计。

天津科润农业科技股份有限公司天津科润蔬菜研究所创建于 1956 年,主要从事蔬菜育种、蔬菜栽培、蔬菜生理、生物工程等新技术的研究与开发。

---

① 本教案为作者与天津科润农业科技股份有限公司合作开发。

在开发区学校现代企业教育工作领导小组的带领下,进一步加强校内资源与校外资源的互动和整合,发挥各方参与青少年发展的积极性,形成多方促进学生成长发展的最大合力。

(二)活动主题

"现代农业中的无土栽培"课程实践始于 2019 年 10 月,以公开示范课的形式在天津市全域科普主场——天津市第二十中学进行展示。在新冠肺炎疫情期间,项目组选择在天津开发区国际学校校本课程中实施,课程主题和部分内容不仅契合了 2020 年《开学第一课:节约粮食 杜绝浪费》的教育主旨,还从种植的根本出发,让学生在实践中掌握种植的相关知识。

(三)设计原则

1. 设计面向全体青少年

"现代农业中的无土栽培"课程设计面向全体青少年,使每一学生在其原有农业种植的认知上都能得到一定程度的发展,获得现代农业技术发展过程中所必需的科技知识。关注青少年的情感,注重自信、创新精神的培养,鼓励他们主动参与和大胆实践。

2. 实施结合基础与实践

课程设计体现基础性与实践性相结合原则。在知识普及上选择对未来发展有广泛影响的科技知识,基本的种植方法,树立合作精神和社会责任感。实践性要求通过实验设计、观察、试验、制作和相关操作性活动,加强对课程中的科技活动基础性内容的理解与掌握,同时了解科学、技术与社会之间的关系及其相互作用等。

3. 注重创新意识和能力培养

课程设计在传授科技知识和培养种植技能的同时,把握其中的科学思想、科学精神和科学方法。实施的过程中应注意实证、逻辑推理和怀疑精神的培养与引导,从青少年感兴趣的或比较熟悉的植物入手,提供参与探索和研究的机会,让他们在这个过程中亲自去实践,去搜集证据,整理、加工和应用各种信息,去寻找解决问题的途径和方法。

4. 注意学习的选择性

由于地区和条件的差异,青少年个体知识、能力基础、兴趣爱好的倾向等方面的差异,课程设计内容既要有基本的规定,又要有所选择。使各种地区的青少年儿童都可以参加适宜的科技类综合实践活动及创新活动。

(四)课程目标

1. 学生发展目标

(1)了解影响人类生活和社会发展的现代农业科学技术。

(2)了解无土栽培农业科学技术的发展,掌握必要的知识、技能。

(3)了解无土栽培技术的基本概念和过程。

(4)培养创新精神和实践能力、自主意识和合作精神。

(5)培养质疑和解决问题的能力。

(6)逐步培养青少年对农业科学技术的兴趣、科学的思维习惯。

(7)树立严谨、求实的科学思想、科学态度、行为习惯。

(8)加强爱国主义教育。

(9)引导学生对未来职业发展规划,加强社会主义核心价值观的敬业教育。

2. 教师发展目标

(1)提升教师对科技类综合实践活动课程的理解。

(2)提升教师就现代农业技术知识与综合实践活动教学的课程开发能力。

(3)加强在实际教学中开展节约粮食、种植技术的传播。

(4)加强教师在课程实施中的课程评价能力。

二、课程实施设计

(一)课程准备阶段

1. 确定授课教师

从事综合实践活动、科技活动辅导的教师,或进行师资组合,形成课程校本化团队。

2. 确定课程实施对象

（1）小学学生（4—6 年级）

（2）初中学生

3. 确定课程开设方式

PBL 课程模式、企业实地参观调查。

（二）课程前期准备

1. 教师

教师在"现代农业中的无土栽培"课程设计的地方化和校本化的过程中，需要先了解学情、拟定方案、明确课程目标、搜集并筛选相关课程资源。

2. 学生

进行知识搭建，在校学习相关内容，为后续课程开展进行知识储备。

（三）拟定课程内容

1. 小学阶段课程设计内容

课程安排	具体内容
第一课时	身边的植物
第二课时	观察一株植物
第三课时	千奇百怪的植物家族
第四课时	植物是活的吗
第五课时	农田里的植物
第六课时	植物发生了什么变化
第七课时	环境与生命
第八课时	种植我们的植物
第九课时	我们先看到了根
第十课时	植物身体的奥秘
第十一课时	植物的需求
第十二课时	神奇的栽培术——无土栽培
第十三课时	体味植物

2. 初中阶段课程设计内容

课程安排	具体内容
第一课时	什么是无土栽培
第二课时	传统农业种植的局限
第三课时	无土栽培的优点
第四课时	认识韭菜与韭黄
第五课时	基质的选用及处理
第六课时	营养液的配置
第七课时	无土栽培设施的选择与建造
第八课时	韭黄无土栽培病虫害防治
第九课时	无土栽培的常见问题处理

三、课程实施阶段

(一)前期准备环节

前期活动之一：参观企业

建议时间：1 课时

活动地点：企业场地

主讲人员：企业专业人员、学校相关学科教师

活动内容：组织相应的学生进入到天津科润农业科技股份有限公司进行实地参观考察，让学生对企业涉及领域有初步了解，并且初步认识无土栽培的过程。

前期活动之二：校内讲座

建议时间：5 课时

活动地点：学校教室

主讲人员：企业专业技术人员及学校教师

活动内容：介绍天津科润企业概况、创业历程、行业发展动态，结合无土栽培作物——韭黄向同学们介绍无土栽培相关知识，包括培养床的选择，什么是储液系统、控制系统。向学生展示蔬菜培育成果引起学生对无土栽培、转

基因作物等方面的兴趣。

图 1　学生种植植物

图 2　赵立群老师讲解无土栽培设备设计

(二)中期实践环节

中期活动之一:设计制作

建议时间:3 课时

活动地点:学校科技教室、实验室或者企业相应场地

主讲人员:企业技术人员和学校教师共同参与

活动内容:通过拆解无土栽培设备,了解其构造和原理,熟悉无土栽培设备各个部分的结构及其功能,从而对设备的组成及其运行机理形成较为清晰的认识。主讲教师详细讲解设计无土栽培设备箱的思路、原则、方法和构件连接,启发学生自己动手设计和制作简易无土栽培箱。利用学校购买的材料、零件和工具,在企业技术人员和学校教师的指导下,在学生自主探究和小组合作的基础上,设计制作出无土栽培箱。除此之外,学生也可以对现有的无土栽培设备提出完善改进方案,并试验方案的可行性。

图 3　无土栽培设备展示

中期活动之二:现场试验

建议时间:1课时

活动地点:企业相应场地

主讲人员:企业技术人员为主,学校教师为辅

活动内容:一件设计制作完成后,要检验是否达到了预想目的、能否实现预期效果,就要通过实践。把上个环节活动中同学们制作的无土栽培设备带到试验场地进行测试,小组选择一种作物进行无土栽培,检验同学们的设计创意和产品。通过动手进行无土栽培,让学生们深刻体会理论知识应用于实践的乐趣,并在此过程中穿插对学生的德育,讲解杂交水稻之父袁隆平的故事,让学生感悟一米一饭来之不易。

(三)后期拓展环节

建议时间:1课时

活动地点:学校教室

主讲人员:学校教师

活动内容:以小组为单位进行学习成果展示和总结汇报,学校可以建立科技成果展示室,展示的成果既可以是物品,也可以是创意、思考、论文、视频等多种形式。教师要对学生的活动表现进行综合评价。评价的目的是为了激发学生爱科学的兴趣、学科学热情、用科学的信心,培养学生科学探究精神和动手实践能力。评价应以形成性和发展性评价为主,根据学生在活动中表现状况,对其优缺点、学习方法态度和进步情况等情况进行多样性的评价。在总结评价的基础上,引领学生进行深入的思考和探究,加强与校内学科课程的融合,促进校内教育和校外教育的协同配合,从而最大程度上促进学生们的学习和发展。

四、教学实施意见

(一)教学内容组合

基于本课程的教学内容,可以与所在地区的地域风情以及所在学校的

办学特色相结合，围绕"绿色"主题，提升教师的课堂驾驭能力，学生的知识能力、生活经验和兴趣爱好。以此进一步落实教学内容，进一步确定重点教学内容。

（二）教学组织形式

倡导以学习小组为单位，以实践性、综合化沙龙式、研究为基本的教学形式，根据教学的内容合理匹配指导教师和教学媒体，灵活应变学习的组织结构和学习的场所，为达成教学目标创设优良的学习环境。

（三）教学时间管理

教学时间的安排一般采用集中和分散两种方式，集中教学时间主要用来教学内容的讲解，学生的交流与展示，以及教师评价，分散的时间可以为学生的独立思考、知识拓展。

五、教学评价

教学评价是教学的重要内容，本课程的教学评价要依照这几个要素，即人文性与科学性相结合、教学内容与学科教学相结合、本地环境与异地环境相结合、知识能力与情感态度相结合、教学与动手实践相结合。

（一）激励性原则

开展激励性评价，呵护学生的自信心，充分调动学生学习的主动性和积极性，在授课过程中积极与学生互动，对参与讨论或者参与提问的学生给予奖励。

（二）多样性评价原则

形成性和发展性评价为主，总结性评价为辅。

1.根据学生在活动中表现状况、学习卡完成度、问卷调查的完成度、准备工作、过程性表现、作品设计、学习心得与总结等多个方面进行多样性评价，关注个别差异。

2.在总结评价的基础上，引领学生进行深入的思考和探究，尤其是要促进活动与校内学科课程的融合，促进校内教育和校外教育的协同配合，从而最大程度上促进学生们的学习和发展。

（三）评价目的

为了激发学生爱科学的兴趣、学科学热情、用科学的信心，培养学生的科学探究精神和动手实践能力。

专家点评：

校企合作综合实践活动"现代农业中的无土栽培"课程系列，是基于《中小学综合实践活动课程指导纲要》和《天津市教委关于印发〈天津市中小学综合实践活动课程实施办法(试行)〉的通知》的文件要求，围绕促进学生核心素养提升的总目标，有针对性地对标科学课、生物课内容，开发的 PBL 模式的综合实践活动课程实施方案。

课程设计中教师将学生的自主发展列为重要教学目标，且为这一目标的实现准备充足材料。在综合实践中，教师不是单一的知识传授者，而是学生活动的引导者、组织者、参与者、领导者、协调者和评价者。

整个课程体现出教师团队有较强的组织、管理协调与应变的能力，在 PBL 的项目设计指导过程中充分展示了这种能力。在活动过程中注重学生核心素养的提升、实践能力的发展，鼓励学生自主活动、体验。课程设计创新思考时间充分、活动空间广阔，课堂活动、校内外活动相结合。

天津大学　那一沙

第十三章 区域配套服务事业单位

百变的天气①

天津经济技术开发区第二小学　姜锡岩

一、课程设计缘起

天气预报是根据气象观测资料,应用天气学、动力气象学、统计学的原理和方法,对某区域或某地点未来一定时段的天气状况作预测,如一个地区或城市未来一段时期内的阴晴雨雪、最高最低气温、风向和风力及特殊天气。它不仅是大气科学研究的重要分支,更是与人们日常生活生产息息相关。

已知早在春秋时代,便开始用土圭测日影的办法定季节,有了春分、秋分、夏至、冬至四个节气。从看云识天气、诸葛亮借东风的故事,到清代的钦天监、明朝的气象所,都彰显出了我国在天气研究方面的悠久历史传承。

新中国成立以来,我国不断加大对天气研究的重视与投入,1949 年 10 月 1 日新中国成立,全国有 101 个气象台。1950 年 3 月 1 日,中央气象台成立。

随着改革开放和科学技术水平的不断提高,我国的气象事业发展取得了巨大成就。1988 年 9 月 7 日风云一号 A 星在山西太原卫星发射中心由长征四号运载火箭发射升空,30 年过去了,风云卫星初心不改,始终坚持自主研制,追求卓越创新,卫星气象应用也越来越广泛,在气象预报、防灾减灾和应对气候变化中发挥着日益重要的作用。

气象学科与人民日常生活息息相关。每天收听的天气预报中包含了哪些信息,面对灾害天气如何进行躲避救险,气象工作者是怎样测量数据预测天气情况的,气象播报员在镜头前是如何播报天气的——这些都是小学阶段学生十分感兴趣的话题。从天气预报内容入手,带领学生了解气象工作的日常,理解气象学对人民日常生活的重要性,学习相关的气象常识,提高气象宣传

---

① 本教案为作者与天津滨海新区气象局、天津海事局合作开发。

意识,了解气象灾害及应对措施,提高综合素质水平。

就我国第一颗气象卫星发射成功

国务院中央军委电贺研试人员

新华社北京9月7日电 国务院、中央军委今天向参与我国气象卫星研制、试验的全体人员发出电报,祝贺我国首颗气象卫星发射成功。贺电全文如下:

参与我国气象卫星研制、试验的全体同志:

在国庆39周年即将到来之际,我国成功地发射了自行研制的第一颗极地轨道气象卫星。这是你们在党的十一届三中全会以来的路线指引下,贯彻独立自主、自力更生方针,大力协同、团结奋战的结果,国务院、中央军委向全体从事研制、试验

的科学工作者、工程技术人员、工人、干部、解放军指战员表示热烈的祝贺和亲切慰问!

这次卫星发射成功,填补了我国应用象卫星的空白,标志我国航天和气象卫星技术有了新的进步,对促进国民经济的展,具有十分重要的意义,对全国各族人也是一个鼓舞。

希望你们谦虚谨慎,再接再厉,为我的四个现代化建设做出更大的贡献。

国务院 中央军委

1988年9月7日

图 1　国务院中央军委贺电

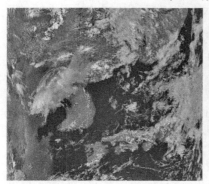

图 2　风云一号 A 星首张彩色云图

图 3　时任世界气象组织主席、中国气象局局长邹竞蒙展示首张彩色云图

　　为此,与天津市滨海新区气象预警中心合作,共同开发出以培养学生综合素质为导向的实践课程,引导学生从日常学习生活、社会生活或与大自然的接触中提出具有教育意义的活动主题,使学生获得关于自我、社会、自然的真实体验,建立学习与生活的有机联系。该中心整体气象灾害与预警能力目前已达到国内先进水平。这些均为课程的开发与实践提供了必要的支持。

二、1—2 年级

(一)课程主题设计

　　根据学生年龄特点及认知能力,关于气象内容按照高中低三个年级段划

分小组进行,每个年级段划为三个主题。

针对一二年级的特点及认知水平,设计比较直观、简单更贴近生活的内容。天气预报是什么,它包含了哪些内容,在哪里可以查到天气预报,每天穿什么衣服,会不会下雨,是否需要带雨具,这些是所有家庭关心的话题。课程设置以天气预报内容为基准,了解常见的天气预报内容,认识与生活密切相关的气象图标,认识风、雨,并会使用一些简单的测量工具进行测量。尝试模仿预报员的播报等活动,从视觉、听觉、触觉刺激学生的大脑,更贴近低年级心理特点,潜移默化的达成教学目标。从数学的角度看,学习用图表表示出天气状况的关系,初步建立逻辑思维能力。

第一课　天气预报

1.教学目标

科学概念:初步感知不同媒体气象预报的内容,了解天气预报内容包括天气状况、温度、风向等天气现象。知道常见的一些天气现象和天气符号。

过程与方法:能根据气象内容认知对应的天气符号。运用感官观察天气,并学会用简单的图画把它记录下来。

情感态度价值观:提高学生关心天气的意识。

2.教学重难点:认识一些常见的天气现象和天气符号。

3.教学时间:40分钟。

4.教学准备:每组一套天气符号卡片;气象预报视频、电台气象预报、手机App天气预报、报纸天气预报。

5.教学过程

(1)描述今天的天气

小朋友们,你们说说今天的天气怎么样?(冷、热、有风、雾霾、下雨……)

在你经历过的天气中,你对哪种天气现象印象最深刻,能描述当时的情况吗? 让我们一起来了解一下天气预报。大家认真听预报员阿姨都说了什么内容,看谁记得最清楚。

播放中央台天气预报。

学生汇报。

出示当天的报纸,报纸上是怎么记录天气情况的。

出示电脑网页上的天气预报。

出示 PPT 图片。

手机里的墨迹 APP 里都有什么内容,看看里面还告诉我们关于天气的哪些事。

我们还可以拨打电话进行查询(天气预报查询 12121、气象服务热线 4006000121)。

天气预报与人们的生活息息相关,在各种媒体都可以看到天气预报。

(2)认识天气符号

大家看到这么多预报内容,我们的电视屏幕上是显示了什么字吗?(有 / 没有)那是用什么显示出的呢,我们来看一看。

出示一张"城市天气预报图":这是一幅中央气象台的天气预报图,图中显示了哪些天气现象?

认识天气符号:为了方便我们在预报图中记录,我们选用图示的方法来记录天气状况。

晴天用什么来表示呢? 是的,用太阳来表示。一个圆代表太阳,周围的小点点代表阳光。

接下来我们看看阴天会怎么样呢? 阴天我们看不到什么?(太阳)对,所以太阳公公不见了,是谁遮住了太阳公公呢? 对,是云。很多很多云让太阳公公躲到了云后边,所以我们用两朵云重叠起来表示有很多云。阴天,云层很厚,就会发生什么天气状况呢?(下雨)下雨是小水滴从天上掉下来,所以我们在云的下面画上小雨点。下雨天,我们出行时要怎么呢?(雨衣、雨伞)如果天气更冷了天空还会飘落雪花,雪花是几瓣的? 对我们通常用"*"来记录雪花,上面还要画上一朵云。下雪了,大家最喜欢干什么呢?(堆雪人、打雪仗)下雪有什么好处呢?(净化空气)好,大家都认识了天气符号,我现在要考考大家了,看我的卡片说出天气状况。比比哪个小组记得最清楚。

(3)天气连连看

连一连:每个小组都有一组卡片,你能根据老师提供的图片与文字连接起来吗? 比比哪个小组摆的又快又好!

画一画:在图卡上画出阴晴雨雪的天气符号并展示。

播一播:谁愿意到前面来,成为第一名气象播报员?请同学到黑板前,尝试模拟气象员。

拓展:了解更多与本地区相关的天气状况与天气符号,尝试每天课前轮流执勤播报天气预报。

第二课 奇妙的气象站

1.教学目标

科学概念:初步了解气象站的基本设备,了解气象观测的方法及观测种类,认识风力发电

过程与方法:体验风速仪的作用;制作纸风车并进行风力测试。观看气象站的视频介绍,了解观测场的基本构成,尝试自己制作一个小风车。

情感态度价值观:感受到使用简单工具能对天气观察活动提供很大的帮助。进一步提高观察天气现象的兴趣和好奇心。在实验中坚持实事求是的科学态度。

2.教学重点:能用风速风向仪上数字描述风速。

3.教学难点:用自制的风车和小风旗测量风速和风向。

4.课程时长:40分钟

5.教学过程

(1)导入

今天,老师带来一张图片,这是在咱们学校附近的一座建筑物,这个地方和我们的生活息息相关,它典型的代表建筑物上有一个巨大的白球,高高地矗立在院子里,你去过那个地方吗?你能告诉大家这是什么地方吗?(气象站图片)

对,大家说得真对,这是滨海新区气象预警中心。

图4 滨海新区气象预警中心

今天老师和同学们一起通过视频来参观气象预警中心好不好呢?

提出要求:仔细观察你都看到了什么?这个设备有什么用处?看看谁记住的观测气象站的设备名字最多,最准确。

播放气象预警中心录制的视频(视频内容为介绍各种设施的作用、意义、使用方法)。谁来说说你看到了什么?

(2)探究内容

师:你们觉得风是什么? 能听到、看到风吗? 能用能想到的描述风的词语来描述风吗?

气象预报里是如何介绍风力的?

(3)认识风速仪

老师手里的这个装置就是一个简单的风速仪,它是由三部分组成:三个风杯、液晶显示屏、手柄。

使用方法是:有风的时候,风杯会转动,同时液晶屏幕显示数字。有风的时候数字显示级别,风停之后数字归零。来看我演示。每个小组一个,我们来尝试玩一下。看看哪个组的风力最大。大家想不想到校园里试一试呢?

好,我提要求:

①纪律安静,分组活动;②方法:一位同学手持风速仪举过头顶,其他同学读数据,实地观察,测量风速;汇总各组数据,看看测量的准确度。

(4)制作小风车、小红旗继续观测风力。

6.本课评价

知识:了解本地区常见风力的媒介表现。

能力:小组数据的准确性,实事求是的科学态度进行评价。

情感:小组合作态度,主要包括参与度。

技能:制作小风车、小彩旗进行观察。

第三课 雨

1.教学目标

科学概念:引导学生能根据小动物的特殊表现来推断并预报天气。

过程与方法:识记简单的气象儿歌,结合生活经验观察天气现象与小动物的表现。会使用维恩图记录下雨时自然界的变化。

情感态度价值观:激发学生的好奇心、表现欲,提高其观察和探索的能力,萌发学生爱科学、热爱小动物的情感。

2教学重点:常见小动物的表现与天气现象的关系。

3教学难点:能对空中、地面、水中的动物特殊表现进行归类并运用新学的知识进行判断。

4.课程时长:40分钟

5.教学过程

(1)引出课题,激发学生的兴趣

有一回大科学家牛顿听牧羊人说天要下雨了,他表示怀疑,因为当时天气异常晴朗。可是没出半个小时,果然下起大雨。牛顿大为惊叹,便去请教。牧羊人说,羊是一只"活湿度计",如果它喜欢躺在屋檐下,天就要下雨;如果羊在草地上蹦跳,则为晴天。

说一说:你还知道其他小动物下雨前有什么表现吗?

(学生回答)让我们看看视频里告诉我们什么信息,大家说得对不对。

(2)了解下雨前小动物的表现

提出问题:请你记住画面上有哪些小动物。这些小动物在忙什么呢? 它们为什么要在下雨前那么做?

播放课件:请和你旁边的小伙伴说说。

集体汇报。

(3)学习气象预报儿歌

识记:老师诵读,学生跟学,尝试背诵。

大雨前兆,蜻蜓燕子低飞,蚂蚁搬家,鱼儿水面来换气,大雨马上就来到。

(4)白板连线游戏

谁是下雨前在天空工作的? 下雨前谁在水里游来游去? 地面上谁在下雨前搬家? 谁在下雨前唱歌? 谁在下雨前会飞得很低? 谁在下雨前带领孩子出来找虫子吃?

天空　燕子 蜻蜓低飞

地面　蚂蚁搬家

水中　鱼儿吐泡 青蛙鸣叫

猜猜我是谁:请小朋友根据老师语言描述来说出是哪种小动物预报天气。

（5）学画气泡图

图 5

下雨了,还会发生和我们生活相关的哪些事情呢? 把你知道的画在图中(图 5)。

（6）活动延伸

鼓励学生继续观察小动物在天气变化前的特殊表现。激发学生爱科学的情感。同时教育要爱护动物。在家长帮助下,查找还有哪些小动物在天气变化前有特殊表现。

（7）课程评价方式

低年级的评价手段比较简单, 基本是在课上以游戏活动的方式进行反馈,"连一连,画一画,说一说"等形式考查学生的学生认知水平,鼓励学生多表达;技能上拓展学生认知层面,认识更多的天气符号。

三、3—4 年级

（一）课程主题设计

根据学生年龄特点及认知能力,关于气象内容按照高中低三个年级阶段分组进行,每个年级段为划三个主题。

中年级为 3—4 年级。学生已经从生活中了解一些基本的碎片化气象知识。本学段的知识延续了低年级的课程设计,将温度测量纳入本学段。学生在记录天气的教学活动中,记录每天的预报内容,这既能锻炼学生持之以恒的记录能力,又完善了对气象播报内容的学习,增强了对数字、数学的敏感度,学生还会发现科学工具使他们的观察能力得到延伸。在技能方面,让学生学会测量及迁移数学中的折线图、曲线图的应用,像气象学家那样观察、记录、分析各种天气现象,为利用数据进行分析奠定良好的基础。最后,带领学生走进气象站活动,让所学的知识在真实的观测场得以一一对应,观看气象预报员的预报与分析活动,以激发学生对天气现象研究的好奇心和热情。并使他们在观察过程中,获得更多有价值的信息。

第一课　温度

1.教学目标

科学概念:气温是指室外阴凉、通风地方的温度,每天应选择同一时间来测量气温。

过程与方法:选择每天测量气温的环境,完成"天气日历"中温度的测量和记录。

情感、态度、价值观:保持对气温变化的研究兴趣,理解长期测量和记录数据的重要性。

2.教学重点:选择每天测量气温的环境,完成"天气日历"中温度的测量和记录。

3.教学难点:正确测量,坚持记录。

4.教学准备:课前布置分小组记录一天中清晨、上午、中午、下午和傍晚的气温。

每组一张温度填充图。每个小组或每人一支温度计。

5.教学过程

(1)教师导语,引入研究课题

温度对天气的影响很大,气温是天气现象的一个重要特征,是天气日历中重要的记录数据。

揭示学习课题。

(2)室外温度的测量与比较

教师提示使用温度计测量温度要注意的安全问题。

学生说说怎样用温度计测量温度、怎样读数;复习温度计的刻度;让学生找出沸点、冰点、人体正常体温等温度。

讨论教室内和教室外的温度一样吗? 怎样确定室外的温度比室内高? 测量室内外的温度要做哪些准备,应该注意什么?

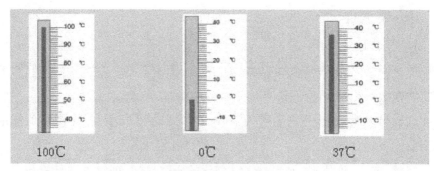

图 6 认识温度计特殊示数

测量室内温度,记录、交流。

分组到室外不同地方测量温度,走廊上、阳光下、树底下、阴凉处,把测量的温度及时记录。

汇报交流,室内外温度有什么不同吗? 哪个温度可以反映今天我们这个地方的气温? 每个小组测得的温度一样吗? 为什么不同?

(3)气温的测量

讨论,刚才我们测量到的阳光下、阴凉处两个不同地点的温度有什么不同? 想一下,我们应该选择什么地点来测量气温?

教师小结,室外阴凉通风地方的温度最能反映当地的气温,所以我们应该选择合适的地方来测量气温。

测量不同时间的气温,汇报不同时间所测到的气温。

出示气温图表,讨论,从这张图表中,我们可以获得有关气温的哪些信息? 为了准确地填写我们的天气日历,每天测量的时间该怎么确定?

(4)教师小结

拓展:测量家中的温度

评价:测量的准确性,学会绘制折线图

第二课 温度的变化

1.教学目标

科学概念:温度是指物体冷热的变化的程度,气温会在一月、一年、几十年、甚至更长时期内发生变化。

过程与方法:会用温度图表,搜集有关数据并能分析气温变化的规律,能根据自己记录的气温数据制作气温变化折线图。

情感、态度、价值观：激发学生对气温变化的兴致和求知欲，懂得科学研究积累数据的重要性，体验坚持不懈研究科学的精神。

2.教学重点：分析自己的气温记录表，制作气温变化折线图，寻找一天中气温变化的规律。

3.教学难点：分析折线图的变化。

4.教学准备：教师准备：百叶箱、温度计、气温变化折线图、课件、气温记录表、一月气温记录表、实物投影仪、红笔。

5.教学过程

(1)认识百叶箱：在上节课我们了解了一天中温度的变化，气象站里的温度是怎么测量出来的呢？让我们一起走进气象站，来看看吧。(出示百叶箱图片)谁知道它叫什么，有什么用？

◎百叶箱构造

提问：为什么百叶箱涂成白色(白色反光能力更强，颜色太深遇到强光容易吸热，会导致百叶箱内部的气象仪器监测数据失准，因此无论是百叶箱是什么材质，都是通体白色)

百叶箱的门朝哪个方向开，为什么？(朝北开，这是为了防止观测时阳光直接照射箱内的仪器。)

百叶箱上的木条为什么是倾斜的？(具有很好的通风性能，同时又使箱内仪器不受太阳直接照射和雨雪的影响。)

百叶箱为什么要离开地面安装？(通风要好，要避开太阳的直接照射，还要避免受地面反射的光和热的影响。因此百叶箱的安装需要距离地面一定的高度，最好的安装在草坪上。)

百叶箱里有什么？(有 4 支温度计。两个竖着放的，即干球温度计和湿球温度计，干球温度计的读数就是当时的气温。而用这两个温度计的读数经过简单计算就可以计算出来当时的空气湿度，另外还有两个躺着放的温度计，即最高温度计和最低温度计。用他们可以得出一天内的最高温度和最低温度。)

◎百叶箱的作用

最高气温和最低气温是怎样测量的？

在百叶箱中安装有三种温度表。最高温度表,负责测量一天的最高温度。当温度达到最高时,它的水银柱就会卡住不动,温度下降也不会退回去,读数时就可以读出最高温度。

最低温度表,它负责测量一天的最低温度。它有一个游标,随水银柱下降而下降,当温度达到最低时就会卡在那里,以后水银柱上升时游标也不会上升,读数时就可以读出最低温度。

一天中温度最高出现在几点？（14点至15点）

一天中随太阳高度的变化,气温也随着变化,那么一个月中温度有没有变化呢？

出示9月份气温图,这是2017年9月的气温图,请你观察一下,你看出了什么？

(2)学习温度折线图记录方法:为了便于记录,今天我教给大家记录它的方法,这样会清晰明确地看到9月份的天气变化。

◎学习坐标横轴、纵轴表示的内容。学习准确数值记录方法(最高温度),相邻两点用直尺连接。

◎自行进行数值记录。

◎展示记录结果

(3)根据折线图,你能说出折线图告诉了我们哪些事情吗？

(4)了解世界各地在同一天同一时段的气温变化。

(5)填写气泡图:

高温与我们的生活有哪些关系？

(6)拓展:继续记录每天的气温,并轮流值日将天气预报内容记录在黑板上与大家分享。

第三课 参观气象站

1.教学目标

科学概念:知道气象站的基本设备,学习气象观测的方法及观测种类,了解气象观测设备对准确预报气象的重要性。了解气象工作者的日常工作内容及我国气象观测历史。

过程与方法:亲历气象站,在参观活动中加深对气象测量工具的认知并能够绘制观测场平面图,学习专业气象播报员的专业播报。

情感态度价值观:对气象预报工作产生兴趣,学习气象工作者实事求是严谨的科学态度。

2.教学重点:了解气象站的基本设备

3.教学难点:了解气象工作数据分析、播报准确的重要性

4.课程时长:60分钟

课程地点:滨海新区气象站

授课者:气象站专家

5.教学过程:

(1)带领学生参观气象局观测场,认识气象测量工具,观测气象测量数据。进入观测场,参观百叶箱:百叶箱的结构,认识最高温度计、最低温度计,了解百叶箱摆放的原理。

①辨别观测场的方向,判断百叶箱的位置;②观察百叶箱外部结构;③观察百叶箱内温度计的摆放位置,认识最高、最低温度计。

(2)认识风杯、风速计。

①观察风杯、风速计所处观测场位置;②根据方向判断风向及风速;③了解风速数据传输的方法。

(3)参观雨量器,了解雨量器的测量方法。

①实地观看雨量器结构,加深了解雨量的测量方法;②了解地温表的结构及测量方法及在农业生产作用;③观看地温表所处环境,了解温度计摆放的方法;④了解测量不同深度的地温与农业生产的关系。

(4)观看人工降雨炮车,初步认识人工降雨的原理及人工降雨对生产生活的意义及重要性。

①观看人工降雨火箭炮车;②了解人工降雨的条件及原理。

(5)人工降雨与生产生活的意义及重要性。

①参观小小气象博物馆,了解气象馆历史;②走进数据预报中心,由专业人士带领,领取近期的气象播报稿,在模拟演播室,体验气象播报活动;③聆

听专业预报员预报、学习气象播报。

(6)拓展活动:撰写参观后的心得体会,绘制观测场平面图。

(7)课程评价方式:中年级的评价为学生测量的准确性,学会绘制折线图、气泡图并根据图表的内容进行分析,能够持续观测记录的能力。参观气象站写出自己的观后想进行分享(汇报与展示观后感)。

四、5—6 年级

(一)课程主题设计

根据学生年龄特点及认知能力,关于气象内容分为高中低三个年级进行,每个年级段划为三个主题。

高年级为5—6年级。作为高年级学生已熟识基本的气象知识,所以本学段安排了内容基本是比较热门的话题:"霾"和"全球变暖"。面对灾害天气、极端天气如何保护自己并提升学生对社会的责任感。海上遇险的自救课题选择:随着人们物质水平的上升,旅游成为假期学生的必修课。在航海涉水的旅行中提供这样的经验,提升安全意识,学会保护自己,遇险不慌,快速做出正确的判断,降低个人生命危险系数。

(二)课程评价方式

高年级的评价主要以"图""画""书""赛"的形式进行评价。

第一课 霾

1.教学目标

科学概念:了解极端天气的概念及种类,知道极端天气的预警级别。

过程与方法:了解本地区极端天气及预警级别,如何预防及面对灾害天气应对的方法。

情感与价值观:意识到人类活动是影响极端天气的因素之一,影响着我们的生产生活,我们应该树立环保意识。

2.教学重点:了解本地区极端天气及其应对极端天气的措施。

3.教学难点:极端天气产生的原因及预防、应对措施。

4.教学准备:视频、课件、坐标纸。

5.课程时长:40分钟。

6.教学过程

(1)导入

你知道有哪些极端天气？你遇到过这样的天气吗？说说当时的情形是怎样的？我们天津地区有这样的情况吗？在天气预报中,气象台的预报员用哪些专业术语来表达这些现象呢？今天我们就聊聊其中的霾这种天气现象。

(2)了解雾霾的成因危害

◎ 观看某地雾霾视频,你有什么想法？

◎ 尘土沉降实验。

空气中的飞扬的尘土能降落下来吗？你们想不想看看在我们还剩下的30分钟教学时间中我们有多少颗粒沉降呢？

我们来做个小实验。

每组发一张长、宽均为10厘米的格纸,每个小格为一平方厘米,我们把它放在窗台、门口、讲台……我们看看下课时一个小格里会有多少个我们能数出来的颗粒。

学生实验。

◎ 你认为造成空气污染的原因是什么？

◎ 针对这些原因,你知道有哪些危害吗？

我们一起看看 NASA 拍了一张照片，在 2010 年 9 月公布了一天全世界的空气质量图片($PM_{2.5}$)。

你看出了什么？蓝色,棕红色、黄色各代表了什么？我们可以看到我国只有西藏部分地区是蓝色的,东部地区颜色最深,污染最严重。这是在 2017 年 1 月 15 日全国的空气质量图,你又看出了什么？

(3)我们如何治理

◎ 我们国家是怎么治理的呢？

习主席提出了"绿水青山就是金山银山",国家下决心要改变环境污染这个状况,提出了攻坚战决心。

A:加快能源结构调整

B：发展清洁能源

C：加大机动车污染治理

◎ 那我们的小家该怎么办呢？硬件设备有以下应对措施。

A：过滤法

B：水吸附法

C：植物吸收法

◎ 自身应对的措施。

A：雾霾天尽量少开窗，最好不出门或晨练

B：外出戴上专业防尘口罩

C：饮食清淡，多喝蜂蜜水

D：深层清洁

E：尽量减少吸烟甚至不吸烟

（4）完成沉降实验数据汇报

我们来看看刚才的实验结果，1平方厘米的小格子里大概有多少颗粒物，长宽均为10厘米大概得出多少？这个数字仅仅是半小时的，那么24小时会怎样，365天又会怎样呢？我们应该怎样做？

学生汇报。

（5）思维导图

通过本节课的学习，将雾霾的原因解决办法请你用思维导图的方式记录下来。比比看谁的思维导图最有创意。

（6）小结

7.课程评价

知识：了解雾霾的形成，治理的方法。

能力：能绘制雾霾的思维导图。

情感态度：形成保护环境意识。

第二课 海上遇险自救知识

1.教学目标

科学概念：初步了解我国海上搜救历史，知道海上搜救的基本过程及使用的器械装备。

过程与方法:了解海上遇险的自救方法措施。

情感态度价值观:学会自我保护,珍爱生命。

2.教学重点:了解海上搜救的基本过程

3.教学难点:掌握海上遇险的自救方法

4.课程时长:40分钟

5.教学准备:视频(授课者:海事局专家)

6.教学过程

(1)了解我国搜救事业的发展现状,了解搜救的基本过程、机械装备。

◎ 我国海洋搜救事业的发展状况、法律法规

◎ 了解海洋搜救主要装备

(2)海上遇险报警方式及内容。

发生海上突发事件时,可通过海上通信无线电话、海岸电台、卫星地面站、应急无线电示位标或公众通信网(海上救助专用电话号"12395")等方式报警。

(3)海洋气象对海上航行的影响。

(4)海上遇难逃生方法。

①救生衣使用方法;②弃船正确跳水方法;③跳水后的保护;④应对抵御寒冷的侵袭;⑤设法得到援助。

7.课程评价

知识:学会看船舱逃生路线图,了解海上逃生方法,掌握海上求救电话号码12395。

能力:能模拟海上遇难时自我逃生的方式。

情感态度价值观:遇到危险,沉着冷静,能做出合理正确判断。

第三课 我的生活与全球变暖

1.教学目标

科学概念:初步了解碳排放、温室效应的概念,知道生活中碳排放对全球变暖的影响。

过程与方法:用数据计算了解碳排放量与实行低碳的必要性,通过网络、书籍、学习材料搜集全球变暖的原因,学习筛选、分类整理资料的能力。

情感态度价值观:树立科学的环境观念,全球观念与可持续发展观念。

2.教学重点:分析家庭碳排放量的数据与全球变暖的原因

3.教学难点:人类如何避免全球继续变暖的现象

4.教学准备:视频、课件

5.课程时长:40分钟

6.教学过程

(1)导入

播放全球变暖的公益片,思考为什么北极熊、猩猩、袋鼠会自杀。

你认为全球变暖的"变"是什么意思? 地球应该是什么温度,怎么改变的? 今天,我们就来聊聊全球变暖的话题。

(2)你认为全球变暖的原因是什么

(3)调查家中碳排放量

◎ 人类活动与全球变暖的关系

什么是碳排放量? 你的家里有没有碳排放? 碳排放量是多少,你知道吗? 今天我们先来了解生活中的碳排放量与全球变暖会有什么关系。

小组交流调查数据;小组汇报。

表1 调查家中的常用生活数据

家庭人口数量　人　　　　　　　　调查时间

调查项目	月电量(度)	月燃气量(m³)	私家车耗油量(升)	月用水量(吨)
数据				
计算公式				
碳排放量				
全年碳排放量				
总计				

◎ 了解碳排放量的公式

家居用电的二氧化碳排放量(千克)=耗电度数×0.785;根据老师给出的公式请你计算出你家的碳排放量大约是多少;学生计算、汇报;出示 EXCLE 表格将我们的数据填入,我们看看我们班级会是怎样的数字。

表 2　每个家庭碳排放量计算

调查项目	月电量 (千瓦时)	月燃气量 (m³)	私家车耗油量 (升/百公里)	月用水量 (吨)
数据	300	6	500	6
计算公式	0.785	0.19	0.785	0.91
碳排放量	235.5	1.14	392.5	5.46
总计每月碳排放量(千克)	634.6			
全年碳排放量(千克)	2826	13.68	4710	65.52
每个家庭一年碳排放量总计(千克)				7615.2
全班 40 个家庭碳排放量每年(千克)	7615.2 × 40	304608		
全校 1400 家庭碳排放量每年(千克)	7615.2 × 1400	10661280		
每个家庭需种树(棵)/78.5	7615.2	97.0089172		
全校需种树(棵)/78.5	10661280	135812.4841		

总结:看来我们每个家庭的数据都不同,因为我们的生活习惯、人口数量都不一样,而这些数据就是我们真实的碳排放量,它产生了温室效应,而全球碳排放量的数字是巨大的,而温室效应的增强最终导致全球变暖。

(4)如何进行低碳生活

温室气体中最主要的气体是二氧化碳,因此用"碳"一词作为代表。我们的日常生活一直都在排放二氧化碳,而如何通过有节制的生活,你认为我们该怎样做才能有效控制碳排放呢,你有哪些好习惯?

◎ 从我做起,低碳减排

◎ 碳中和:如多种树

你还知道有哪些减碳的小窍门吗?

(5)了解全球变暖的危害——观看专题片《我们在行动》

(6)通过学习这一课你有什么建议,小组合作拟定一份关于低碳环保的倡议书

总结:"温室效应"导致全球气候变暖。全球变暖会使全球降水量重新分配、冰川和冻土消融、海平面上升等,既危害自然生态系统的平衡,更威胁人类的食物供应和居住环境。所以我们现在就要立刻行动起来,为保护我们赖以生存的地球做出自己的贡献!

(7)课程评价

知识：通过学习气象知识以竞赛的方式进行知识竞赛。内容包括气象知识、低碳环保内容。

能力：绘制关于全球变暖的科幻画或手抄报或拟定一份关于低碳环保的倡议书。

情感态度：建立保护地球，保护环境从我做起的意识。

专家点评：

该方案为小学的高中低三个年龄阶段学生，针对同一课程进行了不同的难度层次的课程设计，层层递进。

在课程缘起部分的逻辑稍微可以论述一下气象对于日常生活生产的重要性，找到一些关于国家对气象或世界某组织提出大力发展气象事业的文件或会议声明，佐证气象是一个值得学生去深入探索的行业。列出一个课程目标的标题，在这一标题下说明您三个方案间的关联。因为活动特别的丰富，最后的效果需要我们去搜集一些指标，可以是知识竞赛，可以是学生作品，也可以是学生的反馈等等，多种多样，这样在您做活动总结汇报的时候会非常精彩。

东北师范大学　刘芳晴

第十四章　现代企业教育的探索之路

开展现代企业教育，
探索泰达 STEM 教育创新思路

天津滨海新区泰达社会管理委员会　杨莉娜

一、STEM 教育概念的提出背景与发展脉络

STEM 教育起源于 STS 教育。STS 是科学（Science）、技术（Technology）与社会（Society）的缩写。20 世纪 40 年代至 60 年代，美国的科学技术和社会经济取得了迅猛发展，然而在人们乐享新科技发展带来的新成果时，负面影响也逐步显现。因此，必须要研究科学技术的社会效应，才能使技术更好地造福于人类，于是 STS 教育应运而生。20 世纪 80 年代开始，随着美国社会发展，对多元复合型人才的需求大量增加。1986 年，美国国家科学委员会发布《本科的科学、数学和工程教育》报告，其最初目的是通过优先发展这四门学科，提高劳动者的职业胜任力，促进社会经济发展，这也成为了国际上倡导 STEM 教育的开端。我国《义务教育小学科学课程标准》和中国教育科学研究院发布的《中国 STEM 教育白皮书》先后采用 STEM 的概念，坚守实施科技教育培养、科技人才培养的初衷，避免无限扩展到艺术和阅读等诸多人文领域，泛化为全面培养的综合教育，因此我们主张使用 STEM 这一术语，以强调坚守科技教育初心。

二、企业参与 STEM 教育已经成为国际潮流

美国 STEM 教育的推广不是单纯依靠学校推动，而是动员了全社会特别是企业的力量。比如，美国盖茨基金会和纽约卡内基公司支持 100 多位企业 CEO 创建"变革方程"公益机构开展 STEM 公益教育事业。同样，英国为了促进企业职工参与学校的 STEM 教育，仅 2009—2010 学年就花费约 1300 万英镑专项经费。作为全世界最大的化工企业，德国巴斯夫公司在莱茵河—内卡

河大都市圈承担了一系列 MINT 教育项目(德国的 STEM 教育缩写为 MINT)，其主要目标是支持当地教育并提高中小学学生对自然科学的兴趣，进而增强当地的吸引力和竞争力。澳大利亚联邦政府支持最佳 STEM 教学实践的顺利实施，同时建立 STEM 职业学习交流平台。芬兰以"专业共享"为原则，在校外针对 3—19 岁的儿童和青少年量身设计 STEM 学习和教育活动，促进 STEM 教育研究和教师发展。目前，国内关于 STEM 教育的研究偏重于理论、模式、方法和案例等，对如何将基础教育、高等教育、企业、教育管理部门协同来实施 STEM 教育的研究有待丰富。泰达教育通过四年多的现代企业教育实践探索，梳理出一套"二三四五"新思路，即采取两种工作模式"走出去和请进来"；实现三个发展目标"学生发展、教师发展、学校发展"；融入四种教育内容"企业家精神教育、行业知识教育、科学教育、品格教育"；实施五个机制建设"活动方案建设、教师队伍建设、管理队伍建设、激励机制建设、保障机制建设"，初步形成了政府搭台、校企合作、多方受益的 STEM 教育工作模式。

三、泰达现代企业教育中的 STEM 教育要素

目前，天津开发区已有 3300 多家外商投资企业落户，投资总额超过 150 亿美元。以中科智能、雀巢、SEW、诺和诺德等跨国企业为代表，形成了电子通讯、食品、机械、生物医药四大支柱产业，泰达现代企业教育项目是以挖掘区域内优质企业的教育资源为途径，以激发学生学习科技知识的兴趣、培养基本科技素养、提升实践能力为目的，将区域现代企业、科普教育基地、科研院所等各类科技教育资源有效整合，融入学校教育，从而促进泰达教育事业的科学发展，打造优质的、具有泰达特色的教育品牌。

课程、学生、教师、学校是 STEM 教育中的四个基本要素。泰达现代企业教育实施过程中，立足提高课程的多样性，满足学生个性发展需求，促进教师专业发展，提高学校办学水平，推动 STEM 教育可持续、内涵式发展。

第一，课程。有学者提倡 STEM 教育广域课程模式，课外 STEM 项目对于 STEM 教育的有效实施同样重要，STEM 强调真实世界问题，这恰恰是课外 STEM 所能发挥优势的地方。由于不受正规教育体系的束缚，课外项目能够更好地发挥 STEM 理念，激发学生对 STEM 的兴趣、培养解决问题能力的作用。

同时,企业和研究机构等开设 STEM 教育项目,也起到了引领 STEM 教育实践方向的重要作用。如全球青少年主流 STEM 平台 Micro:bit(微型电脑开发板)已携手我国多家公司作为战略合作伙伴,正式开展全国范围的 STEM 教育项目。泰达教育通过开发与本区域教育相契合的现代企业教育课程,增强校企互动,加强校际交流,形成开放性、现代化、可持续发展的特色课程体系。

第二,学生。有研究主张 STEM 教育中的学生应进行探究式学习,而学生探究学习环境的建设不仅需要重视技术因素,还需要关注学校、家庭、企业和政府等社会因素,以支持学生将探究学习与生活、社会以及未来职业联系起来。其中,企业为学生探究学习提供实践支持,引导学生分析学科、职业与生活的关联。泰达现代企业教育倡导自主、合作、探究的 STEM 课程学习方式,实施发展性评价,丰富学生现代职业体验,促进学生健康、和谐、全面的发展。

第三,教师。一方面,组织有较高科技知识素养的不同学科的教师,联合企业、科研院所的专业技术骨干,对其进行分行业、分领域的知识技能培训,这也是培养教师队伍的过程。另一方面,利用社会资源中的专业骨干,由其做出讲授方案,由学校教师对所授方案的可行性进行调整优化,再请专业骨干按照优化后的方案教授给学生。以上两方面相互结合,互为补充,互相受益。

第四,学校。课程资源社会化与社会资源课程化是解决 STEM 教育课程困惑的关键,这个过程既可以发生在学校,也可以发生在企业、科技场馆或研究所,后者是前者的延伸和拓展,前者是后者的基础。泰达现代企业教育针对学生、教师、学校的兴趣和发展需要进行课程开发,为学生的现代企业精神及自我职业能力建设服务,促进学校发展办学特色。企业等通过积极参与该项目扩大社会影响力,实现社会价值,进而转化为经济价值。

四、泰达现代企业教育下的 STEM 教育成效

四年来,融入现代企业教育资源的泰达教育,特别是科技教育蓬勃发展,取得了很好的成效。

天津经济技术开发区第一中学(以下简称泰达一中)于 2019 年 1 月 18 日成立了"天津经济技术开发区第一中学科学技术协会",成为全国第一家中学科协。2018 年,泰达一中被评为第 33 届全国青少年科技创新大赛"十佳学

校",并被认定为"航天特色校"。2019 年成为全国 14 家新建学校青少年科学工作室之一。

天津经济技术开发区第二中学(以下简称泰达二中)被认定为市级创客科普基地,每年科技周路演主场,气势堪称校园里的"全球人工智能大会"。2020 年初,在首届"京津冀馆校教育论坛"上,泰达二中作为天津市唯一的学校代表与天津博物馆签订合作协议,在后期加强资源的统筹开发。

国际学校的现代企业教育项目开展以来,在各级各类的科技竞赛中屡屡为泰达捧回大奖,如全国青少年科技创新大赛一等奖、李四光少年儿童科技奖、中国空间站搭载青少年科学实验设计奖、宋庆龄少年儿童发明奖等数百项各级奖项。

从全区域看,自 2017 年天津青少年空中机器人大赛(滨海赛区)以来,仅在首届天津青少年人工智能教育(无人机)成果展示活动中,泰达就有 157 名学生获奖。2018 年滨海新区"放飞智慧梦想 勇做科学少年"未成年人思想道德建设科技品牌项目暨滨海新区第五届青少年科技类综合实践活动顺利举办。2019 年,泰达承办了"第五届全国青少年创意编程与智能设计大赛",泰达学生获得智能设计项目奖项占天津市获奖总数的三分之一。开发区中小学现代企业教育骨干教师开发的十多项校企合作课程,在天津市举办的第一届中小学综合实践活动课程优秀案例评比中被评为优秀案例,并参与了区域的综合实践活动课程优秀案例教研分享活动。天津经济技开发区国际学校赵立群老师的论文获得中国青少年科技辅导员协会举办的论文大赛三等奖、现代企业教育课程方案在第一届全国科创项目式学习方案征集活动中获得了三等奖。通过项目实施,提升了企业的科普宣传能力,增加了社会效益。泰达街道科学技术协会共向天津市青少年科技教育协会"大师进课堂"项目推荐企业讲座 12 场;向天津市科协推荐第二届世界智能大会暨科技周主场展示企业 4 家,并获得特殊贡献奖。

可以看出,4 年来泰达现代企业教育下的 STEM 教育成效显著,硕果累累,实现了"发挥区域企业资源优势,打造区域特色教育品牌"的初衷。

【参考文献】

[1]范文翔,赵瑞斌,张一春.美国STEAM教育的发展脉络、特点与主要经验[J].比较教育研究,2018,40(06):17-26.

[2]魏晓东,于冰,于海波.美国STEAM教育的框架、特点及启示[J].华东师范大学学报(教育科学版),2017,35(04):40-46,134-135.

[3]彭敏,郭梦娇.STEAM教育的基本内涵与发展路径研究[J].教育理论与实践,2018,38(25):14-18.

[4]王雪.STREAM教育理念下小学生创造能力的提升[D].济南:山东师范大学,2020.

[5]余胜泉,胡翔.STEM教育理念与跨学科整合模式[J].开放教育研究,2015,21(04):13-22.

[6]杨亚平.美国、德国与日本中小学STEM教育比较研究[J].外国中小学教育,2015(08):23-30.

[7]陈强,赵一青,常旭华.世界主要国家的STEM教育及实施策略[J].中国科技论坛,2017(10):168-176.

[8]祝智庭,雷云鹤.STEM教育的国策分析与实践模式[J].电化教育研究,2018,39(01):75-85.

[9]赵慧臣,陆晓婷,马悦.基础教育、高等教育、企业以及教育管理部门协同开展STEM教育——美国《印第安纳州科学、技术、工程和数学(STEM)行动计划》的启示[J].电化教育研究,2017,38(04):115-121.

[10] 赵慧臣.STEM教育视野下中学生探究学习的设计与实施 [J]. 现代教育技术,2017,27(11):26-32.

[11]赵兴龙,许林.STEM教育的五大争议及回应[J].中国电化教育,2016(10):62-65.

开展现代企业教育，
建立一体化生涯教育体系

天津滨海新区泰达社会管理委员会　杨莉娜

中小学校开展生涯教育旨在进行有既定目标、有统筹规划、有组织实施的个体自我职业生涯意识培养与技能提升，发展学生对职业的认知和综合规划能力，从而促进区域中小学生群体的职业生涯教育的发展。

近几年，随着我国新高考改革而兴起，逐渐出现中小学一体化生涯教育的新趋势。泰达教育响应国家政策要求，顺应教育改革潮流，大胆探索将现代企业教育与生涯教育有机融合。教育主管部门实施的以现代企业教育活动主线开展的综合实践活动的过程中，引导学生个体自主参与实践活动、体验职业角色、渗透劳动观念、开展创新教育，并落实职业生涯规划，走出了一条泰达生涯教育的实践创新之路。

一、开展生涯教育的政策背景和现实需要

2014 年 9 月，国务院印发《关于深化考试招生制度改革的实施意见》(国发〔2014〕35 号)，既是中央部署全面深化改革教育领域的重大举措，也是新一轮高考改革的标志。2017 年，天津市作为教育部统一部署的新高考改革省份，改革进入全面实施阶段。新高考改革对学校而言，最大的变化就是要安排好"选课走班"，对学生做好生涯教育；对学生而言，最大的变化就是生涯规划的前置。以前学生可以在高考后填报志愿时再做规划，但新高考改革后必须在高一确定"六选三"选考科目时就充分做好规划。正是伴随着新高考改革相关政策的出台，生涯教育的热度在我国快速兴起。

在中国青少年研究中心与世界多个国家开展合作的生涯规划教育研究项目中，在高中段开展的职业生涯规划教育的研究发现，我国高中阶段的学生职业生涯规划教育与其他国家，特别是发达国家相比，处于全面落后的状

态,具体表现为:中国学生接受职业与毕业指导的比例最低、接受过专业教师指导的比例最低、严重缺失职业学习或体验活动、严重缺乏职业准备与规划意识。泰达中小学现代企业教育项目组在2018年,即项目实施一年后进行的一项调研中也发现:学生的样本群体中仅有28%就职业发展方向有清晰的长期规划,39%有短期的规划,30%没有仔细考虑过未来的职业,3%则从未考虑过或关心过这个问题。此外,调研中也发现,68%的学生表示需要生涯规划方面的辅导,23%的学生认为无所谓,只有9%的学生认为不需要职业生涯辅导。可见,超过三分之二的中学生缺乏对未来的生涯规划。研究结果表明,开展现代企业教育之初,生涯教育的现实需求巨大而迫切,现代企业教育契合职业生涯规划教育的需求。

二、生涯教育概念的提出背景和发展脉络

1953年,职业规划里程碑大师唐纳德·E.舒伯(Donald. E. Super)的《职业发展理论》发表在《美国心理学家》杂志,文章提出"生涯"(career)概念,并把职业生涯分为成长、探索、建立、维持、衰退五个阶段。自舒伯以后,早期的职业指导进入了生涯咨询时期。1959年,著名心理学家霍兰德(Holland)提出了具有广泛社会影响的职业兴趣理论,并编制了被研究领域广泛使用的职业兴趣测验。他将职业兴趣依据"人格—职业"类型匹配,划分为现实型、研究型、艺术型、社会型、企业型和常规型六类,并以"六角形模型"的方式对六种兴趣类型之间的关系进行了系统的描述,以帮助人们进行自我类型之间的适配性评估,以便在职业选择的过程,能够更好地将自己的人格特质与就职环境进行匹配,从而获得职业的有效规划和发展。霍兰德理论促进了生涯咨询的专业化发展。

1971年,美国前教育总署署长马兰德(Marland)正式提出"生涯教育"(career education)概念,并发起了生涯教育运动。他构想生涯教育应该是全民的教育,从义务教育阶段开始,并延伸至高等教育,甚至贯穿继续教育的整个过程。1974年,美国国会通过了《生涯教育法案》,并设立了隶属于教育部的"生涯教育署",陆续通过生涯教育奖励法案、鼓励开展生涯教育实验并推动了后面的两次生涯教育的改革,一次是在20世纪80年代,本森(Benson)和格拉布

(Grubb)等人倡导的新职业主义运动;另一次是 20 世纪末期出现,21 世纪初期兴起的"生涯技术教育"(Career-Technical Education, 简称 CTE)。这两次变革都强调在普通教育中增加职业教育课程,与 20 世纪早期杜威(Dewey)倡导的普职融合思想不谋而合。

三、利用企业资源开展生涯教育的国际经验

挖掘并充分利用社会资源开展学生的生涯规划教育是各国的共同经验,也是学校教育资源的获取途径。很多发达国家强调企业的社会责任,如瑞典、德国、瑞士、美国等,学校可以通过与周边的企业建立密切的合作联系,为学生提供更多的机会参与实践,到企业去学习和体验。自马兰德提出生涯教育以来,美国、英国、德国等西方国家实施生涯教育的途径主要有三方面,即学校、家庭和社会,学校在进行生涯教育时普遍要与社会职场相联系。例如,邀请知名企业的管理者到校演讲或带领学生到工厂亲身体验每种工作的具体内容。

美国还十分重视校外实体及社会联盟对职业生涯教育的重要作用。比如,20 世纪 70 年代,美国政府陆续建立了"社区生涯教育联盟",开始进行以职业为导向改造教育体系的探索,由企业和公司作为组织主体,为学生走出课堂、接触社会、开展生涯教育实践提供了有力的支持。此外,英国就学生的职业生涯规划教育也颁布了相应法令,要求教育的相关部门和社会企业等为学生的职业规划提供便利条件,以便熟悉各种职业和劳动;鼓励企业、工厂等与学校开展合作,让学生走出课堂,就近开展参观学习、职业体验和实践活动,以熟悉各行各业的工作内容、特点、要求等,为学生做出正确的职业选择提供必要的学习资源。

四、建立一体化生涯教育体系的发展趋势

当前,随着近几年我国推行新中考改革和义务教育"双减"政策的出台,生涯教育已不仅仅是高中教育的重要内容,从基础教育阶段进行启蒙和衔接的趋势更加明显。在 2016 年前后,多个省份出台新一轮中考改革文件,初中生涯教育势在必行;2021 年 7 月,中共中央办公厅、国务院办公厅印发《关于

进一步减轻义务教育阶段学生作业负担和校外培训负担的意见》（简称"双减"），该政策的出台让广大教师和家长开始思考如何帮助学生走出应试窠臼，着眼全面发展和持久成长，围绕学生特点进行一体化的生涯规划。

从国际上看，基础教育阶段生涯教育的一体化实施，包含纵向和横向两个层面：从纵向规划的角度来看，是指小学、初中和高中各学段的生涯教育相互衔接形成一个有机的整体；从横向规划的角度来看，是指生涯教育和学校教育的其他方面相互融合而成为一个协调的系统。

近年来，我国很多省市教育行政部门也开始意识到开展一体化生涯教育的重要性，很多区域开展了大量的生涯教育一体化实践探索。2018年，上海市教育委员会印发《关于加强中小学生涯教育的指导意见》，文件提出，构建大中小幼有机衔接、内涵丰富、科学适切的生涯教育内容体系，并明确了中小学生涯教育的主要内容，包括自我认识、社会理解、生涯规划三个方面。2019年，青岛市教育局发布《青岛市中小学生涯教育的指导意见（试行）》，文件提出构建生涯教育内容体系，为适应学生终身发展需要，实现小学、中学的有机衔接，要求建立形式多样、各有侧重，且具有地方特色的生涯教育保障，增强中小学生生涯规划的意识和能力。2020年，成都市教育局发布《成都市中小学生涯规划教育实施方案》提出"一体化生涯教育体系"的建设，进行生涯意识、自我认识、社会理解、生涯规划、生涯管理五个方面的顶层设计和整体规划，促进产教融合，以形成结构合理、层次渐进、各有侧重的地方生涯教育体系。

上海奉贤区构建了贯穿于小学至高中学段的生涯教育体系，包括自我生涯的"认识、认知、互动、拓展、探索、管理、体验、能力、探寻、规划、行动"等11个模块，不同学段各有侧重点。通过系统规划与实施，帮助学生适应人生每个发展阶段，促进学生对外部世界的理解，引领他们探索自我，为未来的选择和规划做准备，逐渐形成自我成长、自我完善的能力。上海市闵行区自2013年开始已在积极建立"启蒙·探索·选择"面向未来的小初高一体化生涯教育体系，构建中小学一体化生涯教育目标与内容体系，并形成了队伍建设、平台建设、课程建设、资源建设等方面的一系列实践研究成果。以上海市卢湾高级中学办代表的卢湾学区为推进小学、初中、高中生涯教育一体化建设，采取"学段课程贯通，教育资源共享，特色活动对接"的策略，明确教育目标，使生涯教育贯通各学段;分层设置教育内容,系统开发生涯教育校本课程;倡导全员生涯导师理念,提升教师生涯指导能力;整合家庭与社会资源,构建生涯教育立体网络,形成促进学生生涯发展的教育链,促进学生终身可持续发展。北京市大兴区兴华中学充分挖掘有价值的各类教育资源,多方开展协同合作,开发构建了纵向贯通、横向联动的小、初、高一体化的生涯教育主题课程资源库。北大附中深圳南山分校提出,生涯教育是一个精细化的教育,是一个帮助学生"成为最好的自己"的教育。在这一理念下他们构建了适合自身学校特色、多元化的小初高一体化生涯教育体系。

五、泰达现代企业教育的生涯教育成效

泰达生涯教育的最大特色是将其融入现代企业教育之中,以现代企业对人在技能、态度和价值观,以及企业家精神等方面的要求为切入点,帮助学生更直观把握现代社会对人的各方面要求。泰达现代企业教育在开展过程中注重充分发挥区域产业优势,利用企业资源,推动建立中小学一体化生涯教育体系。一方面推动校企深度融合,纵向贯通中小学,横向衔接学校、企业以及其他公用事业单位、社团,形成了一体化生涯教育管理与服务体系;另一方面多方协作开发了包括"课程理念与目标、课程实施、学习评价、课程反思、课程拓展与延伸"要素完备的现代企业教育课程体系,并出版本书。

随着现代企业教育项目的开展和2018年立项的天津市教委重点调研课题"现代企业教育在高中课改中对学生职业生涯规划影响的实证研究"的进行,融入中小学一体化生涯教育的现代企业教育在泰达教育一线引起广泛重视,各中小学校从基本理论、操作策略、课程开发、实践保障、评价反馈等多方面、多层次开展了积极的探索,积累了丰富的经验。一大批教师在实践中反思,在探索中提升,成长为生涯教育的行家里手,一届届学生在生涯教育中受益,成为具有报国情怀、社会责任、创新意识和实践能力的时代新人。

【参考文献】

[1]孙宏艳.职业生涯规划教育关乎更长远的育人目标[N].光明日报,2018-07-07(06).

[2]李金碧.生涯教育:基础教育不可或缺的领域[J].教育理论与实践,2005(07):15-18.

[3]冯嘉慧.返回杜威:美国生涯教育的三次改革[J].教育发展研究,2020,40(Z1):113-124.

[4]孙宏艳.国外中小学职业生涯规划教育:经验与启示[J].中小学管理,2013(08):43-46.

[5]潘黎,孙莉.国际生涯教育研究的主题、趋势与特征[J].教育研究,2018,39(11):144-151.

[6]罗汉书.职业生涯教育的国际经验剖析[J].教育发展研究,2005(13):42-45.

[7]胡元聪,黄晓梅.职业生涯规划实践的国际比较及我国的改革方向探析[J].教育与职业,2008(05):32-34.

[8]田静.拓展视野,助力学生生涯发展——新中考背景下初中生涯教育校本课程建设的实践探索[J].中小学心理健康教育,2018(19):30-33.

[9]黄舒婷,杨燕燕.基础教育阶段生涯教育一体化实施的国际经验及其启示[J].教育探索,2020(12):29-34.

[10]谢怀萍.中小学生涯教育一体化建设探析——以上海市奉贤区为例[J].现代教学,2020(Z4):86-89.

[11]贾永春.启蒙·探索·选择——面向未来的上海市闵行区中小学一体化生涯教育探索[J].现代教学,2019(12):46-48.

[12]梅洁.卢湾学区推进中小学生涯教育一体化建设的实践探索[J].现代教学,2020(22):59-62.

[13]贾海军.整体设计,实现小初高生涯教育一体化[J].北京教育(普教版),2019(09):84.

[14]全红,潘婷.小初高一体化构建生涯教育的规划与实践[J].教育,2018(35):20-24.

泰达现代企业教育的理念、成效与特色

天津滨海新区泰达社会管理委员会　杨莉娜　王瑞君

现代企业教育是在传统综合实践活动、素质拓展课外活动、研学旅行活动等基础上提出的,以促进学生知行合一、提升学生综合素质为目的,符合新时代教育理念并体现泰达区域特色的教育实践模式和创新方案。天津经济技术开发区有 3300 多家外商投资企业落户,其中世界 500 强企业 100 余家,产业资源得天独厚。泰达教育近 30 载蓬勃发展,教育师资力量和软硬件教学资源在全市出类拔萃。立足区域产业资源先天优势,秉承泰达教育矢志创新传统,历时四年上下求索、反复探究,泰达现代企业教育初成体系,形成了独树一帜的教育理念,取得了硕果累累的教育成果,积淀了内涵丰富的特色经验。

一、泰达现代企业教育的理念

理念是行动的先导,决定着后续政策举措、目标任务的成效乃至成败。泰达现代企业教育以对标国家战略发展目标为使命,以对应家长和社会期待为起点,以对准学校和企业发展需求为着力点,推进实践创新,推动教育发展。

1.对标国家发展目标

泰达教育以《中国教育现代化 2035》发展规划为指引,为加快区域教育现代化,服务国家 2035 年现代化发展目标和战略安排,开展现代企业教育实践创新,着力培养具有报国情怀、社会责任、创新意识和实践能力,能够担负起大国竞争世界格局下时代重任的高素质、创新型人才。

2.对应社会现实期待

现代企业教育的开展是对当下家长和社会高度重视学生科技教育,以及伴随新高考改革出现的生涯教育现实需求的回应。尤其是近几年,随着经济社会转型发展,社会对学校加强科技教育,提升人才培养质量和提升学生社会适应能力的期待在加大;此外随着新高考改革的深入,以及新中考改革和义务教育"双减"政策的出台,推行中小学一体化生涯教育的社会期待不断提升,要求教育部门指导家长和学生做好学习发展规划,逐渐摆脱应试束缚,全面而个性发展的呼声在增强。泰达教育今后还将对应社会现实期待,不断优化和推动现代企业教育。

3.对准校企发展需求

泰达教育对准学校品牌创建和内涵发展需求,以及企业科普社会责任和社会宣传推广需求,通过开展现代企业教育一方面帮助学校锻炼提升教师队伍和打造高品质、特色化教育品牌;另一方面帮助企业履行好社会责任,扩大社会影响,打造本领强、口碑好的科普企业。

二、泰达现代企业教育的成效

泰达现代企业教育通过建立科学完善的组织领导机制,以大力推进课程建设为抓手,创建了一批品牌学校,打造了一支教师队伍,培养了一批优秀学生、培育了一批科普企业。

1.建立科学完善的现代企业教育领导机制

在2017年9月至2018年1月,泰达社会管理委员会现代企业教育项目组对第一批38家企业进行问卷调查,了解企业中的教育资源,企业参与"学校现代企业教育"项目的可行性等多项内容进行调查和研判的基础上,由政府、学校、企业等多方力量组建了学校现代企业教育工作领导小组。这一领导机制实现了政府牵头,多方共同参与治理的格局,对推动学校现代企业教育课程开发,落实现代企业教育工作计划发挥了非常好的组织保障作用。同时注重科研、教研的引领与指导,专门成立了学校现代企业教育课题组,高质量完成2018年天津市教育委员会立项的"现代企业教育在高中课改中对学生职业生涯规划影响的实证研究""深化科技育人模式——滨海新区科技教育资源状况调查"两项重点调研课题。

2.开发内容完备的现代企业教育课程案例

2017年9月13日,天津开发区(南港工业区)教育文化卫生体育局印发《教文卫体局关于加快学校现代企业教育课程开发的通知》,明确按照"边开发、边实施"的原则,加快课程研发,研发一批、展示一批、实施一批、完善一批,在实践中打造精品课程。2018年2月14日,印发《关于加快推进"开发区学校现代企业教育"区本课程建设工作的通知》,进一步明确了现代企业教育课程建设目标和任务。随后,根据课程开发的总体目标,着眼国家课程要求的落实,立足开发区产业资源优势,结合泰达"5+1+N"产业体系,招募组建了泰达现代企业教育区级骨干教师队伍,制定了《开发区学校现代企业教育课程开发方案》和《学校现代企业教育课程实施方案》,历时4年形成72份共计347课时的企业教育活动方案,并开展300余课时企业教育课程教学、各类讲座48次、社团活动200余节,最终在反复试点基础上开发完成了包括"课程理念与目标、课程实施、学习评价、课程反思、课程拓展与延伸"要素完备的《泰达中小学现代企业教育案例集》。案例内容囊括了电子信息、汽车、石化、装备制造、医药健康、高端服务业、新能源、新材料、节能环保、航空航天、军事国防、食品饮料、农业科技等高端制造和服务业领域,可以帮助学生全面地体验和了解现代产业,也为将来进一步构建完整的课程体系奠定了基础。

3.创建各具特色的现代企业教育品牌学校

开展现代企业教育对提高学校办学水平、形成办学特色、促进特色发展具有积极意义。四年来,泰达沃土上涌现出一个个特色鲜明的品牌学校。比如,泰达一中于2018年被评为第33届全国青少年科技创新大赛"十佳学校",并被认定为"航天特色校";泰达二中被认定为市级创客科普基地;泰达国际学校在各级各类科技竞赛中屡屡捧回大奖。泰达广大学校以现代企业教育为抓手,坚持以创新驱动品牌建设,以创优夯实品牌成色,整体上提升了泰达教育的品质。

4.打造专业过硬的现代企业教育教师队伍

通过组建60余人的泰达现代企业教育骨干教师队伍,并聘请专业力量指导,加强科研、教研、培训进修,打造了一支作风优良、战斗力强、业务能力过硬的现代企业教育教师队伍。在定期开展现代企业教育课程建设研讨,动手实践设计课程方案和实际开发课程案例的过程中,教师们增强了课程意识,树立了全新的课程观,提升了课程设计本领,加深了对STEM教育、生涯教育等领域的理解,能力得到锻炼,专业素养不断提升,为发展成为专家型教师奠定了良好的基础。在近两年的天津市滨海新区青少年科技创新大赛、天津市青少年科技创新大赛中,泰达教师的课程案例获得了滨海新区一等奖、天津市一等奖,发表的论文获得中国青少年科技辅导员协会论文大赛国家级三等奖。

5.培养个性发展的现代企业教育优秀学生

泰达现代企业教育立足于尊重学生的差异性特点和满足学生的多样化需求,优化课程结构,丰富课程资源,加强学科整合,设置可供学生选择的、灵活安排的选修课程,并积极倡导自主、合作、探究的学习方式,促进学生全面而有个性地成长。泰达现代企业教育实施4年来,学生科技活动参赛水平大幅提升。比如,2017年首届天津青少年人工智能教育(无人机)展示活动中,泰达157名学生获奖;2019年,第五届全国创意编程与智能设计大赛中,泰达学生获得智能设计项目奖项占天津市获奖总数的三分之一;泰达学生在各级各类的科技竞赛中屡屡捧回大奖,如创新大赛国家级一等奖、李四光少年儿童科技奖、中国空间站搭载实验设计奖、宋庆龄少年儿童发明奖等数百项各级奖项。现代企业教育激发了孩子们的探究热情和创新意识,让他们在"听""做""考察""体验"等一系列活动中发现问题、解决问题、体验和感受生活,塑造更加完善的人格,形成对自然的关爱和对自我、对他人、对社会的责任感。

6.培育热心科普的现代企业教育优质企业

泰达现代企业教育的推行离不开区域内科技企业的大力支持和积极参与。这些科技企业一方面有承担社会责任、开展社会科普的需求;另一方面有做好企业宣传、扩大社会影响的需求。现代企业教育的开展很好地满足了企业需求,不但提高了企业的社会效益,也培育了一批优质科普企业。比如,向天津市青少年科技教育协会"大师进课堂"项目推荐企业讲座12场;向天津市科协推荐的第二届世界智能大会暨科技周主场四家展示企业,深之蓝、中科智能、卓创未来、科大讯飞荣获特殊贡献奖;推荐中天翔翼、飞龙通用申报区级科普基地。

三、泰达现代企业教育的特色

经过大胆的尝试和探索,泰达现代企业教育在实践中不断提炼出经验与特色。

1.从"教育管理"走向"教育治理"

党的十八届三中全会提出"国家治理体系和治理能力现代化"这一概念，在教育领域也相应地要求从"教育管理"转向"教育治理"。由"统治"到"管理"再到"治理"之变，折射着历史发展的进步。"管理"与"治理"一字之差，内涵却发生了深刻变化：一是管理的主体只是政府，而治理的主体从依靠政府为主走向全社会共同参与；二是管理的模式是单向的、强制的、刚性的，而治理的模式是复合的、合作的、包容的，强调管理与服务的有机结合。

2017年7月4日，天津经济技术开发区管委会办公室印发《天津经济技术开发区管理委员会关于成立天津开发区学校现代企业教育工作领导小组的通知》，由政府、学校、企业等多方力量组建了学校现代企业教育工作领导小组，共同参与治理，这一体现治理体系和治理能力现代化要求的举措，确保了现代企业教育项目的顺利推进。老子曾说过："政善治，事善能，动善时。"有良好的治理体系，才能达到"善治"的境界。在现代企业教育开展过程中，多方参与的教育治理体系有利于激发各主体主动性、积极性和创造性，有利于提升组织效率、提高项目成效。

2.从"校企合作"走向"校企融合"

以往的校企合作模式下，企业作为学校课堂的延伸，主要是通过参观学习、职业体验的形式，帮助学生加强课堂知识理解，拓宽视野，培养兴趣，从而发挥对学校教育进行补充和延展的作用。在这种模式下，合作双方是主从关系，即学校为主、企业为辅，学校牵头、企业配合，企业是一种被动参与的状态。这也容易造成学校与企业之间教育目标不衔接、教育方式不规范、合作渠道不固定、沟通联系不通畅等一系列问题，最终导致学生走马观花、浅尝辄止、学习成效不高。

泰达教育以课程建设为抓手，通过校企合作开发区本现代企业教育课程体系，让学校和企业一同成为课程设计与开发，实施与评价的主体，从而实现校企融合，产教融合。在校企融合的模式下，企业不在是被动参与的状态，而是实施现代企业教育的主力，可以更好地贡献企业资源与学校优势互补，更深入地参与教学并根据教学反馈不断优化课程与教学，从而落实2017年发布的《国务院办公厅关于深化产教融合的若干意见》中提出的"深化产教融合，促进教育链、人才链与产业链、创新链有机衔接"要求，全面提高教学成效,提升人才培养质量。

3.从"理实并进"走向"德能并修"

以往在综合实践或职业体验类教育教学活动中,一般提倡采用理实一体化教学模式,即理论与实践一体化,以突破理论与实践相脱节的现象。这种教学模式通过设定教学任务和教学目标,让师生双方边教、边学、边做,在整个教学环节中,理论和实践交替进行,直观和抽象交错出现,没有固定的先实后理或先理后实,而是理中有实、实中有理,突出学生动手能力和专业技能的培养,充分调动和激发学生学习兴趣。

泰达教育在提倡理实一体化这种"理实并进"观念的基础上,更强调践行"德能并修",把开展现代企业教育作为落实"立德树人"根本任务的重要举措,着力培养学生的家国情怀、社会责任、创新精神和实践能力。现代企业教育的开展,融入了四种教育内容"企业家精神教育""行业知识教育""科学教育""品格教育"。"企业家精神"包括爱国情怀、勇于创新、诚信守法、社会责任、国际视野等丰富的内涵。开展"企业家精神教育"有助于坚定学生理想信念,提升学生道德情操。"品格教育"是通过有目的、有意识的引导,去培养学生积极的心理品质,良好的学习、人际、生活习惯,最终使其成为人格健全者。开展"品格教育"有助于帮助学生成长为品行端正,人格健全、适应社会的合格人才。从"理实并进"走向"德能并修",让泰达现代企业教育潜移默化地进入学生心田,为学生整个人生打下向好向上的价值基础。

4.从"偏重高中"走向"中小一体"

随着新一轮高考改革的启动和实施,高中学校开展生涯教育成为现实而迫切的需求。此外,以往以 STEM 教育为代表的科技教育也更多地是在中学开展。这种偏重高中、忽视初中、忽略小学的局面容易造成中小学科技教育和生涯教育的脱节。在 2017 年修订公布的《义务教育小学科学课程标准》中规定,小学科学课程起始年级从三年级提前到一年级,并首次在国家课程标准中明确要求,科学教师可以尝试将 STEM 教育运用于教学实践。同时,建设中小学一体化生涯教育体系也越来越被教育行政部门所重视。比如,上海市教育委员会专门出台《关于加强中小学生涯教育的指导意见》提出,要按照一体化原则,推行中小学生涯教育的全覆盖,构建中小学有机衔接的生涯教育体系。可见,从"偏重高中"走向"中小一体"是当前科技教育和生涯教育的一个趋势。

泰达教育在开展现代企业教育之初就敏锐地捕捉到了这种趋势变化,有意识地加强中小学校一体化协同机制建设,在"活动方案建设""教师队伍建设""管理队伍建设""激励机制建设""保障机制建设"这五个机制建设上一体布置、一体推动、一体研究、一体验收,很好地保证了中小学现代企业教育的学段贯通,内容衔接,形成了"中小一体"的现代企业教育模式。

5.从"教评分离"走向"教评一致"

教学工作如果只管"教什么"和"怎么教",不问结果和效果,就会出现"为教学而教学""为活动而活动",重形式、图热闹、走过场的现象。只有基于标准并确保教学与评价一致,才能保证教学工作不偏离教学设计的目标和始终围绕设定的理念。

在对以往教育教学中出现的有教无评,教评不一致等现象进行反思的基础上,泰达教育在开展现代企业教育之初就高度重视教育评价环节的设计和实施,尽量确保教学环节与评价环节的一致性。在现代企业教育课程的设计上,遵循发展性评价理念,对学生的知识技能、过程方法、情感态度与价值观等方面进行综合评价。评价活动注重减少量化,更多地采用等级加评语的方式,记录学生学习发展进步情况和诊断学生潜在学习问题。此外,还特别注重进行课程实施成效评价,包括进行教师教学过程评价、学生学习结果评价、课程方案可行性评价,以总结经验和发现课程设计与实施上的问题,不断迭代改进课程方案。